本著作为下列科研项目的最终成果：

浙江省教育厅科研课题（编号：20050312）

浙江省哲学社会科学重点科研课题（编号:08CGYY001Z）

本著作得到

浙江省高校重点学科浙江外国语学院汉语言文字学学科的出版资助

特致谢忱

XIANDAI HANYU
QIYI SHIBIE YU XIAOJIE DE
RENZHI YANJIU

现代汉语歧义识别与消解的认知研究

◎ 周明强 著

ZHEJIANG UNIVERSITY PRESS
浙江大学出版社

序

周明强的《现代汉语歧义识别与消解的认知研究》是一项富有创新意义的研究。而且,这项研究的创新内容涉及语言学的许多方面,其中几个重要的方面,如言语社区、言语互动、语言认知等,都是关乎语言的基本属性的内容。因此,虽然研究针对的是"现代汉语中歧义的识别与消解"的问题,从研究的视角和性质看,它不仅对现代汉语中的歧义现象提出了新的解释,而且给我们提供了普通语言学层面的一些新启示。

在介绍歧义问题的研究时,作者指出了它在语言学领域中所涉及的许多方面,如词汇、句法、语义、语用、语境、信息处理、语言习得、语言变异、言语社区等。然而,在回顾和总结了以往已有的研究停留在超语境的结构层面和无视语言使用者因素的偏向之后,作者提出了应用社会语言学理论和认知语言学理论来解决歧义的识别与消解问题的崭新视角。

社会语言学的基本立场是,语言首先是一种社会现象,而不是一种个人现象:在语言问题上,个人总是服从于社会的。语言的歧义现象也不应该例外。认知语言学侧重将语言作为一个认知现象来研究,这与社会语言学并不冲突。因为语言作为一个认知现象,也不是脱离社会的。歧义可以解释为语言的一种形式对应于两种以上意义的情况。语言的产生和发展都是受到社会环境条件的影响和制约的,语言的形式和意义的匹配的对称和不对称情况也都是受到社会条件的制约的。具体来说,人们对社会现象的认知差异在语言方面可以显示得淋漓尽致。将歧义现象怎样受到社会条件的制约作为研究的重点,将讲话人群体之间对歧义的认知差异和社会互动怎样消解歧义作为研究范围,该项研究确定了一个比较明确的目标,也确定了一个切实可行的研究路线。

作者采用了问卷调查的方法来收集人们对歧义句的反应。他调查了小学生、中学生、中文专业和非中文专业的大学生、少数民族学员、留学生以及非学生群体的"社会成员"等多个群体,总计近700人次对数十例歧义词汇和句法结构的判断,进行统计分析;并对统计结果结合语义、语法、语用、语言习得和社会语言学的研究成果进行了解释。这些解释有力地支持了社会语言学关于言语社区是语言结构系统的载体论断。全社会统一的关于歧义结构的判断,即使是限于本族讲话人的范围,也是比较个别的现象。然而,大部分语法学家确认的歧义结构却仍然被大部分,而且是包括非母语讲话人的大部分调查对象所辨认出来。这是对言语社区的对立统一的同一性的有力证明。掌握"现代汉语"的言语社区成员,不是一个个不折不扣的"标准"讲话人,而是一些具有大致相同的语言知识和语言规范的语言实践者。

歧义消解的研究似乎具有重要的应用价值,但是,对其进行理论性的分析是任何有效率的应用的前提。脱离语境的语言研究成果往往难以引入应用层次;之所以如此,是因为语境是语言使用的不可缺少的组成部分。在这里,研究者进一步开展了定量研究,他发现,歧义结构的现实反应几乎从来都不是均衡的,不同语义的激活度呈现出系统性的群体差异。不仅如此,它们还受到话语环境的影响和言语互动模式的影响。然而,虽然是不均匀的,语义指向都有群体和社区层次上的明显的倾向性。这就是语义方面的社会层化结构。由此可见,以往那些超语境、超群体、超社区的歧义处理机制距离应用该是多么遥远和纸上谈兵。

本书所进行的研究,通过歧义识别和消解的窗口,展现了"现代汉语"的语法结构的现实的一面;它是语言标准和语言变异对立统一的一面,也是言语社区层化结构的一面;从更深的层次上来说,是语言怎样存在于其社会环境的描摹。从本质上看,它是语言及其语法结构产生于丰富多变的社会言语活动之中的证明。

徐大明

2010年7月5日于南京大学

目　　录

第一章　绪　论 ……………………………………………（1）

第一节　现代汉语歧义研究的回顾与前瞻 ……………………（1）

一、现代汉语歧义研究之回顾 ………………………………（2）

二、现代汉语歧义研究之前瞻 ………………………………（8）

第二节　歧义研究的视角和方法 ……………………………（10）

一、结构的视角 ………………………………………………（10）

二、语义的视角 ………………………………………………（11）

三、信息处理的视角 …………………………………………（14）

四、语用的视角 ………………………………………………（16）

五、认知的视角 ………………………………………………（19）

六、社会的视角 ………………………………………………（22）

七、对研究视角和方法的评价 ………………………………（24）

本章小结 ………………………………………………………（26）

第二章　歧义识别与消解的社会认知 ……………………（28）

第一节　歧义与认知 …………………………………………（28）

一、语言表达与歧义 …………………………………………（29）

二、语言理解与歧义 …………………………………………（30）

三、语言认知的特点 …………………………………………（32）

四、言语社区与歧义认知的差异性 …………………………（41）

五、歧义的识别与消解 ………………………………………（43）

第二节　本书研究目的与方法 ………………………………（46）

一、研究目的 …………………………………………………（46）

二、研究方法 …………………………………………………（47）

第三章　词汇歧义的认知差异 ·· (56)

　第一节　歧义词语的认知调查 ·· (56)

　　一、词语歧义的认知过程 ··· (57)

　　二、词汇歧义认知的调查结果 ··· (60)

　第二节　影响词语歧义识别的主要因素 ··· (65)

　　一、词语歧义辨识与词义隐显的关系 ··· (66)

　　二、词语歧义辨识与社会认知的关系 ··· (68)

　　三、词语歧义辨识与受教育程度的关系 ······································· (69)

　　四、词语歧义辨识与言语互动的关系 ··· (69)

　　五、词语歧义辨识与性别的关系 ··· (72)

　第三节　认知域对词语歧义识别的影响 ··· (74)

　　一、认知域及其特点 ··· (74)

　　二、认知域与词语歧义辨识 ··· (78)

　本章小结 ··· (87)

第四章　句法歧义的认知差异 ·· (89)

　第一节　句法歧义的形成与认知调查 ··· (89)

　　一、句法歧义的形成与认知 ··· (89)

　　二、句法结构歧义认知调查的结果分析 ······································· (91)

　第二节　句法结构歧义的认知情况分析 ··· (94)

　　一、汉语社区使用者对句法结构歧义的认知 ··································· (95)

　　二、非汉语社区使用者对句法结构歧义的认知 ································· (102)

　第三节　认知模式对句法结构歧义识别的影响 ··································· (106)

　　一、认知模式的特点与类别 ··· (106)

　　二、认知模式与汉语句法结构歧义 ··· (112)

　本章小结 ··· (127)

第五章　词汇歧义消解的认知机制 ·· (131)

　第一节　词汇歧义消解的心理机制 ··· (131)

　　一、词汇歧义形成的原因 ··· (132)

　　二、词汇歧义消解的过程 ··· (135)

　　三、词汇歧义消解的认知模式 ··· (137)

　第二节　词汇歧义消解的认知调查分析 ··· (141)

　　一、词汇歧义消解在意义类型上的差异性分析 ································· (141)

二、词汇歧义消解在性别上的认知差异分析 …………………… (148)

第三节　词汇歧义消解的认知过程分析 …………………… (157)

一、词义层次网络认知模式与歧义消解 …………………… (158)

二、激活—抑制认知模式与歧义消解 …………………… (159)

三、词义通达认知模式与歧义消解 …………………… (161)

四、特征比较认知模式与歧义消解 …………………… (162)

本章小结 …………………… (165)

第六章　句法歧义消解的认知机制 …………………… (169)

第一节　句子理解与歧义的形成 …………………… (169)

一、对句法结构的接受程度 …………………… (170)

二、句法结构加工的剖析策略 …………………… (171)

三、句法结构记忆的容量 …………………… (172)

第二节　汉语句法歧义消解的心理机制 …………………… (173)

一、组块在层次结构歧义消解中的作用 …………………… (175)

二、指向在层次结构歧义消解中的作用 …………………… (176)

三、转换在层次结构歧义消解中的作用 …………………… (177)

第三节　句法结构歧义消解的认知调查结果分析 …………… (178)

一、结构层次不同形成歧义的认知 …………………… (179)

二、语义关系不同形成歧义的认知 …………………… (186)

三、语义特征不同形成歧义的认知 …………………… (190)

四、语义焦点不同形成歧义的认知 …………………… (195)

五、语义指向不同形成歧义的认知 …………………… (201)

六、语义指向、语义特征都不同形成歧义的认知 …………… (203)

第四节　句法歧义消解的认知机制 …………………… (206)

一、结构层次不同形成歧义的消解 …………………… (206)

二、语义关系不同形成歧义的消解 …………………… (210)

三、语义特征不同形成歧义的消解 …………………… (212)

四、语义焦点不同形成歧义的消解 …………………… (215)

五、语义指向不同形成歧义的消解 …………………… (224)

六、语义指向、语义特征都不同形成歧义的消解 …………… (225)

本章小结 …………………… (228)

本书结论 ……………………………………………………………（230）
　　一、歧义认知的差异性是言语互动不平衡的表现 …………………（230）
　　二、歧义认知的方式受社会言语互动的影响 …………………………（232）

附　录 ………………………………………………………………（235）
　　附录 A:容易产生歧义的词语表 ………………………………………（235）
　　附录 B:语义理解情况调查(问卷调查) ………………………………（237）
　　附录 C:语义理解情况调查(互联网调查) ……………………………（243）

参考文献 ……………………………………………………………（252）

后　记 ………………………………………………………………（265）

第一章 绪 论

歧义(ambiguity)是语言形式与意义不对称的表现,是语言运用中出现的一种语言形式能传递多种语义、作多种解释的语言现象,或曰多种意义采用了同一语言表现形式的现象。歧义在语言中大量存在着,它们有的表现在短语上,有的以句子的形式出现。人们一般把能引起歧义的短语称为"歧义短语",把能引起歧义的句子称为"歧义句"。本书将歧义分为词汇歧义和句法歧义两类:词汇歧义是由多义词进入短语或句子语境形成的;句法歧义是由短语或句子的结构能产生多种理解而带来的。传统说法的"歧义短语"和"歧义句"都存在本书所讨论的词汇歧义和句法歧义两种情况。

"歧义认知"包括歧义的识别和消解。本书的"歧义识别"指的是在虚拟语境下对歧义的认知,即短语或单句在没有具体语境的情况下,人们可以设想它在什么语境下出现,会产生哪些意义。"歧义消解"指的是人们对于有歧义的短语或单句不能发现歧义的存在,即在自己的虚拟语境之中,将歧义的某一种意义确定下来,将其他意义淘汰掉的现象,也包括在其认知语境中根本就不存在其他的意义。本书的"歧义认知"研究,着眼的不是歧义现象本身,而是不同的言语社区、不同的言语接收者(包括群体和个体)对歧义现象认知的趋势。

第一节 现代汉语歧义研究的回顾与前瞻

从吕叔湘、朱德熙先生 1951 年在《语法修辞讲话》中谈到歧义问题算起,现代汉语歧义研究已经有了近 60 年的历史,目前仍然是现代汉语语法研究的热点问题。近 60 年来的汉语歧义研究有以下特点:在研究方法上,经历了从句法分析到句法－语义相结合的分析,到句法－语义－语用相结合的分析的不断递进的过程;在研究的对象上,经历了从研究语言本身的歧义到研究交际语言的歧义,从歧义表达到歧义理解,从歧义的产生到歧义的认知的不断递进的过程;在理论的运用上,经历了从结构主义到转换生成理论,从句法论到语义论再到语用论,从一般语用论到认知论的不断递进的过程。近60年的歧义研究成就斐然,回顾这些研究,会给我们许多新的启迪。

一、现代汉语歧义研究之回顾

现代汉语歧义的研究从研究时间、研究方法、研究内容上看,大致可分为三个阶段。

(一)第一阶段(1951—1965)

这一阶段是歧义研究的起始阶段,虽然成果不多,理论上开拓也不深,但几位语言学大师为我们留下了值得重视的论述。本阶段的主要成就是运用直接成分分析法和变换分析法来分析语法现象,重视语言分析中形式与意义的统一,并发现了句法中语义关系,对引导语法研究走形式和意义相统一的路子起到了重要作用。最早注意并讨论歧义现象的是吕叔湘、朱德熙两位先生。1951年他们在《人民日报》上发表的《语法修辞讲话》,首次提到五种"歧义"现象:(1)两种解释一正一误,如"一边站着一个孩子,看来年纪还很小"一句,让人拿不准有一个孩子还是两个孩子;(2)两种解释都可能,如"各个班以四个人组成了检查小组"这一词组,既可解释为只有一个检查小组,这个检查小组由四个人组成,又可解释为有两个或以上的检查小组,每个小组都由四个人组成;(3)因附加成分不同而引起的歧义,如"介绍菲律宾的一种权威著作",第一层既可是介宾结构,也可是偏正结构,结构不同,意义自然也不同;(4)两事混杂,如"两辆深蓝和银灰的小汽车"这一词组,既可解释为两辆颜色一样(深蓝间银灰)的汽车,也可解释为一辆深蓝和一辆银灰的汽车;(5)把读者引入歧途,如"不久中华人民共和国成立了,共同纲领颁布了,妇女在法律上是平等了"一句,最后一分句可理解为"妇女彼此之间在法律上平等了",也可理解为"妇女和男子在法律上平等了"[①]。该书属普及性读物,只是从为语法学习者解说歧义的需要出发列举了这五种歧义,并未在理论上对歧义作更深入的探讨。1959年,赵元任发表了《汉语中的歧义问题》(Ambiguity in Chinese)。分析了在"鸡不吃了"中,"鸡"既可指施事也可指受事,所以隐含两种结构和两种意义。文章还对歧义的界定、歧义的分类、歧义的成因、歧义的分化、歧义的消解以及歧义度等重要问题

---

① 吕叔湘、朱德熙:《语法修辞讲话》,开明书店1951年版,第262—269页。

作了讨论。① 文章关于"施事"、"受事"的分析,首次涉及用语义关系理论分析汉语歧义,因此,对后世的歧义研究有着深远的影响。1960 年,文炼的《论语法学中"形式和意义相结合"的原则》从语法的形式和意义关系的角度,讨论了"一个工人的建议"、"对本报的批评"等"表面上好像是一个形式,骨子里是两个不同的形式"②的歧义问题。1962 年,朱德熙的《论句法结构》用直接成分分析法和变换分析法分别讨论了"咬死了猎人的狗"和"屋里摆着酒席"的歧义,并在歧义分化研究方面作了深入的、有益的探索。③ 1965 年,吕叔湘的《语文札记》讨论了"他的老师当得好"这类句子的歧义。④ 上述的歧义讨论开启了汉语歧义研究的先河。

(二)第二阶段(1978—1999)

20 世纪 80－90 年代是歧义研究走向深入的重要阶段,歧义问题受到许多语言研究者的关注,歧义研究在理论上和方法上也得到了不断更新,产生了不少颇具理论价值的研究成果。这一阶段歧义研究的主要成就是:重视从理论上进行深入的探讨。从研究内容看,"歧义指数"、"歧义度"、"歧义格式"等反映歧义特点的概念相继提出;从分析的理论看,层次分析、变换分析、语义关系分析等方法进一步得到运用,从语用平面分析歧义,从语境的角度分析歧义,也引起了重视;从歧义研究的目的看,歧义分化成了学者们研究歧义的主要目的。

这一阶段的歧义分析不是拘于结构层次的分析,而是重视结构与语义的联系,重视形式与内容的联系。如朱德熙(1978)的《"的"字结构和判断句》就"的"字结构判断句这一句式的歧义问题进行考察,提出了"歧义指数"及其计算公式:$P=N-M$(P 表示歧义指数,N 表示动词的配价数,M 表示"的字结构"中出现的动词配价数目)。⑤ 范继淹(1979)的《语言的信息》从信息传输的角度切入,分析了"同形结构"歧义问题,讨论了语言形式与语义内容之间的矛盾,以及模式歧义与实例歧义的不同。⑥ 徐仲华(1979)的《汉语书面语言歧义现象举例》列举并讨论了汉语书面语歧义的九种类型⑦,该文引发了 80 年代前期关于歧义问

---

① 赵元任:《汉语中的歧义问题》,《语言学论丛》第 15 辑,商务印书馆 1988 年版,第 45 页。

② 文炼:《论语法学中"形式和意义相结合"的原则》,《上海师范学院学报》1960 年第 2 期,参见张斌《现代汉语语法十讲》,复旦大学出版社 2005 年版,第 258－261 页。

③ 朱德熙:《句法结构》,《中国语文》第 8－9 月号,参见《朱德熙文集》(第二卷),商务印书馆 1999 年版,第 163－187 页。

④ 吕叔湘:《语文札记》,《中国语文》1965 年第 4 期,第 287 页。

⑤ 朱德熙:《"的"字结构和判断句》,《中国语文》1978 年第 1－2 期,参见《朱德熙文集》(第二卷),商务印书馆 1999 年版,第 205－230 页。

⑥ 范继淹:《语言的信息》,《中国语文》1979 年第 2 期,第 93 页。

⑦ 徐仲华:《汉语书面语言歧义现象举例》,《中国语文》1979 年第 5 期,第 339 页。

题的热烈讨论。施关淦、吴启主(1980)的《〈汉语书面语言歧义现象举例〉读后(一)(二)》,对徐文作了修正和补充,认为"句子有歧义不等于格式有歧义","句子有无歧义跟词语搭配有关",强调要"注意区分具体句子的歧义和抽象的句法结构形式间的关系"①。朱德熙(1980)的《汉语句法中的歧义现象》,讨论了句法歧义的性质,多义句式的分化(句法歧义成因),以及"不能分化的多义句式",在歧义分析中运用变换理论,揭示了句法结构中的显性语法关系、隐性语法关系,概括了汉语歧义结构的类型和歧义格式。② 沈开木(1983)的《表示"异中有同"的"也"字独用的探索》从语义指向的角度分析了副词"也"字句的歧义③,他(1984)的《"不"的否定范围和否定中心的探索》,讨论了"不"的否定范围、否定中心,"不"字句的前提,以及与歧义的关系。④ 马庆株(1985)的《述宾结构歧义初探》,考察了述宾结构中实指宾语和虚指宾语的歧义。⑤ 黄国营(1985)的《现代汉语的歧义短语》,归纳了短语歧义格式。⑥ 徐思益(1985)的《在一定语境中产生的歧义现象》⑦和王建华(1987)的《语境歧义分析》⑧均对语境歧义的问题进行了分析。

　　这一阶段,研究的重心是歧义分化问题。除了从结构层次分析外,很多研究者还引入了语义学、语用学的有关理论和方法对各种歧义现象进行了多角度的分析和解释。在歧义分化方法研究上也有许多重要发现。如石安石(1988)的《说歧义》对歧义类型、歧义格式以及"同形"等问题作了系统的阐释,提出用"并列检验法"来分化歧义。⑨ 王维成(1988)的《从歧义看句法、语义、语用之间的关系》,讨论了语义—句法层面的歧义生成机制和语用层面的理解机制。⑩ 詹继曼(1990)的《关于同形结构的研究》对歧义分布类型、歧义分析的语义前提,以及歧义研究目的等问题作了研究。⑪ 沈家煊(1991)的《"语义的不确定性"和

---

① 施关淦:《〈汉语书面语言歧义现象举例〉读后(一)》;施关淦、吴启主:《〈汉语书面语言歧义现象举例〉读后(一)(二)》,《中国语文》1980 年第 1 期,第 42 页。

② 朱德熙:《汉语句法里的歧义现象》,《中国语文》1980 年第 2 期;参见《朱德熙文集》(第二卷),商务印书馆 1999 年版,第 259—281 页。

③ 沈开木:《表示"异中有同"的"也"字独用的探索》,《中国语文》1983 年第 1 期,第 1 页。

④ 沈开木:《"不"的否定范围和否定中心的探索》,《中国语文》1984 年第 6 期,第 404 页。

⑤ 马庆株:《述宾结构歧义初探》,《语言研究》1985 年第 1 期,第 90—101 页。

⑥ 黄国营:《现代汉语的歧义短语》,《语言研究》1985 年第 1 期,第 69—89 页。

⑦ 徐思益:《在一定语境中产生的歧义现象》,《中国语文》1985 年第 5 期,第 337—341 页。

⑧ 王建华:《语境歧义分析》,《中国语文》1987 年第 1 期,第 13—16 页。

⑨ 石安石:《说歧义》,《中国语言学报》(三),商务印书馆 1988 年版,第 1—4 页。

⑩ 王维成:《从歧义看句法、语义、语用之间的关系》;参见袁晖、戴耀晶编:《三个平面:汉语语法研究的多维视野》,语文出版社 1998 年版,第 259 页。

⑪ 詹继曼:《关于同形结构研究》,《新疆大学学报》1990 年第 1 期,第 100—107 页。

无法分化的多义句》讨论了"语义的不确定性"与"歧义"的差别,并运用了"语义指向"理论、词语语义特征理论解释了造成歧义的原因,还运用预设与焦点、隐含、蕴涵、空位、移位等新理论多角度地分析了歧义。① 另外,李峰(1994)的《论歧义制约》归纳了 35 种假性歧义格式,并讨论了歧义语句如何通过自身因素消除歧义。② 柳广民(1995)的《歧义类型研究》提出了根据歧义源推算出各种歧义类型的歧义指数的方法。③ 冯志伟(1996)的《论歧义结构的潜在性》将科技语研究中的"潜在歧义结构"理论用来分析日常生活语言中所存在的"潜在歧义结构"。④ 所有这些对将歧义研究引向纵深起到了十分重要的作用。

(三)第三阶段(2000 年以来)

歧义研究在 21 世纪初受到研究者的更广泛的关注,在不到 10 年里就发表了数百篇论文。这一阶段的主要成就是:重视从内容与形式结合的角度研究歧义问题,重视总结语言形式的规律,歧义格式、歧义分化、歧义成因、歧义消解等问题的研究成果较为丰富。重视语言主体与歧义之间的关系,歧义与语用、歧义与认知的研究成了歧义研究的重要内容。

1."歧义格式"的研究

汉语的句法结构形式丰富多样,因而"歧义格式"研究自然成了歧义研究的主要内容。这阶段的"歧义格式"研究吸纳了多种理论,采用了多种多样的分析方法。施春宏(2000)的《歧义现象的演绎分析——以一组层次构造歧义的系统性分析为例》以"V+N"及其扩展方式来分析"V+X+N"类的歧义("X"为 NP、AP、VP、NC),对歧义现象进行演绎分析,找出了以归纳法为主而形成的歧义类型的内在联系。⑤ 何洪峰(2002)的《论双重歧义因素组合的结构》讨论了由"词语多义、结构层次不同、结构关系不同和语义关系不同"四类因素两两组合而形成的句法结构的 16 种歧义的可能性。"通过对 16 种可能组合的结构进行逐个分析",论证了因双重歧义因素组合而带来的歧义增减和消除等多种影响。⑥ 徐阳春、钱书新(2004)的《"N₁＋的＋N₂"结构歧义考察》从谓词隐含结构角度探讨了"N₁＋的＋N₂"结构产生歧义的原因和条件,认为"若该结构隐含的是同一

① 沈家煊:《"语义的不确定性"和无法分化的多义句》,《中国语文》1991 年第 4 期,第 241—250 页。
② 李峰:《论歧义的制约》,《新疆社科论坛》1994 年第 2—3 期,第 80—87 页。
③ 柳广民:《歧义类型研究》,《广西社会科学》1994 年第 6 期,第 90—98 页。
④ 冯志伟:《论歧义结构的潜在性》,《中文信息学报》1996 年第 4 期,第 14—24 页。
⑤ 施春宏:《歧义现象的演绎分析——以一组层次构造歧义的系统性分析为例》,《语言教学与研究》2000 年第 1 期,第 38—45 页。
⑥ 何洪峰:《论双重歧义因素组合的结构》,《语言研究》2002 年第 3 期,第 39—48 页。

意义的谓词,没有歧义;若隐含的是不同意义的谓词,则有歧义","什么样的谓词能激活取决于 N_1 与 N_2 的语义特征"。[①] 陈一民发表了多篇关于歧义格式的文章:《歧义格式及其分类》(2004),从歧义结构项、变项类别、歧义源类别、单义式之间句法语义关系、生产歧义实例的能力等角度,对歧义格式作了全面的总结;[②]《歧义格式的歧义指数》(2005a)对歧义格式与歧义源的关系、单歧义源歧义格式、多歧义源歧义格式的歧义指数及其关系作了详细的分析;[③]《歧义格式的动态分析》(2005b)分别对歧义格式作了交集分析、归纳分析、限制分析和扩展分析。[④] 税昌锡(2005)的《"N_1＋在＋NPL＋V＋N_2"歧义格式解析》从语义指向的角度对歧义格式进行了讨论,将"N_1＋在＋NPL＋V＋N_2"分化成十个歧义类例,分析了"在＋NPL"不同语义指向的特点和作用。[⑤] 王红旗(2006)的《施受歧义产生的条件》讨论了与施事、受事相关的歧义现象产生的条件,认为"句法同形和动词的格框架"是两个必要条件,"动词的格框架对施事和受事社会属性的要求以及体词性成分的意义"是充分条件。[⑥] 于景超(2007)的《"V＋了＋T＋的＋N"结构的歧义试析》讨论了"V＋了＋T＋的＋N"格式的多种切分,T 的语义指向变化影响歧义形成原因。[⑦] 所有这些对某个歧义的格式专门研究都从不同的角度深化了歧义研究内容。

2. 歧义与语用关系的研究

在歧义与语用关系的研究上,其特色一是从语用学的角度进行分析,一是从调查入手进行歧义与认知的研究。前者如陈一民(2005c)的《歧义结构意义优选的理论分析》从语言认知角度分析单义项的语义认知理解频率,根据这种频率的高低排出优势选择顺序(即"意义优选")。[⑧] 徐以中(2003)的《副词"只"的语义指向及语用歧义探讨》考察了副词"只"的位置与歧义之间的关系,得出"只"字句语用歧义的取值范围: $q > P \leqslant 2n - m - F - 1$。[⑨] 徐以中、杨亦鸣(2005)的《副词"都"的主观性、客观性及语用歧义》分析了副词"都"有"元语"和

---

① 徐阳春、钱书新:《"N_1＋的＋N_2"结构歧义考察》,《汉语学习》2004 年第 5 期,第 20—25 页。

② 陈一民:《歧义格式及其分类》,《湘潭师范学院学报》2004 年第 4 期,第 103—106 页。

③ 陈一民:《歧义格式的歧义指数》,《中南大学学报》2005 年第 1 期,第 137—140 页。

④ 陈一民:《歧义格式的动态分析》,《求索》2005 年第 2 期,第 165—168、28 页。

⑤ 税昌锡:《"N_1＋在＋NPL＋V＋N_2"歧义格式解析》,《暨南大学华文学院学报》2005 年第 2 期,第 40—47 页。

⑥ 王红旗:《施受歧义产生的条件》,《语言研究》2006 年第 4 期,第 107—110 页。

⑦ 于景超:《"V＋了＋T＋的＋N"结构的歧义试析》,《语言科学》2007 年第 4 期,第 50—55 页。

⑧ 陈一民:《歧义结构意义优选的理论分析》,《山西师范大学学报》2005 年第 4 期,第 109—112 页。

⑨ 徐以中:《副词"只"的语义指向及语用歧义探讨》,《语文研究》2003 年第 2 期,第 48—50 页。

"非元语"（"客观性"和"主观性"）两种不同用法。① 后者如尤庆学（2000）的《歧义度的调查与分析》用问卷调查的形式从接收者的认知角度分析了歧义结构的相对歧义度和绝对歧义度。② 周明强（2004、2006）《歧义、歧解和用歧的认知问题》和《认知在歧义的辨识与消解中的作用》利用问卷调查的数据分别从认知和语用的角度辨析了歧义、歧解、用歧的联系与区别，③表达的歧义与理解的歧义不同以及认知在歧义消解中的作用。④ 刘贤俊（2006）的《歧义句的可及性考察》通过简易实验调查，探讨了影响歧义句的可及性解读的六个因素。⑤ 项成东（2005）的《歧义的认知机制》分析了语境、联想、激活在歧义认知上的作用以及歧义的认知机制。⑥ 税昌锡（2006）的《VP 界性特征对时量短语的语义约束限制——兼论"V＋了＋时量短语＋了"歧义格式》从一个完整事件的三个阶段（活动、跨界、事态）的角度分析了"V＋了＋时量短语＋了"的歧义格式特征、"了"的分布对"动词＋时量短语"结构的句法语义的影响、功能认知和话语环境对时量短语的所指所起到的导向作用和微调功能。⑦ 马明艳（2008）的《"每隔＋数量＋VP"的语用歧义认知研究》通过对"每隔＋数量＋VP"歧义认知度的调查，分析了人们对"每隔＋数量"对应式的歧义认知度形成的原因。⑧ 所有这些研究对探索歧义与语用关系的研究起到了积极的推动作用。

3. 歧义分化和消解的研究

对歧义分化和消解的研究仍是这一阶段的热点问题。这一阶段关于这方面研究的特点是从语义、语用的角度分析歧义的分化和消解问题。如延俊荣（2000）的《"挖深了"歧义成因及分化》从"挖深了"的构成出发，探讨其认知上的原因及分化手段以及理据，并从层次分析、语境、语音间隔、重音及"了"的不同等角度讨论了该格式的分化问题。⑨ 杨亦鸣（2000）的《试论"也"字句的歧义》以"也"字句为例讨论了如何利用语音图谱来确定话语中心、排除歧义的问题。⑩ 李芳杰、冯雪梅（2002）的《语义结构与歧义分解》认为"语法单位的内部成分间

---

① 徐以中、杨亦鸣：《副词"都"的主观性、客观性及语用歧义》，《语言研究》2005 年第 3 期，第 24—29 页。
② 尤庆学：《歧义度的调查与分析》，《汉语学习》2000 年第 5 期，第 15—19 页。
③ 周明强：《歧义、歧解和用歧的认知问题》，《语言文字应用》2004 年第 4 期，第 83—90 页。
④ 周明强：《认知在歧义的辨识与消解中的作用》，《修辞学习》2006 年第 5 期，第 42—46 页。
⑤ 刘贤俊：《歧义句的可及性考察》，《语言研究》2006 年第 3 期，第 16—19 页。
⑥ 项成东：《歧义的认知机制》，《四川外语学院学报》2003 年第 4 期，第 80—84 页。
⑦ 税昌锡：《VP 界性特征对时量短语的语义约束限制——兼论"V＋了＋时量短语＋了"歧义格式》，《语言科学》2006 年第 6 期，第 19—28 页。
⑧ 马明艳：《"每隔＋数量＋VP"的语用歧义认知研究》，《汉语学习》2008 年第 2 期，第 50—58 页。
⑨ 延俊荣：《"挖深了"的歧义原因及分化》，《语文研究》2000 年第 2 期，第 26—29 页。
⑩ 杨亦鸣：《试论"也"字句的歧义》，《中国语文》2000 年第 2 期，第 114—124 页。

存在着一定的语义关系,构成了一定的语义结构,通过语义格、语义指向和语义辖域等语义形式等表现出来,语义结构分析能较有效地分解歧义"。① 何洪峰(2003)的《句法结构歧义成因的思考》认为"结构主义的思想虽有一定的解释力,但不能统一解释替换不同语义成分消除歧义的现象和完全由语义因素而引起的歧义结构","是表层的解释"。主张"从深层结构揭示出句法结构的歧义原因",认为"语义因素更富有解释力"。② 赵春利、邵敬敏(2007)的《"NP₁ 有 NP₂ 很 AP"歧义格式的分化规则》分析了在"NP₁ 有 NP₂ 很 AP"句式中,AP 的三种语义指向所形成的三种语义——描写评价义、因果解释义和歧义。指出"在语义理解时,按照认知的规则,首先是'毗邻原则'起作用,其次才是'推理原则'起作用"。③

从歧义研究的三个阶段来看,歧义研究在方法和内容上是一个不断更新和递进的过程。第一阶段的歧义研究受结构主义的影响,重视结构分析,分析方法主要是结构主义的直接成分(层次分析)法、变换分析法等,语义分析初露端倪。研究在内容上侧重实例分析,缺少系统的有价值的理论。第二阶段结构主义分析方法仍占主导地位,受句法分析"三个平面"理论影响,句法、语义、语用相结合的方法受到重视。以分析歧义格式、歧义句式、歧义类型、歧义指数、歧义分化为重点,歧义认知(如"歧义度"有所涉及)开始进入视野,歧义消解偶有涉及。第三阶段结构主义仍有市场,语用的分析占主导地位,表现为两方面,一是从语用学的角度进行分析,一是从调查入手进行歧义与认知的少量个案研究。歧义格式、歧义句式、歧义分化继续受到重视,歧义与语用的关系成为研究的重点,歧义认知研究开始受到重视。从歧义研究的过程看,歧义认知的研究是歧义研究向纵深发展的趋势。

二、现代汉语歧义研究之前瞻

近 60 年来的歧义研究,为我们留下了极其丰富的研究成果,这些成果或揭示歧义格式的特点,或探讨歧义消解的重要性,或总结歧义研究的方法,促进了现代汉语研究的向纵深发展。随着歧义研究理论的日臻成熟,关于歧义与语境、歧义与认知、歧义与语言生活等从语言运用角度探讨歧义也逐渐得到重视。但纵观近 60 年来的汉语歧义研究,歧义研究还存在着研究内容不够系统、研究

---

① 李芳杰、冯雪梅:《语义结构与歧义分解》,《武汉大学学报》2002 年第 6 期,第 745—750 页。

② 何洪峰:《句法结构歧义成因的思考》,《语言研究》2003 年第 4 期,第 26—31 页。

③ 赵春利、邵敬敏:《"NP₁ 有 NP₂ 很 AP"歧义格式的分化规则》,《语言研究》2007 年第 2 期,第 79—83页。

视野不够开阔、研究方法循环论证等不足。为克服这些不足,给歧义研究打开新的局面,今后的歧义研究可以从以下几方面展开。

(一)歧义的系统性研究

朱德熙先生曾经说过:"一种语言语法系统里的错综复杂和精细微妙之处往往在歧义现象里得到反映。因此分析歧义现象会给我们许多有益的启示,使我们对于语法现象的观察和分析更加深入。"①从歧义现象里可以总结汉语语法系统的错综复杂和精细微妙,歧义研究可以促进语法研究的深入。然而,不少研究者往往只注意歧义个别现象的研究,更有甚者仅热衷于举些歧义例子说明歧义现象的存在,但对歧义产生的原因探究得很不够,缺少对某类歧义现象的系统研究。为使歧义研究有所突破,需要对歧义现象作系统的研究,如黄国营对短语歧义的系统研究②,吕叔湘对句子歧义的系统研究③。只有这样,才能使歧义研究更好地服务于语言教学,服务于信息处理。

(二)现实性歧义的研究

在人们所讨论的歧义中,歧义度低的是可能的歧义,或不存在的歧义,歧义度高的才有成为现实的歧义的可能。吕叔湘、朱德熙的《语法修辞讲话》就谈到"两种解释一正一误",其"误"解就是不存在的歧义。过去的歧义研究多为静态描写性研究,只是指出歧义现象的存在和歧义的表现形式,动态的实证性研究非常薄弱,特别是语言运用中歧义认知的调查研究更少。而一提到动态研究或者只是谈论避免歧义的重要,或者只是从修辞的角度谈论恰当地运用歧义能产生幽默生动的修辞效果,而对人们实际的歧义认知情况关注则十分有限。

要使歧义研究有意义,必须重视具有现实性的歧义,即能被大家识别出来的歧义的研究。因为只有现实的歧义语句才会真正在语言运用中出现歧义,才更值得注意避免,在信息处理中也更值得引起重视。尤其是在计算机的人机对话中会遇到哪些歧义问题,也必须从人对歧义的认知为突破口,研究人如何处理歧义信息,才能为计算机处理歧义信息提供帮助。

(三)歧义社会认知的研究

歧义的识别与消解均同人的认知有联系,歧义因人的认知语境而产生,又在认知语境中得到消解。很多人研究歧义常常是从语境中抽离出一些词语或

① 朱德熙:《汉语句法里的歧义现象》,《中国语文》1980 年第 2 期,第 81—91 页。
② 黄国营:《现代汉语的歧义短语》,《语言研究》1985 年第 1 期,第 69—89 页。
③ 吕叔湘:《歧义类例》,《中国语文》1984 年第 5 期,第 321—333 页。

句子来,以自己的认知语境为依托,分析其会产生什么样的歧义,分析歧义产生时已虚拟了某种语境,然后又回过头去分析歧义消解的途径是语境。这种循环论证对歧义产生和消解的原因解释非常不够,对语言学习和语言运用的指导意义十分有限。不同的人对不同的歧义语句的认知情况是很不一样的,必须以社会的整体认知情况(即社会认知)为依据来讨论歧义语句的特点,揭示歧义消解的认知机制。因此,从认知的角度研究歧义才能真正为语言学习和语言运用,尤其是语言教学提供有益的指导。

第二节　歧义研究的视角和方法

汉语歧义研究近 60 年来其研究方向有过三次重大变化:一是研究重心由句法结构研究歧义转向从语义角度研究歧义,主要是引进语义关系、语义特征、语义指向等语义分析的理论,对用句法手段无法分化的歧义现象进行分析,弥补了单纯从句法结构上研究歧义的不足。二是研究重心从句法、语义的角度研究歧义转向从语用的角度研究歧义,主要是引进语境理论,把歧义置入一定的语境中进行分析,更好地说明了歧义形成和消解的条件,同时,引用语用学理论研究歧义也开始露头。三是研究重心从交际的语用转向从认知的角度研究歧义。这三次变化形成了结构、语义、语用和认知四个不同层次的研究视角。然而,语言的使用是社会的,歧义的研究必须还有第五个层次——社会的层次,还应该有社会语言学视角的言语社区和语言变异的研究。

一、结构的视角

乔姆斯基曾谈到歧义与语法理论的关系:"一种语法理论的精当性,就在于它解释歧义的本事。"[①]歧义问题的讨论是从语法分析开始的。在语法分析上,结构主义理论是影响最为深远的理论,在结构主义视角下的歧义分析,重视从语言结构上分析歧义的产生,重视语言的线性组合与语义产生的非线性(意义产生有层次)之间矛盾的揭示。20 世纪 50—60 年代,美国结构主义语法与乔姆斯基的转换生成语法分析方法被引入现代汉语语法研究中来,也给歧义研究带来了活力和生机。20 世纪 70 年代以后,随着结构主义语法、转换生成语法、格语法、配价语法等语法理论在国内的广泛接受,层次分析法和变换分析法被广泛地用到了歧义结构的分析中来。

---

① 乔姆斯基:《句法结构》,邢公畹译,中国社会科学出版社 1979 年版,第 48 页。

(一)层次分析

层次分析是用结构主义理论分析语言结构的一种基本方法。20 世纪 60 年代初,丁声树的《现代汉语语法讲话》和朱德熙的《句法结构》就系统地借鉴了结构主义语法的理论和方法,运用层次分析法讨论了汉语句法结构的层次切分问题。这种分析方法在此后的语法研究,特别是歧义结构的研究方面产生了深远的影响。层次分析法应用于句法结构歧义的分析主要是能有效地揭示由于层次构造以及语法结构关系不同产生的歧义的语法规律。层次分析法对以下原因引起的歧义都有作用:结构关系相同结构层次不同的歧义、结构层次相同结构关系不同的歧义、结构关系和结构层次都不同的歧义。一般情况下,用层次分析法就能讲清楚的语言歧义,就没有必要用其他分析方法。

(二)变换分析

"变换分析"来源于美国结构主义语言学派的后期代表人物哈里斯(Z. Harris),"变换"的思想就是用动态的观点观察句子结构的变化和依存关系。吕叔湘早在 1942 年出版的《中国文法要略》里就讨论过句子的"变次"、"转换"和"句法的变化"等问题。[1] 朱德熙(1962)在《句法结构》一文中率先运用变换理论来描写、分析汉语里狭义同构语法现象。[2] 朱先生(1986)在《变换分析中的平行性原则》中进一步指出"变换可以理解为存在于两种结构不同的句式之间依存关系"。[3] 变换分析探讨变换前后句子在形式上和语义上的一致性情况。因此,变换分析法用于歧义分析,不仅能揭示歧义句法结构的显性语法关系,而且能揭示句法结构内部所存在的隐性语法关系。用变换分析法分析歧义结构在分化歧义句式上,比成分分析法、层次分析法的能力更强。

二、语义的视角

从结构的角度分析歧义,能直观地显示一种语言结构可以分解为两种或两种以上的语言结构,或从结构的变换中探寻语言结构形式与意义的联系。但要弄清歧义的形成,常常需要进一步深入到结构与语义的联系中去。也恰恰是对歧义结构与语义关系的探讨,推动了汉语语法研究不断地向纵深发展。正如我

---

[1] 范晓、张豫峰等:《语法理论纲要》,上海译文出版社 2003 年版,第 212 页。

[2] 朱德熙:《句法结构》,《中国语文》1962 年第 8、9 期合刊;参见《朱德熙文集》(第二卷),商务印书馆 1999 年版,第 183—185 页。

[3] 朱德熙:《变换分析中的平行性原则》,《中国语文》1986 年第 2 期,第 81—87 页。

国著名语言学家石安石所说:"现代语言学史上,歧义问题不止一次成为某个新的语言学学派崛起时向传统阵地进击的突破口。"[①]

从语义的角度分析歧义主要有语义关系分析法、语义特征分析法和语义指向分析法。这些方法既是不断递进的,又是互补的。

(一)语义关系分析

"在句法结构中,词语与词语之间不仅发生种种句法关系,而且发生种种语义关系。语义关系是指隐藏在句法结构后面由该词语的语义范畴所建立起来的关系。"[②]语义关系能反映表层的句法结构与深层的语义结构的不一致现象,所以被人们用来分析歧义现象。当表层的句法结构只有一种,而深层的语义关系有两种或两种以上的理解时,就构成了该句法结构的歧义。最早注意语义关系的是赵元任。1959 年,他在《汉语中的歧义问题》一文中。分析"鸡不吃了"的歧义时,就谈到"鸡"既可以指施事也可以指受事,隐含着两种结构和两种意义。[③] 朱德熙、吕叔湘也都对语义关系与歧义的联系有过讨论。吕叔湘(1981)在《现代汉语八百词》中说:"'连'后的名词可以是主语,可以是前置宾语或其他成分,因此全句的施事主语或受事宾语省略时,会产生歧义。"[④]从语义关系上分析了歧义成因。朱德熙(1980)的《汉语句法中的歧义现象》,在讨论多义句式的分化(句法歧义形成的原因)问题时,分析了句法结构中的显性语法关系、隐性语法关系。[⑤] 其中的隐性语法关系就是从语义关系上来分析歧义成因的。后人更是将语义关系的分析法作为分析歧义的基本方法。

(二)语义特征分析

"语义特征分析着眼于分析概括同一句式的各实例中处于关键位置上的词(总是属于某类实词中的一个小类)所共有的语义特征,以解释说明为什么代表这些实例的句式之所以独具某些特点,之所以能足以将该句式跟与之同构的句式加以分化的原因。"[⑥]在国内,最早注意语义特征并将这种方法运用于汉语语法研究的是朱德熙,他(1980)在《汉语句法中的歧义现象》中,在分析"张三借李四一本书"时就分析了"借"的两种不同语义特征:"借$_1$"有"给予"义,"借$_2$"有"取

---

① 石安石:《语义论》,商务印书馆 2005 年版,第 121 页。

② 邵敬敏:《现代汉语通论》(第二版),上海教育出版社 2007 年版,第 222 页。

③ 赵元任:《汉语中的歧义问题》,《语言学论丛》第 15 辑,商务印书馆 1988 年版,第 45 页。

④ 吕叔湘主编:《现代汉语八百词》,商务印书馆 1981 年版,第 325 页。

⑤ 朱德熙:《汉语句法里的歧义现象》,《中国语文》1980 年第 2 期;参见《朱德熙文集》(第二卷),商务印书馆 1999 年版,第 259—281 页。

⑥ 陆俭明:《语义特征分析在汉语语法研究中的运用》,《汉语学习》1991 年第 1 期,第 1—10 页。

得"义。① 后来他(1986)在《变换分析中的平行性原则》一文中解释说,"台上坐着主席团"能变换为"主席团坐在台上",但"台上唱着戏"不能变换为"戏唱在台上",其原因是"这个变换式里的动词是有限的,即必须是包含语义特征[＋附着]"的动词。② "相同句法结构中某一关键位置的词语,其语义特征的不同会对结构的变化和语义的表达带来关键性的影响,这已成为语法学界普遍认同的事实。"③语义特征分析法能较好地解释层次分析法和变换分析法不能说明的句法结构深层次的问题,因而,语义特征分析法受到语法研究者的青睐,也成了人们分析歧义成因的常用方法之一。

(三)语义指向分析

"语义指向就是指句中某一成分在语义上跟哪个成分相关。"④语义指向用以分析歧义能突破句法结构解释歧义的局限,在语义上进行越位组合,理解语义,说明歧义形成的原因。如沈家煊(1991)的《"语义的不确定性"和无法分化的多义句》在讨论"语义的不确定性"与"歧义"的差别时,就是运用"语义指向"等理论来解释造成歧义的原因的⑤。从语义指向的角度分析歧义,讨论最多的是副词的不同语义指向所带来的歧义。在这方面,邵敬敏的研究较为清晰。他(1990)在《副词在句法结构中的语义指向初探》中分析了副词语义的"指"、"项"和"联"三个概念,"指"是"副词语义联系所指的方向","项"是"能跟该副词在语义上发生联系的数项","联"是"副词在语义上同时联系的对象"。"只能跟位于它前边或后边同一方向的成分发生语义联系的叫'单项副词'","跟前后两个方向的成分都发生语义联系的叫'双指副词'";"只能跟一个成分发生语义联系的叫'单项副词',能跟两个以上成分发生语义联系的叫'多项副词'"。副词语义的多"指"、多"项"、多"联"都能产生歧义。如:单指单项没有歧义,单指多项或双指多项则可能产生歧义。⑥ 讨论具体的副词语义指向歧义的也有不少人。卢英顺(1996)的《副词"只"的语义指向及其对句法变换的制约》对副词"只"的语

———————————

　① 朱德熙:《汉语句法里的歧义现象》,《中国语文》1980年第2期;参见《朱德熙文集》(第二卷),商务印书馆1999年版,第259—281页。

　② 朱德熙:《变换分析中的平行性原则》,《中国语文》1986年第2期,第81—87页。

　③ 税昌锡:《"语义特征"的定义和理据刍议》,《云梦学刊》2006年第5期,第125—128页。

　④ 陆俭明:《关于语义指向分析》;邵敬敏主编:《现代汉语通论参考文献精选》,上海教育出版社2002年版,第240—250页。

　⑤ 沈家煊:《"语义的不确定性"和无法分化的多义句》,《中国语文》1991年第4期,第241—250页。

　⑥ 邵敬敏:《副词在句法结构中的语义指向初探》,《汉语论丛》(一),华东师范大学出版社1990年版,第52—66页;又见邵敬敏:《汉语语法的立体研究》,商务印书馆2000年版,第261—277页。

义指向进行了多角度的描述,讨论了由语义指向所造成的各种歧义问题。[①] 徐以中(2003)的《副词"只"的语义指向及语用歧义探讨》认为"副词'只'位于主语前(只₁)只能指向其后的主语部分,不能指向其余成分;'只'如果位于主语后(只₂),则只能后指不能前指"。[②] 讨论副词语义指向的还有周颖(2008)的《副词"都"的语义指向和歧义》,叶秋生、应利(2008)的《协同副词语义指向及歧义分析》等。

对介词的语义指向引起的歧义研究不如副词热烈,例如朱德熙、邵敬敏虽然都分析过"在黑板上写字"的歧义问题,但都是从变换的角度来分析的。[③] 研究介词语义指向歧义的目前仅见于广元(1999)《介词短语的句法、语义、语用漫析》一文,认为"在语义分析中,提出介词短语能够明确语义关系,但有的也会产生歧义,并从语义指向的角度,在介词短语的内部和外部对歧义现象加以分化"。[④]

从语义的视角研究歧义这几种分析方法可以综合用来分析歧义现象。最常见的是用来分析"歧义格式"和"歧义句式"中的歧义。"歧义格式"是具有"类"特点的格式。如"N_1+的+N_2"中的 N 位置上用上名词才可完成格式的建构。对歧义的格式(结构)的研究,最能找出歧义的特点,因而是研究者们最为关注的方面,研究的成果也最多。目前被人们所讨论过的"歧义格式"有上百种之多。[⑤] 被研究的较多的歧义格式有:"在+NP+V+N"、"V+的+是+N"、"N_1+的+N_2"、"V+N_1+的+N_2"等。"歧义句式"是使用了能形成歧义的虚词所形成的句式。这些句式多是使用了副词而构成的。受人们关注的"歧义句式"有:否定(带"不"或"没")歧义句、"也"字歧义句、"最"字歧义句、"更"字歧义句、"连"字歧义句、"全"字歧义句、"都"字歧义句、"是……的"歧义句,否定比较(如"X 不比 Y·Z")歧义句,等等。

三、信息处理的视角

自然语言中的歧义识别和消解问题是中文信息处理的一大障碍。从信息处理视角来研究歧义现象,早就引起了计算机学界、信息领域的关注,因为计算

① 卢英顺:《副词"只"的语义指向及其对句法变换的制约》,《安徽师范大学学报》1996 年第 4 期,第 443—448 页。

② 徐以中:《副词"只"的语义指向及语用歧义探讨》,《语言研究》2003 年第 2 期,48—52 页。

③ 朱德熙:《"在黑板上写字"及相关句式》,《语言教学与研究》1981 年第 1 期,第 58—70 页;邵敬敏:《关于"在黑板上写字"句式分化和变换的若干问题》,《语言教学与研究》1982 年第 3 期,第 36—44 页。

④ 于广元:《介词短语的句法、语义、语用漫析》,《扬州大学学报》1999 年第 4 期,第 52—55 页。

⑤ 黄国营:《现代汉语的歧义短语》,《语言研究》1985 年第 1 期,第 69—89 页。

机在进行自然语言理解时,在词形切分、语法结构、句义理解等方面都将会比人更多地遇到歧义的现象。在信息处理与汉语歧义的分析上,用得比较多的分析方法有"潜在歧义分析"、"优选分析"等。

(一)"潜在歧义理论"的分析

在信息处理方面,冯志伟较早注意到汉语的歧义现象,并提出了"潜在歧义理论"(1989)[①],认为歧义是一种"潜在歧义","潜在歧义"经过实例化(instantiation)的过程后,这种歧义有可能继续保持,成为真歧义结构的,也有可能得到消除,成为歧义消解结构的,因而这种"潜在歧义"不是现实的歧义,只是可能性的歧义。后来冯志伟在《论歧义结构的潜在性》一文中,又将这种潜在歧义论用来解释日常语言中的歧义现象。指出:自然语言有其歧义性(ambiguousness)的一面,也有其非歧义性(non-ambiguousness)的一面。自然语言中这种存在潜在歧义有时又能够自行消解的现象正是歧义性和非歧义性对立统一规律的体现。认为"潜在歧义是存在于自然语言中的一个普遍现象,它不仅存在于科技语中,也存在于日常语言中,不仅存在于汉语中,也存在于英语等外语中。潜在歧义论加深了我们对于自然语言同形歧义问题的认识"。他从"潜在歧义论"的角度出发,对日常汉语中常见的歧义格式进行分析,"不但指出它们歧义性的一面,而且着重指出它们非歧义性的一面"。[②] 后来,冯先生还多次运用"潜在歧义理论"分析歧义实例。如《潜在歧义理论用于自然语言处理》[③]运用"潜在歧义理论"分析了多例通过限定某个词语使潜在歧义实例化消歧的过程,阐述了潜在歧义理论对自然语言处理的实践作用。《机用现代汉语"V+V+V"结构句法功能歧义问题研究》[④]运用潜在歧义理论分析了三元动词同类词短语中三个动词的语法、语义及语用特性,对汉语"V+V+V"结构作了较全面的研究,找到了这种歧义结构产生的原因及消解这种歧义的策略。《机用现代汉语"n+n"结构歧义研究》[⑤]运用潜在歧义理论对汉语中的"n+n"结构作了比较全面的研究,找到这种结构产生歧义的原因和消解歧义的策略。

---

① 冯志伟:《中文科技语的结构描述及潜在歧义》,《中文信息学报》1989 年第 2 期,第 3—18 页。
② 冯志伟:《论歧义结构的潜在性》,《中文信息学报》1995 年第 4 期,第 14—24 页。
③ 冯志伟:《潜在歧义理论用于自然语言处理》,《中文信息》1996 年第 1 期,第 7—12 页。
④ 杨泉、冯志伟:《机用现代汉语"V+V+V"结构句法功能歧义问题研究》,《语文研究》2008 年第 4 期,第 14—20 页。
⑤ 杨泉、冯志伟:《机用现代汉语"n+n"结构歧义研究》,《语言研究》2005 年第 4 期,第 105—111 页。

(二)"制约"与"优选"的分析

在自然语言的计算机处理方面,40多年来,对词义排歧方面的研究形成了许多方法。如:"选择最常见义项的方法、利用词类进行词义排歧的方法、基于选择限制的方法、鲁棒的词义排歧方法、有指导的学习方法、自力更生的词义排歧方法、无指导的词义排歧方法、基于词典的词义排歧方法等。"①如此众多的方法,概括起来,不外乎冯志伟(1996)所总结的基于"制约"的和基于"优选"的消歧的方法。"所谓基于'制约'的歧义消解方法,就是利用句法、语义制约条件,排除不能满足制约条件的结构,从而达到歧义消解的目的"。"所谓"优选",就是在若干个存在歧义的候补结构中,选出一个最优的结构,从而达到歧义消解的目的"。"在实际的自然语言处理系统中,常常把基于'制约'的歧义消解方法和基于'优选'的歧义消解方法结合起来,用基于'制约'的方法排除那些不能满足制约条件的歧义,用基于'优选'的方法比较各种歧义的优先度,选取其中的最优者,从而达到歧义消解的目的。"②在实际运用中,人们常常会将这两种方法结合起来,先用一定的规则对句子进行"约束"分析,然后从分析的结果中选取最优的方案作为最终的分析结果。而在"优选"中,存在着基于句法的分析和基于语义的分析两种方法。前者如根据动词的配价满足度进行排歧;后者如用语义关联网来排除汉语句法分析出现的歧义。③ 杨晓峰、李堂秋、洪青阳(2001)的《基于实例的汉语句法结构分析歧义消解》所提出的"基于实例的歧义消解方法"就运用的是"基于语义的优选法",该文"利用《知网》为语义知识资源,通过实例比较的方法对候选句法结构中的实义词间的搭配关系进行评价,并计算整个分析结构的最优评价值,把评价值最高的那个分析结果作为分析的最终结果"。④

以上涉及的信息理论对歧义的研究方法,也会对汉语歧义的人工消解提供适用的、有效的分析方法。

四、语用的视角

语用视角的歧义研究重视静态与动态相结合的分析,重视语境的作用,重视说话人与听话人相互作用,重视交际意图对歧义的影响。最早注意到歧义接

---

① 冯志伟:《词义排歧方法研究》,《术语标准化与信息技术》2004年第1期,第31—37页。
② 冯志伟:《自然语言处理中的歧义消解的方法》,《语言文字应用》1996年第1期,第55—61页。
③ 苑春法、黄锦辉等:《基于语义知识的汉语句法结构排歧》,《中文信息学报》1999年第1期,第1—8页。
④ 杨晓峰、李堂秋、洪青阳:《基于实例的汉语句法结构分析歧义消解》,《中文信息学报》2001年第3期,第22—28页。

收的语用研究的是有关"歧义度"的讨论;随后是语境歧义的讨论;再后是引用语用学的有关理论,采用语义语用结合的方法,从蕴含、预设、会话含义等角度研究语用歧义。

(一)歧义度的分析

"歧义度"指的是歧义结构的歧义强弱程度或理解时的意义选择优先程度。实际上也是人们对歧义结构所包含的歧义的认知程度,从认知程度反观歧义结构的歧义度。赵元任最早提出"歧义度"问题,他(1959)指出:"影响某一形式歧义程度的一个重要因素是各种解释的相对频率,若各种解释的频率旗鼓相当,歧义度就高,若相差悬殊,歧义度就低。"① 后来很多学者也都谈到"歧义度"问题。沈开木(1983)所说的"潜在义实现可能性最大的问题"②,马庆株(1985)所说的歧义格式的各种表达可能性实现的机会的不均等③,李峰(1994)所说的"将歧义按人们语感上的反映,排出其先后顺序"④,也都属于"歧义度"。歧义度的研究到后来也通过调查来获得。如杨敬宇(1998)通过调查分析得出对"人称代词+指人名词"结构歧义度的差别。⑤ 尤庆学(2000)通过问卷调查分析了歧义句的"相对歧义度"(指歧义句例单义候选项之间认知理解频率的不平衡程度)和"绝对歧义度"(指歧义的可接受程度,即歧义句例被理解为有歧义的概率或可能性的大小)。⑥

(二)语境歧义的分析

语境是语用的重要因素之一。语境有大有小,在上下文语境里小至短语,大至语篇、作品,在交际语境中会涉及交际现场的一切,在背景语境里与整个社会相联系。歧义是在语境中形成的,没有语境就没有歧义可言;歧义又能在语境中消除,只有消除了歧义,交际才会达到理想的效果。所以,在歧义问题研究一开始,语境就受到研究者的重视。朱德熙、吕叔湘都曾分析过语境层面的歧义。朱德熙(1980)说:"通常认为没有歧义的句子在某种特殊的语言环境里仍然有产生歧义的可能"。如"木头房子",在童话里可能指"木头领有的房子"⑦。

---

① Chao, Yuan Ren. *Ambiguity in Chinese*. Stanford: Stanford University Press. 1959,中译文见袁毓林译《汉语中的歧义现象》,载《赵元任语言学论文集》,商务印书馆 2002 年版,第 828 页。

② 沈开木:《表示"异中有同"的"也"字独用的探索》,《中国语文》1983 年第 1 期,第 1—9 页。

③ 马庆株:《述宾结构歧义初探》,《语言研究》1985 年第 1 期,第 90—101 页。

④ 李峰:《论歧义的制约》,《新疆社科论坛》1994 年第 2—3 期,第 80—87 页。

⑤ 杨敬宇:《"人称代词+指人名词"结构的歧义》,《汉语学习》1998 年第 3 期,第 55—58 页。

⑥ 尤庆学:《歧义度的调查与分析》,《汉语学习》2000 年第 5 期,第 15—19 页。

⑦ 朱德熙:《汉语句法里的歧义现象》,《中国语文》1980 年第 2 期,第 262 页。

吕叔湘(1984)列举的"歧义不在说出来的部分,而在没说出来的部分"的例子。[①]
徐思益(1985)所专门讨论的"语境中的歧义","是作家或说话人有意创造的"。[②]
王建华(1987)进一步分析了语境歧义产生的原因和语境的影响。指出"语境歧义的产生是话语的语义内容和种种语境因素共同作用于听读者的结果","语境因素使语义内容歧解的可能性转化为现实",而"外显性语境有较大的限定性,内隐性语境有较大的自由性,因而后者比前者对语境歧义的影响要大得多"。[③]
张宁(1988)谈到"从整体上看,各种因素都可能对语言运用有影响。但若针对某一语言现象来说,只有有限的语境因素起作用",主张从语境的不同等级与歧义的对应关系上来分析歧义问题。[④]

(三)语用歧义的分析

"语用歧义是在不同的语用背景或不同的语用前提下产生的"歧义[⑤]。运用语用学的相关理论研究语用歧义是从 20 世纪 90 年代开始的。这种研究不仅从语言平面对歧义进行静态研究,更注意结合具体语境从语用的平面、从说话人和听话人交际过程的角度进行动态研究。

关于语用歧义的研究,主要包括两个方面:一是从语用学的角度研究语用歧义的特点;一是从交际的角度研究歧义的利用。

从语用学角度讨论语用歧义包括从会话含义、言语行为、言外之意、指示语、语用预设、语境等角度分析歧义的特点。这方面的研究以英语为对象的多,以汉语为对象的少,仅见有限的几篇,如徐以中(2003)的《副词"只"的语义指向及语用歧义探讨》考察了"只"在不同背景和前提下的语用歧义问题,提出了"只"字句的歧义取值范围。[⑥] 徐以中、杨亦鸣(2005)的《副词"都"的主观性、客观性及语用歧义》从语用前提的角度讨论了"都"的总括对象,认为"'都'字句的歧义分析则需考虑到语用前提以及主观、客观等不同的层面"。[⑦]

从交际的角度讨论对歧义利用的研究,注重分析歧义所产生的积极的表达效果(语用价值)的分析,是传统修辞学研究的延伸。如郑文贞(1993)认为,故意巧用歧义句,不仅不影响语言的明确,反而会提高表达效果;故意利用歧义制

---

① 吕叔湘:《歧义类例》,《中国语文》1984 年第 5 期,第 321—329 页。
② 徐思益:《在一定语境中产生的歧义现象》,《中国语文》1985 年第 5 期,第 337—341 页。
③ 王建华:《语境歧义分析》,《中国语文》1987 年第 1 期,第 13—18 页。
④ 张宁:《语境等级与歧义》,《汉语学习》1988 年第 1 期,第 16—19 页。
⑤ 杨亦鸣:《试论"也"字句的歧义》,《中国语文》2000 年第 2 期,第 114—124 页。
⑥ 徐以中:《副词"只"的语义指向及语用歧义探讨》,《语文研究》2003 年第 2 期,第 48—52 页。
⑦ 徐以中、杨亦鸣:《副词"都"的主观性、客观性及语用歧义》,《语言研究》2005 年第 3 期,第 24—29 页。

造误会,能获得幽默、风趣、讽刺等效果。① 王本华(1999)分析了修辞歧义的形成,修辞歧义的本质特点、产生条件和表达效果等。② 康健(2002)将歧义句分为积极的歧义句(动态歧义句)和消极的歧义句(静态歧义句),并分析了利用积极歧义句所形成的反语、双关等修辞现象。③

以上三种方法各有千秋,"歧义度"注意到语用者的认知,但仍偏重于形式分析;语境歧义的分析重视了语境的作用,不拘泥于形式,但并未关注语言使用者尤其是接收者的认知;语义与语用相结合的语用学的理论分析注意了形式、语义、语用的统一,分析也很严密,但仍然是脱离了实际使用者的认知,尤其是言语群体的认知。

五、认知的视角

早期的歧义研究者认为,歧义是由语言材料本身带来的,随着研究的深入,大家越来越认同歧义来源于交际过程中交际双方认知的不协调。因而,出现了关于歧义认知的研究。认知研究更关注语言理解的心理机制,重视语言与认知的联系,既考虑歧义存在的可能,又考虑歧义的实际存在。认知视角的歧义研究,其目的不仅仅是为了说明歧义的存在,而是要通过歧义现象的研究探索语言认知过程的普遍规律。20 世纪 80 年代关于"歧义度"的研究就有认知的因素,真正重视认知研究是 21 世纪以来的事。采用的方法有意象图式分析法、实验分析法、实证分析法、歧义倾向性的语料统计法等。

(一)意象图式分析

符号学者皮尔斯认为,"意象是事物成分的心理表象,图式是事物关系的心理表象"。萨伊德说:"意象图式是认知语义学理论中概念构造的重要形式。它们是基于我们在世界里的存在、行动、感受环境、运动身体、发力和受力等经验而形成的基本的概念构造,我们可以用它来组织更抽象领域的思想。"④图式是意象的表现,是结构化了的意象,"是大脑语义记忆中关于事件一般性顺序的规约性或习惯性的知识结构。话语的理解活动是在图式指导下完成的,是激活或建构合适的图式并填充新信息的过程"⑤。图式理论多见于外语研究者用来分

① 郑文贞:《歧义句与修辞》,《厦门大学学报》1993 年第 3 期,第 86—92 页。
② 王本华:《修辞歧义说略》,《首都师范大学学报》1999 年第 3 期,第 28—34 页。
③ 康健:《歧义句新角度透视》,《喀什师范学院学报》2002 年第 2 期,第 45—48 页。
④ 张维鼎:《意义与认知范畴化》,四川大学出版社 2007 年版,第 306 页。
⑤ 周明强:《歧义、歧解和用歧的认知问题》,《语言文字应用》2004 年第 4 期,第 83—90 页。

析外语中的歧义,较少有人用以分析汉语的歧义。周明强(2004)曾运用图式理论中的知识结构图式和注意力分布图式分析了汉语歧解的形成,认为"话语的理解活动是在图式指导下完成的,是激活或建构合适的图式并填充新信息的过程"。指出:"由于每个人的文化背景、知识背景、审美情趣等的固有差异,在同样话语的刺激下,会激活记忆中贮存的不同图式而产生对话语的不同理解。""同一事实、同一事件,在表达上可以有不同的说法。这些不同的说法反映的是注意力分布的差异。同样,同一说法在表达者和接收者之间也存在着不同的注意力分布,于是,歧解就产生了。"①

(二)实验分析

心理语言学研究者从实验分析的角度对歧义的认知进行了有益的探索。如陈永明、崔耀(1997)"通过两个实验,对汉语歧义句多种解释的意义频率和语境位置在句子歧义解析过程中的效应进行了考察",发现了歧义解析和激活的效率与不同语境的关系。② 张亚旭、张厚粲、舒华(2000)"采用移动窗口范式,考察了均衡型、偏正型和述宾型三类歧义短语的加工",发现这三类短语的不同的接续在不同的解歧区的加工问题,探讨了歧义消解的特点。③ 周治金(2002)在著作《汉语歧义消解过程的研究》中,通过实验对比的方法探讨了词汇歧义消解过程中的有意识抑制和句法歧义的消解过程。④ 孙兵、刘鸣(2005a)"采用自定速移动视窗技术,探讨语义关联性和句法歧义性对汉语直接宾语、宾语小句类暂时句法歧义句理解加工的影响"。发现"语义关联性和句法歧义性对歧义区和解歧区的阅读时间有显著影响,在解歧区产生了显著的交互作用,表明语义信息即时参与对句子的理解加工并同句法信息一起共同影响句子的认知加工过程"⑤。孙兵、刘鸣(2005b)用实验的方法"探讨了在汉语句子加工中存在直接宾语(DO)、句子补语(SC)的暂时句法歧义效应:歧义句解歧区的阅读时间显著长于无歧义句解歧区的阅读时间"⑥。孙兵、刘鸣(2007)采用自定速动窗技术,"通过实验探讨了汉语直接宾语(DO)、宾语小句(SC)类的暂时句法歧义句理解加工中的语义关联性效应。发现在汉语暂时句法歧义句理解加工中存在语义

---

① 周明强:《歧义、歧解与和歧的认知问题》,《语言文字应用》2004 年第 4 期,第 83—90 页。

② 陈永明、崔耀:《汉语歧义句的加工》,《心理学报》1997 年第 1 期,第 1—7 页。

③ 张亚旭、张厚粲、舒华:《汉语偏正/述宾歧义短语加工初探》,《心理学报》2000 年第 1 期,第13—19页。

④ 周治金:《汉语歧义消解过程的研究》,华中师范大学出版社 2002 年版。

⑤ 孙兵、刘鸣:《句子加工中语义关联性和句法歧义性实验研究》,《心理与行为研究》2005 年第 2期,第 121—124 页。

⑥ 孙兵、刘鸣:《暂时句法歧义句认知加工初探》,《心理科学》2005 年第 5 期,第 1052—1054 页。

关联性效应,语义关联性与句法歧义性因素在解歧区产生了显著的交互作用:语义关联性因素显著影响对句子的理解加工,并且与句法歧义因素共同作用于句子的理解加工过程"[①]。这种实验研究比较客观,数据比较可靠,但与实际语言运用有差距。

(三)实证分析

随着歧义研究的深入,大家越来越认识到歧义不仅是由语言材料本身带来的,更多的是来源于交际过程中双方认知的不协调。近年来,研究者们运用实证的方法对歧义认知中的个性差异进行了有益的探讨,把歧义研究由对语言本体的分析引到对语言本体与语用主体的关系的探索上来,既能更有效地说明歧义的产生,也更能体现歧义研究的实用价值。如周明强(2006)经过调查,运用数据说明了从表达与理解是否一致看,歧义可以分为真性歧义(语言上真正有多义到了语境中其多义也不能消除,或者虽能消除但接收者仍会产生歧异理解的现象)、假性歧义(表达本身并没有歧义,但理解者却误解出了另一种或多种意思)、强制歧义(也是表达本身并没有歧义,但理解者却出于某种目的而故意曲解为另一种或多种意思)三种情况,说明是人们的认知直接影响歧义的辨识,用实证阐释了 12 种歧义情况的辨识度。[②] 马明艳(2008)则以一个具体的歧义句式"每隔+数量+VP"进行了歧义认知度调查的分析,证实了人们对"每隔"数量对应式的歧义认知度与数量大小、认知者的语言认知水平之间的关系。[③]这样具体而微的歧义认知研究,对将歧义研究引向深入有一定的积极意义。

(四)歧义倾向性分析

歧义倾向性研究也是一种认知情况的研究,即人们对具有歧义的某语言单位的多个意义的认知是不平衡的。邹韶华(1988)认为,多义的单词或短语在使用的过程中产生意义的分化,"显示出一种适应于一定上下文或生活环境的意义来",歧义的这种消除就是"动态的分化"。而"多义的单词或短语离开了一定的上下文或生活环境",它们的几个意义并不等值,而是有主次轻重之分,具有静态的倾向性。[④] 他们认为,这种静态倾向的制约因素大致有三种:逻辑因素、心理因素和语频因素。[⑤] 为了说明这种倾向性,他们调查了大量文学作品语料,

---

① 孙兵、刘鸣:《句法歧义句理解加工中的语义关联性效应研究》,《心理科学》2007 年第 1 期,第 34—36 页。

② 周明强:《认知在歧义的辨识与消解中的作用》,《修辞学习》2006 年第 5 期,第 42—46 页。

③ 马明艳:《"每隔+数量+VP"的语用歧义认知研究》,《汉语学习》2008 年第 2 期,第 50—58 页。

④ 邹韶华:《歧义的倾向性》,《求是学刊》1988 年第 5 期,第 66—71、63 页。

⑤ 邹韶华、马彪:《歧义的倾向性研究》,中国社会科学出版社 2007 年版,第 2—3 页。

利用语频数据,讨论了多音误读的倾向、同音误用的倾向、"终于"隐含的褒贬义倾向、常见歧义格式(7 种)的倾向、一词多类(6 种)的倾向。文学作品是语用的成果,从语频的倾向性也可间接地反映对歧义认知的基本情况,所以,也可看成是认知视角的研究。

以上几种方法虽然方法不同,但都注意了语言使用者,尤其是语言接收者的认知,由以往的可能歧义的研究转到实际的歧义的研究上来了。但对群体的认知关注不够,对语言使用的指导意义体现不出来。

六、社会的视角

语言是一种社会现象,语言交际是一种社会交际,语言也是社会的语言,是社会言语交际的言语成品。语言的表达和理解中的所有规则均由社会约定俗成,无论是讲话人还是听话人对用来沟通的语言必须有共同一致的认知,才能达到理想的交际效果。从理论上说,歧义是言语交际中的障碍,但人们在歧义认知上的共同选择性能起到自然消解歧义的作用,从而保证交际的进行。然而,人们在歧义的认知上,仍然还存在着差异性,这种对歧义认知的差异性才会真正成为交际中的障碍。因此,歧义研究应该有一个社会语言学的研究视角,其中言语社区的分析可以用定量的方式探索个体和群体差异性的基本情况,语言变异的分析可以探索歧义多种意义之间认知的差异程度。

(一)言语社区的分析

从广义上说,人们的交际是在一定的言语社区里进行的。小而言之,"有可能常在一起进行言语交际的人群就可能构成一个言语社区(speech community)"[①]。大而言之,"凭借共用的语言符号进行常规性互动的人类集合体,并且与其他类似集合体在语言使用上迥然相异的"就是一个"言语社区"[②]。任何真正的交际都在一定的言语社区里进行,讲话人和听话人是同一言语社区的成员,使用同样的语言(有双语能力的人要常常还要进行语码转换),交际才能顺利进行。从交际的过程看,"言语设施"、"言语互动"和"言语认同"是言语社区最重要的与言语相关的因素。其中的"言语设施"(言语符号体系和言语规范,或称"相同的语言变项"[③])是核心要素。要使言语交际能顺利进行,不仅要求交际双方说相同的"话",更需要交际双方对说出或听到的"话"有一致的理

---

① 游汝杰、邹嘉彦:《社会语言学教程》,复旦大学出版社 2004 年版,第 85 页。
② 徐大明:《约翰·甘柏兹的学术思想》,《语言教学与研究》2002 年第 4 期,第 1—6 页。
③ 游汝杰、邹嘉彦:《社会语言学教程》,复旦大学出版社 2004 年版,第 85 页。

解。然而,歧义却常常使说、听双方在语义的沟通上形成错位,从而影响了交际的效果。"言语互动"是言语交际的本质特点,也是言语社区关键要素。没有互动就没有言语交际,没有言语互动就不存在言语社区。"言语认同"是在言语社区中起纽带作用的要素,"语言的意义、特点、用法都要以社会成员的认同来确定,没有认同就没有语言,就不可能有言语社区"①。语言的认知以语言认同为前提,在歧义的认知中,认知的差异必然带来认同程度上的差异。从言语社区的视角研究歧义,探寻不同言语社区或不同层次的语言使用者对语言歧义的认知情况,找到语言认知层面上个体和群体的差异性,对提高语言交际效果无疑会有所促进。

(二)语言变异的分析

在社会语言学看来,变异是语言中的重要现象。变异研究的实质是将语言置于社会环境中去研究。拉波夫曾说"研究语言与社会相关的一方面时,只要观察任何个人就行,而研究语言与个人相关的一方面时,却要从社会环境中去观察"②。变异语言学关心的是语言形式的变异,并认为"各种语言变异的存现形式就是'语言变体'"③。更多的是关心语音的变异,而不够重视句法、语义的变异。实际上语音、语义、语法是互为一体的东西,语义、语法的变异会影响语音,语音的变异也会影响语义、语法。林杏光曾谈到台湾学者不了解"花环"和"花圈"的差异,并将之视为语言变异。④ 可见"语言变异"就不仅是语音问题。歧义的认知个体和群体的差异,自然也是一种变异。可以用变异语言学的定量分析的方法加以显示。一般说来,在交际过程中,说话人使用了歧义的表达方式时,在意义上本是有选择的;听话人在接收这些歧义的表达方式时,在意义上本也是有选择的。这种选择具有一致性时,歧义便得到了自然的消解。只有当这种对意义的选择性出现不一致时,才会出现真正的歧义。

在歧义的多种意义的选择性上,从总体上看具有趋同性、一致性,从个体上看,或者不同的群体上会存在差异性。这种差异性会在交际中表现出来,最后又依靠交际消除这种差异,这就是语言意义变异性结果的表现。

社会语言学的研究关注了群体的语言使用,重视语言的变异研究,特别是重视语言形式的变异研究。但社会语言学并不排斥语义内容的研究,形式是为

---

① 周明强:《言语社区构成要素的特点与辩证关系》,《浙江教育学院学报》2007年第5期,第59—64页。
② 拉波夫:《在社会环境里研究语言》,《语言学译丛》第一辑,中国社会科学出版社1979年版,第18页。
③ 游汝杰、邹嘉彦:《社会语言学教程》,复旦大学出版社2004年版,第24页。
④ 林杏光:《简论世界汉语文化圈的语言变异研究》,《世界汉语教学》1997年第4期,第55—59页。

内容服务的。如果既能充分利用社会语言学关注社会、重视交际、重视言语互动的研究路线，又能吸收认知语言学重视语用主体的认知规律的研究思路，也吸收以往形式研究的长处来研究歧义问题，将会使歧义研究出现一个新的局面。

七、对研究视角和方法的评价

以上六种视角，前三种属静态分析，后三种为动态与静态相结合的分析。这些研究视角经历了从单纯重结构、重形式的研究，到联系语义、语用进行歧义研究，从只重视表达到既重视表达又重视理解，从重视歧义形成的语言性原因到重视歧义的认知原因，从只重视语言的个性认知到重视语言的社会认知的不断递进的过程。这个过程也是不断发现研究思路、研究方法不足并不断更新的过程。纵观近 60 年来歧义研究视角不断转变的四个层次，每一次研究视角、分析方法的转变都是对前面研究视角、分析方法的补充或更新。

结构主义视角下的句法研究（包括信息处理的视角），重视语言的结构以及语言的组合层次与意义之间的联系，不同的组合方式、不同的组合层次会引起意义的变化。结构视角的研究能从歧义现象里总结汉语语法系统中的错综复杂和精细微妙，歧义研究可以促进语法研究的深入。正如朱德熙所说："一种语言语法体系里错综复杂和精细微妙之处往往在歧义现象里得到反映。因此分析歧义现象会给我们许多有益的启示，使我们对于语法现象的观察和分析更加深入。"①但语言意义的形成不完全依靠结构显示出来，语言组合出来有显性的语法关系能显示语言的意义外，还存在隐性语法关系，这种隐性的语法关系也能产生语言的意义；语言的意义还可以依靠语境表现出来；语言的意义更要依靠人的认知来理解。而结构的视角发现不了结构之外的意义产生的复杂性，对结构因素之外的因素形成的歧义无能为力。

语义视角的研究不拘泥于结构形式，重视语言结构和语义形成之间的复杂关系，从语义关系、语义指向、语义特征等角度揭示形式与意义的联系。从各种语义的联系上解决了结构分析无法解决的疑难问题。因语义来自人们的共性认知，所以其分析的结果与认知相吻合。但其分析过程仍然是脱离交际语境和交际者的，不能揭示语言表达与理解不一致的原因。对因受语用因素影响而形成的歧义也不能很好地解释。与结构主义视角下的研究一样，这种研究只是静态地分析语言可能产生的歧义，而不顾实际是否存在歧义。

---

① 朱德熙：《汉语句法里的歧义现象》，《中国语文》1980 年第 2 期；参见《朱德熙文集》（第二卷），商务印书馆 1999 年版，第 259—281 页。

在对歧义的具体分析上,结构分析和语义分析常用的方法都是演绎、举例式的,缺乏系统性。正如范晓、张豫峰(2003)所指出的:在"研究方法上以个案研究为主,众多文章的例句大同小异,缺少对汉语语法中多义或歧义现象的宏观考察"①。

语用视角的歧义研究,结合了语境和语用者来分析歧义现象,从表达的角度分析了歧义的存在。在分析方法上,或者是语用形式的分析,或者是修辞学的分析,或者是语境作用的分析。其立足点是表达,而非理解,没有从接收者的角度讨论对歧义的理解,所讨论的歧义仍然是可能的歧义,而非现实存在的歧义。

大多数的语用视角下的歧义研究既未对歧义语言形成的机制作出剖析,也未能对交际中歧义表达或理解(尤其是理解)的认知机制作出剖析。或者只是谈论避免歧义的重要,或者只是从修辞的角度谈论恰当地运用歧义能产生幽默生动的修辞效果,而对人们实际的歧义认知情况关注十分有限。更有甚者,还会导致前文所述之"循环论证",这种循环论证不仅不能解释歧义产生和消解的原因,更不可能给语言学习和语言运用以有益的指导。

认知视角的歧义研究,是既从句法或语义的语言本体上来探讨歧义,更从歧义产生的根源的角度来分析歧义的产生和存在。如早期对"歧义度"的探讨就很能反映歧义本身的特点和人们的认知结果。人们越来越重视歧义的认知研究是在歧义研究中不断形成的一种共识,也是一种趋势。这是歧义研究上的一大进步。但到目前为止的研究,还存在以下缺陷:只重视个案研究,缺乏整体性研究;只看到个性差异,没发现群体差异;只看到差异的现象,未解释形成差异的原因。

社会语言学视角的歧义研究,可以实现两个转向:一是由对歧义语言的研究转向交际者对歧义语言的理解的研究;二是由从个人对歧义的语感来研究歧义转向从言语社区群体对歧义的认知程度来研究歧义。社会语言学的研究采用社会调查的方式,可以从社会群体上了解歧义认知的程度,将可能的歧义变为存在的歧义。亚里士多德曾说:"词是有限的,句式也是有限的,而事物却是无限的。因此同一个词、同一个句式便不可避免地会有许多意义。"②然而,在语言生活中人们却并没有感到到处都是多义或者歧义,是人们的社会认知在起着调节的作用。社会语言学与认知语言学结合能解开这种社会认知调节之谜。

---

① 范晓、张豫峰:《语法理论纲要》,上海译文出版社 2003 年版,第 263 页。
② 转引自张维鼎:《意义与认知范畴化》,四川大学出版社 2007 年版,第 338 页。

本章小结

近 60 年来现代汉语的歧义研究一直受到关注,说明歧义问题是一个很有价值的永恒的研究课题。近 60 年的研究成果不可谓不丰富,歧义研究视角和歧义分析的方法不可谓不多样。从中不难发现歧义研究在方法和内容上是不断更新和递进的过程,从歧义研究的过程看,歧义认知的研究是歧义研究向纵深发展的新趋势。但从歧义研究的对象看,以往的歧义研究大多局限于语言本体,不够关注语言运用,即使关注语用,也只是关注语言表达效果,而不是实际使用语言的人,尤其不是接收者的认知理解。从歧义研究的内容看,以往的歧义研究侧重的是对语言内容上实例分析,缺少系统完整的有价值的理论。从研究方法上看,拘泥于定性的分析,从研究者的个人语感出发的多,联系社会、联系语言使用群体的实际的共同认知的研究少。概而言之,以往的研究分析的是可能的歧义,而非现实的歧义。

为了拓宽歧义研究的思路,提升歧义研究的意义,本书从语言认知的社会性、习得性和变异性的特点入手,针对以往歧义研究中存在的不足,提出了从语言使用者,特别是语言接收者对歧义认知的角度来研究歧义的研究路径,实现了从研究语言本体歧义到研究语言使用者对歧义认知机制的转变,从研究语言使用的个体的认知差异到研究语言使用群体认知差异的转变;真正将歧义研究从凭个人语感的"可能的歧义"的研究,引导到从群体语感上的"现实的歧义"的研究道路上来。在研究方法上,本书采用定量定性相结合的研究方法,在综合运用社会语言学和认知语言学解决语言歧义问题上作了一些有益探索。力图克服以往研究只重视个案研究缺乏整体性研究、只看到个性差异没发现群体差异、只看到差异的现象未解释形成差异的原因等的不足,做到重视整体性研究、重视社区群体的差异、重视差异的解释。本书力图将歧义认知的差异、特点和认知机制揭示出来,以利对语言运用有指导作用:(1)对语言教学(特别是对外汉语教学)有直接的指导作用,教师知道什么样的歧义句学生会怎么理解,就可以有针对性地进行指导。(2)对语言交际有直接的指导作用,说话者知道什么样歧义句对方会怎么理解,就可以有的放矢地进行调整。(3)对信息处理有间接的指导作用,未来的智能化信息处理,是要懂人的语言的,不仅要懂一般的、简单的语言,更要懂像歧义这样的"复杂"言语表达,希望本书的研究能引起信息处理专家的重视。

本书采用定量定性相结合的研究方法。通过定量研究揭示词汇歧义和句法歧义在不同的认知个体、不同的认知群体上所存在的认知差异,通过定性研究揭示认知群体的认知差异形成的原因。定量研究依据社会语言学的言语社区理论，从不同言语社区、不同言语群体获取调查材料并进行对比分析。定性研究借鉴认知语言学认知域、认知模型理论揭示认知差异形成的原因。

"社会语言学的特殊作用在于它弥补了传统语言学研究对言语社区内部差异的忽略。社会语言学，特别是社会语言学的言语社区研究，立意测量和验证言语社区的同一性，并把它作为研究课题，而不仅仅把它作为一种信念，或者一张用来回避语言变异现象的盾牌。"①以往言语社区理论比较关注语言形式的变异研究，而歧义认知的研究是关于语言使用者的研究，是关于语言使用者对语言意义的掌握情况的研究。对语言意义的把握直接影响对语言的使用和语言态度。徐大明(1977)指出："语言是个多方面的复杂事物，可以从几个不同的平面进行研究，从符号体系的角度，就可以分成形式和意义两个系统，从形式方面还可以分成语音、句法、词汇等子系统。在语言的系统性研究中，迄今最受到忽视的是语言的社会纬度，语言的使用者系统。如果对这个系统的研究不深入下去，其他系统的研究必然受到阻碍。"②因此，歧义认知的个体差异、群体差异的研究针对的是语言使用者的系统，这种研究有助于推动和丰富言语社区理论的研究。

在认知语言学看来，语言不是人类凭空臆造的产物，它受人的社会环境和认知环境所制约，任何语言都是有理据的。语言应该是由客观世界、社会文化、人的认知及其他各种语用因素共同促成并反馈于人的认知所形成的象征符号系统。"认知语言学研究表明，多义现象(包括不同义项和不同词性)是通过人类认知手段(如隐喻、转喻)由一个词的中心意义或基本意义向其他意义延伸的过程，是人类认知范畴和概念化的结果"③。认知语言学还认为，"语言不完全是形式的东西，不是一套规则系统，不能用生成和转换以及对形式描述的方法来对语言共性进行解释。语言的词汇和语法结构都是不同层次的语言单位，是形式与意义相结合构成的具有内在结构的象征符号，具有真实的认知地位。句法的不同形式来自并反映不同的语义。语义不是基于客观的真值条件，而是对应于认知结构。语言的意义不限于语言内部，而是植根于人与客观世界的互动的认知，植根于使用者对世界的理解和信念。因此，语义知识和语用知识是不可分的，语言形式是认知、语义、语用等形式之外的因素促动的结果"④。从认知角度解释歧义的产生和消解，不仅便于解释歧义产生的根源，也提升了歧义研究的目的。

---

① 徐大明：《言语社区理论》，《中国社会语言学》2004 年第 1 期；参见徐大明：《社会语言学研究》，上海人民出版社 2007 年版，第 255 页。

② 徐大明等：《当代社会语言学》，中国社会科学出版社 1997 年版，第 273 页。

③ 赵艳芳：《认知语言学研究综述》(一)，《解放军外国语学院学报》2000 年第 5 期，第 22 页。

④ 赵艳芳：《认知语言学研究综述》(一)，《解放军外国语学院学报》2000 年第 5 期，第 26 页。

第二章　歧义识别与消解的社会认知

　　语义是人脑对客观世界事物或现象的一种概括反映,是人们对客观世界映像符号化的结果。从语义看,语义一方面与客观世界相联系,构成了反映与被反映的关系;另一方面与人们的主观世界相联系,构成了每个人头脑中贮存着的一套反映外部世界的认知语义系统。从认知看,一方面,人们用语言来反映世界、反映社会;另一方面,人们又要用语言去认识世界、了解社会。语言在客观世界与人的主观世界之间架起了桥梁,其桥梁作用是通过语言意义来实现的。而语言意义除基本的词汇意义比较固定外,会随着组合或所指的不同发生各种变化,从不同的角度,用不同的方法分析就会形成不同的意义。C·K·奥格登和I·A·理查兹在《意义之意义》一书中曾归纳了 21 种意义①,可见语言意义之复杂。语言的多义或歧义就是这种复杂性的表现。这种复杂性除了表现在语义本身外,还表现在语言表达和语言理解上。特别是表现在歧义的识别与消解上,表现在个体的认知和群体的社会差异上。

第一节　歧义与认知

　　从语言本体看,歧义(ambiguity)是语言形式和意义不对称的表现,是一种语言形式能传递多种语义、作多种解释的语言现象。从语言交际看,歧义是语言表达和语言理解的不一致,是表达者与接收者对话语意义的不同选择。

---

① 　C·K·奥格登,I·A·理查兹:《意义之意义》,北京师范大学出版社 2000 年版,第 171 页。

一、语言表达与歧义

人们在语言表达时借助语言符号传递的意义有许多种，大致可以分为四个层次：词汇意义（或称"概念意义"）、语句意义、情景意义和联想意义。词汇意义是一种抽象的意义，主要是指概括某类事物所具有的基本特征而形成的意义，它是人类对于客观世界各种现象的共性认识。语句意义是由词汇组合之后产生的意义，是一种所指的意义。情景意义是联系现场情景所形成的意义，是语言使用中所产生的意义。联想意义是人们在语言运用过程中联系具体的语用对象运用具体的推演手段而产生的意义。

词汇意义是一种语言丰富的系统意义。由于语言符号的有限性和需要表达的意义的无限性，人们在利用同一词语表示不同的意义时，就形成了本义、基本义、引申义、比喻义、借代义、方言义等不同的意义，人们将这种能表示有联系但意义不同的词称为"多义词"。这些词汇和词义就构成了乔姆斯基所说的心理词库（或称心理词典）。词汇的多义是形成歧义的常见原因之一。在语言运用中，交际双方总是从自己认知的心理词库中选择一定的词义来进行话语交流的，从发话方来说，如果没有意识到某词语会形成歧义，而没有对它进行限定或提供相应的上下文语境，受话方如果没有很好地利用语境作出正确的语义选择，就会在接收时造成歧义的理解。从这个角度说，歧义就是语义表达和理解的错位。如"黄牛"一词的方言义是："指恃力气或利用不正当手法抢购物资以及车票、门票后高价出售而从中取利的人"。因现在交通发达，倒卖车票的现象常见，"黄牛"一词使用已很普遍。但人们掌握的情况却很不一致，据我们调查，在杭州市，即使是最优秀的小学，学生知道此方言意思的也只有 25.61%。那些不知道此方言意义的小学生，如果看到"汽车东站火车票售票点'黄牛'再现"，也许会将"黄牛"理解为耕田的黄牛出现在火车东站，这样就产生了歧义的理解。

语句意义是词汇组合之后产生的意义。其意义或者是由词汇意义组合而成，或者是由词汇意义加语句理解方式显现。对于词汇组合形成的意义只需将词汇意义组合而成即可理解，对于由词汇意义加语句理解方式显现的语句意义，则必须掌握这种语句意义的理解方法。如"中国队战胜了美国队"与"中国队战败了美国队"这样的语句意义，不是由词汇意义组合形成的，要依靠正确的理解方式才能理解。许多歧义现象就是由这类语句意义所带来的。

情景意义是联系现场（情景）语境所产生的意义。它是临时产生的意义，有时虽然也需要联想，但不同的是它以现场情景为触发点，这是它与"联想意义"

的区别。有些语句到了具体的现场语境,也会由于联想的介入而产生歧义。如"把生产搞上去,把人口降下来"是宣传计划生育基本国策的,将此标语写在很多地方都是恰当的,但却不能把它写在与火葬场有关的地方,就是因为在这个情景中人们会将火葬场的生产效率和死人数量(降低人口数量)的关系联系在一起,从而产生了在这个情景中才会出现的情景歧义。

联想意义就是联想到不在眼前的事物、现象和情景等所产生的意义。联想意义常常与社会背景、民族文化等相联系。如不同的民族对同一个词产生的联想词义不一定相同,理解时就容易造成歧义。例如,瞿麦生曾举例说,一次,解放军某军分区的鲁司令员接待来访的外国驻华武官。一位俄罗斯武官问:"我在北京学会了一个名词,叫下海,我回国后准备下海,你们军队下海吗?"鲁司令员说:"我们军队只上山不下海,如果下海,枪炮是会锈蚀的。"①俄罗斯武官所学得的"下海"一词的意义就是联想意义"经商赚钱"。这位武官以为掌握了"下海"一词的联想意义,其实,没有真正理解"下海"的联想意义:"放弃原来的工作而经营商业"。我们的军队是人民的军队、革命军人不可能"放弃原来的工作而经营商业",所以鲁司令员对应地用了"上山"来阐明态度,也是用的联想义。"上山"是"到山区去",即"保持革命传统",我军是"以农村包围城市"逐步走向强大的,是不会"放弃原来的工作经商"的。要理解联想意义必须要对民族文化、历史传统有深刻的了解,才能理解到位、准确。如果那位俄罗斯武官缺乏对这种文化背景的了解,也就无法准确理解鲁司令所说的"上山"的真正意义,就无法听懂他整句话的意思。

二、语言理解与歧义

语言理解就是揭示语言符号所负载的意义,是语言接收者在大脑中对所接收到的语言信息进行加工的主动认知过程。在语言理解认知加工过程中,接收者要运用词汇的知识、句子结构的知识、百科世界的知识等,来判断表达者是如何将他的想法编码为一定的话语的。接收者常常是假定表达者试图表达某种意义,即看成是可能的意义,并根据表达者所说出的下文进行验证,实现对话语的理解。语言理解的过程既是解析的过程,也是建构的过程,还是推理的过程。

首先,语言理解是意义解析的认知过程。该过程主要是对语言符号所承载的信息进行解码,从而获得语言符号所能传达的词汇意义。解析的认知过程是最基本的认知过程,人们的语言能力的高低,语感灵敏与否都在此阶段得到反

---

① 瞿麦生:《论语用得体性与隐喻得体性》,《符号学和语言逻辑》1999 年增刊(探索与争鸣),第147 页。

映。通过解析过程，一方面，人们可以将一系列连贯的句子分解为词和短语等构成要素，并解释每个要素的意义。另一方面，人们还要将词语意义整合为连续的意义，就是将语词意义整合成话语意义，从而实现对话语的理解。

其次，语言理解也是意义建构的认知过程。在该过程中，意义的形成绝不是词语意义的简单相加，而是意义建构的过程，即从语言表层结构提取深层意义的过程。这种过程既依赖于语言材料的性质，更依赖于话语接收者头脑中已贮存的各类知识（即语言的知识以及与话语内容有关的百科知识）。建构意义的过程就是话语接收者运用已有的知识，对外部输入的言语信息进行加工整合的过程。

第三，语言理解还是意义推理的认知过程。在语言理解过程中，推理是非常重要的，它可以补充空缺的语言信息，并预期将要出现的新信息。这种推理不是逻辑命题意义上的推理，而是话语接收者在长期的言语实践中培养起来的语言敏感性的具体表现。如对比喻义、借代义的把握，对情景义的提取，对文化意义的解读，对预设义的推理，等等。一个语言敏感者，常常能听出说话人想说却没有说出的话语意义，靠的就是这种认知"推理"。

总之，"语言理解是一种与心理相关的认知过程，是人们通过一定的方式和手段获得知识和经验的过程，是人们在特定的环境中以特定的目标为方向处理信息的过程。"[①]人的认知系统在处理语言信息中起着重要的调节作用。Norman（1981）认为，信息的输入和输出要经过人脑调节系统的调节，而"认知系统是服务于调节系统的"。"认知系统是调节系统对智力因素的需要不断增长的结果，只有当认知方面达到一定的质量以后，它才有自己的独立存在并具有自己的功能和目的。"[②]歧义是多义的语言单位进入语境后仍然存在多义而形成的，它既与语言材料本身有联系，也与人们的认知有联系。人们的认知语境与各自的"生活经历、知识结构、感知能力乃至心理情绪等有密切的联系"，"不同的交际者的心理是不同的，即认知心理语境因人而异，同一人的认知心理语境随着情况变化也会有所调整"。[③] 于是，出现了多义的句子进入语境后，有人认为有歧义，有人认为没有歧义的不同结果。

从认知的角度来审视理解上的歧义，我们可以看到三类情况，这三类情况里又包含了"歧义（正解）"、"误解"、"曲解"、"歧解"、"用歧"五种现象：第一，语言表达并没有歧义，但理解者却作了另一种或多种理解，其理解有的是无故意因素的，这是"误解"；有的是为了某种目的，故意作别种理解的，这是"曲解"

---

① 周明强：《现代汉语实用语境学》，浙江大学出版社 2005 年版，第 151 页。
② 王甦、汪安圣：《认知心理学》，北京大学出版社 2004 年版，第 23 页。
③ 周明强：《现代汉语实用语境学》，浙江大学出版社 2005 年版，第 151 页。

（"枉解"）。这两类都是没有理据的所谓"理解"。还有一种是有一定理据（或是理性意义的表现，或有语境的支持）的，但其理据有一定的错位现象（与表达者要表达的意思错位），这便是"歧解"。第二，语言表达本身就包含了两种及以上的意义，理解者当然可以相应地作出两种及以上意义的理解，其理解属于"正解"，是真正的歧义，不存在"误解"、"曲解"、"歧解"现象。第三，如果表达者为了增强一定的表达效果，而故意利用会使接收者作多种理解的方式来表达，就是一种"用歧"现象。[①] 三类情况如表 2-1 所示。

表 2-1 语言表达与语言理解的关系

语言表达	语言理解			类型
有无多义	有无多义	有无故意因素	有无理据	
－	＋	－	－	误解
－	＋	＋	－	曲解
－	＋	－	＋（理据错位）	歧解
＋	＋	－	＋	**歧义**
＋	＋	⊕	⊕	用歧

注："＋"表示具备，"－"表示不具备，"⊕"表示具备但接受者不一定理解得了。

这三类被人们所认为的表达上的"歧义"均与人们的认知相联系。本书要讨论的歧义，是语言表达包含了两种及以上的意义，理解者相应地也应该可以作出两种及以上意义的理解，是有理据的，但没有故意因素（表 2-1 中黑体示出）。其他现象不在讨论之列。

语言表达和语言理解虽然是语言交际的两端，但二者有密切的联系。表达者从理解的角度考虑，重视了自己语言表达应容易为他人所理解、接收，其表达才会达到更加理想的效果。接收者从表达者的角度考虑，重视对表达者的话语作准确、完整的理解，才能使交际更为畅通、和谐。

三、语言认知的特点

任何语言都是有规则的符号系统，然而语言更是因为其有意义而成为交际的工具。因而，语言研究只限于语言规则本身是不够的，如何利用各种语言规则去生成语言，如何理解语言都应该成为语言学研究的内容。人们的语言能力既表现在对语言规则的认知上，更表现在对语言意义的认知上。对语言学家来

---

① 周明强：《歧义、歧解和用歧的认知问题》，《语言文字应用》2004 年第 3 期，第 89 页。

说,语言规则的认知系统和语言意义的认知系统同等重要、同样完善;对常人而言,语言意义的认知系统更重要,语言形式常常在潜意识中发挥作用。实际上,任何人对于语言意义的认知是离不开对语言形式的认知的,只是对语言形式的认知是处在"只可意会,不可言传"的潜意识状态之中。

歧义是语言中常见的极有特点的现象。如果一个语言单位只有一种意义,那么,人们对其意义的认知就只有能否理解;而对于一个能产生歧义的多义语言单位,人们对其认知除了有正确与否、积极与消极等差异之外,还有社会的认知与个性认知的差异。

个性认知与社会认知之间存在很大差异,交际个体所掌握的词义不一定是写入词典的意义,所掌握的语言形式也不一定是语言学家所肯定的语言形式,并常常以变异的形式存在。人们的语言能力的形成依赖于语言实践,得益于语言生活。人的经验和认知能力在语言运用和理解中具有重要作用,"没有独立于人的认知以外的所谓意义,也没有独立于人的认知以外的客观真理"①,同样,也没有独立于人的认知以外的语言形式。我们研究歧义问题就是为了探寻社会认知与个性认知之间差异的基本面貌,个性认知如何逐步接近社会认知及其深层的原因。

(一)语言认知的习得性

语言习得的诸多研究说明,人们对于母语的习得早在儿童时代就已基本完成,一般说来,儿童在四五岁时就已基本掌握了母语,获得了相当完备的母语知识,可谓易如反掌、水到渠成。② 这主要是指母语的语音系统和基本的、常用的句法结构系统,这些属于低级的语言系统。尤其是语音系统,它通过肌肉与神经系统的协调机制的活动而产生认知,是很适合低龄的语言学习者学习和掌握的;基本句法结构是以语音为基础转化为语义的外化形式,它通过句法结构的调配可以产生丰富的语义,这些基本句法结构对儿童学习者来说,很有吸引力。而语义属高级的语言系统,需通过分析推理、逻辑组织、思考能力来运作,再加上学习者的认知与经验才能把握。因此,即使在儿童阶段之后,人们仍处于对语言(复杂的语义和结构)的习得之中,人们的语言认知是在不断习得中逐渐丰富起来的。歧义是一种复杂的语言现象,人们对歧义的认知更是随着其年龄、阅历的增长,以及认知世界的逐渐扩展而逐渐丰富起来的。

1.语言规则的习得

语言习得是一种十分有意义的认知过程。在语言习得过程中,学习者自觉

---

① 赵艳芳:《认知语言学概论》,上海外语教育出版社 2001 年版,第 7 页。
② 温宾利:《当代句法学导论》,外语教学与研究出版社 2002 年版,第 3 页。

地、有意识地将语言的规则反复练习、内化，直到无意识地、熟练地、自主地表达的程度。在语言习得过程中，语言规则是最为重要的对象，因为意义是无限的，规则是有限的；语言形式的变化会带来语言意义的变化，只有从掌握语言的规则入手，才能达到掌握这种语言的目的。

语言规则涉及语言的结构规则和语言意义理解的规则，前者容易被认知，而后者涉及语言结构与语言意义的关系，认知就有一定的难度。语言结构与语言意义之间的关系不是单一的关系，有的较为直接，有的却不那么直接，因为语言的意义不仅与社会文化相联系，还与语义的认知技巧相联系。前者是显性的，后者是潜性的。

显性的语言结构规则可用以理解"顺理"的语言结构所形成的意义。有些语言单位随着结构的复杂，意义也复杂起来，但意义可以由组成的下级单位合成。如："读书"、"读报"是"读"这个动作与"书"、"报"这些对象的意义合并而成。理解了"读"的意义和"书"、"报"的意义，"读书"、"读报"的意义就能顺利地理解了。

潜性的语言结构规则可用以理解"不顺理"的语言结构所形成的意义，或者解释语言结构与语言意义不对称的现象。如"读书"在显性结构下的意思是"拿着书读出声来"、"照着书上所写的内容读下去"等，是一个实际的动作；但在潜性的结构规则里所表示的意思可以是"在学校里求学"，甚至还可以是"他还小"、"他没时间"等意思（如"他还在读书"）。这里我们看到潜性结构规则管的是引申义或者是言外之意。

如果分不清显性的语言规则和潜性的语言规则，在理解语言的时候就容易出问题。如过去人们曾批评过"打扫卫生"、"恢复疲劳"这样的组合，认为是病句，就是忽视了潜性语言结构规则的作用。人们在语言习得中是先习得语言的显性规则，然后逐步习得语言的潜性规则的。这是语言习得的一般规律，是符合从简单到复杂的认知规律的。斯金纳认为，"一切从简单至复杂的行为，包括语言在内，均由学习而获得。人类没有不学而能的行为"[①]。

在显性语言规则里，语言意义一般是将临近的语言单位进行意义组合，而在潜性语言规则里，语言意义的合成可以是语言单位跨越式的组合。如"圆圆地画了一个圈"中的"圆圆"可以理解成"画了一个圆圆的圈"，这是在句内跨越；还可以向句外跨越，如"酽酽的歌喉"可以联系句外的"海水"，理解成"像海水那样醇厚圆润的歌喉"。句外跨越难于句内跨越。这种语言结构规则的习得既受认知发展的影响，又受社会语言互动的影响，人们是在语言互动中逐渐掌握潜

---

① 史忠植：《认知科学与计算机》，科学普及出版社 1990 年版，第 133 页。

性的语言结构规则的。Lakoff 认为,"认知模型是建立在四种不同的规则的基础之上的:命题规则、意象－图式规则、隐喻规则和转喻规则。人们对世界的认知过程可以是通过一种规则完成,即简单认知过程;也可以是通过几种规则构成的认知网络完成,即复杂的认知过程。无论是哪种,如果在认知过程中,理想认知模型产生变化,那也将会使认知结果随之转移"[①]。在这四种规则中,前二者就是显性规则下的认知,后二者则是潜性规则下的认知。如果一个语言习得者能够用潜性语言理解规则来处理语言结构,运用跨越式的语言理解策略,则说明其语言理解水平、语言能力已经达到了较高的水平。

2.语言意义的习得

虽然语言结构影响语言意义,但人们关注的往往不是结构形式,语言意义才是人们关注的焦点。在意义理解有困难的时候,才会回过头来检查语言结构,找到意义传达不出的原因。这就是我们常见的语病修改。不过在一般人那里,即使是修改文章,也主要是修改到意思能表达出来,并且比较简洁顺畅为止,并不考虑其语言结构是否"顺理"、是否"规则"的。这是因为不仅潜性的语言规则在一般人那里是完全被忽略的,就是显性的语言规则在一般人那里也是被忽略的。一个没有受过语言学指导的语言习得者,是较难从语言结构的角度辨清语义不顺的原因的。而在有些语言学家那里则常常会出现相反的情况:过分看重语言结构的规律性,相信语言都是合规律的,因而,常常会将"不规则"的现象置于研究视野之外。正如徐大明(2004)所指出的:"语言学的产生和发展一般追随着这样一个目标,就是发现或者总结出语言的规律性。可是伴随着语言学在总结规律性方面的成就,特别是语言的规律性和系统性被理论化以后,语言学家们往往会产生过度忽视语言事实中的不规则现象的倾向。"[②]而语言中的"不规则"现象常常是可以由潜性语言规则来加以调节的。

在语义理解分析程序的四个要素中,隐显的程度是不一样的,语义的认知显性比率最高,隐性比率最低,词法、句法认知、语境信息认知、百科世界认知其隐性成分逐渐递增,百科世界认知的隐性比率最高(如图 2-1 所示)。因而,出现了语言理解中的所谓"只可意会,不可言传"的说法。随着语义学、语用学、语境学、认知语言学研究的深入,本来是隐性的规则才逐渐地被揭示出来。

在语言习得中,学习者对语言意义的习得就不是简单地对词汇意义、句子结构所合成的意义的理解,必须依赖于对语境的把握、对百科世界知识的积累

---

① 邹春玲、屈素娜:《语言变异的认知分析》,US-China Foreign Language,Volume 5,No.7,2007,pp.1—4.

② 徐大明、谢天蔚、陶红印:《当代社会语言学》,中国社会科学出版社 2004 年版,第 68 页。

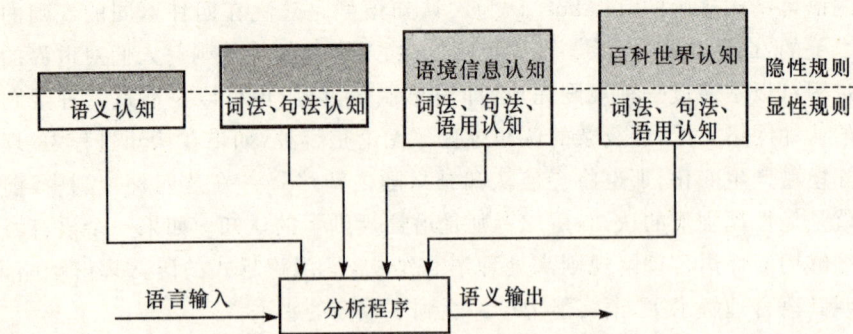

图 2-1　语义理解过程的分析程序

等一系列认知因素,才能实现对语义的准确理解。歧义的理解更是如此。

(二)语言认知的变异性

"语言以一个复杂的网络系统的形式,存在于社会全体成员之中。"①每一个社会成员对于语言这个复杂网络系统情况的熟悉程度是不一样的。不同的成员所掌握的语言形式系统也是不一样的,对语言的歧义情况的掌握程度更是不一样的。所以才会在言语交际中出现屡见不鲜的误解和错解。

1. 变异和歧义

语言变异和语言歧义都是语言形式与语言意义之间的不对称的表现。语言学家安蒂拉(Anttila,1989)曾指出,自然语言中理想化的形式和意义应该是一对一的关系,但实际发生的语言形式往往会与这种理想状态发生偏离。偏离的类型有两种:变异和歧义。变异指某一个意义("意义一")与好几种形式相对应("形式一"、"形式二"等),如图 2-2 中的 A;歧义指某一种形式("形式一")与好几个意义相对应("意义一"、"意义二"等),如图 2-2 中的 B。

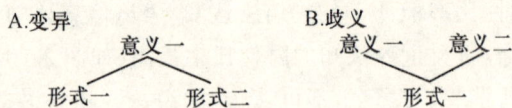

图 2-2　变异和歧义(Anttila 2002:210)②

从安蒂拉对变异和歧义的区分中,我们可以看到一个共同的特点,研究语言要注意形式与意义的关系。研究变异要联系意义来讨论形式,研究歧义要联

① 陈松岑:《语言变异研究》,广东教育出版社 1999 年版,第 17 页。
② 徐大明:《语言变异与变化》,上海教育出版社 2006 年版,第 91 页。

系形式来讨论意义。

对语言变异的掌握情况就是对语言变异性的认知程度,对这种认知情况的研究早就进入人们的视野。"早期变异研究的成果多集中于语音方面,目前变异研究已经逐渐扩展到语法、语义、话语分析等语言研究的各个方面。"①语言变异因为有更多的形式特点,容易引起人们的关注,也能作各种各样的形式分析。因而,联系语用实际的语言变异研究,在社会语言学研究领域里有许多扎实的研究成果。

近 60 年来对歧义的研究,主要集中在语义与形式的关系上。对一种形式对应的意义是否都会进入人们的认知,却少有人关注。心理语言学家们虽然也对歧义现象有所关注,然而,都是坐在语言实验室里进行的,所找来的被试对象都是水平相同的学生。虽然他们的实验也能说明很多问题,但离实际的语言运用相去甚远。

语言的形式变异和语言的意义变异都是社会现象,在其开始之时,往往是先从个人的语言运用开始的,后在一定的社区公开,逐渐扩散到全社会,接受社会的检验,适合多数人的需要就会被接纳。从对变异现象的研究到变异产生的认知原因解释也应该是相辅相成的,也只有这样才能真正解释语言变异的根源。人们对歧义的认知也会由个性的认知而沉淀为社区(群体)的认知。歧义研究与语言变异的研究是互补的,但这是知难而进的研究工作。

2. 语言的形式变异与认知

"变异"是语言单位在实际的话语中使用状况。变异在语言应用的实际中是随处可见的,它可以是某个音位,也可以是某些语音的组合或聚合规则;它可以是某个语义,也可以是某些语义的组合或聚合规则;它还可以是音义结合而成的语素或词,也可以是某个语法范畴或语法手段、语法规则等。语言变异有形式的变异和内容的变异之别,然而,形式和内容不是各自独立的,形式因内容的需要而产生,内容因形式的承载而存在。"从社会语言学的观点看来,语言的内部和外部是互相联系密不可分的。一方面,语言本身的结构,无论就其语音或语义来说,都是自成系统并有它自己的特点和发展规律的,不管是什么样的语言变异研究,都不能不触及语言结构本身;另一方面,被人使用着的语言的变化,总是直接或间接地与社会的某个因素相关。所以社会语言学不同于传统语言学之处,不是不研究语言结构内部的各种因素,而是要联系与它们相关的社会因素来研究它。"②

---

① 　徐大明、谢天蔚、陶红印:《当代社会语言学》,中国社会科学出版社 2004 年版,第 68 页。

② 　陈松岑:《语言变异研究》,广东教育出版社 1999 年版,第 51—52 页。

从现在已经发表的著作来看,国外的语言学家研究变异时,多以语音变异为主,研究语义变异的不多。在音义结合而成的语言符号以上的层面上,研究语素或词的变异的较多,研究短语、句子、段落、篇章变异的就更少了。主要原因是语义的变异很难用定量的方法去分析,词以上的语言成分的变异,相关因素太多,更加难以定量。另一方面,对语音或词的变异的研究也是零散的、不成系统的。[①]

3.语言意义的变化与认知

语言的意义不是静止的,而是变化的,语言意义的变化可以分为历时和共时两种。历时的人们常常称为语义的演变,共时的人们常常称为语义的变异。对于语义的演变,语义学家们作了比较深入的研究;对于语义的变异,修辞学家也有过比较多的论述。概括起来,语义演变的充分解释包括认知的、语言的和社会的三方面。这三方面是相互影响的关系。首先,社会的变化或社会中事物的变化,要通过认知来反映,要用语言来表述;其次,人们关于社会的认知来自对社会发展变化的概括反映,要靠语言来描述;再次,语言所承载的意义就是对于社会或事物认知的结果。语义变异研究较多的是讨论语义变异的表达效果、语境要求、修辞特点等诸多方面。因此,对于句法结构,特别是对歧义句法结构的讨论,可以而且应该借鉴语义学、修辞学的研究方法进行讨论。如认知语义学中关于词汇框架、词汇知识库、语义范畴、语义域的理论等,修辞学的隐喻、转喻、认知语境理论等。只有如此才能使歧义的认知得到更为合理、更为有用、更为有意义的解释。

(三)语言认知的社会性

人的认知由一系列心理活动构成,它包括感觉、记忆、思维、判断、推理、想象、概念的形成、语言的运用等。在这些心理活动中,语言运用是最为重要的心理活动,所有的心理活动都可以用语言来传输和链接。

认知首先是一种个体的心理活动,"认知最简单的定义是知识的习得和使用,它是一个内在的心理过程"[②],语言的认知又是社会的。个人语言系统处理语言现象的认知过程是个体的认知。但是语言信息的输入和输出又是联系着社会的,语言的习得和语言的使用都是在社会的语言环境里进行的。"习得"是从社会语言环境中获得语言经验,"使用"是将习得的认知在社会语言环境中交

---

① 陈松岑:《语言变异研究》,广东教育出版社 1999 年版,第 60 页。

② 桂诗春:《认知和语言》,载束定芳主编:《语言的认知研究—认知语言学论文精选》,上海外语教育出版社 2004 年版,第 14 页。

流或进行检验("反馈")。因而,语言认知既是个人的心理活动,更是社会的、普遍的认知规律的反映。语言认知既然是一种社会现象,就会成为社会语言学研究的对象。美国学者 Roger W. Shuy(1975)说,社会语言学是"语言和社会领域中相互交叉的复杂的研究领域。社会学家使用语言学家的材料来描写和解释社会行为,这通常被称为语言的社会学。另一方面,语言学家则利用社会行为来解释语言的变异。也有人从比较实际的方面来理解社会语言学,这与教学中的社会方言和语言教学方面的问题有关。这三方面,即社会学的、语言学的和教育方面的研究都可算是社会语言学,因为很难说哪一些人才有权利使用社会语言学这一个术语"①。歧义是一种既普遍又特殊的社会语言现象,其普遍性是语言符号表义的有限性与语言的意义无限性的矛盾,其特殊性是语言意义的理解既是个体的心理活动,又受社会共同认知规律的调控。个体对语义的理解与社会对语义的共同理解之间常常是有差异的,"个体的差异是精度较高的相异性,社会的相同是精度较低的相似性"②。本书研究的目的就是以歧义的理解为例探寻这种"相似性"的基本面貌,以及"相异性"的基本规律。

1. 语言的社会认知与语言规则

语言使用者对语言的认知,包括对语言规则的认知和语言意义的认知,两方面同等重要,两方面之和构成了人的"语言能力"。表达者要用正确的语言规则才能表达正确的意义,使用正确的语言规则不可能表达错误的意义;同样,使用错误的语言规则也不可能表达正确的意义。然而,人们对语言规则与语言意义的认知往往是不平行的。人们对语言规则的认知常常呈潜性状态,语言使用者虽然说不出所使用语言的具体规则,却能感觉出说得是否符合语言的规则(人们常常将这种现象称之为"语感");而对语言意义的认知常常呈显性状态,接收到语义不正确的语言,会在第一时间作出反应。语言能力达到成熟水平的语言使用者能使用什么样的语句就基本能说出该语句的意义,特别是特定语境中具体的语言意义,但如果要让他说出能表达同样意义而语言形式不同的差异或原因就困难了。

人们虽然对语言规则不能明白地说出其所以然来,然而人们却能熟练地驾驭丰富的语言规则,并表现出一定的个性特征(语言风格)。这些个性特征,又构成了不同社会群体之间的语言变异。在社会语言学看来,语言变异是语言结构形式的变化,或者说"语言变异就是语言为了获得一定的交际功能和美学功能,力图突破语言结构常规的约束而发生的变异,而所产生的变异又反过来丰

---

① 　徐大明、谢天蔚、陶红印:《当代社会语言学》,中国社会科学出版社 2004 年版,第 22 页。
② 　程琪龙:《概念框架和认知》,上海外语教育出版社 2006 年版,第 47 页。

富了语言的结构,促进了结构的发展和完善"①。可见,语言变异现象是人们对语言规则的熟练运用,它能反映语言的社会认知的一般规律。社会语言学对语言现象的调查研究,就是要从实际存在的语言现象中寻求到社会的语言规则。

2.语言的社会认知与语言意义

人们对世界的认知可以通过各种感官、各种途径获得。但能将这些认知结果进行信息编码,并在人们之间交流的,最有效、便捷的是语言。语言与认知的关系是:"语言是以认知为前提的,认知先于语言而产生。语言传递的信息并不是关于真实世界的,而是真实世界反映在人脑中的投射。我们感知到的世界是经过大脑自动地组织,无意识地重新组织的结果,即认知过程。人们对世界的认知是以经验为基础的,没有独立于人的认知以外的所谓意义,也没有独立于人的认知以外的客观真理。"②语言是人们认知世界的途径,也是认知结果的具体体现,这就决定了语言与认知是不可分割的,语言中的歧义现象当然也最终可以从认知角度找到其根本原因。

"语言常规和变异实际上是语言结构和功能之间的一对特殊矛盾。从系统的角度来看,事物的结构和功能的对立性表现在:结构是相对稳定的,不易受环境的影响,而功能则不断地与周围环境进行物质、能量和信息的交换;功能易受环境的影响,但结构有限制功能的作用,而功能在外界环境的影响下,为使自己得到最佳的发挥又反过来突破结构的约束。"③语言的结构与功能的关系也是如此,结构是相对稳定的,而其表义的功能是易受环境的影响而发生变化的,意义发生变化就会影响功能,从而促使结构发生变化。我们所见到的语言变异现象是因功能需要所带来的,所以,寻求语言变异的原因应该与语言的功能相联系。

如前所述,在人们的认知中,对语言的结构和意义的重视程度是不一样的,对意义的关注常常重于结构,语言意义的变化也常常先于结构的变化。因而,同样一种语言结构形式,其意义可以发生各种各样的变化,或者说一种语言形式可以衍生出各种不同的意义。例如:"灌水",指的是向容器里倒(放)水,如"向田里灌水"、"向洞里灌水"等,而现在网络世界里却用来表示"在论坛上发表没有意义的文章"。这种习以为常的词语,一旦赋予了新的意义,就会引起使用者的兴趣,于是,在网络世界里也就风靡起来。

语言是随着社会发展而发展、随着社会变化而变化的,语言与社会的关系是一种共变的关系,人类社会不能没有语言,语言也离不开人类社会,人类社会

---

① 张辉:《语言变异的本质与制约》,《福建外语》2000 年第 2 期,第 1—5 页。

② 邹春玲、屈素娜:《语言变异的认知分析》,US-China Foreign Language,Volume 5,No. 7,2007,pp. 1—4.

③ 张辉:《语言变异的本质与制约》,《福建外语》2000 年第 2 期,第 1—5 页。

的发展促进了语言的进步,语言进步反映了人类社会发展。而这种关系首先反映在语言的意义和语言的功能上。从歧义现象的社会认知中我们可以看到人们对语言意义理解的社会化倾向。

四、言语社区与歧义认知的差异性

语言是在人们的运用中不断得到发展的,其发展的过程是一个语言社会化的进程。个人语言的习得与语言社会化的进程是基本同步的,个人的语言认知与社会的语言认知是基本一致的,即个人的语言认知是在向社会的语言认知逐渐逼近的。研究歧义认知的差异性必须与社会认知相联系,从歧义认知的个性差异与群体差异的比较中探讨出人类语言能力形成过程的特点。

语言能力也是在语言交际中逐步形成的,语言认知能力也是在言语互动中逐步得到提高的。语言交际、言语互动是在一定的言语社区进行的,我们可以在言语社区理论的指导下,对歧义认知中所表现出来的差异性进行量化分析,总结出语言能力习得的基本特点。

(一)言语社区及其作用

言语社区是社会语言学为了联系社会语言使用状况和特点进行言语分析而采用的基本单位。"言语社区理论是当代社会语言学的重要理论问题,事实上还没有得到充分的发展"[①],许多问题还在讨论、探索之中。我们不必深究那些还在讨论的理论问题,只将歧义认知问题的分析置于言语交际、言语互动的层面,从群体性认知差异的比较中探寻形成差异的原因。

首先,言语社区理论在一定的群体中来看待语言认知的差异性。徐大明(2004)谈到"言语社区"有一个最粗略的定义:"一个讲话人的群体,其内部的某种同一性构成了与其他群体之间的差异而区别于其他群体。"[②]称为"粗略"就是考虑到言语社区的范围很难划定。"如果您一旦定义了某个言语社区,那您就会局限在这个言语社区之中,就很难观察到外部的情况(甘伯兹语)。"[③]为寻找"差异"、辨析"差异",从"差异"中寻求语言的同一性,就必须划定一个范围。这个范围中的群体具有"某种同一性",并与其他群体之间有一定的差异,这个具有同一性的群体是一个言语社区,另一个有差别的群体就是另一个言语社区。我们从言语社区的角度来讨论歧义问题,就是因为言语社区理论是"针对语言

① 徐大明、谢天蔚、陶红印:《当代社会语言学》,中国社会科学出版社 2004 年版,第 266 页。
② 徐大明、谢天蔚、陶红印:《当代社会语言学》,中国社会科学出版社 2004 年版,第 266—267 页。
③ 高海洋:《甘伯兹谈社会语言学》,《语言教学与研究》2003 年第 1 期,第 11—16 页。

的同一性和变异性(差异性)来进行研究,使语言的同一性脱离武断的、随意的判断,使它建立在对客观事实的科学分析之上"①。对歧义所包含的多种意义,人们的认知情况很不一样,存在大量的个性差异,然而,在大量的个性差异的背后是认知的群体性。汉语歧义认知的群体差异性在不同民族的使用者、年龄层次、文化水平、社会经历等方面都有表现。

其次,言语社区理论从言语规范上来看待语言认知的差异性。言语规范与语言差异性是一对矛盾,言语规范是以言语共性来约束、减少个性差异。这种约束机制或曰"评价机制"只有在言语社区里有实现的可能。正如拉波夫所指出(Labov,1972),"言语社区的同一性体现在社区成员言语行为的规范性以及他们有着对语言变异的共同的评价机制上面。每一位社区成员拥有强烈的归属意识,希望被社区内的其他成员所认同。"②这种"归属意识"就是社区成员的趋同感。这种趋同不仅显性地表现在语言形式的追求上,也隐性地表现在语言意义的趋同追求上。歧义认知中群体认知的共同性就是社区内成员趋同的结果。

第三,言语社区理论在言语互动中来看待语言认知的差异性。"言语社区是社会化言语互动的产物"③,言语互动是言语社区的重要特征。语言是言语互动的产物,语言的认知也是言语互动的产物;语言的规范和统一是建筑在言语社区的互动的基础之上的,社区内部的群体差异也是社会互动的产物,是社会隔阂和社会交际的不均匀性的反映。一方面,不仅语言形式要在言语互动中发生变异,语言规范也要在言语互动中逐步形成,个人的语言认知能力也是在互动中得以提高的;另一方面,语言意义的形成也是言语互动的产物,语言意义的变化也在言语互动中发生,人们对语言意义的理解也是在社会互动语境中进行的。

(二)歧义认知的差异性

人们在歧义认知上的差异性,是在言语社区里进行比较才能发现的。然而,歧义的认知又不同于语言的形式特征。言语社区成员在语音、词汇、语法上如果存在差异是具有显性特点的,是比较容易发现的,而语言意义的理解过程是潜性的,理解上的差异性的表现也具有潜性特点。歧义理解的差异性更具潜性特点。

首先,歧义认知的差异性是个性的。认知是依赖于以往的经验的,由于个

---

① 徐大明:《言语社区理论》,《中国社会语言学》2004 年第 1 期;参见徐大明:《社会语言学研究》,上海人民出版社 2007 年版,第 255 页。

② 汤森:《言语社区理论初探》,《科技咨询导报》2007 年第 7 期,第 225 页。

③ 徐大明、谢天蔚、陶红印:《当代社会语言学》,中国社会科学出版社 2004 年版,第 273 页。

人的经验的不同,人类对世界万物的认知就必然存在差异。歧义是语言符号(形式)与语言意义(内容)之间不对称的表现,因而,对歧义的认知就更容易产生差异性,其差异性首先表现在个体认知的差异上。其表现是在对歧义语句认知时,每个认知者对同一歧义语句的认知存在差异,有的能辨识出歧义,有的不能辨识出歧义;有的能辨识出全部的歧义,有的只能辨识出部分的歧义;有的能迅速辨识出这种意义,有的能迅速辨识出那种意义。

其次,歧义认知的差异性表现在不同的群体间。语言认知一方面由认知个体的认知经验决定,使个体的认知者之间存在差异性;另一方面认知个体又是受言语社区共同的认知方式所影响的,相同言语社区的认知群体在认知特点上具有趋同性,但不同的言语社区群体由于言语交际的不匀称性而造成了语言认知上的差异性。歧义认知上不同言语社区的群体间的差异就是这种表现。

语言是社会的语言,语言是交际的语言,语言是互动的语言。语言认知的三大特点是语言社会性的表现。从社会语言学的角度解释语言现象会更有说服力,歧义认知问题也是如此。

五、歧义的识别与消解

本书所讨论的歧义识别与歧义消解均属人的认知范畴。"歧义识别"是在虚拟语境下对歧义的认知,即短语或单句在没有具体语境的情况下,人们可以设想它在什么语境下出现会产生哪些意义。"歧义消解"是人们对于有歧义的短语或单句不能发现歧义的存在。如某歧义短语或单句有两种或多种意义,接收者只能识别出一种意义,是对歧义的全部消解;如有多种意义,接收者能识别出两种或以上的意义,不能识别出全部意义,是对歧义的部分消解。歧义的识别与歧义的消解是歧义认知中的两极,通俗地说,能识别歧义就是能发现歧义的存在,消解了歧义就是对确有歧义语句不能发现歧义(自然消解)或理解时不予选择(有意消解)。

(一)歧义的识别

语言的歧义是由语言的多义引起的,而多义是语言中的普遍现象。亚里士多德曾说:"词是有限的,句式也是有限的,而事物却是无限的。因此同一个词、同一个句式便不可避免地会有许多意义。"[①]多义的语言单位进入语句,其多义具有可解性,即每个意义都能成立,就出现了歧义。歧义识别是人对有歧义的

---

① 张维鼎:《意义与认知范畴化》,四川大学出版社 2007 年版,第 338 页。

语句歧义存在与否的鉴别,即人的认知能否发现歧义、分化歧义。语句中存在歧义具有客观性,而人们识别歧义却具有一定的主观性。识别歧义依据的是人们自身的认知经验,所以对存有歧义的语句的歧义识别会因人而异,形成了歧义识别上的差异性。这种差异性与歧义难度、认知能力、互动程度等三种因素有关。歧义难度与语言本身相关,认知能力和互动程度与认知者相关。

1. 歧义难度

歧义认知的难度首先来自歧义语言自身,前贤们所讨论过的"歧义度"就是语言层面的歧义难度。语言中的歧义是由各种不同原因造成的,这些原因有的处于显性的层次,有的处于隐性的层次。一般而言,语音因素形成的歧义,其难度最低;词汇因素形成的歧义,其难度次之;语句层面的歧义,其难度就会高一些。深入下去会有更复杂的情况:词语层面,词语的实词义构成的歧义难度低,容易被识别;由虚词义构成的歧义难度高,不易识别。所以,像"我们翻过那座山"的歧义就不易被识别。句法层面的因素形成的歧义又因结构上和语义上的各种因素而难度不一:结构关系的因素形成的歧义,其识别的难度最低;结构层次的因素形成的歧义,其识别的难度次之;语义关系的因素形成的歧义,其识别的难度再次之;语义特征的因素形成的歧义,其识别的难度又次之;多种因素形成的歧义,其识别的难度就大,语用因素形成的歧义,其识别的难度更大。

2. 认知能力

歧义的识别程度与认知者的认知能力关系密切。认知能力指人脑加工、储存和提取各种信息的能力,歧义的认知能力是人脑处理歧义语言信息的能力。它包括对语言词汇意义的激活、判断和选择,对词汇意义作出适语境、适语义域的意义判断、选择和定位;包括对句法结构构成意义的一系列运作,其运作过程涉及一系列的认知激活、组合的模式,如语义整合、主体突显、意象再现、特征激活等一系列的认知模式。这种认知能力因人而异,一般而言,认知能力会随年龄的增大、文化程度的增进、整体语言能力的提高而逐步提高,也会因不同的专业、职业而有差异,甚至还会与认知者的性别有联系,更会与认知者所处的言语社区有关,汉语社区的人对歧义的认知能力自然高于非汉语社区的人员,这是不言而喻的。

3. 互动程度

"言语互动"是言语社区基本的活动特征。语言是言语互动的产物,语言的认知也是言语互动的产物,语言认知能力是在言语互动中不断提高的,对歧义的认知能力也是在言语互动中得以形成并提高的。歧义词汇、歧义语句参与互动的频率高,其歧义被识别的可能性就加大,其歧义难度就降低;反之,其歧义难度就会增加,其歧义被识别的可能性就减少。

从言语社区看,任何认知个体都是言语社区里的一员,他对语言的认知会受言语社区群体的影响,认知具有群体性。不同的认知群体由于年龄层次、文化水平、社会经历、交际环境、互动情况不同而存在认知上的差异。这种群体差异反映了社会交际的不均匀性。

(二)歧义的消解

歧义的消解是一种认知现象。所谓消解歧义,就是认知者在自己的虚拟语境之中,利用一定的认知策略将歧义的某一种意义确定下来,而将其他意义淘汰的认知现象,也包括在其认知语境中根本就不存在其他的意义。以往从语言层面研究歧义其目的之一,就是为了消除歧义,故对这类消解歧义的方法多有论述,如利用语境、改变结构、利用语音等。这与我们所讨论的消解不一样。我们是从对有歧义的语句的认知角度看待的,无意改变原来的语句的表达形式。从认知角度看,歧义消解有主动消解和被动消解两种情况。

1.主动消解

主动消解,也就是"有意消解"。是认知者发现了所接收的语句存在歧义,而依据自己的认知判断,作出语句意义的鉴别,首选一种合适的意义,抑制或者淘汰其他不合适的意义。这种歧义的消解与认知是有联系的,"从表达一方来说,只有能够辨识语言歧义的存在,才能在语言表达中,避开歧义的表达,实现歧义的消除。从接收一方来说,也只有能够辨识语言歧义的存在,才能在语言接收中,依据语境和交际的目的从歧义里做出正确理解的选择,真正消除歧义"。其中"接收者可以利用认知心理机制抑制歧义理解,表达者可以利用认知语境消解歧义表达"。[①]

主动消解里包括了对歧义的抑制程度,即对有歧义的语句的各个意义作出首选、次选、再次选等的选择。

2.被动消解

被动消解,也就是"无意消解"。是认知者对有歧义的语句判断不出歧义的存在,即认知者"不会想到"该语句有歧义,或者"不会想到"该歧义语句的某项意义。这种被动消解由两种原因造成:一是认知者的认知能力低,不能发现歧义的存在,或不能发现歧义的完全存在,特别的情况是,我们在调查中已经将多种意思提供出来,认知者也不认为有这种意思存在。二是歧义语句本身有消解歧义的作用,让认知者不能马上看出歧义的存在。这种情况正如朱德熙(1980)

---

① 周明强:《认知在歧义的辨识与消解中的作用》,《修辞学习》2006年第5期,第42—46页。

所指出,有的句子因词语"意义上的相互制约,消除了句式本身具有的产生歧义的可能性"①。这也就是说,在该语句的语境中认知者无法激活多种意思。

第二节　本书研究目的与方法

歧义是自然语言中一种普遍存在的现象,歧义研究是研究者普遍关注的课题之一,歧义问题也是语言理解中最难解决的问题。以往研究者们对歧义已有数量相当可观的研究,这些研究基本集中在语言的本体方面;对语言使用者方面,心理语言学者也做过许多实验研究,揭示了许多歧义分化、歧义理解上的特点和规律。本书采用社会语言学定量研究的方法,对抽样调查得来的歧义认知材料进行统计分析,揭示不同语言社区内不同人群在歧义认知上的个性差异和群体性差异,并采用认知语言学理论作出定性的分析,解释形成歧义认知上的个性差异和群体性差异的原因。

一、研究目的

本书研究以不同的人群对歧义的识别和消解为研究目的,通过对 24 个歧义词语和 47 个歧义句法结构的认知分析,探寻影响人们的认知在歧义辨识和歧义自然消解的基本特点和规律。使歧义的研究从结构和意义的分析中走向人们对歧义的认知的研究。

具体而言,本书要回答以下几个问题:

1. 不同的认知群体在歧义(词汇、句法)辨识上存在的差异,形成这些差异的认知原因。

2. 不同的认知群体在歧义(词汇、句法)消解上存在的差异,形成这些差异的认知原因。

3. 词语歧义的识别、消解与认知之间的关系;词汇歧义识别与消解的认知机制。

4. 句法结构歧义的识别、消解与认知之间的关系;句法歧义识别与消解的认知机制。

---

① 朱德熙:《汉语句法里的歧义现象》,《中国语文》1980 年第 2 期;参见《朱德熙文集》(第二卷),商务印书馆 1999 年版,第 261 页。

二、研究方法

本书研究主要采用定量和定性相结合的方法对歧义识别与消解的认知情况作出解释。定量研究采用问卷调查的方式对人们歧义认知的情况进行调查；定性研究的方法对形成歧义认知的差异性作出解释。

歧义问题本身就是一个复杂的语言问题，人的语言认知也是一个极为复杂的问题，因而歧义的认知问题更是一个相当复杂的问题。研究歧义认知的问题，要解释歧义认知中的不同认知群体间的差异性，是一件探索性的工作，需要采用定量与定性相结合的研究方法。定量研究是在理论思辨的基础上，对所研究的对象的内外部关系进行"量"的分析和考察，寻求清晰、准确、具有普遍意义的认识。社会语言学的量化研究"试图通过量化，即利用数量、频率、比例的统计来说明语言差异、语言态度等等"。定性研究是一种探索性的研究方法，是对研究对象进行"质"的分析，"即对所研究的现象的本质、特征及其联系进行概括"①。歧义认知研究中采用定性研究与定量研究相结合的方法，既能从"质"上发现歧义认知差异性，又能从"量"上确认问题的客观性、检验理论的可信度。

（一）定量研究

1. 调查方法

本书要研究的是歧义的识别与消解，要调查了解的是不同社区、不同人群对歧义语料的各种歧义的识别程度。包括以下调查内容：

- 多义词汇在无语境（零语境）的情况下，对所提供的意义的识别情况；
- 多义词汇在句法语境中，对所提供的意义的识别情况；
- 多义句法结构在无语境（零语境）的情况下，对所提供的意义的识别情况；
- 在无语境（零语境）的情况下，对句子歧义的识别情况；
- 在无语境（零语境）的情况下，对歧义句多个意义激活的先后及无法激活的情况。

（1）抽样问卷调查

此次调查采用的是判断抽样的方式。本书研究的目的是为了探寻人们对歧义的识别和消解的一般情况，并不是为了推算总体人群对歧义的认知情况，而是了解不同认知水平的人群对歧义现象的认知情况，适宜采用判断抽样的调

---

① 郭熙:《中国社会语言学》,浙江大学出版社 2004 年版,第 389 页。

查方式(问卷内容见附录 B)。

本次调查的样本确定在 600～800 之间。调查对象以小学、中学、大专、本科阶段的学生为主;为进行对比分析,还抽取了来杭进修的新疆维吾尔族学员,在杭高校学习的外国留学生,以及社会人员作为对比样本。共发放问卷 800份,收回有效问卷 691 份(见表 2-2)。

表 2-2　问卷调查样本量

样本	小学生		初中生		高中生		非中文大学生		中文大学生		少数民族学员		留学生		社会人员		合计	
	人数	%	人数	%	人数	%	人数	%	人数	%	人数	%	人数	%	人数	%	人数	%
女	44.00	51.20	48.00	50.50	49.00	52.10	49.00	50.50	82.00	61.70	31.00	57.40	26.00	51.00	66.00	81.50	395.00	57.20
男	42.00	48.80	47.00	49.50	45.00	47.90	48.00	49.50	51.00	38.30	23.00	42.60	25.00	49.00	15.00	19.50	296.00	42.80
合计	86.00	100.00	95.00	100.00	94.00	100.00	97.00	100.00	133.00	100.00	54.00	100.00	51.00	100.00	81.00	100.00	691.00	100.00

(2)网上问卷调查

为增强调查的广泛性,本次调查还采用互联网调查的方式:利用"问卷星"网站将调查内容制作成网上调查问卷进行网上调查,自动生成数据,可以用于分析。截至 2009 年 11 月 30 日的有效问卷 82 份(问卷之星网 http://www.sojump.com/ viewstat/18301.aspx)。杭州地区 41 人,占 50.00%;其他地区41 人,占 50.00%。文学专业 39 人,占 47.56%;其他专业 43 人,占 52.44%。女性 64 人,占 78.05%;男性 18 人,占 21.95%。文化程度:高中(含中专)6 人,占 7.32%;大专 12 人,占 14.63%;本科 44 人,占 53.66%;硕士 11 人,占13.41%;博士 9 人,占 10.98%。年龄:16～20 岁 29 人,占 35.37%;21～25 岁15 人,占 18.29%;26～30 岁 13 人,占 15.85%;31～40 岁 13 人,15.85%;41～50 岁 4 人,4.88%;51～60 岁 7 人,占 8.54%;60 岁以上 1 人,占 1.22%。此网上调查的数据可与问卷调查进行对比分析(问卷内容见附录 C)。

(3)调查语料的选择

用于调查的语料有两类:一是词语语料;二是句法语料。语料选择既要照顾大众辨识的特点,也要注意语料的精当。

①歧义词汇语料的选择

现代汉语中的多义词语很多,进行调查问卷时必须精选。我们首先从常用的工具书《现代汉语词典》(2002 年增补本)中整理出容易产生歧义的多义词语,然后遴选出问卷调查的词语。挑选多义词语时考虑以下条件:一是常用词语。方言词、古语词、专用术语不考虑;二是在同一语境下出现的几率很小的词语不考虑;三是意义差别不大的词语不考虑;四是词与短语同形的单位适当考虑;五是适量兼顾词语类别。据此列出"容易产生歧义的词语表"(见附录 A)。综合以上因素最后选定下列词语作为歧义辨识调查的语料:黄牛、地下工厂、前、借、给、叫₁、叫₂、丢、完、背(着)、过、深、多半、原来、别、从、在、画的(人)。有名词、动词、形容词、副词、介词,有的是兼类词,还有功能类似词的"的"字短语。下列词语作为歧义消解调查的语料:眼红(动形兼类);跟(连介兼类);给(介动兼类);走(动词的不同义项);帮(语义特征不同[＋帮忙]、[＋帮忙＋代替]);打电话(短语,与句法交叉);做……工作(短语,与句法交叉);跟……一样(短语,与句法交叉)。

②歧义句法结构语料的选择

句法歧义是以往学者们进行歧义研究的重点,目前所见到的人们已经研究过的歧义格式有上百种之多,限于调查上的困难,不可能对所有的歧义格式作全面的调查研究。因此,我们分类选择了结构关系不同形成歧义、结构层次不同形成歧义、语义关系不同形成歧义、语义特征不同形成歧义、语义焦点不同形成歧义等五个方面有代表性句法结构的歧义现象,进行调查分析。具体语料主要从学者们的歧义研究论文中精选出来,并结合语言生活实际进行比较、选取。

A. 句法结构歧义识别语料 22 例。其中歧义判断 12 例,歧义选择 10 例。

歧义判断有三类。一是语义关系不同:我见到你那年才 10 岁。老马打孩子打肿了手。关心的是他母亲。他的笑话讲不完。他是我弟弟的崇拜者。她是去年生的孩子。我在阳台上看见了小王。二是结构层次与关系均不同:我们看电视学外语。他说不下去了。论文的标题是什么并不重要。三是语义焦点不同:王老师是个好老师。他喜欢游泳。

歧义选择有四类。一是结构层次不同:他知道你回来之后病了。我看见他太激动了。二是语义关系不同:撞倒王明的车子。喜欢干净的人。看打篮球的中学生。鲁迅的书。三是结构关系不同:出租汽车。奶油面包。四是语义特征不同:山上架着炮。烧了一车炭。

B. 句法结构歧义消解语料 25 例(见表 2-3)。

(4)先导调查

在抽样调查前,先在小范围里作了先导调查,调查对象是参加中文专业函授的 69 名学员(基本是小学或幼儿园教师,其专科阶段也不一定学中文)。

①词语歧义的先导调查

调查的方式:一是歧义判断。给出有歧义词语构成的句子,不作解释说明,让调查对象作出有无歧义的判断。词语歧义判断先导调查结果见表 2-4。二是歧义填写。给出有歧义的短语,让调查对象写出该短语会产生几种意义,认为有几种就写几种,能写出两种以上的意义就是能辨析出该词语所产生的歧义。词语歧义填写先导调查结果见表 2-5。

表 2-3　句法结构歧义消解调查所用语料

歧义类型	歧义句法结构	复杂的歧义类型
结构层次不同	他没瞒着父母打游戏机。	结构层次＋词语多义
	我看这本书合适。	
	你讲不过他也得讲。	
	一些国家领导人发表了新年献词。	
	他给我们讲了两个解放军战士抢救国家财产的故事。	
	他知道这件事情不要紧。	
	不要打坏电话。	
语义关系不同	看中的是小李。	
	小王连老李都不认识。	
	他的笑话说不完。	
语义特征不同	老李的车修得好。	语义关系＋语义特征
	这衣服洗得干净。	
	这个月的奖金领了跟没领一个样。	
	妹妹做姐姐的工作也是常有的事。	
	送村长的是老李的儿子。	
语义焦点不同	王老师也教英语。	
	玲玲最喜欢布娃娃。	
	入了党就要比一般群众干得更好。	
	他们在饭桌上都是英雄豪杰。	
	记者再次来到地震现场。	
	网上也可买空调。	
	老章又用水果刀袭击他们。	
语义指向不同	他追得我直喘气。	语义指向＋语义关系
	老张有个女儿很骄傲。	语义指向＋语义特征
	这些题我们都会做。	

表 2-4　词语歧义判断先导调查结果

歧义词语	歧义判断率（%）	歧义词语	歧义判断率（%）
母亲**背着**女儿去捡破烂	84.06	那本书我**丢**了	56.52
他**借**我一辆摩托车	82.60	他一个早晨就洗了三床被子	55.07
他**原来**是经理	81.16	这篇文章给我看看好吗	34.78
他们**多半**是一年级大学生	63.77	我们**翻过**那座山	31.80

表 2-5　词语歧义填写先导调查结果

歧义词语	意义一	频率（%）	意义二	频率（%）	意义三	频率（%）
叫$_1$他推了一下	被他推了一下	92.80	叫他来推了一下	92.80		
从小李说起	小李第一个说	87.00	从小李的事说起	87.00		
前面有**地下工厂**	工厂建在地下	84.10	从事非法活动的工厂	84.10		
在火车上写字	人处在火车上写字	79.70	把字写在火车上	65.20		
画的人还在	画画的那个人	76.80	画出来的那个人	60.90	被画的那个人	8.70
黄牛来了	一种耕牛	75.40	倒卖票据的人	50.70		
小王叫$_2$他叔叔	小王称呼他为叔叔	71.00	小王喊他叔叔（来）	66.70		
饭吃**完**了	饭被吃完了	69.60	吃好了饭	66.70		
10**日前**去汇报	10号这天前去汇报	62.60	10号之前去汇报	41.70	10天前去汇报	68.30
这坑挖**深**了	指客观结果	43.50	指超过了要求	40.60		
别弄错了	嘱咐人不要弄错了	30.40	怀疑某事弄错了（结果）	27.70		

歧义判断和多义填写两种形式调查的结果比较接近，其平均歧义识别率一为 61.22[①]，一为 64.89。为进一步考察歧义与语料、歧义与接收者认知的相关度，我们根据以往的研究，计算出这些词语的相对歧义度。易辨识出歧义的词语，在使用中产生歧义的可能性就大，其歧义度就高，反之歧义度低。使用 SPSS 对先导调查的结果作了歧义度与认知度的相关分析。结果为，歧义度与认知度的相关系数 $r=0.877$，p 值 $=0.003$，在 $\alpha=0.01$ 水平下线性关系显著，说明歧义认知调查的结果与词语歧义关系密切，可以用此方式进行抽样调查分析。

正式抽样调查时，我们采用了下面两种方式：

A. 歧义判断。这是无语境（零语境）支持下的歧义辨识，给出有歧义词语构成的句子，但不给出解释说明，让受调查者作出有无歧义的判断。受调查者要

---

① 此为频率的标示法，省写"%"，下同。

确定其有无歧义,就得依据自己的认知语境虚拟不同的使用语境,将该句子置于这种语境里,如找到了两种以上的使用语境,就会作出该句子有歧义的判断,如果找不到,则会作出该句子没有歧义的判断。歧义判断只作"是"与"非"的选择,调查的有效性会受到影响。所以,不能用得太多,我们仅选取 8 个词语采用歧义判断形式。

B.歧义选择。这是有语境支持下的歧义辨识,即给出每个多义词语在短语语境中的多个意思,让被调查者自己判断,然后作出选择,这种选择也是调动其认知语境,使其假设不同的使用语境来判断歧义的存在。与歧义判断相比,因为有意义的提示,更能激活其认知语境,发现歧义。然而,因为歧义的认知既与语料的难易有关,更与语言接收者的认知能力有关,如果没有建立可以激活的认知语境,仍然无法作出准确的选择。

②句法结构歧义的先导调查

抽样调查前,我们进行了句法结构歧义的先导调查。调查的方式是给出短语或句子,让被调查者写出该短语或句子会产生几种意义,认为有几种就写几种,能写出两种以上的意义就是能辨析出该短语(或句子)的歧义。统计时,我们将解释得大致相同的意思归为同一种意义。

实际调查时,不出现句法结构的分析,只给出短语能显示的两种或三种意义,让受调查者对歧义句法结构的多种意义进行判断或者选择。人们对歧义句的认知,与它的歧义度有关。容易辨识出歧义的句法结构,其歧义度就高,使用中产生歧义的可能性就大;不容易辨识出歧义的句法结构,歧义度就低,使用中产生歧义的可能性就小。调查结果如表 2-6 所示。

表 2-6 歧义句法结构先导调查结果

歧义类型	歧义句法结构	意义一	意义二	意义三
结构关系不同	出租汽车	的士(出租车)	出租给了别人的汽车	把汽车出租给别人
	奶油面包	用奶油做的面包	奶油和面包	＊涂奶油的面包
结构层次不同	他知道你回来之后病了	他已知道,你回来后病了	他知道你回来后,他病了	
	我看见他太激动了	我看见了,他太激动了	我看见他,我太激动了	
语义关系不同	看打篮球的中学生	看的是打篮球的中学生。	中学生看打篮球	
	撞倒王明的车子	车子把王明撞倒了(王明被车子撞倒了)	把王明的车子撞倒了(车子被王明撞倒了)	
	喜欢干净的人	某人喜欢干净	喜欢的对象是干净的人	
	鲁迅的书	归鲁迅所有的书	鲁迅写的书	＊＊写鲁迅的书

续　表

歧义类型	歧义句法结构	意义一	意义二	意义三
语义特征不同	山上架着炮	山上(已经)架着炮	山上(正在)架着炮	
	烧了一车炭	烧完了一车炭	烧好了一车炭	

注：＊表示回答此意的人很少；＊＊表示回答此意的人更少。

为检验歧义与语料、歧义与接收者的认知相关度，我们根据以往的研究，折算出这些句法结构的歧义度。然后使用 SPSS 对先导调查的结果与歧义度进行相关分析。结果为，歧义度与认知度的相关系数 $r=0.997$，p 值＝0.000，在 $\alpha=0.01$ 水平下，相关性特别显著，说明句法歧义认知调查的结果与句法歧义关系密切，可以用此方式进行抽样调查分析。

2. 统计方法

本书使用 SPSS17(Statistical Package for Social Sciences 社会科学统计包)进行数据统计，SPSS 是专门为社会科学研究设计的一种简便易行的统计软件。本研究采用这个软件包，对所取得的数据进行综合分析，以期得出真实、有效的结论。研究过程中还使用了软件 Microsoft Excel 2003，Excel 是专门用来处理表格的软件，本研究的很多数据和分析的结果都是在 Excel 里生成表格。

本书主要运用的统计方法包括均值比较(Means)、方差分析(ANOVA)、独立样本的 t 检验(One-Sample T Test)、相关分析(Bivariate)。

"均值"(平均值、平均数)，表示某变量所有取值的集中趋势或平均能力。

方差分析也可以叫方差检验，是一种分析几个变量同时在起作用时效应的统计程序，主要目的在于决定哪个变量具有显著效应，并且估算这些效应(桂诗春，1997)。比如比较不同教育程度(小学、中学、大学非中文专业、大学中文专业)的各个交际群体在歧义认知的频率上有无差异。统计上用 F 值表示差异大小，F 值越大表示群体间差异越大，研究者可以据此得出"不同群体间存在着显著差异"的结论，差异的显著水平用 p 值表示，p 值越小表示下此结论时错误的概率越小。行为科学可容许的错误概率设定为 0.05(5.00%)，表示得出结论时错误概率低于 5.00%(用一个星号"＊"表示)；p 值小于 0.001 表示得出结论的错误概率小于 1.00%(用两个星号"＊＊"表示)。统计学上设定的错误概率在 5.00% 之内，即当 $p<0.05$ 时，得出的结论就具有统计学上的意义。独立样本的 t 检验用于两个独立样本平均值的比较。

相关分析用以检查几个变量之间关系的强弱，相关系数越大则相关关系越强。如果两个因变量有相似的变量对其产生作用，这两个变量也会具有相关性。如问卷调查和网上调查结果具有相关性，说明影响它们的因素也具有相关性。本书讨论影响听话人语言理解的变量包括年龄、性别、职业、教育等多种因素,用常见歧义词语、句法结构为例说明影响歧义理解的认知机制。

(二)定性研究

本书在调查统计基础上,除了分析了不同认知群体歧义识别和消解的基本特点外,更主要的是从认知的角度分析形成歧义的认知原因。

1. 认知域理论与词汇歧义

认知域(cognitive domain)是认知语言学中的一个重要概念。认知域是认知语境的一种表现形式,指的是人类认知活动所涉及的范围和领域。认知域和语义域(或"语域")既有联系又有区别,认知域是从人的认知角度来看的,语义域是从认知的结果来看的,但可以同指一个对象。如:"在"作为动词,常常与方位、时间相联系,有方位域、时间域,它是语义域。人们认知也能认识到"在"与方位、时间有联系,因而,"在"的方位域、时间域也可看作是认知域。人们在语言理解中,常要将理解对象放在一定的认知域中,联系其他对象,从而形成一定的语义网络,并通过语义网络把握被理解对象的意义。

外部世界是庞大而复杂的,认知域也会随之庞大而复杂。外部世界首先可以分为物理世界和心理世界。认知域也可分为物理认知域(简称"物理域")和心理认知域(简称"心理域")两大类。这两大认知域,又可从不同的方向往下分成不同的认知域。

物理域,可以分为静态域和动态域。静态域往下又可分为方位域、形象域、性状域;动态域往下又可分为时间域、空间域、情状域。形象域之下又有数量域、形状域、质量域、领属域、整体域、部分域等;性状域之下又有颜色域、质地域、重量域,等等。

心理域,可以分为感觉域、知觉域、情感域。心理域与物理域还会有交叉关系,因为心理是对客观世界的反应。但侧重点不同,物理域是人们对客观事物客观属性的认知,心理域是人们对客观事物属性的把握。例如:"树大招风"从物理域的角度看,是大风来了首先吹向大树的情形,而通过心理域所认识到的是"人出了名或有了钱财就容易惹人注意,引起麻烦"的意思。同样,心理域与社会域也会有交叉关系,社会域之下又有各种认知语义域,如变化域、关系域、状态域、称谓域、地位域等。对词语意义的偏离用法常常需进入心理域来认识。如"老子",在社会域里是"称谓",但在骂人话中就不是称谓,而是属于心理域中的"情感域"了(详见第三章)。

认知域是一个"百科"域,即它包括说话人所拥有的经验领域的固定的全部知识(entrenched knowledge)。认知域会因人而异,没有明确的界限。我们可以用认知域理论,解释人们对于歧义认知的差异性。值得注意的是,认知域的形成、分类是在比较中完成的，因而显得十分复杂。

2.认知模式理论与句法歧义

认知模式（cognitive model，简称 CM）的理论在哲学、法学、医学、经济学、认知心理学、认知语言学诸领域都是重要理论。不同领域的定义是不完全一样的，一般来说，认知模式"就是人们在理解世界过程中所形成的一种相对定型的心智结构，是组织和表征知识的模式，由概念及其间的相对固定的联系构成"①。

Lakoff 指出，"认知模式是人们对客观世界的一种总的表征，它能为人们提供一种规约化的、比较简洁的方式去理解世界的经验，这些经验既可以是真实的也可以是虚拟的。Lakoff 认为，人的认知模式是以命题或各种意象的方式存储在大脑之中的，认知模式在人与世界的联系和沟通中起重要作用，表现为它不仅能为存储信息提供方便，而且还能够对存入的信息进行重组"②。Lakoff 还提出了"理想化认知模型"（Idealized Cognitive Model，简称 ICM），"指特定的文化背景中说话人对某领域中的经验和知识所作出的抽象的、统一的、理性化的解释，这是建立在许多 CM 之上的一种复杂的、整合的完形结构（a complex structured whole，a gestalt），是一种具有格式塔性质的复杂认知模型"③。

在认知语言学中有许多值得我们重视的理论，典型的有：意象图式认知模式、语义整合认知模式、主体突显认知模式、性状特征认知模式、词义层次网络认知模式、激活－抑制认知模式、词义通达认知模式、特征比较认知模式（详见第四章、第五章）。

结合语言的实际运用，从认知的角度探索歧义的认知特点，是一件十分复杂、艰巨的任务。目前，人们所进行的歧义的认知研究，也只是刚刚起步，还有很多问题亟待探索。认知语用学只能为我们提供一个总体的方向和抽象性的研究思路，其研究手段和细节还需要不断完善。不过，我们提倡功能性的认知研究，当然也不是可以将传统的语言形式研究抛在一边。廖秋忠曾说过："也要看到语言形式与功能之间相对独立的一面，不要一味夸大功能对形式所起的必然作用从而使得功能解释变得无所不能而无所能。"④这是我们处理好形式研究与功能研究关系时应该予以重视的。

---

① 王寅编：《认知语言学》，上海外语教育出版社 2007 年版，第 203－204 页。

② Lakoff, G. *Women, Fire and Dangerous Things：What Categories Reveal about the Mind*. Chicago and London：The University of Chicago Press，1987，p. 126.

③ 王寅编：《认知语言学》，上海外语教育出版社 2007 年版，第 206 页。

④ 廖秋忠：《也谈形式主义和功能主义》，《国外语言学》1991 年第 2 期，第 33－35、51 页。

第三章　词汇歧义的认知差异

歧义的形成与具体语言单位的关系十分密切,这是众所周知的,人们已经作了大量的研究。值得我们重视的是,在言语交际中对于有歧义的语言单位,人们的认知情况是很不一致的。对于同一个歧义语言单位,有的能发现歧义,有的则不能。有的发现了歧义,能作出正确的选择,有的则不能,以致影响了语言的理解。在词汇歧义认知中所表现出来的差异既是个性认知特点的表现,也是言语交际中语义变异的起因。

第一节　歧义词语的认知调查

人类语言的运用总是伴随着感觉、知觉、记忆、注意、思维、想象等各种心理活动的。如果语言符号所代表的意义确定、单一,在交际时就会给理解带来方便,交际的误差就会减少。然而,由于语言符号有限,要表达的意义无限,势必要让一个语言符号负载多种语义;加上语言符号的任意性,在一定的条件下,一个语言符号可以同多个事物相联系,表示多个不同的意义。对于表达者来说,选择什么样的语言符号,要考虑接收者的理解方便;对于接收者来说,什么样的语言该作怎样的理解,得从表达者的意图考虑。其中伴随着一系列心理活动,这就是语言的认知现象。或者说,语言认知就是根据自身的语言体验、语言环境、交际对象、语言符号、语言意义等多种要素作出语义选择的心理过程。

语言交际是一种认知活动,是对客观世界进行反映的加工活动。歧义是客观世界的复杂现象在语言世界出现叠映(reflect pack)的一种表现,要使客观世界的现象得到真实的反映,必须解除这种叠映。词语歧义是语言歧义最基本的表现形式,指的是多义词进入短语以上的语境,其多义无法消除,使人们可以作不同理解的语用现象。即进入短语或句子中的多义词如果仍是多义的便是歧义词语。因此,词语真正有歧义要在不同的语境里才能出现(表面上是一个语境而实则每个意义都是在不同的语境下出现的)。

一、词语歧义的认知过程

词语歧义的形成要在语境中才有可能,但其前提是词语本身是多义词。词语的多义,有已经固定了的意义,如本义、基本义、引申义、修辞义(常见的有比喻义、借代义)等,这些意义,一般都收入了词典。除此之外,更多的是没有或无法收入词典的临时产生的意义,如双关义、反语义、比喻义(临时的)、借代义(临时的)、别解义、婉曲义、飞白义、留白义等临时修辞义,或非修辞义的临时意义。多义词语到了某个语境,其意义一般可以选择,但也有无法确定的情况,如"我喜欢炒肉丝"就是"炒肉丝"的多义无法定位作出选择而形成的歧义。所以,词语歧义是词语的多义到了语境中,无法从多义中选择意义,作出确定的理解的语用现象。

在语言中多义词是大量的,但进入语境后,由于语境的支持,大多数多义词的意义会得到选择,在一刹那间从认知的前台隐退到后台去,不会产生歧义,这样才能保证交际的信息畅通。只有少数多义词进入语境后,得到其他语境的支持,多义不能消解,可以作两种以上的理解,这才会出现歧义。如"锁"本是一个多义词,当它进入"我今天买了一把锁"的句子语境时,"锁"不再为多义,不会产生歧义现象;但当它进入"办公室的门没有锁"的句子语境时,"锁"的多义仍然存在,便造成这个句子的多义。这种现象,人们习惯称之为"歧义句",而不称"多义句"。

值得注意的是,多义词进入语境,多义得以消除,一方面固然是依靠这个句子的语言性语境,另一方面更重要的是要依靠言语交际者的认知来判断。如"办公室的门没有锁"在我们以往的调查中就有83.60%的人认为其所表达的意思是"办公室的门没有锁上",而不是"办公室的门没有装上锁",因为办公室的门都会装锁,这是常识。装有"锁"的"办公室的门没有锁",当然是"没有锁上"的意思。只有16.40%的人认为有"办公室的门没有装上锁"的意思。从语言性语境看,该句存在着歧义,但大多数人却不把它当作歧义句看,这就是人们的认知语境起到了消歧的作用。它与语言性语境消除歧义的不同在于:语言性语境消歧靠的是语言标记(如在"锁"后加补语"上"),认知语境消歧除了语言标记外,更多的是依靠对与语言有关因素的把握和推断。如"办公室的门没有锁"的歧义消解的认知推断过程可以用图3-1(实线框内为表达,虚线框内为理解)来解析。

(多义词) 锁

(多义短语) 没有锁

(歧义短语→歧义句) 办公室的门没有锁。

歧义消除 办公室的门没有锁上。 → 办公室的门装有锁，但没有锁上 ← 语言语境消歧（标记消歧）

仍有歧义 办公室的门没有锁，我的笔记本电脑被偷了。

歧义消除 办公室的门没有锁(上)，他的笔记本电脑被偷了
办公室的门没有装锁，他的笔记本电脑被偷了。 → 选择淘汰 理解→接收 认知语境消歧

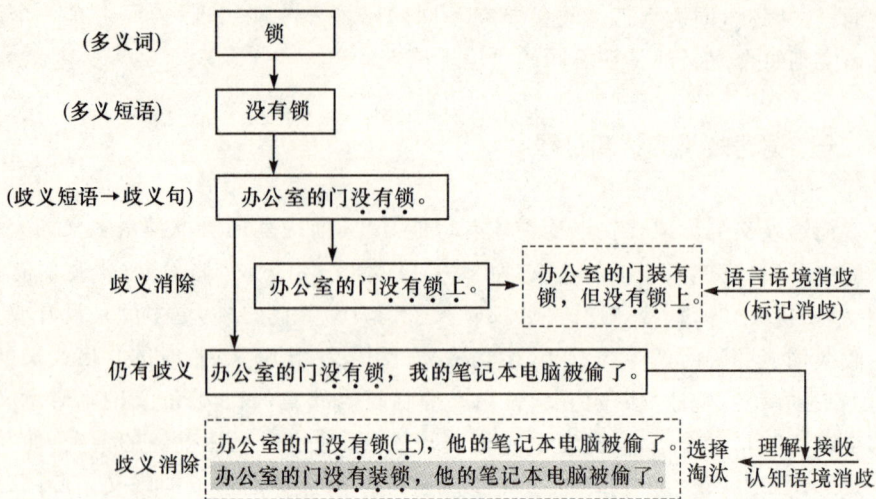

图 3-1　词语歧义的消解过程

　　这种现象的产生有两个原因：一是多义词的理解有强势意义（一般为常用的基本义）和弱势意义（一般为不常用的非基本义）的不同。语言接收者认知判断会将多义词的强势意义与弱势意义作出区别，然后选择强势意义，淘汰弱势意义（在部分人的理解中，有的词语的弱势意义根本不在意识之中，只能用强势意义作出理解）。二是语言理解时有强势语境和弱势语境的不同。受话者在接收有歧义的言语信息的时候，其认知会虚设两个语境，其中一个是强势语境（认为这个句子一般是在这个语境下使用的），一个是弱势语境（认为这个句子一般不会在这个语境下使用）。当强势语境意义抵消了弱势语境的意义后，语义选择得到了定位，歧义便得到了消解。而强势语境意义的获得既与个人的认知相关，也与社会的语言运用规则有联系，即在语言使用中常显的也是强势语境下的强势意义。我们从北京大学汉语言研究中心的语料库①里搜索到的"没有锁"的语料共有 43 条，其中有 28 条（65.12％）在语言性语境中就能确定表示的是动词义（其前或其后有语言标记，如"锁没有锁"、"没有锁住"、"没有锁上"、"没有锁好"、"没有锁紧"、"没有锁着"、"没有锁死"、"没有锁起来"，等等），只有 15 条（34.88％）有作歧义理解的可能，这 15 例就需经认知语境消除其歧义。

　　这 15 例里的"锁"可作名词理解的有 2 例：

　　[1]它既没有门斗，也没有铰链，既没有锁，中间也没有缝。（"门斗、铰链、缝"均为名词，"锁"也为名词）

———————————

① 感谢北京大学汉语言研究中心的语料库为本文的研究提供了语料。

[2]就是他的这个秘密像一扇既没有锁也没有钥匙的门引起了她的好奇心。（和"钥匙"并提，"锁"是名词）

可作动词理解的有 11 例：

[3]防盗门没有锁，但王玉明"咚、咚"敲了好一会儿，也没有人开门，王有点沮丧。（防盗门不会不装锁，只会是"装有锁而没有锁上"）

[4]他试着推了一下门，它没有锁。（即"试着推"开，原以为是"锁上"的）

[5]他试图打开剧场的门，门没有锁。（同上）

[6]她试着拉开抽屉，抽屉没有锁。（同上）

[7]她会跑出车子冲向后门廊的门，试试门把手，如果没有锁，那么就结束了。（同上）

[8]刘的办公桌左下方的柜子没有锁。（柜子一般是有锁的，当是"没有锁上"）

[9]匣子没有锁，金九龄打开了雕花的木盖，突然间，一股淡红色的轻烟急射而出。（精致的雕花匣子一般应该装有锁的，却"没有锁上"）

[10]他在他尝试的第一间没有锁的教室里找到了她。（教室门一般都是装锁的，也该是"没有锁上"）

[11]门没有锁，他走了进去，感觉自己像是个非法闯入者。（"感觉自己像是个非法闯入者"该是很重要的地方，一般不会不装锁，也该是"没有锁上"）

例[8]、例[9]要依赖认知语境来判断，消除歧义。只有下面4例产生歧义的可能性更大一些：

[12]那是扇没有锁的大门？

[13]门居然没有锁。

[14]门没有锁。（2例）

例[12]至例[14]有歧义存在的可能，但常识告诉我们：门一般都是装有锁的，而且现代的门一般都是"保险锁"，用挂锁的很少。这几例的门"没有锁"，一般也应该是说"门没有锁上"。语言使用情况提示人们："没有锁"的强势意义是"没有锁上"。可见，强势意义与人们的认知是基本一致的。这是因为人们的认知就是来自实际的语言运用，是言语互动的积累和沉淀。认知语境的选择、判断是正确的，才会促进语言认知的继续发展。从整体上看，这种强势意义与人们从认知世界里的基本常理推出的意义（认知意义）是一致的；而从个体而言，每个人的认知世界是有差异的，所以，强势意义不能完全控制人们的认知理解，只要是有歧义的语言，在人们的理解中，仍会出现理解上的差异，这是值得我们注意的。对人们认知上有差异的歧义句，我们如果不注意其差异的存在，分析其产生的原因，这对语言教学、语文教学、信息处理都是十分不利的。

二、词汇歧义认知的调查结果

(一)汉语社区语言使用者对词汇歧义的认知

我们的歧义研究主要是为了了解人们歧义认知的基本趋势,不在于反映不同汉语社区的使用者歧义认知的区别性特征,所以我们的调查以汉语社区的学生为主体,因为他们的年龄、知识水平有明显的界限。为对比起见,我们还调查了其他社会人员,这些对象年龄层次不一,文化水平不一,社会背景各异。他们的认知情况可与学生认知情况作比较。

1. 词汇歧义的判断情况

歧义判断的调查是让受调查者对所给的多义词语在句子中能否产生歧义直接作出判断。整体认知情况见表3-1。

表 3-1 汉语社区词语歧义判断认知情况 单位:%

歧义词语	小学生	初中生	高中生	非中文大学生	中文大学生	社会人员	均值	标准差	极差	网上调查平均
背(着女儿)	74.40	74.50	79.60	77.30	82.90	80.50	78.20	3.41	8.50	80.50
借(我一辆车)	32.70	39.20	40.40	39.20	78.90	70.40	50.10	19.12	46.20	58.50
原来(是经理)	44.20	47.40	55.30	50.50	75.90	75.30	59.70	13.24	31.70	81.70
多半(是学生)	51.20	54.90	63.30	63.90	63.40	61.00	59.60	5.31	12.70	57.30
丢(了)	53.50	56.90	57.10	52.60	61.00	48.80	55.00	4.25	12.20	41.50
给(我看看)	23.30	41.20	40.80	48.50	58.50	36.60	41.50	11.78	35.20	34.10
就(洗了一床被子)	51.20	45.10	53.1	53.60	56.10	58.50	52.90	4.60	13.40	58.50
(翻)过	30.20	34.70	36.20	41.20	48.90	38.30	37.94	6.38	18.70	43.90
均值	45.09	49.24	53.23	53.35	65.70	58.68	54.37	7.28	20.72	57.00
标准差	16.28	12.68	14.26	12.33	12.11	16.46	12.42	—	—	17.33

从句子里的多义词语是否产生歧义的判断看,有的呈较集中的趋势,有的呈较分散的趋势。"背(着)"、"多半"、"丢"、"就"这4个词的认知度呈较为集中的趋势,其极差(Range Statistic)均很小,分别为8.50、12.70、12.20、13.40;而"借"、"原来"、"给"这3个词的认知度却呈分散的趋势,极差较大,分别为46.20、31.70、35.20。网上调查与问卷调查的平均水平比较接近,趋势也基本相同。经 SPSS 相关分析,网上调查平均水平与高中以上4项平均有更强的近似性(网上调查参加者多为高中以上文化程度),相关系数 $r = 0.838$,$p = 0.009$,在 $\alpha = 0.01$ 水平下时,线性关系显著。网上调查平均与汉语社区调查总平均的

相关系数 $r＝0.786$，$p＝0.021$，在 $\alpha＝0.05$ 水平下时，线性关系显著。网上调查平均与问卷调查总平均的相关系数 $r＝0.806$，$p＝0.016$，在 $\alpha＝0.05$ 水平下时，线性关系显著。认知度较为集中的词语，说明其强势意义和弱势意义均较为明朗，反之强势意义和弱势意义则不太明朗（一般是强势意义掩盖了弱势意义）。如"背着"的认知度最高（78.20），极差最低（8.50），说明该词语的两个意思，都能被 78.20％ 的人迅速认知，因而在交际中最容易引起歧义（口语中可依靠语音消歧）；"给"的认知度最低（41.50），极差也较高（35.20），说明只有 41.50％ 的人能认识到"给"在句中有两个意思，因而在交际中不太容易引起歧义。

从歧义认知的人群看，在对这 8 个词语的歧义判断中，认知度最高的是中文大学生，其次是社会成员。而非中文大学生、高中生、初中生几乎分不出高下。可见中文大学生和社会成员的认知水平比较接近，而非中文大学生与高中生、初中生、小学生在歧义词语判断上的认知水平比较接近。前者代表了成熟的水平，后者代表了不成熟的水平。

2. 词语歧义的选择情况

歧义选择的调查是让受调查者对所给词语的多项词义作出选择，能同时选出两项的，就是能辨识出该词语的歧义。调查发现歧义词语与不同认知对象的认知关系比较复杂，但仍然可以发现其基本的趋势。表 3-2 为受调查者对 11 个词语歧义选择的整体认知情况。

表 3-2　词语歧义选择情况　　　　　　　单位：％

歧义词语	小学生	初中生	高中生	非中文大学生	中文大学生	社会人员	汉语社区平均	极差	标准差	网上调查平均
画的人	11.40	15.10	13.80	46.40	99.20	55.60	40.25	87.80	34.38	36.50
10 日前去汇报	33.00	41.17	54.20	82.50	85.70	65.68	60.38	54.80	21.44	45.10
黄牛	25.00	19.40	19.10	46.40	87.80	59.30	42.83	68.70	27.33	35.30
小王叫₂他叔叔	26.10	34.40	48.90	47.40	88.70	75.30	53.47	62.60	24.03	59.80
从小李说起	27.92	37.24	55.18	70.48	85.43	70.73	57.83	57.51	21.97	57.40
饭吃完了	22.70	20.40	23.40	54.60	83.50	67.90	45.42	63.10	27.08	71.90
在火车上写字	36.40	28.00	39.40	53.60	77.40	63.00	49.63	49.40	18.51	48.80
地下工厂	33.00	26.90	35.10	39.20	75.20	67.90	46.22	48.30	20.15	51.20
叫₁他推了一下	11.40	17.20	27.70	50.50	91.00	63.00	43.47	79.60	30.52	8.60
这坑挖深了	20.50	24.70	31.90	47.40	59.40	59.40	39.05	38.90	15.61	52.40
别弄错了	11.40	11.80	24.50	38.10	47.40	50.60	30.63	39.20	17.30	47.60
均值	23.53	25.12	33.93	52.42	80.07	62.69	46.29	56.54	—	46.78
标准差	9.08	9.48	14.09	13.20	14.89	8.01	8.65	—	—	16.33

在调查中,11个词语已经给出了多义的解释,让受调查者选择"能成立"的意思,实际上是提供了潜语境,能想到该意义会在什么语境下出现,就会确定该意义成立。按理这种选择要比判断容易确定歧义,但因为这些词语牵涉到词义(尤其是潜义)、句法和言外义的把握,认知度反而比判断歧义的认知要低。11个词语的极差(Range Statistic)都很大,最大的(画的人)达到了87.80,极差最小的(这坑挖深了)也有38.90。这些词语中认知度高的词语是"10日前去"(60.38);认知度最低的是"别弄错了"(30.63),该词语除高中生、非中文专业大学生认知度在倒数第二外,其他各组该词语的认知度均为倒数第一。

从统计分析可见:小学生与初中生、初中生与高中生、非中文大学生与初中生认知水平的相关系数 r 分别为 0.766、0.937、0.674、0.741,p 值分别为 0.006、0.000、0.009,α 均在 0.01 水平下,线性关系显著,说明上述各对之间的认知水平比较接近;而高中生与小学生认知水平的相关系数 $r = 0.669$,$p = 0.024$,在 $\alpha = 0.05$ 水平线下时,有一定线性关系但不显著,说明他们的认知水平有一定差距。而中文大学生和社会成员的认知水平与其他认知对象的认知度的相关性均不明显,说明中文大学生和社会人员的认知水平比非中文大学生、高中生、初中生、小学生的认知水平都要高。

(二)非汉语社区语言使用者对歧义词语认知

非汉语社区使用者的调查对象,我们选取的对象一是从新疆来杭学习进修的维吾尔族小学、初中教师,共发出问卷65份,收回有效问卷54份。他们的母语为维吾尔语,虽然学过一些汉语,但运用汉语的能力较差,即使是学中文的,但因为生活的语言环境不是汉语社区,汉语基础也不是很好。对象二是在杭学习的外国留学生,共发出问卷60份,收回有效问卷51份。这些留学生为中高年级水平。调查仍采用歧义判断和歧义选择的形式。

1. 词语歧义判断情况

对歧义的判断认知情况非汉语社区与汉语社区对比见表3-3。

表3-3　词语歧义判断认知情况比较　　　　　　　　　　　单位:%

歧义词语	小学生	初中生	高中生	非中文大学生	中文大学生	社会人员	汉语社区平均	网上调查	少数民族学员	留学生
背(着女儿)	74.40	74.50	79.60	77.30	82.90	80.50	78.20	80.50	63.00	42.00
借(我一辆车)	32.70	39.20	40.80	39.20	78.00	70.70	50.10	58.50	51.90	34.00
原来(是经理)	44.20	52.90	59.20	50.50	75.60	75.60	59.70	81.70	53.70	50.00
多半(是学生)	51.20	54.90	63.30	63.90	63.40	61.00	59.60	57.30	40.70	42.00
丢(了)	53.50	56.90	57.10	52.60	61.00	48.80	55.00	41.50	55.60	46.00

续　表

歧义词语	小学生	初中生	高中生	非中文大学生	中文大学生	社会人员	汉语社区平均	网上调查	少数民族学员	留学生
给(我看看)	23.30	41.20	40.80	48.50	58.50	36.60	41.50	34.10	11.10	26.00
就(洗了一床被子)	51.20	45.10	53.10	53.60	56.10	58.50	52.90	58.50	26.90	32.00
(翻)过	30.20	34.70	36.20	41.20	48.90	38.30	37.94	43.90	42.60	31.40
均值	45.09	49.93	53.76	53.35	65.55	58.75	54.37	57.00	43.27	38.85
标准差	16.34	12.02	13.48	12.22	10.65	15.46	10.50	17.33	18.41	8.47

非汉语社区受调查者对句子里的多义词语是否产生歧义的判断明显比汉语社区受调查者要低。少数民族学员的歧义判断水平与汉语小学生的水平接近；留学生的认知水平低于汉语社区小学生的认知水平。少数民族学员的平均认知度为43.27，留学生的平均认知度则为38.85。少数民族学员认知度最低的词语与社会人员、网上调查认知度最低的词语一致，均为"给"这个词语；认知度高的词语与汉语社区受调查者也基本接近，少数民族学员认知度高的词语为"背(着)"、"丢"、"原来"、"借"；留学生认知度高的词语为"原来"、"丢"、"背(着)"、"多半"。少数民族学员认知度第一位的词语与留学生认知度第一的词语虽不一样，但恰好是网上调查认知度最高的两个词语(背、原来)；恰好是汉语社区受调查者平均认知度排在第一、二位的两个词语。

这8个歧义词语的判断认知，非汉语社区受调查者与汉语社区受调查者、网上调查，总体上看，差距比较明显。经SPSS相关分析，少数民族学员与留学生的相关系数$r=0.756$，p值$=0.030$，在$\alpha=0.05$水平下，有一定线性关系，有较强的一致性。少数民族学员与汉语社区平均认知的相关系数$r=0.629$，$p=0.095$；留学生与汉语社区平均认知的相关系数$r=0.659$，$p=0.076$；少数民族学员与网上调查的相关系数$r=0.611$，$p=0.108$；留学生与网上调查的相关系数$r=0.611$，$p=0.107$，均在$\alpha=0.05$水平之上，线性关系不显著。

此项调查说明：一是少数民族学员和留学生词语歧义判断能力比较接近，两组的高、低辨识率的词语除个别(如"背着"、"借")略有差异外，整体上基本相同。二是非汉语社区对词语歧义的辨识水平明显落后于汉语社区，其辨识水平均低于汉语社区的小学生。只是少数词语高于小学生(如"借"、"原来")。三是从整体上看，汉语社区使用者与非汉语社区使用者对汉语歧义词语的判断虽然水平不同，但基本趋势比较一致，对前者来说是歧义辨识率高的词语，后者也基本为辨识率高的词语；对前者来说是歧义辨识率低的词语，后者也基本为辨识率低的词语。如"背着"、"丢"属于高辨识率词语；"给"都属于最低辨识率词语。相比而言，少数民族学员辨识情况比较接近汉语社区的使用者，留学生的差距要大一些。如"背着"在各组均为最高辨识率的词语,而留学生的辨识率却排在第三。总体上看,非汉语社区受调查者的歧义认知水平都低于汉语社区受调查者。少数民族学员的平均认知水平略低于小学生略高于初中生的认知水平,留学生的认知水平比小学生的水平还要低。

2. 词语歧义选择情况

非汉语社区受调查者对汉语句子里的多义词语产生的歧义的选择也明显比汉语社区受调查者要低。他们平均认知水平与汉语社区小学生的认知水平相近(少数民族学员受调查者的平均认知度为20.71,留学生受调查者的平均认知度为23.11)。认知度低的词语集中在"别弄错了"或"这坑挖深了"两项上,与汉语社区的认知趋势一致;认知度高的词语基本与汉语社区受调查者一样:少数民族学员认知度高的词语是"画的人"(37.08),与高中生(55.18)、非中文大学生(70.48)是同一词语;留学生认知度高的词语为"10日前去汇报"(39.10),与高中生(54.20)、非中文大学生(82.50)的认知度(排第一或第二的是同一词语)相同,说明其认知水平与高中生、非中文大学生有相同趋势。

表 3-4　词语歧义选择认知情况　　　　单位:%

歧义词语	小学生	初中生	高中生	非中文大学生	中文大学生	社会人员	汉语社区平均	网上调查平均	少数民族学员	留学生
叫₁他推了一下	11.40	15.10	13.80	46.40	99.20	55.60	40.25	36.50	18.50	17.60
10日前去汇报	33.00	41.17	54.20	82.50	85.70	65.68	60.38	45.10	29.70	39.10
在火车上写字	25.00	19.40	19.10	46.40	87.80	59.30	42.83	35.30	18.50	27.50
黄牛	26.10	34.40	48.90	47.40	88.70	75.30	53.47	59.80	18.50	23.50
画的人	27.92	37.24	55.18	70.48	85.43	70.73	57.83	57.40	37.08	25.07
从小李说起	22.70	20.40	23.40	54.60	83.50	67.90	45.42	71.90	11.10	17.60
小王叫₂他叔叔	36.40	28.00	39.40	53.60	77.40	63.00	49.63	48.80	29.60	29.40
饭吃完了	33.00	26.90	35.10	39.20	75.20	67.90	46.22	51.20	22.20	25.50
地下工厂	11.40	17.20	27.70	50.50	91.00	63.00	43.47	8.60	24.10	33.30
这坑挖深了	20.50	24.70	31.90	47.40	59.40	50.60	39.08	52.40	7.40	7.80
别弄错了	11.40	11.80	24.50	38.10	47.40	50.60	30.63	47.60	11.10	7.80
均值	23.53	25.12	33.93	52.42	80.07	62.69	46.29	46.78	20.71	23.11
标准差	9.08	9.48	14.09	13.20	14.89	8.01	8.65	16.33	9.04	9.79

从表 3-4 可以看到,一是少数民族学员和留学生词语歧义选择能力比较接近,两组的高、低辨识率词语除个别略有差异外,整体上基本相同:"10日前去汇报"、"小王叫他叔叔"、"地下工厂"在两组中均为高辨识率的歧义词语,"这坑挖

深了"、"别弄错了"两组均为低辨识率歧义词语。二是两组歧义辨识水平均明显落后于汉语社区的人,其辨识水平也均低于汉语社区的小学生。大部分歧义词语辨识率和平均辨识率均低于小学生。

问卷调查显示出对词语形成的歧义在选择时出现的一些差异:一是虽然平均认知水平低于初中生、小学生,但对"叫他推了一下"、"地下工厂"的歧义辨识率却高于小学生、初中生,甚至高中生。二是"这坑挖深了"在汉语社区的受调查者里辨识率并不属最低,但在少数民族学员和留学生的受调查者里却是最低的。三是留学生对歧义选择的平均辨识率在最低水平,但"在火车上写字"、"地下工厂"、"10 日前去汇报"却超过其他组的辨识率("10 日前去汇报"未超过初中生)。

这 11 个歧义词语的选择认知,非汉语社区受调查者与汉语社区受调查者、网上调查,情况比较复杂。经 SPSS 相关分析,少数民族学员与留学生的相关系数 $r=0.763,p=0.006$,在 $\alpha=0.01$ 水平下,线性关系显著,有较强的一致性。少数民族学员与汉语社区平均认知的相关系数 $r=0.761,p=0.007$;留学生与汉语社区平均认知的相关系数 $r=0.727,p=0.010$,均在 $\alpha=0.01$ 水平下,线性关系显著。少数民族学员与网上调查的相关系数 $r=-0.170,p=0.618$;留学生与网上调查的相关系数 $r=-0.374,p=0.257$,均在 $\alpha=0.05$ 水平之上,线性关系不显著。

歧义判断和歧义选择的调查结果有些差距,这是由两种不同调查方式所带来的。但从中我们还是可以看到两种方式的共同特点:歧义认知度高的词语和认知度低的词语的趋势一致。如在歧义判断中,少数民族学员、留学生认知度高的词语与汉语社区一致,分别是"背着"、"原来"。在歧义选择中,少数民族学员、留学生认知度最低的词语与汉语社区各组一样都是"别弄错了",认知度次低的词语与中文大学生和社会人员一样都是"这坑挖深了"。

第二节　影响词语歧义识别的主要因素

人们对词语歧义的认知主要受三方面因素的影响:一是词语意义的隐显的影响;二是社会共同认知的影响;三是个人认知域的影响。这三者是相辅相成的关系,词语意义的隐显是社会言语互动形成的共同认知的沉淀,社会共同认知是个人认知的规律性的体现,词义的隐显又会影响个人的认知。除此之外,个人的认知还与人们的受教育程度有关,教育能较快、较准确地提升个人的认知水平;一个人对歧义的认知还与其整体的语言能力有一定的联系。

一、词语歧义辨识与词义隐显的关系

歧义词语的多个意义有隐显的程度差异,意义呈显性的容易被感知,认知度就高;意义呈隐性的不易被感知,认知度就低。一般说来,词语的基本义、常用义由于使用频繁高,人们都能做到耳熟能详,接收词语的时候首先解码出来的就是这些常用意义。而对非基本义就不如基本义敏感,因而,如果歧义词语中有非基本义的,常常不能被及时地辨别出来。例如:"给"、"丢"、"多半"、"原来"、"就"、"借"、"别"、"深"等词的歧义识别率都不高,就是因为其意义隐显的差异所造成。特别是"过"、"给"、"别"、"深"的歧义识别率是最低的。因为,人们接收这些词语时,首先解码出的是它们的常用义(即强势语义),而没有解码出的常常是非常用意义(即弱势语义)。例如:

过:在歧义判断中识别率最低,分别为:小学生 30.20、初中生 34.70、高中生 36.20、非中文大学生 41.20、中文大学生 48.90、社会人员 38.3,平均 37.94,极差 18.70。

给:在歧义判断中识别率也很低,分别为:小学生 23.30、初中生 41.20、高中生 40.80、非中文大学生 48.50、中文大学生 58.50、社会人员 36.60,平均 41.50,极差 35.20。

别弄错了:在歧义选择中的辨识率最低,分别为小学生 11.40、初中生 11.80、高中生 24.50、非中文大学生 38.10、中文大学生 47.40、社会人员 50.60,平均 30.63,极差 39.20。

这坑挖深了:在歧义选择中该词的辨识率也很低,分别为小学生 20.50、初中生 24.70、高中生 31.90、非中文大学生 47.40、中文大学生 59.40、社会人员 50.60,平均 39.08,极差 38.90。

这些词语之所以辨识率低,是因为接收者往往注意了显性义,而忽略了隐性义。例如:

"别弄错了"中的"别"在《现代汉语词典》中只有两个义项:"①表示禁止或劝阻,跟'不要'的意思相同";"②表示揣测,通常跟'是'字合用(所揣测的事情,往往是自己所不愿意的)"[①]。义项①是基本义,"别弄错了"的显性义就是"嘱咐别人不要弄错了";义项②是非基本义,"别弄错了"隐性义便是"怀疑某事(结果)弄错了"。调查结果如下(A 义是义项①,B 义是义项②):A 义的识别率比 B义高,语言水平低的 B 义的识别率低,AB 义(歧义)的识别率也低;语言水平高

---

① 中国社会科学院语言研究所词典编辑室编:《现代汉语词典》,商务印书馆 2002 年版,第 86 页。

的 B 义的识别率高，AB 义的识别率也高（见图 3-2）。

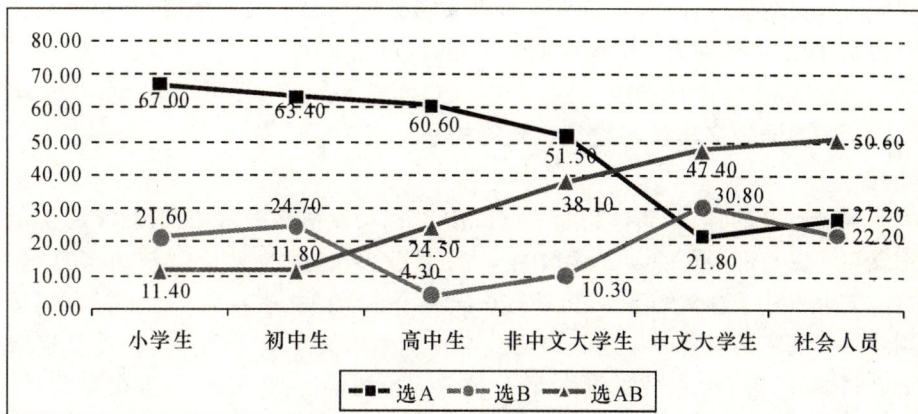

图 3-2　"别弄错了"的语义认知

"这坑挖深了"，其显性义是对客观结果的判断，即"这坑挖得达到了要求"。其中"深"的意义是《现代汉语词典》的义项①的意思："从上到下或从外到里的距离大（跟'浅'相对）"①。其隐性义是对客观结果的评论，即"这坑挖得超过了要求"，这个意思是临时产生的，在《现代汉语词典》里没有这项解释，此义不易被人认知就是自然之理了（见图 3-3）。

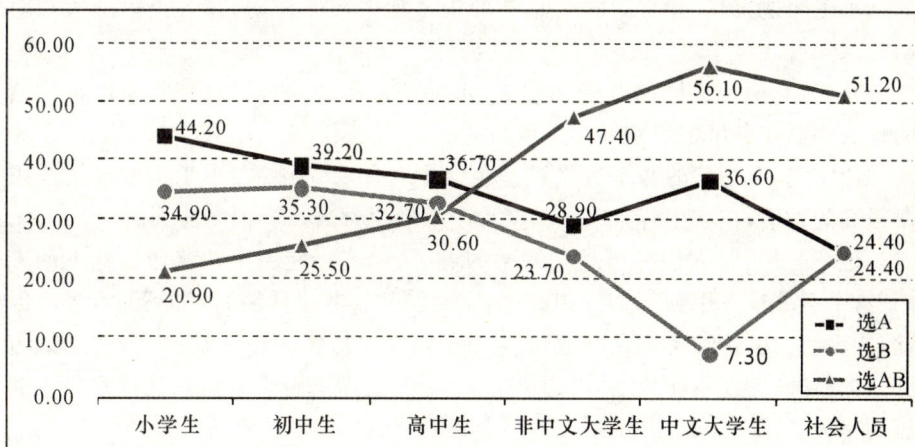

图 3-3　"这坑挖深了"的语义认知

_____

① 中国社会科学院语言研究所词典编辑室编：《现代汉语词典》，商务印书馆 2002 年版，第 1120 页。

从上面 6 组人群对"别弄错了"和"这坑挖深了"这两个词语的认知情况中我们可以更明显地看到,认知能力与语义隐显之间的变化关系,随知识和阅历的增长,歧义的辨别力也呈现出逐渐递升的趋势。

二、词语歧义辨识与社会认知的关系

词语歧义的辨识与社会生活关系密切,社会生活中的常用词,歧义的辨识率就高。在我们调查的 18 个词语中,"10 日前去"、"画的人"的认知度最高,虽然能辨识出三个意义的不多,但能辨识出两个意思的比率很高。"背着"在歧义判断中识别率是最高的。这些词语从小学生到中文专业大学生辨识度呈逐渐上升趋势,但到了社会成员组里,由于该组成员的学历、知识水平、年龄不同,辨识率比中文大学生要低。

10 日前去:涉及对"10 日前"时间的认识以及"前去"的意义的认识,难度都不大,在各组中均为高辨识度。

画的人:涉及对不同指称对象的确认,难度也不大,在各组中均为高辨识度。

黄牛:现代生活将其方言义也推行开来了,各组都呈现出高认知度(仅非中文大学生低于平均认知度)。

小王叫他叔叔:"叫"的两个意义均为日常生活所常用,在各组里均有相对高的认知度。

背着:有两个不同的读音和意义,也都是常用的,容易被想到,所以该词语的歧义判断在各组中识别率都是最高的。

饭吃完了:"完"的两个意义都是生活中常用义,所以在小学生中成了辨识率最高的词语,在初中、高中、非中文大学生中也都属高辨识率的词语。

地下工厂:是人们分析歧义常举的例子,而实际使用中,"建造在地下的工厂"这个意思很少用到①,因而出现都认为是"从事非法活动的工厂"的意思。因此,判为歧义的认知率多在倒数位,网上调查选"从事非法活动的工厂"义的占 96.40%,选"工厂建在地下"义的仅占 12.60%。只有社会人员对该词语歧义的识别率最高,这当与他们见到过工厂办在地下的社会经历有关。

---

① 从北京大学汉语语言学研究中心语料库检索到"地下工厂"共 30 例语料,其中只有 3 例是"建造在地下的工厂"这个意思。

三、词语歧义辨识与受教育程度的关系

调查显示,中文大学生对歧义词语的认知能力远远超过了其他各组。其最低的认知度为47.40,最高认知率竟达到100.00,有些在该组为高认知的歧义词语,但在其他组却是低认知率的词语。例如"叫"、"在"、"从"等词的意义涉及语法问题,歧义辨识的难度增加了,然而中文的大学生能辨别出歧义来的程度很高,而其他各组辨识率却不高。

叫他推了一下:中文大学生辨识率为91.00,其他各组分别为小学生11.40、初中生17.20、高中生27.70、非中文大学生50.50、社会人员63.00;极差79.60。

在火车上写字:中文专业大学生辨识率为77.40,其他各组分别为小学生36.40、初中生28.00、高中生39.40、非中文大学生、社会人员63.00;极差49.40。

从小李说起:中文大学生辨识率为85.43,与其他组有明显的差距。其他各组分别为小学生27.92、初中生37.24、高中生55.18、非中文大学生70.48、社会人员70.43;极差57.51。小学生和初中生对该短语歧义的辨识率都是最低的。高中生和非中文大学生的辨识率为倒数第二,社会成员组有较高的辨识率。

另外,"10日前去"、"黄牛"、"画的人"等词语虽然在各组中都属高辨识率的词语,但其整体水平也远低于中文大学生的认知水平。可见教育程度,尤其是专业的学习,直接影响对歧义的辨识。

四、词语歧义辨识与言语互动的关系

言语互动是语言认知形成和提升的关键因素,这从不同的言语社区或者相同的言语社区的不同群体的认知对比上都能得到证明。我们已经从相同言语社区对词汇歧义认知作了多种比较,这里主要从不同言语社区作比较分析。

从总体情况看,少数民族学员和留学生对词汇歧义的认知水平低于汉语社区的小学生。如歧义判断的平均认知率少数民族学员为43.27,留学生为38.85,低于小学生的平均认知水平(45.09)。

留学生各词语的平均认知水平低于初中生和小学生,少数民族学员因接触汉语的机会(如与汉族人交往的机会、接触汉语媒体的机会)比留学生多,而且学习汉语的时间也相对要长一些,因此,对这类显性特点明显的歧义词语辨识率自然也就要高一些。留学生接触汉语的机会少,辨识率相对就会低一些。可

见社会的言语互动的程度与言语认知水平关系密切。这种特点在歧义词语的选择认知中显得更清楚(见图 3-4)。

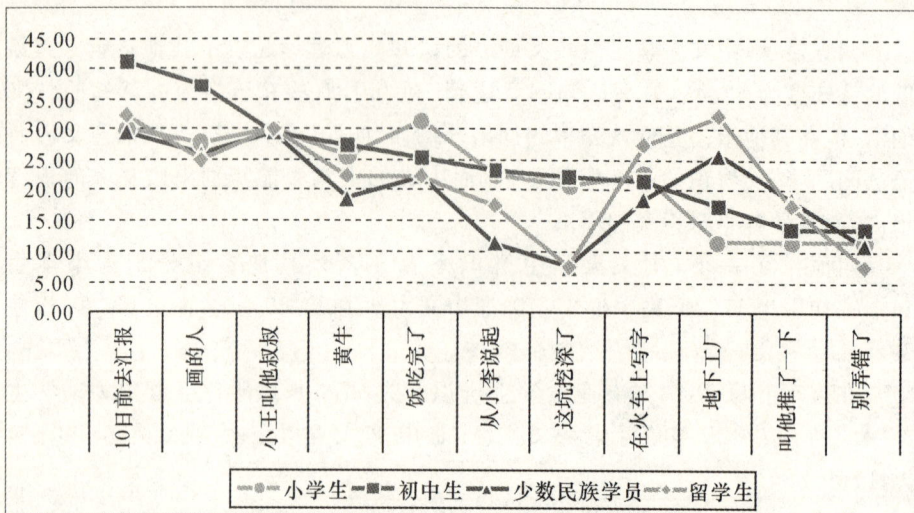

图 3-4　低认知水平的多义词语歧义的认知比较

这 11 个歧义词语的低认知水平者的比较,可以看到少数民族学员、留学生与初中生、小学生的认知率的趋势基本一致,初中生比较平稳,其他各组波动较大,少数民族学员和留学生的波动最大。特别明显的是"这坑挖深了"、"从小李说起"两个短语的歧义认知明显低于初中生、小学生的水平,而"地下工厂"的认知却明显高于初中生、小学生的水平。只有"小王叫他叔叔"的认知是非常接近的。这些词语在不同的意义选择上的趋向性很值得关注。

"小王叫他叔叔"四组受调查者的认知水平最为接近,这是由"叫"在这里的强势意义所决定的。"叫"的两个意思"喊"——使令义("喊他叔叔来")、"称呼"都为实词义,但在此短语语境中"称呼"义为强势意义,"喊"义为弱势意义。从比较中可以看到非汉语社区更容易选强势意义,说明弱势意义掌握程度更低。检索北京大学汉语研究中心语料库得到"叫他"19 例,表示"称呼"义的有 15 例,表示"喊"义的只有 4 例。可见这种情况与社会使用频率也是一致的。社会普遍存在现象也影响了非汉语社区成员的语言理解(见图 3-5)。

如前面所分析的,"地下工厂"为"从事非法活动的工厂"的意义为强势意义,小学生选此强势意义的最高,非汉语社区成员也一样受此强势意义的影响,这一情况与社会认知也是一致的。检索北京大学汉语研究中心语料库得到"地下工厂"30 例,其中有 27 例意思为"从事非法活动的工厂",只有 3 例意思是"建在地下的工厂"。这种"从事非法活动的工厂"的强势意义当然同样影响非汉语

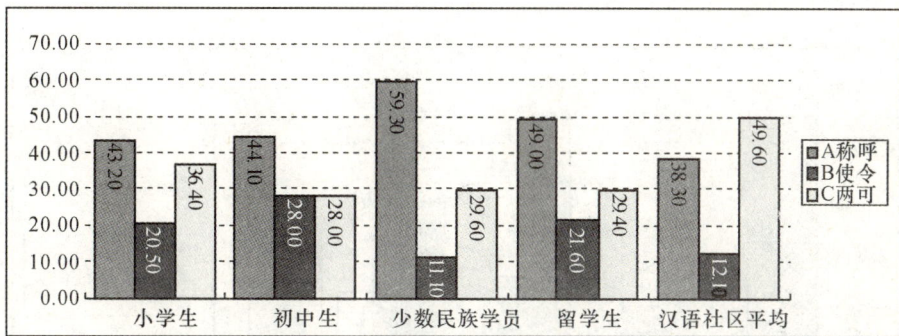

图 3-5 "小王叫他叔叔"的认知比较

社区人员的认知。

"这坑挖深了",的 A 义（达到了要求）为显性义，是对客观结果的判断。B义（超过了要求）为隐性义，是对客观结果的评论，这个临时产生的意思在《现代汉语词典》里还未收入，自然影响人们对 B 义的理解，也影响对此语的歧义的辨识。从调查可以看到，非汉语社区的成员对这类歧义的辨识率更低，和初中生的认知选择近似，单选某个意义的多，能选出两个意义（即发现歧义存在）的很少；所不同的是，对歧义的认知率比初中生要低（见图 3-6）。

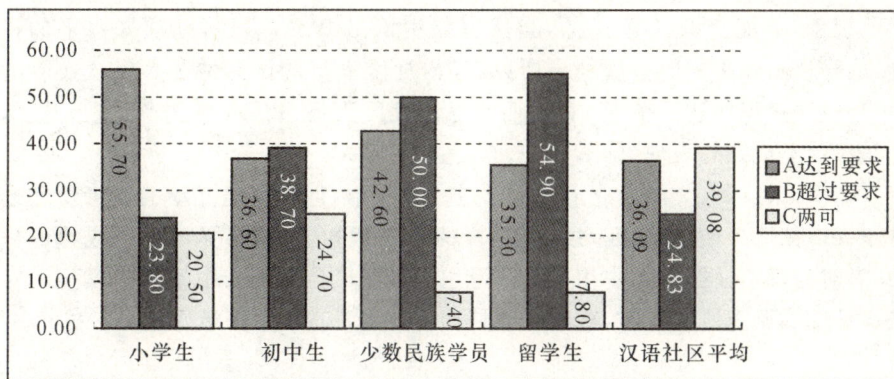

图 3-6 "这坑挖深了"的认知比较

对"黄牛来了"中"黄牛"两个意义的认知，少数民族学员更接近小学生，留学生更接近初中生，其原因也受社会言语交际的影响，因少数民族学员大多来自农村，接触或听到"票贩子"的机会少，因而，对"一种耕牛"比较认同，而对"票贩子"不太认同。留学生求学的地方是中国的城市，对"票贩子"会很耳熟，对其认同度也就随之增加了(见图 3-7)①。

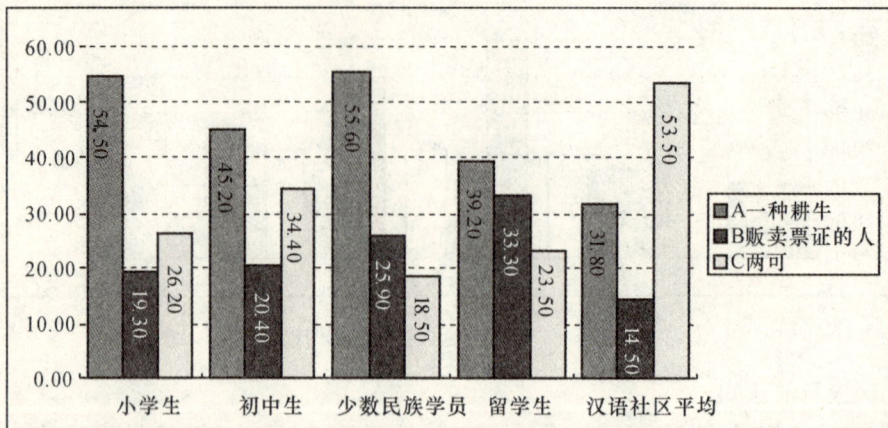

图 3-7 "黄牛来了"的认知比较

　　非汉语社区对"从小李说起"的认知比汉语社区的初中生、小学生都要低。主要是对"从"表示起点的判断而带来的,"从"可以表时间、空间的起点,也可以表示事件的起点,还可以表示对象的起点。此例的歧义是表示与"人"有关的"起点"和表示与"事"有关的"起点"都可以理解而形成的歧义。从社会语用的情况看,"从"表示"与事有关的起点"是强势意义,所以,选 B 解释的多是非常自然的现象②。能辨识出 A 义的,当然也能辨识出 B 义,因而,随认知水平的提高,能辨识出歧义的应该增加。所以,汉语社区人员的认知情况是符合实际的(平均歧义辨识率达到了 45.43),而非汉语社区人员只是或单选 A,或单选 B,这是汉语不成熟的表现(见图 3-8)。

　　非汉语社区人员虽然或多或少学过一些汉语,但因言语互动的机会要远远低于汉语社区人员,所以在对歧义这样的语言认知上,就会显示出不成熟的一面,有时与汉语社区的初中生和小学生接近,有时会低于初中生和小学生。对歧义认知的调查研究说明,言语互动是真正提高语言水平的最好途径。

五、词语歧义辨识与性别的关系

　　从调查结果看,性别对词语歧义的辨识影响不大。但在不同的调查题型上

---

①　因少数群组有"无法判断"未在图上出现,总数会低于100。
②　检索北京大学汉语研究中心语料库得到"从"的语料 388 例,其中表示"处所起点"119 例(占29.90%),表示"时间起点"85 例(占 21.36%),表示"事情起点"184 例(占 46.32%),表示"对象起点"10 例(2.51%)。

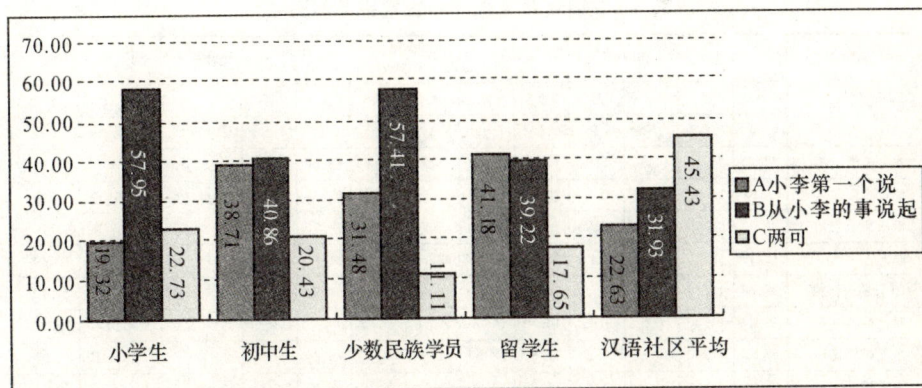

图 3-8 "从小李说起"的认知比较

显示出差异来:(1)歧义判断,女性高于男性(表 3-5);歧义选择,男性高于女性(表 3-6)。(2)歧义判断,小学生初中生辨识率女生比男生高,而到大学生和社会人员(歧义辨识水平趋于成熟时),男性要高于女性;而歧义选择,小学女生辨识水平明显比男生低,以后逐渐接近,并略高于男生。网上调查也显示相同的趋势,歧义判断时,男性对歧义的识别度高于女性(仅"借"一词女性低于男性);歧义选择时,女性均高于男性。总体上看,在歧义的辨识上女性略高于男性,这与女性做事小心、谨慎有关,与语言的认知心理关系不大。因此,后面对句法歧义的识别不再作此项分析。

表 3-5 词语歧义判断情况性别差异分析

词语	小学生		初中生		高中生		非中文大学生		中文大学生		社会人员		网上调查	
	女	男	女	男	女	男	女	男	女	男	女	男	女	男
	51.20%	48.80%	50.50%	49.50%	52.10%	47.90%	50.50%	49.50%	57.10%	42.90%	81.50%	18.50%	78.69%	21.31%
借	45.5	28.6	40.0	38.5	37.5	44.0	53.1	25.0	70.7	85.4	66.7	87.5	57.4	53.8
给	18.2	28.6	56.0	26.9	50.0	32.0	53.1	43.8	56.1	61.0	30.3	62.5	31.9	46.2
就	40.9	61.9	36.0	53.8	54.2	52.0	51.0	56.3	46.3	65.9	54.5	75.0	53.2	69.2
多半	54.5	47.6	56.0	53.8	58.3	68.0	61.2	66.7	61.0	65.9	54.5	87.5	51.1	84.6
背着	77.3	71.4	76.0	73.1	79.2	80.0	67.3	87.5	82.9	82.9	78.8	87.5	78.7	100
原来	50.0	38.1	60.0	46.2	70.8	48.0	63.3	37.5	73.2	78.0	72.7	87.5	80.9	92.3
丢	51.9	47.6	56.0	57.7	62.5	52.0	59.2	45.8	58.5	63.4	48.5	50.0	38.3	38.5
平均	48.3	46.3	54.3	50.0	58.9	53.7	58.3	51.8	64.1	71.8	58.0	76.8	55.93	69.23

表 3-6　词语歧义选择情况性别差异分析

词语	小学生		初中生		高中生		非中文大学生		中文大学生		社会人员		网上调查	
	女	男	女	男	女	男	女	男	女	男	女	男	女	男
	51.20%	48.80%	50.50%	49.50%	52.10%	47.90%	50.50%	49.50%	57.10%	42.90%	81.50%	18.50%	78.69%	21.31%
黄牛来了	22.70	28.60	40.80	52.90	41.70	52.00	40.00	77.80	83.30	92.50	72.70	87.50	61.70	53.90
地下工厂	9.10	14.30	16.00	19.20	20.80	24.00	46.90	54.20	83.30	92.50	63.60	62.50	4.30	0.00
饭吃完了	31.80	33.30	24.00	26.90	20.80	32.00	36.70	41.70	70.70	80.50	69.70	62.50	63.90	23.10
画的人	18.10	38.10	36.00	38.40	58.40	60.00	69.30	66.70	81.00	90.00	69.70	75.00	65.90	15.40
10 日前去汇报	22.70	42.80	44.00	38.50	58.30	48.00	63.50	62.60	90.30	90.00	69.60	62.50	57.40	23.10
叫他推一下	9.10	14.30	8.20	3.90	16.70	16.00	46.90	45.80	100.00	100.00	54.50	62.50	46.80	30.80
小王叫他叔叔	27.30	47.60	38.80	25.50	37.50	28.00	51.00	56.30	76.20	80.00	63.60	62.50	68.10	7.70
别弄错了	9.10	14.30	18.40	17.60	16.70	20.00	40.80	35.40	48.80	43.90	51.50	50.00	51.10	46.20
从小李说起	22.70	23.80	10.20	19.60	25.00	28.00	55.10	54.20	81.00	90.00	66.70	75.00	74.50	53.90
在火车上写字	27.30	23.80	24.50	17.60	29.20	24.00	48.60	33.30	90.20	85.40	60.60	50.00	66.00	15.40
这坑挖深了	9.10	33.30	26.50	35.30	29.20	32.00	49.00	45.80	51.20	61.00	51.50	50.00	68.00	30.80
平均	18.63	28.56	24.66	24.25	32.21	33.09	49.96	49.60	77.27	81.35	62.10	61.25		

　　词汇歧义的认知上的差异的几个原因中,最根本的原因是言语互动。词义的隐显要通过言语互动来改变,只有一定的言语互动,才能逐步掌握语言的隐性意义。社会共同认知的形成当然也是通过言语互动形成的,又要以言语互动的方式让社会成员主动习得。教育程度的差异本身就是言语互动的直接实现,因为学校教育(主要是语文教育)是将言语互动的规律作为教学内容传授给学生了。

　　当然,语言认知绝不如此简单,社会的言语互动要通过人的大脑来完成,对语言意义的理解,要经大脑这个"中央处理器"的处理来实现,其"处理"的过程就是语言认知的过程。

第三节　认知域对词语歧义识别的影响

　　以上根据调查的结果从现象上分析了词汇歧义认知的差异性形成的原因在社会互动、语言意义的隐显和语言认知方面的表现,其中认知是更为复杂的过程。以下我们再从认知域的角度探讨词汇歧义的认知问题。

一、认知域及其特点

　　认知域(cognitive domain)是描写语义结构时所涉及的概念域,是主观见之于客观的领域,属于认识论的一个范畴。它可以是一个简单的知觉或概念,也可以是一个复杂的知识系统。认知域与认知语境有联系,可以用它来表现语义单位的特点或描写概念特征,让人们更方便地了解被描写的对象。在语言学界人们又将认知域称为语义域。它们既有联系又有区别:认知域是语义域的起始,语义域是认知结果。语义域是共性的,而认知域有个人和公共之别,公共的认知域与语义域的外延可以相近,而个人的认知域的外延与语义域却是有差异的。语言认知是由个性向共性逼近的,个性的认知域越接近共性的认知域,语言意义的理解就越准确。当个性认知域小于或大于共性认知域的时候,就会出现理解上的误差。由词语引起的歧义以及歧解、误解、曲解等现象的出现,就是这种误差所造成的。

人们在语言认知分析中,从语义域的角度分析,意在侧重说明共性的认知结果,从认知域的角度分析,意在侧重探寻个性在认知语义分析上的特点。本章讨论歧义认知的个性特色,故用"认知域"一词,但必然会牵涉到人类认知的结果,间或会用"语义域"的概念,以显其区别。

(一)认知域系统

对于事物的认知,主要是基于客体与参照体之间的关系,由于客观世界是纷繁复杂的,客观世界中的事物、现象及其发展、变化、性质、状态更是复杂多样的,而人们对其认知又带有自己的个性色彩,就更显其复杂性,所以,认知域系统也是一个复杂而庞大的系统。这里我们简单地作一个勾勒:认知域里最高层级可以分为主体域和客体域两大类(一级对象)。这两大类的第二层级都可包含物质域、心理域、社会域三大类(二级对象)。第三层级又均可包括方位域、领属域、性状域等类(一级特征)。第四层级可以由上述三类派生出以下类别(二级特征):空间域、时间域、时段域、时点域、起点域等(属方位域);施事域、受事域、动作域、存在域、姿势域等(属领属域);关系域、状态域、变化域等(属于性状域)。第五层级会派生出更多类别,如性状域之下的关系域、状态域、变化域可派生出:理际域、事际域、人际域、物际域等(属关系域);动态域、颜色域、静像域、动像域、实像域、虚像域、情状域、推测域等(属状态域);原状域、现状域、终状域、动态域、静态域、动作域等(属变化域)。第六层级会派生出更多的类别,如关系域下的理际域、事际域、人际域、物际域就可派生出:原因域、结果域、未然域、已然域、比较域、推演域、前提域、结论域、性质域等(属理际域);亲属域、称谓域、辈分域、地位域、索取域、递送域、行为域、使令域、施动域、受动域、告诫域、否定域等(属人际域);距离域、数量域、体积域、重量域、位置域、目标域、方向域、参照点域、动物域、比较域等(属物际域);方式域、顺序域、来源域、起点域、终点域、时间域、程度域等(属事际域)。人们对歧义的认知在这些不同层面上都会表现出个性差异来。认知域系统如图 3-9 所示。

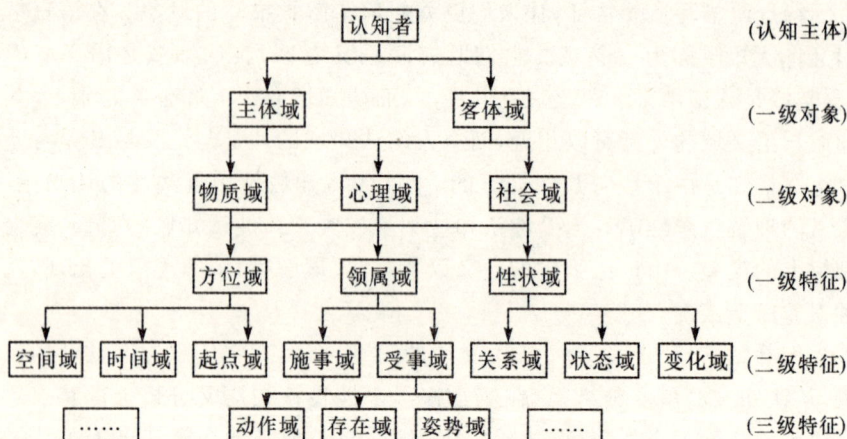

图 3-9　认知域系统

(二)认知域的特点

　　人们通过语言认识事物不同于直接认识事物,它是通过语言概念与事物的某些特征相联系来认识事物的。这样,人们利用认知所理解的与事物相联系的"语言内容",与语言所表达出来的内容是无法画等号的。认知理论认为,人的认知最基本的要素就是基本范畴与动觉图式,此二者可以通过个体与客观外界发生作用而被直接理解。个体的认知又是一个不断发展的动态过程,在基本范畴与动觉图式基础上,个体通过隐喻和转喻这两种主要认知模式不断扩大自己的认知范畴和概念。因此,语言的意义就不再是能够自足的、形式的东西,而是个体在主客体之间互动作用下对客观世界作出的理解,是人类认知发展的结果。具体说,词语的歧义现象就不是一种仅仅局限于语言内部的任意性的形式现象,而是通过人类的认知模式由一个基本范畴和概念向其他范畴和概念不断扩展、迁移的过程,是人类认知范畴化和概念化的结果。因而,语言认知域具有以下特点。

　　1.多向性

　　人们在认知模式的引导下能够通过多种知觉来激活某种概念,"概念关系除了涉及各种不同的感觉信息外,还涉及概念和其他不同概念间的关系","整个概念系统就是由各种不同的概念按照不同的方式连接而成"。[①] 人们理解歧

---

　　①　程琪龙:《认知语言学概论》,外语教学与研究出版社 2001 年版,第 135 页。

义词语的过程就是不断激活个人的认知域的过程,这个过程不是简单的定向过程,而是多向的发散过程。例如:人们认知"黄牛"一词,就会同时多向激活物质域、动物域、牲畜域、动态域、颜色域、力量域、社会域、性状域等认知域,然后作出语义选择,形成对"黄牛"一词的不同理解,接触动物黄牛多的人,激活的是与牲畜域、动态域、颜色域、力量域相关的意义,于是会选择"一种耕牛"的意思,而生活在城镇的人不经常接触或根本没有接触过"黄牛",而是从媒体和交际中听到票贩子,就容易激活与社会域、动态域、力量域等相关的意义,于是会选择"贩卖票证的人"的意思。

2. 层次性

认知域是一个有层次的系统,具有各种不同特征的认知域分属于不同的层次。第一、二级为对象层面,以下各级为特征层面。如第一层为一级对象,是对信息的主体和客体的判断。第二层为二级对象,是全人类共同的百科知识和对客观物质世界信息的接收,可以用物质域、心理域、社会域来概括。第三层面为一级特征,有物质域、心理域、社会域,这三方面的认知域按存在或展现的形式和特点,可以用方位域、领属域、性状域来概括。之下的层次更为丰富,并因认知域还有交叉性,其层次性就更为复杂丰富。对于认知域的层次性可以用上位域和下位域来看待,如物质域、心理域、社会域是上位域,方位域、领属域、性状域是下位域。一个具体概念都会有上下位层次,认知时的激活可以从上而下,也可以从下而上。一般如果对下位域认识越是清楚,认识就越深刻,语义理解就越全面、深刻、准确,但认知难度更大。

3. 组合性

在对词语认知分析时,往往要考虑该词语同其他词语的组合问题,这就是语法现象。程琪龙认为,"若干语符关系组合起来后,概念语义层面和语音层面之间至少还必须有一个语法层面"[1]。即使是没有学习过语法知识的人,在语言运用的实践中,已经有关于词语组合的基本认知。这种词语组合的语言认知是随着语言互动实践的丰富而不断增进的,认知域也在不断的丰富之中。因此,对复杂词语组合的语言现象的认知,可以明显地显示出语言认知水平的高下。

4. 动态性

认知域的动态性表现在两个方面:一是个人的认知域的发展是动态的,是认知域的动态发展促进了语言理解水平的提高;二是认知域参与认知的过程是动态的,认知域不断地被激活,是语言理解渐趋正确、深刻的必要保证。认知的

---

① 程琪龙:《认知语言学概论》,外语教学与研究出版社 2001 年版,第 92 页。

动态不平衡性带来了歧义理解上的差异。

5. 交叉性

交叉性主要是指认知域之间的连通性、共有性,即某种下位认知域可以有不同的上位域。例如,原状域、现状域、终状域其上位域既可属变化域,也可属动作域,也可属运动域;索取域、递送域、获得域既可属方式域,也可属动作域;存在域、消亡域既可属方式域,也可属变化域;姿势域、表情域既可属领属域,也可属动作域,等等。上下位域之间的关系是辖域关系。越是上位的认知域,其界限越明晰;越是下位的认知域,其交叉性越突出。这种交叉性往往也是形成歧义理解的重要原因。

二、认知域与词语歧义辨识

大千世界中的事物是多种多样的,人们可以从不同的侧面去认识它,将它们看作含有不同特征的实体。人们对实体的认知都会纳入自己的认知域去理解,在复杂的认知域里有显隐的不同。人们在理解语义的时候常常是首先将其纳入显性的语义域,有时甚至会忽略了隐性语义域。这就影响了对歧义的理解。

(一)认知过程中的"虚实"差异

物质域的实体性、可感性强,在人们的认知域里常常先于社会域、心理域建立。物质域有多种不同的表现,如形象域、色彩域、质量域、形状域、质地域、动物域、植物域等;心理域也有多种不同的表现,如虚像域、程度域、目的域、情状域、意识域、知觉域、原因域、结果域等;社会域也有各种不同表现,如势力域、关系域、情绪域、情感域、态度域等。认知的基本趋势是由实而虚,即首先参与认知的是较为实在的物质域,社会域、心理域会随着认知水平的提高而逐步得到加强。如人们对"黄牛"、"画的人"等词语的认知就是如此。

黄牛:A义"一种耕牛"涉及[物质域]、[动物域]、[牲畜域]、[实像域]、[颜色域]等;B义"倒卖票证的人"涉及[社会域]、[心理域]、[虚像域]、[方式域]、[势力域]。调查的结果显示:一是认知水平低的倾向于具有"实像"的[物质域]的理解,故单选 A 义的比较多;二是能够从"虚像"的[社会域]理解的也能从"实像"的[物质域]理解,故能选择 B 义的大多会选 AB 义(即判断出歧义)。所以,单从"虚像"的[社会域]理解的,即单选 B 义的也随着认知水平的提高而逐渐减少(见图 3-10)。

画的人:这个短语中的"人"是谁? A 义"画画的那个人"涉及[物质域]、[主

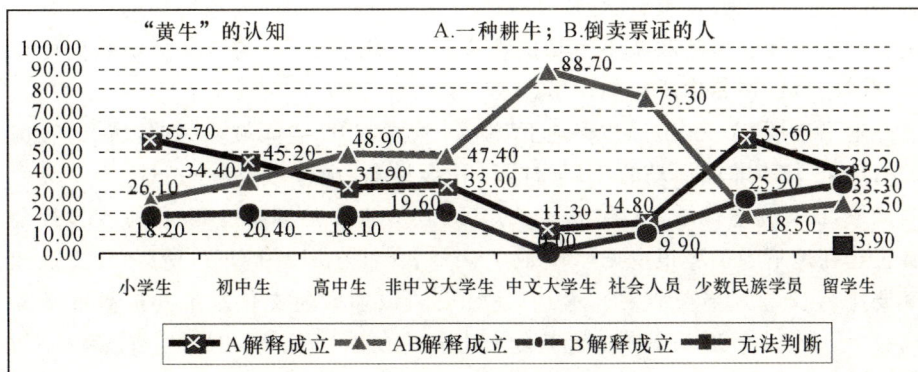

图 3-10 "黄牛"的认知比较

体(施动)域]、[动作域];B 义"被画的那个人"涉及[物质域]、[受体(受动)域]、[静像域];C 义"画出来的那个人"涉及[物质域]、[动作域]、[静像域]、[结果域]。调查结果可以看到的趋势是,认知中具有优势的是[主体域],其次是[受体域],再次是[结果域]。所以单选 A 义的高于单选 B 义、C 义的,单选 C 义最低;语言认知水平高的选择 AB 义的多,选择 C 义(含 AC、BC、ABC)的少(见图3-11)。

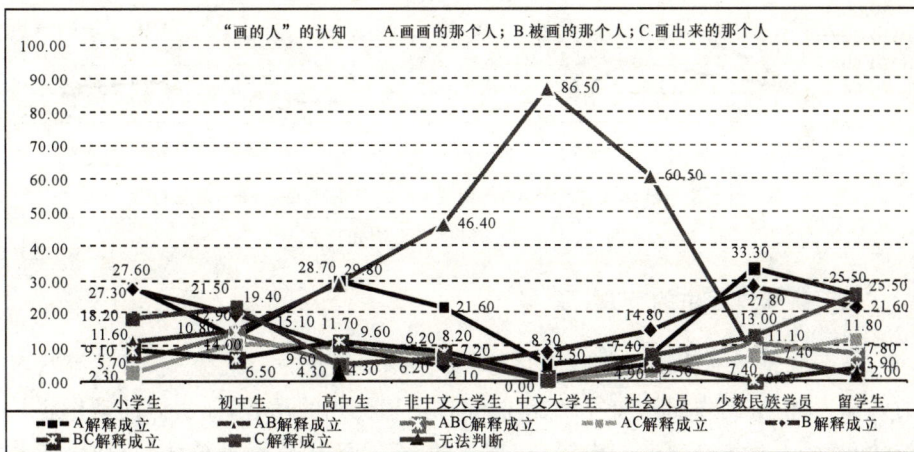

图 3-11 "画的人"认知比较

(二)认知过程中的"社会"差异

人们的社会实践是其认知不断提高、认知域不断丰富的重要保证。社会生活直接促成人们[社会域]的提升。[社会域]主要表现为对社会现象、社会关系、社会运动、社会发展、社会特征等的认知。与社会生活联系密切的语义其识别度高于与社会生活联系不密切的语义。从"地下工厂"的歧义辨识我们可以看到[社会域]在其中所起的作用。

地下工厂:A义"工厂建在地下"涉及[物质域]、[空间域]、[方位域]、[实像域];B义"从事非法活动的工厂"涉及[社会域]、[虚像域]、[心理域]。A义为实像域,B义为虚像域,按照"虚实认知"应该是A义的理解度高,但是现代社会真正建在地下的工厂很少见①,促成了认知者[社会域]的调节,所以,B义认知率要比A义高。调查结果显示:一是歧义的识别率随文化水平的提高逐渐提高;二是单作A义来理解的总趋势随文化水平的提高而逐渐减少,但有波动,平均为12.85;三是单作B义来理解的总体趋势也是随文化水平的提高逐渐减少,但也有波动,平均为47.63,网上调查竟达到了65.00,因网上调查的参与者以年轻人为主体,属于社会人员。可见[社会域]在其中所产生的影响是很大的(见图3-12)。

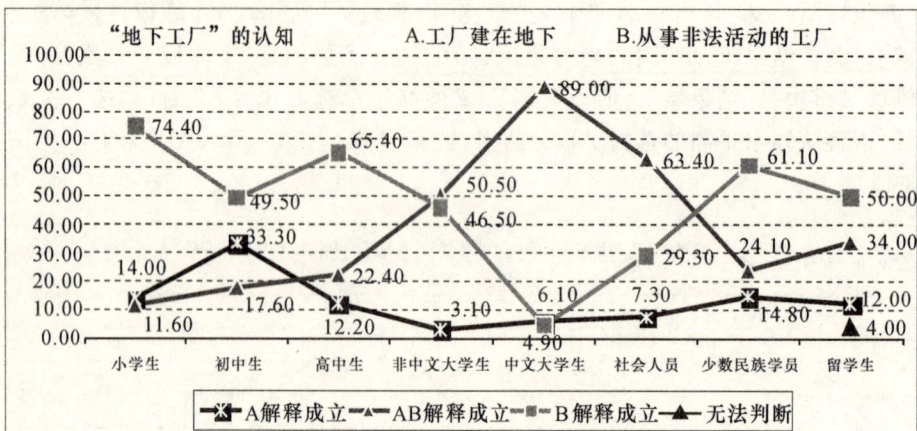

图 3-12 "地下工厂"的认知比较

(三)认知过程中的"动态"差异

动态域包括了动作、运动、变化、开始、结束、停止、进行、完成、结果等状态的认知,从由实到虚的认知规律看,能够直接感受到的动态,如实体的动作容易被认知,而不容易被感受的内容,如抽象的运动、变化就不易被认知;如果涉及原因、结果等的分析,其认知的难度就会更大。例如"饭吃完了"、"叫他推了一下"的认知差异就与"动态认知"有关。

饭吃完了:理解这个短语的歧义,主要是对短语中的"完"的意义的理解。A

---

① 我们检索了北京大学汉语语言学研究中心语料库得到用例30例,使用A义的27例,使用B义的仅3例。

义"饭被吃完了"涉及[物质域]、[变化域]、[数量域]、[结果域];B 义"吃好了饭"涉及[动作域]、[情状域]、[结果域]。A 义陈述的主体是"饭",B 义陈述的主体是"人"。从调查的结果可以看到的是,与人有关的[动作域]占一定的优势。因此,认知水平不高的,选择 B 义[动作域]的高于选择 A 义[变化域]的。能识别出 A、B 义(辨出歧义)的随文化水平的提高而增高(见图 3-13)。

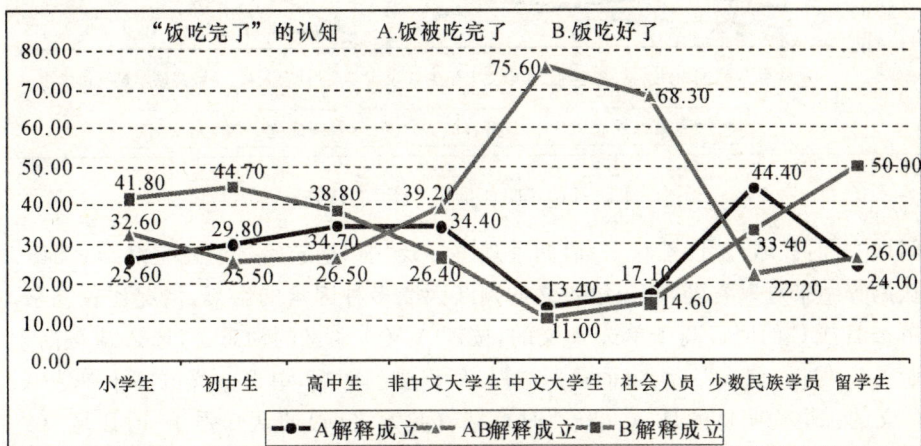

图 3-13　"饭吃完了"的认知

叫他推了一下:此短语的歧义与"叫"的多义有关。其中 A 义"被他推了一下"的"叫"作"被"解,虽然已由动词虚化为介词,但"他"仍是"叫"的对象(语法分析时称其为"介宾"),涉及[虚动域]、[受体域]、[结果域];B 义"叫他来推了一下"的"叫"是动作动词"喊"的意思,与"他"联系是动宾关系,涉及[实动域]、[受体域]、[结果域]。从调查的结果看到,认知水平低的时候对[实动域]较为敏感,随着认知水平的提高,[虚动域]的认知才逐渐得到增强(见图 3-14)。

(四)认知过程中的"时间"差异

"时间域"一般由时间名词担任,但在一定的语境中,会与动词相关,表示时间的推移,最常见的是与表示趋向的"来"、"去"相关;另外,还与表示起始的动词相关,如"开始"、"停止"、"继续"、"中断",等等。时间域有[时段域]、[时点域]、[已然域]、[未然域]等的不同,不同认知水平的人,对其敏感的程度会不一样。

10 日前去汇报:此短语由于语音切分的不同,"前"可以表示时间也可以表示动态,故有三种理解。A 义"10 号这天前去汇报"中的"前"是表示动态,涉及[动作域]、[方向域]、[未然域];B 义"10 号之前去汇报"中的"前"表示时间,涉及[时间域]、[时点域]、[未然域];C 义"10 天之前去汇报"也表示时间,涉及[时

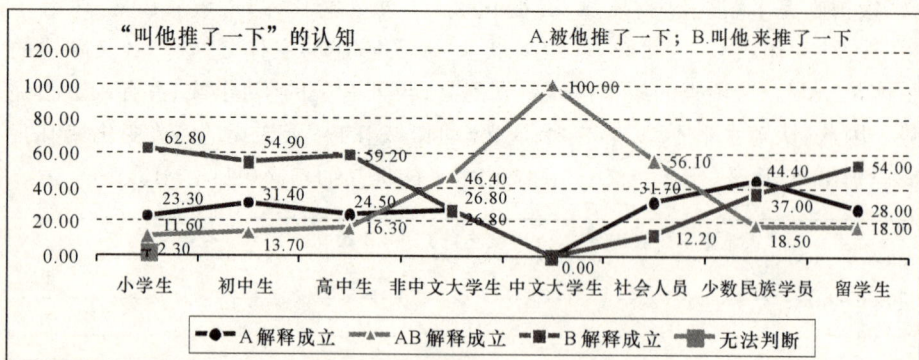

图 3-14 "叫他推了一下"的认知

间域]、[时段域]、[已然域]。后两种理解涉及"前"是起始之前还是终结之前①。从调查结果可以看到,此短语歧义的判断因受多种因素的影响,情况比较复杂。单选 B 或 C 的明显高于单选 A 义的,按理 A 义有实义的动态义,选 A 应该高于B 或 C,但因"前去"一词书面色彩浓厚,所以受到影响,单选 B 义的高于单选 A、C 义的。更为明显的是,立足于[时点域](起始之前)的认知强于[时段域](终结之前),所以单选 B 义高于单选 C 义。多选(辨出歧义)因受 B 义的优势影响,以 AB 义为最高,其次为 ABC,再次为 BC,最低为 AC(见图 3-15)。

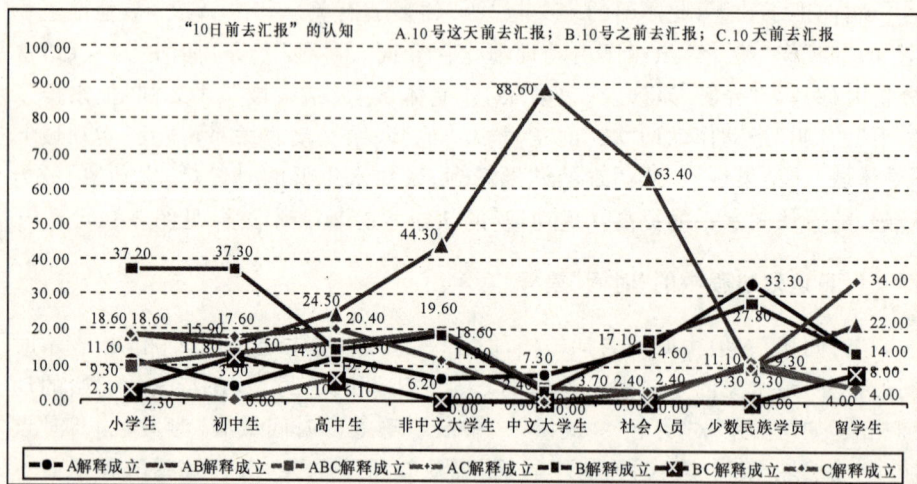

图 3-15 "10 日前去汇报"的认知

---

① 陈振宇:《时间系统的认知模型与计算》,学林出版社 2007 年版,第 214 页。

(五)认知过程中的"空间"差异

空间域是人类最基本的认知域,因为存在是在空间中的存在,时间也在空间中延续,人类的一切活动也都是在空间中进行的。"空间域"涉及[位置域]、[动作域]、[目标域]、[方向域]、[参照点域]等。对"空间域"的认知直接影响对歧义的把握。例如:

在火车上写字:朱德熙最早分析这类歧义。他通过分析说明了"在黑板上写字"、"在飞机上看书"是结构上不一样,但密切相关的句式。[①] 我们调查的"在火车上写字"更接近"在黑板上写字"。按语法分析,理解为"人在火车上写字"、"把字写在火车上"都是可以的,所以出现了歧义。但我们的调查结果是,只有中文大学生、社会人员有超过半数的人认为有歧义,非中文大学生有近半数(46.40)的人认为有歧义。其中大部分认为"他在火车上写字"不是"把字写在火车上"。理解的关键是"在火车上"的主体是什么。短语中并没有出现主体"他",但在理解时加上一个主体却能为大家所接受,而却不愿意认同句法结构中已有的"字"为主体。认知者要补充出主体"他",就需调动其认知域。A 义"人处在火车上写字"涉及[方位域]、[施动域]、[参照点域]等;B 义"把字写在火车上"涉及[方位域]、[受动域]、[目标域]。因为写字是一个动作,需要有一个施动者,至于字在什么地方,不受注意。可见,[施动域]的认知优于[受动域],[参照点域]优于[目标域],因而 A 义比 B 义的认知度高,随认知水平的增强,B 义逐渐被认知,歧义的辨识率也不断提高。当然这种认知也来自社会认知,一般人是不可能将字写在火车上的(见图 3-16)。

(六)认知过程中的"关系"差异

关系域是十分复杂的认知域,因为世界万事万物间都存在着各种各样的关系,除形象的事物有关系,抽象的道理间也一定存在关系,事物的性质、状态间也有关系,即使是动作之间也存在着各种各样的关系。关系域大而化之可以有[人际域]、[物际域](包含"事际域")、[理际域];细而言之有许许多多,如[人际域]中可以有[亲属域]、[师友域]、[对立域]、[辈分域]、[地位域]等,[物际域]中可以有[来源域]、[距离域]、[数量域]、[体积域]、[质量域]、[比较域]、[起点域]、[终点域]等;[理际域]中可以有[原因域]、[结果域]、[前提域]、[结论域]、[推演域]等。对关系域的把握会影响对歧义的认知。

小王叫他叔叔:其中的"叫"是两个不同的动词,A 义"小王称呼他为叔叔"

---

① 朱德熙:《"在黑板上写字"及其相关句式》,参见《朱德熙文集》(第 2 卷),商务印书馆 1999 年版,第 283 页。

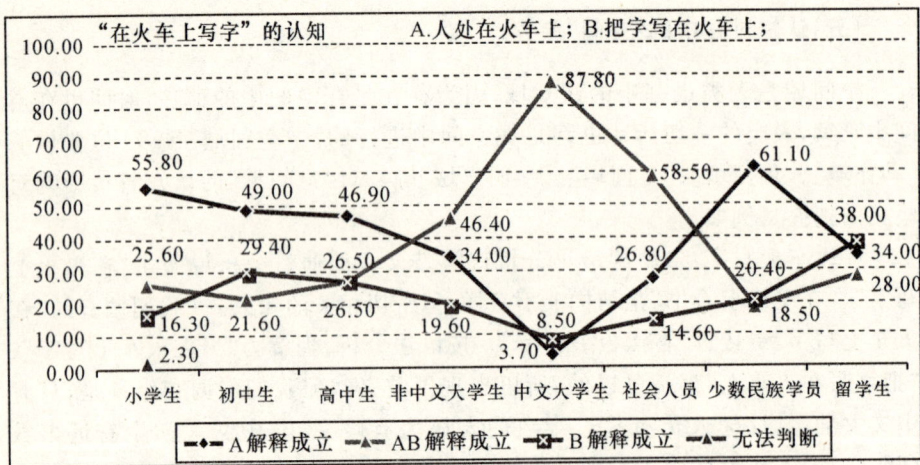

图 3-16 "在火车上写字"的认知

的"叫"为关系动词,涉及[关系域]、[亲属域]、[称谓域];B 义"小王喊他叔叔(来)"的"叫"为行为动词,涉及[行为域]、[使令域]、[动态域]。调查结果显示,[社会域]、[关系域]、[亲属域]、[称谓域]在认知上远远强于[行为域]、[使令域]、[动态域]。这是因为[关系域]与生活密切相关,[社会域]起到了一定的调节作用。所以,选 A 义比单选 B 义的要高(见图 3-17)。

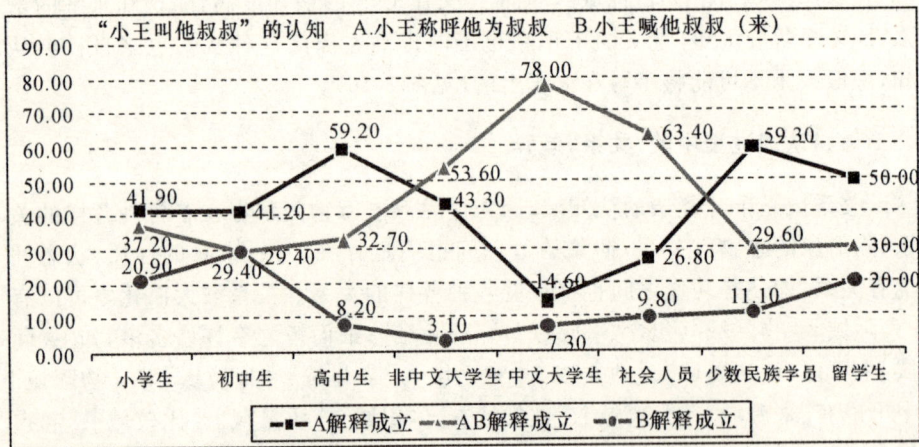

图 3-17 "小王叫他叔叔"的认知

从小李说起:此短语中的"从小李"是起点,究竟是"人际域"还是"事际域"不定,产生歧义。其中 A 义"小李第一个说"涉及[人际域]、[施事域]、[关系域]、[时间域]、[顺序域]、[起点域];B 义"从小李的事说起"涉及[事际域]、[受事(对象)域]、[关系域]、[顺序域]、[起点域]。调查结果显示,在此短语中,[受事域]容易被认知(视角在说话者这方),而[施事域]不易认知,因而,在认知水平低时 B 义的认知高于 A 义的认知。A、B 两义(即歧义)的辨识率随文化水平的提高而逐渐提高(见图 3-18)。

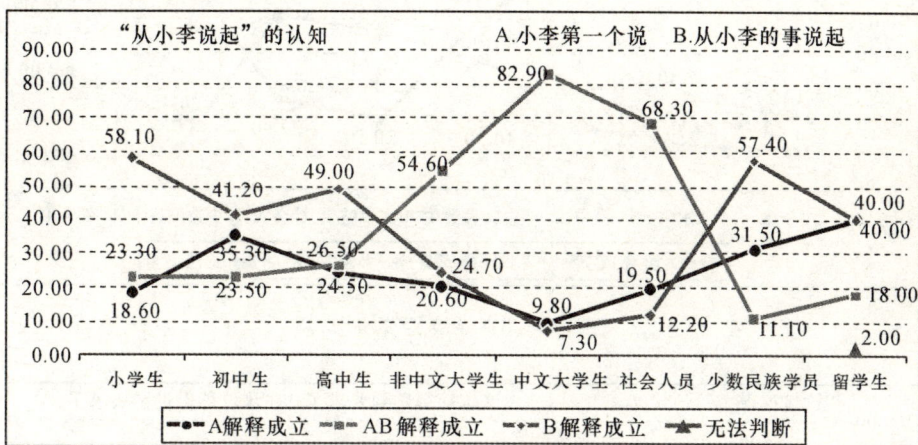

图 3-18 "从小李说起"的认知

(七)认知过程中的"情状"差异

情状域是状态域中的一种情况。静态的情状域涉及对事物的性质、状态的认知,如对情况的推测、对结果的断定等;动态的情状域涉及对动态结果的推测、断定,甚至干预等。情状域常常是对未实现的情况的认知,在理解中有较高的难度。如果是有歧义的内容,认知率常常较低,而且不十分稳定。

别弄错了:其中 A 义"嘱咐人不要弄错了"中"别"的意义为"不要",是对情状的干预,涉及[情状域]、[动态域]、[告诫域]、[未然域];B 义"怀疑某事弄错了"中的"别"有"莫不是"的意思,是对已然结果的推测,涉及[情状域]、[静态域]、[推测域]、[隐含性否定域]、[结果域]。调查结果显示,实义性强的[动态域]、[告诫域]容易被认知,实义性弱的[静态域]、[推测域]不易被认知,因而选择 A 义高于选择 B 义,随着认知水平的提高,人们对 B 义的认知逐渐增强,歧义的辨识率也逐渐提高(见图 3-19)。

这坑挖深了:"深"在这里表示从地面到坑底的距离,但置于不同的语境下,仍有不同的理解。A 义"指客观结果"涉及[情状域]、[动态域]、[程度域]、[目的域]、[结果域];B 义"指超过了要求"涉及[情状域]、[静态域]、[程度域]、[评价域]、[结果域]。调查结果显示,[动态域]、[目的域]容易被认知,而[静态域]、[评价域]不易被认知,因而 A 义比 B 义的认知度高,随认知水平的增强,B义逐渐被认知,歧义辨识率也随之不断提高(见图 3-20)。

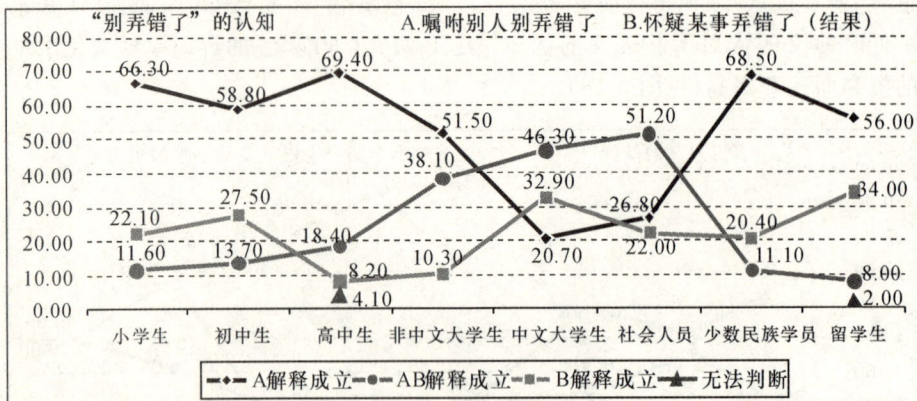

图 3-19 "别弄错了"的认知

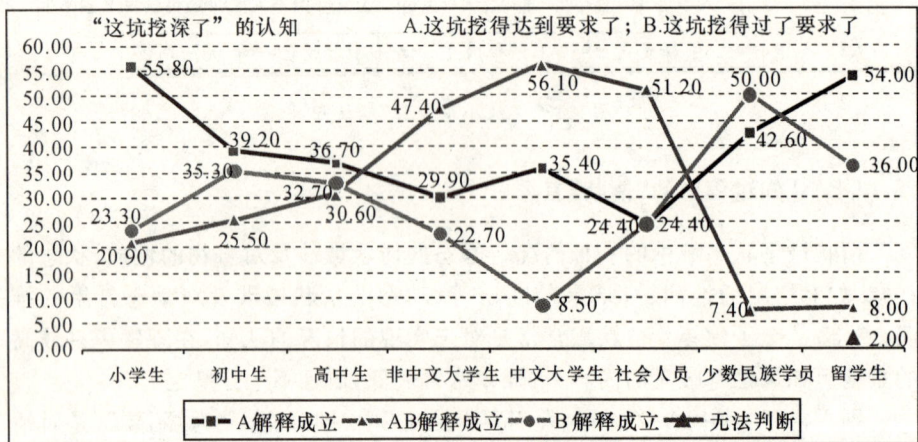

图 3-20 "这坑挖深了"的认知

从上述 11 个词语的认知情况调查中,可以看到对歧义词语的辨识是受认知者的认知域影响的。这种影响首先表现在语言理解者是以自我为主体的意识上,所以,主体域在理解中始终处于优势地位。而人们的主体认知域的发展又是与社会言语生活相关的,因此,社会域有时会在语义认知中起调节作用。与主体域相联系,与运动和身体活动有关的认知域也处于优势地位,形成了由实到虚、由动到静、由点到面、由简单到复杂、由形象到抽象的认知总趋势,这是符合人类认知的一般规律的。这些认知域间的关系如图 3-21 所示("→"号表示作用,">"号表示"强于")。

王寅说:"人类的认识是基于对自身和空间的理解之上的,沿着由近到远,由具体到抽象,由身体和空间到其他语义域的道路逐步发展起来的。在人类的

```
┌─────────┐      ┌─────────────────┐
│  主体域  │ ──→  │ 物质域＞心理域    │
└─────────┘      │ 动作域＞变化域    │
   ↑ ↓           │ 实动域＞虚动域    │
┌─────────┐      │ 时点域＞时段域    │
│  社会域  │ ──→  └─────────────────┘
└─────────┘
```

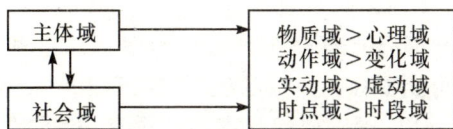

图 3-21　认知域间的关系

感知和体验过程中，身体和空间首当其冲，它们是我们形成若干其他概念（包括抽象概念）的主要基础，是人类原始思维的出发点，也是想象力和创造力的根本来源，在形成认知的过程中起着关键作用。"[①]说的也就是这个意思。具体而言，对具有实意的词语的认知理解总是强于具有虚意的词语的认知理解，而实意有不同的表现特点，如社会活动能促进认知的强化，动态能首先激活认知。因此，与动态相关的时点的认知强于时段的认知；与动态相关的施动在空间认知中具有作用，在称谓关系中表示主动的意义也在认知中会有积极作用。尽管人们对歧义词语的认知情况比较复杂，不同人群间相互差异也很大，但这种趋势还是比较明显的。

本章小结

　　本章讨论了词汇引起歧义的一般过程，探讨了认知对词汇歧义消解的过程，辨析了语言性语境消歧与认知语境消歧的不同。通过对调查数据的分析，找到了影响人们在词汇歧义辨识差异性，以及形成这些差异的原因主要在三个方面：一是词语本身意义的隐显；二是与社会言语互动的紧密程度；三是不同人群的、不同个人认知特点上的差异。三者是相辅相成的，而社会言语互动是最关键的因素。

　　首先，词义的隐显影响歧义的认知度。由于词义的产生的途径各异，有的直接从社会生活中产生，有的是因社会生活需要而从已有的词语中通过引申、比喻、借代等方式派生而来，因而在词语的词形和词义间就形成了不同的疏密关系。而词义的隐显是通过认知反映出来的，也是以人们的认知来评判的。人们对词义隐显特点的把握是受认知者的社会言语生活经历制约的。

　　其次，词义的隐显本身也与其在社会言语生活中使用的频率有关，社会言语生活中使用得多，意义显豁的程度就高，使用得少，意义隐秘的可能性就大。从人们对词语意义的接收来说，也是使用得多，接触的机会多，就有可能将意义

---

① 王寅：《认知语言学探索》，重庆出版社 2005 年版，第 50 页。

内化为自己的语言认知。人们对语言意义的习得不像语形的习得那样呈显性状态,而很多意义的掌握是靠自己在言语交际中"悟"出意义的,然后再在言语运用中检验,如果能得到本社区成员的认同,就沉淀为自己的语言认知,如属不当,就会加以修正。所以,对于使用频率高的词义,检验的机会多,形成认知就比较成熟,这就是语言认知的自我调节作用。正如皮亚杰所说:"一般说来,如果我们要说明认知结构的生物根源,以及认知结构之成为必然事实,我们必须既不认为只有环境才对认识结构发生作用,也不认为认识结构是先天预先形成了的,而应看作是在循环往复的通路中发生作用的,并且具有趋向于平衡的内在倾向的自我调节的作用。"①

第三,语言社区成员对歧义词语的认知既有共性特征,也有个性差异。这种差异在阶段性上表现得比较突出,差距越大,差异性越明显。如拿小学生与初中生比差异不很明显,拿小学生与高中生、大学生比其差异就很明显了。这说明认知者的认知品质是受制于社会语言生活、受制于言语互动的。认知群体如果在相同的认知水平,其差异性越小,反之,差异性越突出。社会人员的平均认知水平不比大学生高,特别是不如中文大学生高,是因为这个群体的受调查者是最不匀称的。

为探寻社会言语互动背后的影响语言认知水平的原因,本章进一步从"认知域"的角度探讨了语言认知过程中的常见的几种在认知域影响下的语义认知情况。"虚实认知"反映的是认知"由实而虚"的递进过程;"社会认知"体现了认知的基础,没有社会实践就不可能有认知的产生和提升;"时间认知"和"空间认知"是人类对事物实体存在的基本认识;"关系认知"和"情状认知"是人类对事物存在方式的基本把握。本章所探讨的"认知域"是最基本的认知域。

总之,从词义看,词义产生于社会生活的需要,社会生活影响词义隐显;从认知看,社会言语互动会影响对词语理解的程度。

---

① [瑞士]皮亚杰:《发生认识论原理》,商务印书馆 1995 年版,第 67 页。

第四章 句法歧义的认知差异

　　句子的意思不仅与词语意义有联系,更与句子的结构有着密切的联系。人们在理解句子意思的时候,必须对句法结构的特点有所把握,才能将词语的意义和句法结构所产生的意义进行整合,形成这个句子的完整意义。句法结构意义形成的方式有多种,理解时如不能根据需要进行排选,就会形成歧义,人们将这种歧义称为句法上的歧义。对此,人们已经作了大量的研究。值得我们重视的是,在言语交际中对于有歧义的句法结构,不同言语社区或同一言语社区的不同群体的认知情况却很不一致。

第一节　句法歧义的形成与认知调查

　　句法结构的歧义是某个句法结构体可以作两种或两种以上的结构分析,进而产生不同意义的现象。对于有歧义的句法结构所产生的意义的认知,由于每个人受教育程度的不同,语言理解的水平的不同,对语言意义的敏感程度的不同,所处的语言环境的不同,甚至语言经历的不同都会影响其对歧义句法结构所产生的意义的接收。通过对不同人群对歧义句法结构所产生的歧义的认知调查,发现人们对歧义的认知一方面受到歧义结构特点影响,另一方面也受到被调查者本身的认知因素影响。

一、句法歧义的形成与认知

　　歧义句法结构所产生的歧义应该是为人们所认知的意义,是人们在一定的语言理解策略下作出的理据的理解,这种意义具有共性特点。如果某人理解出了不为大家所接受的、理据性差的所谓"意义",就属"曲解"、"误解"或"枉解"。

人们对具体的歧义结构所产生的意义的认知差异表现为有的能认知到歧义的存在,有的则不能,有的认知到的是甲意义,有的认知到的是乙意义。有的句法结构的歧义容易被人们所认知,有的句法结构的歧义不容易被人们所认知。

(一)句法结构歧义的形成

句子的句内意义来自两个方面:一是与词语相关的意义;二是与句法结构相关的意义。任何句子都是由这两个意义叠合出来的。即:句义＝词汇意义＋句法结构意义。

词汇意义是构成句子意义的基本单元,任何句子都少不了词语意义,理解句子意义,首先必须懂得每个词语的意义。然而,句子意义的形成还要受句法结构的制约。受句法结构影响而形成的意义,主要是由句子结构层次、结构关系、语义指向、语义特征、语义关系、语义焦点不同等所带来的意义。要理解句义,必须了解句法结构与意义之间的联系,从结构层次、结构关系、语义指向、语义特征、语义关系、语义焦点等角度去把握。

结构层次引起的歧义是指某个句法结构内部隐含着不同的句法结构层次而造成的现象。如"发现这种矿石非常重要",如果"发现"一词与"矿石"组合,激活的意思是"发现这种矿石∥非常重要";如果"发现"与"重要"组合,激活的意思是"发现∥这种矿石非常重要"。如两个意思都被激活,并且语境也无法消除歧义,就形成了歧义。

结构关系引起的歧义是指在同一句法结构体里,词与词之间的句法关系可以作多种组合的理解。如"解释不清楚",当"不清楚"与"解释"间是述补关系并表示结果时,激活的是"解释得不清楚"的意思;当"不清楚"与"解释"间是述补关系并表示可能时,激活的是"不能解释清楚"的意思。如果没有语境的限制,两种意思会同时激活,就出现了歧义。

语义指向是理解语义时由词义的联系功能所带来的意义。如"准备了一天的课","一天"联系"准备"时(从句法结构的角度说是"一天"作"准备"的补语),是说备课备了一天;"一天"如果联系"课"时(从句法结构的角度说是"一天"作"课"的定语),是说所备的课可以上一天。如果没有一个确定的语境消除其中的一个意义,就形成了歧义。

语义特征引起的歧义是在理解句子时,某些词语会显示出不同的意义特征。如"一个冬天烧了一车炭",当"烧"的语义特征[＋取得]被激活时,该句的意思是"一个冬天烧出了一车炭",那是"把柴烧成炭";当"烧"的语义特征[＋消耗]被激活时,该句的意思是"一个冬天用完了一车炭",那是"把炭燃烧掉"。激活的语义特征不同,产生的意思就不一样。如果两个语义特征都被激活,并且没有语境的消解，就形成了歧义。

语义关系的歧义是由隐藏在句法结构后面因词语的语义范畴建立起来的关系所带来的歧义。词与词组合除了结构上有关系外，在语义上也有联系，如果相同的词语组合能在语义关系上作两种不同关系的理解，就形成了歧义。如"最关心的是小刘"，当"小刘"是作为受事被激活时，其意思是"最关心的对象是小刘"；当"小刘"是作为施事被激活时，其意思是"小刘是最关心的主体"。如果没有语境的限制，两个意思都被激活时，就产生了歧义。

语义焦点是句子里的强调成分，即句子意思的重心。语义焦点常常以重音来体现。如果一个句法结构中语义焦点的位置不同，激活的意义不同，就会引起歧义。如"我想不起来了"，语义焦点在"想"上，激活的是"回忆不出了"的意思；语义焦点在"不起来"上，激活的是"想继续睡下去"的意思。

（二）句法结构歧义的认知

句法结构歧义的表现形式可以是在短语里，也可以是在句子里。是短语歧义的要到更大的短语层面或者句子层面的语境中消解（可以依靠语言的形式标记），是句子歧义的则要到复句以上的语境中才能消解。如果在语言语境中还不能消解歧义，则需要由交际者调动其认知语境，利用现场、背景语境等来消解歧义。如"安排好房间"是个多义短语，进入句子后仍然是多义，便成了歧义短语，该歧义短语进入句子就会给句子带来歧义。句子的歧义在语言性语境里可以有标记"了"跟在"好"的后面，强化了"好"作补语的功能，歧义便得到了消解；或有形式标记"的"跟在"好"的后面，明确了"好"修饰"房间"的关系，歧义也能得到消解。如果没有形式标记，只是扩句为如"安排好房间给我住，我当然乐意"，仍然是个歧义句，这时可以由认知介入来消解歧义。从我们以往调查的结果看，有87.10%的人选择以下"理解₁"的意义。这就是调动了认知，对歧义作了定位理解，使歧义得到消解。句法歧义的认知和消解过程如图4-1所示。

二、句法结构歧义认知调查的结果分析

（一）句法结构歧义的认知判断

歧义判断，是零语境下的歧义辨识。给出有歧义词语构成的句子，但不给出解释说明，让被调查者作出有无歧义的判断。被调查者要确定其有无歧义，就得依据自己的认知语境虚拟不同的使用语境，将该句子置于这种语境里，如果找到了两种以上的使用语境，就会作出该句子有歧义的判断，如果找不到，则

（多义短语）　安排好房间

（歧义短语→歧义句）　安排好房间给我住

歧义消除　安排好 了 房间给我住。　←　语言语境消歧
　　　　　　　　　　的

仍有歧义　安排好房间给我住，我当然乐意。

歧义消除　理解1：安排好的房间给他住，他当然乐意。　选择　理解　接收
　　　　　　理解2：安排好了房间给他住，他当然乐意。　淘汰　认知语境消歧

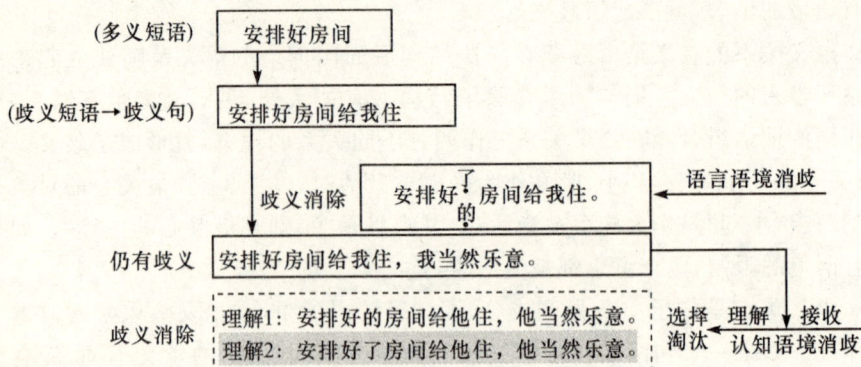

图 4-1　歧义认知与消解过程

会作出该句子没有歧义的判断。我们调查用作歧义判断的样本句子有结构层次不同的歧义、语义关系不同的歧义和语用歧义，对于语用引起的歧义（"王老师是个好老师"、"他喜欢游泳"）只作调查的参考（见表 4-1），后文不再讨论。

表 4-1　歧义句法判断调查结果　　　　　　单位：%

歧义类型	歧义句法	小学生	初中生	高中生	非中文大学生	中文大学生	社会人员	少数民族学员	留学生	问卷总平均	网上调查平均
结构层次与关系均不同	我们看电视学外语。	62.50	64.50	66.00	71.10	72.20	70.40	59.30	49.00	64.40	62.20
	他说不下去了。	44.30	49.50	53.20	56.70	88.70	72.80	66.70	52.90	60.60	63.40
	论文的标题是什么并不重要。	30.70	29.00	34.00	36.10	45.10	38.30	33.30	29.40	34.49	31.70
语义关系不同	我见到你那年才 10 岁。	69.80	69.50	70.20	85.60	93.20	100.00	51.90	56.90	74.60	87.80
	老马打孩子打肿了手。	69.80	70.50	71.30	75.30	87.20	82.70	74.10	58.80	73.30	78.00
	关心的是他母亲。	59.30	64.20	69.10	83.50	90.20	90.10	55.60	51.00	70.40	79.30
	他的笑话讲不完。	58.10	49.50	64.90	72.20	85.70	82.70	44.40	54.90	64.10	72.00
	他是我弟弟的崇拜者。	48.80	49.50	57.40	66.00	81.20	70.40	63.00	43.10	59.90	65.90
	她是去年生的孩子。	37.20	57.90	62.10	85.60	94.00	97.50	59.30	31.40	65.70	81.70
	我在阳台上看见了小王。	33.70	36.80	47.90	61.90	65.40	74.10	48.10	47.10	51.90	51.20
焦点不同	王老师是个好老师。	23.30	24.20	19.10	10.30	9.80	12.30	63.00	56.90	27.40	12.20
	他喜欢游泳。	14.00	30.50	35.10	7.20	6.80	4.90	66.70	29.40	24.30	13.40

从歧义句法判断调查的结果看，语义关系不同形成的歧义认知度要高一些，结构层次与关系均不同形成的歧义认知度要略低一些，而因语义焦点不同形成的歧义认知度最低。

每个句子的歧义认知度在各组中被认知的顺序基本相同，只是少数略有不同。如：因结构层次与关系均不同双重原因引起歧义的"论文的标题是什么并不重要"的认知度在各组受调查中认知度均是最低的。因语义关系不同形成歧

义的"我在阳台上看见了小王"的认知度在各组受调查中除社会人员、少数民族
学员、留学生外也都是最低的。"王老师是个好老师"、"他喜欢游泳"不属句法
结构歧义,得依赖一定的言外语境,在语言上依赖语音上的重读表现其多义,是
语用歧义句。因此,这两句的歧义认知度在各组受调查中均是最低的,且认知
趋势也基本一致。只是少数民族学员、留学生的认知度相对较高。可见越是语
言理解水平低的在此类语用歧义的认知中越是不稳定。

从 SPSS 的相关分析结果的可以看出,除少数民族学员与留学生外,汉语社
区各组之间认知度的相关系数都为高显著,其 p 值均在 0.000～0.003 之间,在
$\alpha = 0.01$ 水平下,相关性显著。网上调查的平均认知度与汉语社区间的相关性
也是如此。非汉语社区的少数民族学员与任何一组的认知都不存在相关性,非
汉语社区的留学生除与小学生的相关系数为 0.616,p 值为 0.033,在 $\alpha = 0.05$
水平下具有相关性外,与其他各组之间的认知也不存在相关性。这说明非汉语
社区人员对歧义句法的认知与汉语社区人员有着较大的差异,特别是在语义关
系不同所形成的歧义上。

(二)句法结构歧义的认知选择

句法结构的歧义选择,是指有语境支持下的歧义辨识,即给出每个多义句
法结构在句子语境中的多个意思,让被调查者自己判断然后作出选择。这种选
择也是调动其认知语境,使其假设不同的使用语境来判断歧义的存在。与歧义
判断相比,歧义选择因为有意义的提示,更能激活其认知语境,发现歧义。然
而,如果没有建立可以激活的认知语境,仍然无法作出准确的选择。歧义的认
知度不仅与句法结构所显示的意义有关,更与语言接收者的认知能力有关。

从调查的结果可以看到:(1)句法歧义的选择认知不如句法歧义判断认知
度高。(2)在四类情况中,语义特征造成的歧义辨识率最低,其他三类原因形
成的歧义的认知情况显得不甚稳定。(3)从语言认知成熟者(中文大学生和
社会成员)的情况看,结构层次不同形成的歧义认知率略高,语义关系形成的
歧义的认知率次之,结构关系不同形成的歧义认知率再次。从整体情况看,
语义关系不同形成的歧义的认知度最高,结构层次不同、结构关系不同形成的
歧义的认知度次之,语义特征造成的歧义辨识率最低——这与句法结构歧义
判断的认知情况是接近的。(4)从具体句子看,"出租汽车"的歧义认知率基本
上在各组中均为最高,唯有中文大学生的认知率为第四(也达到 97.00),"奶
油面包"的歧义认知率在各组中均为最低(除语义特征引起的歧义外)(见
表 4-2)。

表 4-2 　歧义句法选择调查结果　　　　　　　单位:%

歧义类型	歧义句法 \ 歧义认知度	小学生	初中生	高中生	非中文大学生	中文大学生	社会人员	少数民族学员	留学生	问卷总平均	网上调查平均
结构层次	他知道你回来之后病了	20.50	21.50	28.70	32.00	100.00	69.10	20.40	21.60	39.30	61.00
	我看见他太激动了	25.60	26.30	30.90	32.00	100.00	71.60	24.10	12.00	40.30	57.30
语义关系	撞倒王明的车子	16.30	16.80	24.50	28.90	99.20	63.00	16.70	18.00	35.40	39.00
	喜欢干净的人	30.20	31.60	33.00	43.30	100.00	65.40	27.80	32.00	45.40	57.40
	看打篮球的中学生	34.90	35.80	38.30	55.70	97.00	69.10	35.20	30.00	49.50	63.40
	鲁迅的书	23.30	46.30	48.90	74.20	100.00	65.60	38.90	28.00	25.30	51.30
结构关系	出租汽车	48.90	63.10	72.30	84.60	97.00	74.10	50.00	38.00	66.00	62.20
	奶油面包	14.00	15.80	21.30	22.70	82.00	43.20	13.00	10.00	27.80	42.70
语义特征	山上架着炮	11.60	12.60	13.80	14.40	40.60	35.80	9.30	8.00	18.30	31.70
	烧了一车炭	10.50	11.60	15.60	16.30	22.80	23.10	11.10	10.00	15.10	14.30

　　上述调查经 SPSS 的相关分析可以看到,句法结构歧义的判断认知与歧义选择的认知有明显的不同,在歧义判断时,除少数民族学员与留学生外,其他各组受调查者的认知之间的相关系数都为高显著,而歧义选择时,除中文大学生和社会人员外,其他各组的歧义选择认知之间的相关系数均为高显著,其 p 值均在 $0.000 \sim 0.002$ 之间,在 $\alpha = 0.01$ 水平下,相关性显著。中文大学生、社会人员的认知度与任何一组的认知度都不存在相关性,只有中文本科大学生与社会人员之间呈现显著的相关性。这说明中文大学生和社会成员对歧义句法的认知水平高于其他各组受调查者的句法歧义认知选择的水平。网上调查显示,网上调查的平均认知度与其他各组在 $\alpha = 0.01$ 水平下显著相关(按顺序)的有:社会人员、中文大学生、小学生、少数民族学员,在 $\alpha = 0.05$ 水平下,与另外各组有相关性。

第二节　句法结构歧义的认知情况分析

　　由句法结构形成的歧义一般与词语的意义没有多大的联系,而主要是要联系句法的变化来确定句子的意思。因此,对句法结构的掌握情况会直接影响对歧义的认知,这种对句法结构的掌握情况是一个人潜在的语言能力,习惯上人们称此语言能力为语感。即使是没有学习过语法理论的人,也不同程度地掌握这种依靠句法知识来理解歧义的方法。然而,经过专业训练的人,常常能自觉地运用句法理论来分析歧义的产生,其歧义的辨识率相对也要高一些。一般人大多是从语感的角度不自觉地理解句法歧义的,这更值得我们重视。

一、汉语社区使用者对句法结构歧义的认知

（一）句法结构歧义的认知判断情况分析

歧义句法结构的认知判断，受调查者仅作"有歧义"、"无歧义"的判断即可完成。为保证调查的可信度，我们插入了非结构歧义的句子（在语用上有歧义）。从调查结果看，这些非结构歧义的句子歧义认知度极低。另外，我们还进行了网上调查，得出的数据基本与问卷调查相一致，说明问卷调查的数据是可靠的。

1.各组歧义结构句法认知判断的比较

从调查的结果看，虽然各组对各歧义句法结构认知判断的认知度不一致，但其认知趋势却存在很多相一致的地方。表 4-3 和表 4-4 是用 SPSS 的探索分析对歧义句法认知判断的比较分析。

表 4-3 小学生、初中生、高中生、非中文大学生歧义句法结构的认知判断比较 单位:%

小学生		句法结构	歧义认知度	初中生		句法结构	歧义认知度
最高	1	老马打孩子打肿了手。	69.80	最高	1	老马打孩子打肿了手。	70.50
	2	我见到你那年才十岁。	69.80		2	我见到你那年才十岁。	69.50
	3	我们看电视学外语。	62.50		3	我们看电视学外语。	64.50
	4	关心的是他母亲。	59.30		4	关心的是他母亲。	64.20
	5	他的笑话讲不完。	58.10		5	她是去年生的孩子。	57.90
	6	他是我弟弟的崇拜者。	48.80		6	他是我弟弟的崇拜者。	49.50
最低	1	他喜欢游泳。	14.00	最低	1	王老师是个好老师。	24.20
	2	王老师是个好老师。	23.30		2	论文的标题是什么并不重要。	29.00
	3	论文的标题是什么并不重要。	30.70		3	他喜欢游泳。	30.50
	4	我在阳台上看见了小王。	33.70		4	我在阳台上看见了小王。	36.80
	5	她是去年生的孩子。	37.20		5	他的笑话讲不完。	49.50
	6	他说不下去了。	44.30		6	他说不下去了。	49.50
高中生		句法结构	歧义认知度	非中文大学生		句法结构	歧义认知度
最高	1	老马打孩子打肿了手。	71.30	最高	1	她是去年生的孩子。	85.60
	2	我见到你那年才十岁。	70.20		2	我见到你那年才十岁。	85.60
	3	关心的是他母亲。	69.10		3	关心的是他母亲。	83.50
	4	我们看电视学外语。	66.00		4	老马打孩子打肿了手。	75.30
	5	他的笑话讲不完。	64.90		5	他的笑话讲不完。	72.20
	6	她是去年生的孩子。	62.80		6	我们看电视学外语。	71.10

续 表

小学生		句法结构	歧义 认知度	初中生		句法结构	歧义 认知度
最低	1	王老师是个好老师。	19.10	最低	1	他喜欢游泳。	7.20
	2	论文的标题是什么并不重要。	34.00		2	王老师是个好老师。	10.30
	3	他喜欢游泳。	35.10		3	论文的标题是什么并不重要。	36.10
	4	我在阳台上看见了小王。	47.90		4	他说不下去了。	56.70
	5	他说不下去了。	53.20		5	我在阳台上看见了小王。	61.90
	6	他是我弟弟的崇拜者。	57.40		6	他是我弟弟的崇拜者。	66.00

从探索分析可见,小学生与初中生相比,高认知度的六个句子、低认知度的六个句子,仅"她是去年生的孩子"和"他的笑话讲不完"在高低认知度上不一样,其他都一样,只是少数按认知度排列的顺序略有不同。高中生与非中文大学生相比,高认知度的六个句子、低认知度的六个句子均相同,只是少数认知度的顺序略有差异。

表 4-4　中文大学生、社会人员歧义句法结构的认知判断比较　　单位:%

中文大学生		句法结构	歧义 认知度	社会人员		句法结构	歧义 认知度
最高	1	她是去年生的孩子。	94.00	最高	1	我见到你那年才十岁。	100.00
	2	我见到你那年才十岁。	93.20		2	她是去年生的孩子。	97.50
	3	关心的是他母亲。	90.20		3	关心的是他母亲。	90.20
	4	他说不下去了。	88.70		4	他的笑话讲不完。	82.70
	5	老马打孩子打肿了手。	87.20		5	老马打孩子打肿了手。	82.70
	6	他的笑话讲不完。	85.70		6	我在阳台上看见了小王。	74.10
最低	1	他喜欢游泳。	6.80	最低	1	他喜欢游泳。	4.90
	2	王老师是个好老师。	9.80		2	王老师是个好老师。	12.30
	3	论文的标题是什么并不重要。	45.10		3	论文的标题是什么并不重要。	38.30
	4	我在阳台上看见了小王。	65.40		4	我们看电视学外语。	70.40
	5	我们看电视学外语。	72.20		5	他是我弟弟的崇拜者。	70.40
	6	他是我弟弟的崇拜者。	81.20		6	他说不下去了。	72.80

中文大学生与社会人员相比,高认知度的六个句子,低认知度的六个句子,仅"他说不下去了"、"他的笑话讲不完"、"我在阳台上看见了小王"不同,其他都相同,认知度的顺序也基本相似。

2.影响句法结构歧义判断认知度的原因

在歧义句法结构判断的认知上总的趋势是语义关系不同形成的歧义认知度最高,结构层次不同形成的歧义认知度次之,语义焦点不同形成的歧义认知度最低。具体来看,每个具体句子的歧义在每个不同的人群里被认知的情况又是各不相同的。

(1)句法结构层次不同形成歧义的判断

对句法结构层次不同形成的歧义的认知,受调查者并非真正是分析了句法结构层次之后才确定句子的多种意思的,而是在见到句子的那一刻直接激活其认知语境中的多种意义的。由于我们所进行的是书面调查,受调查者所见到的是书面材料,对语言的其他特征需要辨析能力,这些能力会影响其对意义的判断。对语言的其他特征辨析能力来自不同的受调查者长期语言实践的积累。如本次调查中结构层次不同引起歧义的三个句子,牵涉到处理语言信息的不同方法:"我们看电视学外语"涉及"看电视"与"学外语"两个动作的关系,是均为主要动作的并列关系,还是一个是主要动作另一个是方式?能够这样调动语言认知的,就能判断其是歧义结构。"他说不下去了"涉及"说"与"不下去"两个动作的关系,"不下去"是作为情态理解,还是作为"说"的内容来理解?能够这样调动语言认知的,也就能判断其是歧义结构。"论文的标题是什么并不重要"涉及"是"与"不重要"两个谓词的关系,是"是什么""并不重要",还是"是""什么并不重要"。能够这样调动语言认知积累的,就能判断其是歧义结构。比较三个句子的语义关系的难度,可以发现,第一个句子是两个实际的动作关系(即使"看电视"作为方式,仍不失为动作性),认知时只需调动词语的组合能力;第二个句子的情态已经有所虚化,"不下去"由动作变为内容而虚化了,这里除了要调动词语的组合能力,还要调动以重音来凸现语义的语言能力,增加了认知的难度;第三个句子除了要调动词语的组合能力,还需要调动语音切分,甚至是书名号的能力,认知的难度又增加了一层。因此,这三个句子呈现出的认知结果不完全一样(见图 4-2)。

"我们看电视学外语"的认知度基本集中在 62.80~71.10 之间,最高认知度 72.22(中文大学生),最低认知度 49.00(留学生),值差 23.20;平均认知度 64.40,网上调查的平均认知度 61.90。认知度最为稳定,从高到低的顺序是中文大学生、非中文大学生、社会人员、高中生、初中生、小学生、少数民族学员、留学生。

"他说不下去了"的认知度基本集中在 49.50~72.80 之间,最高认知度 88.70(中文大学生),最低认知度 44.30(小学生),值差 44.40;汉语社区平均认知度 67.78,网上调查的平均认知度 62.60。认知度不够稳定,从高到低的顺序是中文大学生、社会人员、少数民族学员、非中文大学生、高中生、留学生、初中生、小学生。

"论文的题目是什么并不重要"的认知度最低,基本集中在 30.70~38.30 之间,最高认知度 45.10(中文大学生),最低认知度 29.00(小学生),值差

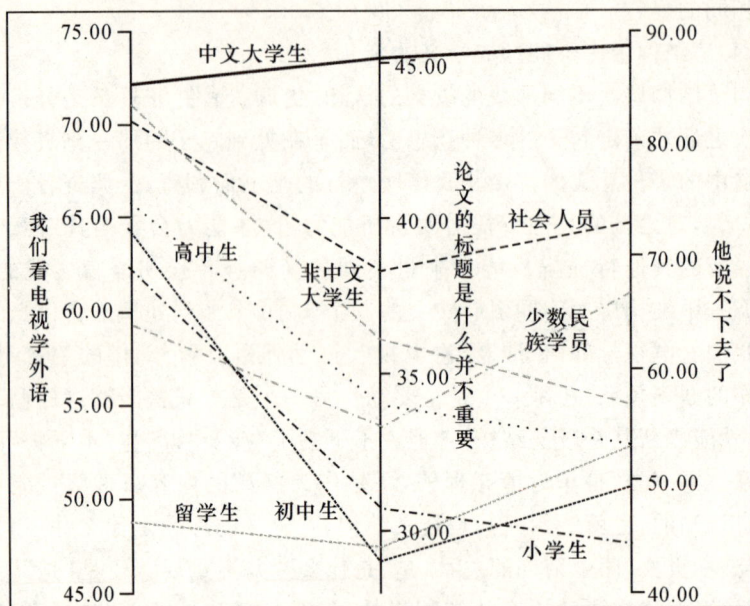

图 4-2　句法结构层次歧义的认知

16.10;汉语社区平均认知度 35.53,网上调查的平均认知度 31.70。认知度不够稳定,从高到低的顺序是中文大学生、社会人员、非中文大学生、高中生、少数民族学员、小学生、留学生、初中生。

(2)语义关系不同形成歧义的判断

语义关系实际上是在语义理解中联系句中的不同的词语而形成的意义,如果一个词语能与多个词语联系,形成不同的意义就构成了歧义。如常见的动词与名词相搭配时会产生的语义关系有施事、受事、原因、结果、方式、处所等。如理解"我见到你那年才十岁"时,"那年才十岁"要联系的主体可以是"我",也可以是"你",产生了两种意思。"老马打孩子打肿了手"时,"肿了手"要联系的主体可以是"老马",也可以是"孩子",产生了两种意思。理解"关心的是他母亲"时,"他母亲"可以理解为关心的施事,也可以理解为关心的受事,产生了两种意思。理解"他的笑话讲不完"时,"他"可以作为施事理解,那是"他"讲"笑话",也可以作为受事理解,那是"他"被别人当作"笑话"讲,形成了两种意思。理解"他是我弟弟的崇拜者"时,"崇拜者"可以是"他",那是"他"崇拜"我弟弟",也可以是"我弟弟",那是"我弟弟"崇拜"他",出现了两种意思。理解"她是去年生的孩子"时,"她"可以理解为施事,那是"她"去年生了孩子,也可以理解为受事,那是"她这个孩子是去年生的",出现了两种意思。理解"我在阳台上看见了小王"时,"在阳台上"可以理解成"我"所在的处所,那是"我在阳台上,我发现了小王",也可以理解成"小王"所在的处所,那是"小王在阳台上,被我发现了"。

这种联系其他词语,理清词语意义间关系来理解句子意思的方法是一种基本的语感能力,它在言语互动中逐渐地被人们所掌握。我们的调查发现,这种理解句法歧义的能力到大学生阶段已经基本掌握。这类语义关系的歧义认知,明显地呈两极状态。中文大学生、社会成员、非中文大学生为成熟水平,高中生、初中生、小学生、少数民族学员、留学生均为不成熟水平。并且少数民族学员、留学生显得极不稳定。

从具体句子看,涉及词语间的关系是动作与施事或受事、动作与主体或对象时,较容易认知;如果涉及处所、原因、目的时,认知度就会降低,值差也会拉大(见图4-3)。

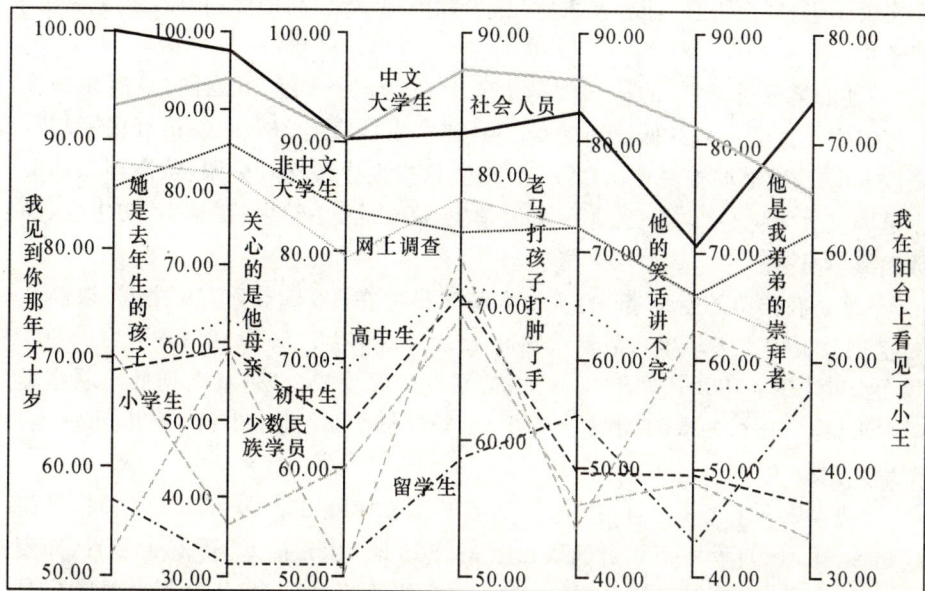

图 4-3 句法语义关系歧义的认知

"我见到你那年才十岁"的认知度基本集中在 69.80～85.60 之间,最高认知度100.00(社会成员),最低认知度69.50(初中生),值差 48.10;汉语社区平均认知度81.38,网上调查平均认知度87.80。认知度界线比较分明,从高到低的顺序是社会人员、中文大学生、非中文大学生、高中生、初中生、小学生、留学生、少数民族学员。

"她是去年生的孩子"的认知度基本集中在 37.20～94.00 之间,最高认知度97.50(社会成员),最低认知度37.30(小学生),值差 60.30;汉语社区平均认知度72.50,网上调查平均认知度81.70。认知度界线比较分明,从高到低的顺序是社会人员、中文大学生、非中文大学生、高中生、少数民族学员、初中生、小学生、留学生。

"关心的是他母亲"的认知度基本集中在 60.20～83.50 之间,汉语社区最高认知度 90.10(中文大学生),最低认知度 59.30(小学生),值差 30.20;汉语社区平均认知度 76.07,网上调查平均认知度 79.30。认知度界线比较分明,从高到低的顺序是中文大学生、社会人员、非中文大学生、高中生、初中生、小学生、少数民族学员、留学生。

"老马打孩子打肿了手"的认知度基本集中在 69.80～82.70 之间,最高认知度 87.20(中文大学生),最低认知度 69.50(初中生),值差 17.40;平均认知度 76.13,网上调查平均认知度 78.00。认知度界线比较分明,从高到低的顺序是中文大学生、社会人员、非中文大学生、少数民族学员、高中生、初中生、小学生、留学生。

"他的笑话讲不完"的认知度基本集中在 58.10～82.70 之间,最高认知度 85.70(中文大学生),最低认知度 49.50(初中生),值差 36.20;汉语社区平均认知度 68.85,网上调查平均认知度 72.01。认知度界线比较分明,从高到低的顺序是中文大学生、社会人员、非中文大学生、高中生、小学生、留学生、初中生、少数民族学员。

"他是我弟弟的崇拜者"的认知度基本集中在 49.50～70.40 之间,最高认知度 81.20(中文大学生),最低认知度 48.80(留学生),值差 32.40;平均认知度 62.22,网上调查平均认知度 65.90。认知度界线比较分明,从高到低的顺序是中文大学生、社会人员、非中文大学生、少数民族学员、高中生、初中生、小学生、留学生。

"我在阳台上看见了小王"的认知度基本集中在 36.80～65.50 之间,最高认知度 74.10(社会成员),最低认知度 33.70(小学生),值差 40.40;平均认知度 53.30,网上调查平均认知度 51.20。认知度界线比较分明,从高到低的顺序是社会人员、中文大学生、非中文大学生、少数民族学员、高中生、留学生、初中生、小学生。

(二)句法结构歧义的认知选择情况分析

无论是问卷调查还是网上调查,句法结构歧义选择的认知度都要低于歧义判断的认知度,其原因是歧义选择往往不止一项,只有多项都选中,才算是确定了有歧义;而歧义判断只要作是非的选择即可,所以,歧义认知度就会随着选"有歧义"的人数而提高,因此,总体的认知趋势显得更有意义。表 4-5 和表 4-6 是用 SPSS 对歧义句法认知选择的探索分析。

表 4-5　小学生、初中生、高中生、非中文大学生歧义句法结构的认知选择比较　单位:%

小学生		句法结构	歧义 认知度	初中生		句法结构	歧义 认知度
最高	1	出租汽车	48.90	最高	1	出租汽车	63.10
	2	看打篮球的中学生	34.90		2	鲁迅的书	46.30
	3	喜欢干净的人	30.20		3	看打篮球的中学生	35.80
	4	我看见他太激动了	25.60		4	喜欢干净的人	31.60
	5	鲁迅的书	23.30		5	我看见他太激动了	26.30
最低	1	烧了一车炭	10.50	最低	1	烧了一车炭	11.60
	2	山上架着炮	11.60		2	山上架着炮	12.60
	3	奶油面包	14.00		3	奶油面包	15.80
	4	撞倒王明的车子	16.30		4	撞倒王明的车子	16.80
	5	他知道你回来之后病了	20.50		5	他知道你回来之后病了	21.50

高中生		句法结构	歧义 认知度	非中文大学生		句法结构	歧义 认知度
最高	1	出租汽车	72.30	最高	1	出租汽车	84.60
	2	鲁迅的书	48.90		2	鲁迅的书	74.20
	3	看打篮球的中学生	38.30		3	看打篮球的中学生	55.70
	4	喜欢干净的人	33.00		4	喜欢干净的人	33.00
	5	我看见他太激动了	30.90		5	我看见他太激动了	32.00
最低	1	山上架着炮	13.80	最低	1	山上架着炮	14.40
	2	烧了一车炭	15.60		2	烧了一车炭	16.30
	3	奶油面包	21.30		3	奶油面包	22.70
	4	撞倒王明的车子	24.50		4	撞倒王明的车子	28.90
	5	他知道你回来之后病了	28.70		5	他知道你回来之后病了	32.00

　　从探索分析的结果看,句法歧义的认知呈现出较为明显的趋势,除中文大学生外,"出租汽车"的歧义认知都占据第一位;小学生、初中生、高中生、非中文大学生认知度排在前五位的句子和排在后五位的句子均相同,而且顺序也基本一样,如前五位的只是小学生认知中的个别句子顺序略有不同,初中生、高中生、非中文大学生认知率高的句子顺序完全一样。后五位的顺序小学生和初中生完全一样,高中生与非中文大学生完全一样。

　　探索分析的结果显示,中文大学生和社会成员的歧义选择认知情况差别较大,但认知度的顺序却十分接近。前者有四项认知度达到 100.00%,有三项接近 100.00%,排在最后的三项正好与社会成员的最后三项完全一致。

表 4-6　中文大学生、社会成员歧义句法结构的认知选择比较　单位：%

中文大学生		句法结构	歧义认知度	社会人员		句法结构	歧义认知度
最高	1	喜欢干净的人	100.00	最高	1	出租汽车	74.10
	2	我看见他太激动了	100.00		2	我看见他太激动了	71.60
	3	鲁迅的书	100.00		3	看打篮球的中学生	69.10
	4	他知道你回来之后病了	100.00		4	他知道你回来之后病了	69.10
	5	撞倒王明的车子	99.20		5	喜欢干净的人	65.40
最低	1	烧了一车炭	22.80	最低	1	烧了一车炭	23.10
	2	山上架着炮	40.60		2	山上架着炮	35.80
	3	奶油面包	82.00		3	奶油面包	43.20
	4	出租汽车	97.00		4	撞倒王明的车子	63.00
	5	看打篮球的中学生	97.00		5	鲁迅的书	65.60

二、非汉语社区使用者对句法结构歧义的认知

从上面的比较分析中,我们已经发现非汉语社区成员在歧义认知中与汉语社区成员有很多不一致的情况,我们以对句法结构引起的歧义认知具有"不稳定性"来概括其特点。是总体趋势都不一致,还是少数因素的影响所造成,需要深入进行比较。

(一)句法结构歧义的认知判断情况分析

从总的情况看,少数民族学员的句法歧义认知度要明显高于留学生的认知度,而且认知的趋势也不一致。少数民族学员与留学生相比,相同的是:高认知度的六个句子和低认知度的六个句子各有三句是相同的,但认知度的顺序不同,高认知度仅"老马打孩子打肿了手"为第一位是相同的,另外的两句"他说不下去了"、"王老师是个好老师"两句顺序不一样;低认知度的三句"论文的标题是什么并不重要"、"我在阳台上看见了小王"、"她是去年生的孩子"认知度的顺序均不一样(见表 4-7)。

下面将非汉语社区受调查者与汉语社区受调查者对句法结构歧义的判断认知作一比较。将汉语社区分成两组数据:小学生、初中生、高中生三项为一组;非中文大学生、中文大学生、社会人员三项为一组。非汉语社区的少数民族学员与留学生各为一组(见图 4-4)。

表 4-7 少数民族学员、留学生歧义句法结构的认知判断比较 单位:%

少数民族学员		句法结构	歧义认知度	留学生		句法结构	歧义认知度
最高	1	老马打孩子打肿了手。	74.10	最高	1	老马打孩子打肿了手。	58.80
	2	他喜欢游泳。	66.70		2	王老师是个好老师。	56.90
	3	他说不下去了。	66.70		3	我见到你那年才 10 岁	56.90
	4	他是我弟弟的崇拜者。	63.00		4	他的笑话讲不完。	54.90
	5	王老师是个好老师。	63.00		5	他说不下去了。	52.90
	6	我们看电视学外语。	59.30		6	关心的是他母亲。	51.00
最低	1	论文的标题是什么并不重要。	33.30	最低	1	他喜欢游泳。	29.40
	2	他的笑话讲不完。	44.40		2	她是去年生的孩子。	31.40
	3	我在阳台上看见了小王。	48.10		3	论文的标题是什么并不重要。	29.40
	4	我见到你那年才 10 岁	51.90		4	他是我弟弟的崇拜者。	43.10
	5	关心的是他母亲。	55.60		5	我在阳台上看见了小王。	47.10
	6	她是去年生的孩子。	59.30		6	我们看电视学外语。	49.00

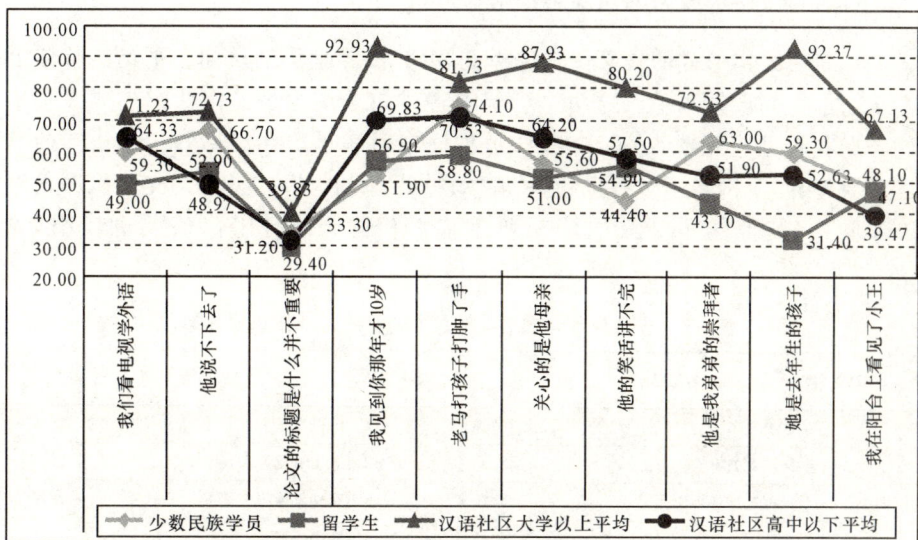

图 4-4 非汉语社区与汉语社区句法歧义认知比较(一)

从四组的比较可以发现:(1)从总体情况看,非汉语社区成员与汉语社区成员在歧义句法结构的认知判断上是基本一致的,其认知情况与小学生、初中生、高中生的认知情况更接近,值差较小,最大为 21.23("她是去年生的孩子"),最小为 1.80("论文的标题是什么并不重要")。与非中文大学生、中文大学生、社会人员的认知水平与非汉语社区成员的认知水平则相差较大,值差较大,最大为 60.97("她是去年生的孩子"),最小为 10.43("论文的标题是什么并不重要")。(2)因结构层次不同形成歧义的认知较为稳定,特别是"论文的标题是什么并不重要"的认知情况非常贴近,值差仅 10.43。(3)留学生对句法歧义的认知基本低于汉语社区高中生以下的认知水平(仅"他说不下去了"高了 3.93、"我在阳台上看见了小王"高了 7.63);少数民族学员对句法歧义的认知则大部分超过汉语社区高中生以下的认知水平,最高的一项("他说不下去了")达到 17.73。(4)差别最明显的是对语义关系不同形成歧义的认知。其中留学生与各组差别最大的是"她是去年生的孩子"(值差 60.97 和 21.23)。这是因为此句形成歧义的原因比其他句子复杂,除了"她"在语义关系上可以兼表施事、受事外,还有"生"在此句中可以显示[＋生产]和[＋出生]两种语义特征(见图 4-4)。

上述对比说明,(1)非汉语社区的汉语使用者歧义句法结构的认知水平明显低于汉语社区,少数民族学员接近汉语社区高中生以下的平均认知水平,留学生低于汉语社区高中生以下的平均认知水平。(2)形成歧义的原因越复杂,非汉语社区的汉语使用者与汉语社区的使用者的认知差距越大。

(二)句法结构歧义的认知选择情况分析

在句法结构形成的歧义认知选择上,少数民族学员的认知水平仍然整体上高于留学生的认知水平。这两组受调查者对句法结构歧义的认知趋势除个别句子("我看见他太激动了"和"我知道你回来后病了")在高认知与低认知的顺序上有差异,个别句子("鲁迅的书"和"喜欢干净的人")在认知的先后次序上略有不同外,其他句子歧义的认知顺序基本相同。而且组内值差也较小(见表 4-8)。

表 4-8　少数民族学员、留学生歧义句法的认知选择比较　　　　单位:%

少数民族学员		句法结构	歧义认知度	留学生		句法结构	歧义认知度
最高	1	出租汽车	50.00	最高	1	出租汽车	38.00
	2	鲁迅的书	38.90		2	喜欢干净的人	32.00
	3	看打篮球的中学生	35.20		3	看打篮球的中学生	30.00
	4	喜欢干净的人	27.80		4	鲁迅的书	28.00
	5	我看见他太激动了	24.10		5	他知道你回来之后病了	22.00
最低	1	山上架着炮	9.30	最低	1	山上架着炮	8.00
	2	烧了一车炭	11.10		2	烧了一车炭	10.00
	3	奶油面包	13.00		3	奶油面包	10.00
	4	撞倒王明的车子	16.70		4	我看见他太激动了	12.00
	5	他知道你回来之后病了	20.40		5	撞倒王明的车子	18.00

比较各组人群对句法结构歧义认知选择的数据,可以看到:(1)用选择的方式鉴别句法结构歧义各组认知趋势十分近似。(2)在受调查的各组中,与语义特征相关的歧义认知度均为最低,与结构层次相关的歧义认知度次之,与语义关系相关的歧义认知度最高。(3)"出租汽车"在受调查各组中认知度均为最高。(4)少数民族学员和留学生对句法结构形成的歧义的认知水平与汉语社区小学生和初中生十分接近,总体上看,留学生略低于少数民族学员(见图 4-5)。

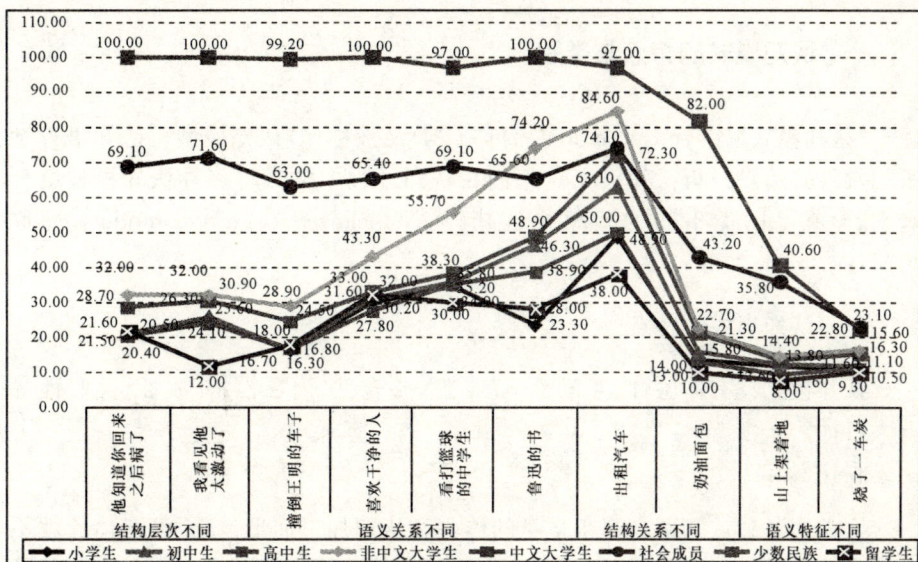

图 4-5 非汉语社区与汉语社区句法歧义认知比较(二)

上述认知趋势显示,对于语言水平成熟者来说(中文大学生、社会人员),对语义的敏感程度高于对语言结构的敏感程度,而语义的把握又是与社会生活密切相连的,社会生活常用的意义将首先为人们的认知所激活。如:

"出租汽车"的歧义认知度在各组中均为最高,就是因为"出租汽车"的几个意义在社会生活中的使用频率高。网上调查也同样说明这一现象,在受调查的82 人中,选择"的士"意义的为 89.00(73 人),选择"把汽车出租给别人"这一意义的为 62.20(51 人),选择"出租给别人的汽车"这一意义的为 31.70(26 人)。选择了两种或以上意义的就是能认知该结构的歧义,其歧义的认知度为 62.20,与社会人员的认知度较为吻合。

第三节 认知模式对句法结构歧义识别的影响

从上面的调查分析中,我们看到,对于由句法结构引起的歧义的认知比一般的没有歧义的句法结构的认知更复杂、更具综合性,其认知模式也更为复杂。本节从认知模式的角度解释在歧义句法结构识别中差异性形成的原因。

一、认知模式的特点与类别

"认知模式"(cognitive model,简称 CM)又被称作"认知模型",认知语言学家们常将其用以分析认知语义。人们在认知过程中常常将多种认知模型组合起来,形成了同类事物的理想化认知模式(idealized cognitive models,简称 ICMs)。

(一)认知模式的特点

认知模式具有体验性、互动性、完形性、整合性、内在性、开放性、关联性等七大特征。

1.体验性

人类的各种认知都是基于自身的体验和认知加工而形成的,没有体验就不可能有认知,语言的认知更是如此。句法结构的认知模式是人们在与客观外部世界进行互动体验的过程中形成的一种相对稳定的心智结构,是对人们的知识进行组织和表征的具体方式。它并不是客观存在的,而是人类的一种心理体验、一种心智创造,这种体验由概念及其相互间的联系构成知识性的网络,它能为人们理解语义提供必要的认知理据。

2.互动性

语言认知是在人们对于客观世界感知体验的基础上通过一定的认知加工而形成的。但这种体验性并不是认知主体单独地、孤立地进行的,而是在与对象体的互动中进行的。这种互动有两个方面:一是人与客观世界的互动。马克思在《1844 年经济学－哲学手稿》中认为人是社会的主体,也是自然的一部分,人是生活在自然界之中的社会人,自然界也是人的自然界。"社会是人同自然界完成了的本质的统一。"①二是个人与社会的互动。人是社会的人,语言是社

---

① 马克思、恩格斯:《马克思恩格斯全集》(第 42 卷),人民出版社 1979 年版,第 122 页。

会的语言,语言运用是言语互动的直接体现;语言认知水平的提高,必须通过言语互动来实现。

3.完形性

完形是人们在各种复杂的刺激中觉察到的有意义的模式,是基于经验的感知,是人们头脑中对一件事物的整体性的知觉,而不是事物某些部分的感觉。认知模式具有完形性,反映的是人们对认知对象的感知不仅是各部分的组合,更应该看成一个整体的完形结构。认知的完形性体现在人们进行歧义句法的理解时,会根据一定的原则(如接近的原则、相似的原则、突显的原则、顺接的原则等),将接收到的语言信息进行语义的提取,并根据已经掌握的语言结构组合语义、调整语句意义,然后输出。

4.整合性

所谓整合,是说人们对句法结构形成的意义的认知,对句法结构所形成的意义的感知理解,不是简单将构成单位组合相加而形成的,而是通过整合而得到的。整合与体验性是密切相关的,体验为整合提供前提,整合是对体验的运用。这种"整合",沈家煊称为"糅合"。他在分析"王冕死了父亲"时很具体地说明了"糅合"这种认知操作在句子理解中的作用①,没有一定语言认知的体验、不对句法结构进行整合就不容易理解"王冕死了父亲"这样句子的意思。对于有歧义的句法结构的认知,需要的就是语言互动的体验和整合的认知方式。体验才能积累关于歧义结构意义的认知,整合才能还原句法结构的整体意义。

5.内在性

认知模式的内在性是指人们认知事物的方式已经沉淀为一种心智,所有的认知过程都是认知者调动其语言体验、语言积累的过程,我们很难从外部窥测到其认知的运作过程。正因如此,人们才有对语言理解方式难以传递的感叹:"只可意会,不可言传。"语言认知的内在性是语言认知的个性表现,每个人对语义的敏感、语义理解的方式都不尽相同,就是由于语言认知具有内在性的原因。

6.开放性

语言认知的模式是开放的、多样的,难以穷尽的,它会随着认知的发展而不断增加。对同一语句选择不同的认知模式就会得出不同的认知结果。在歧义句法结构的理解中更是呈现出开放性的特点,因此才会出现对同一语句不同的人有不同理解的认知倾向性,从而形成了对于歧义认知上的差异性。

---

① 沈家煊:《"王冕死了父亲"的生成方式》,载牛保义主编:《认知语言学理论与实践》,河南大学出版社 2007 年版,第 12—13 页。

7.关联性

认知模式内的组成成分不是孤立的,而是相互关联的;认知模式本身也不是孤立的,而是相互关联的,从而组成完整的认知网络。对简单范畴认知可能只涉及一两种认知模式,对复杂范畴常常涉及多种认知模式。句法结构的歧义认知常常会涉及互相关联的多种认知模式,才会形成对歧义的准确认知,真正识别歧义,也才能对歧义形成合适的消解。

(二)认知模式的类别

认知语言学家根据结构原则的不同将认知模式分为命题模式(propositional model)、意象图式模式、隐喻和转喻模式、心理空间理论等四种。表明概念间关系的知识结构属于命题模式,这些知识包括特定对象的成分、属性及其相互间关系的认知,多个认知域中的知识所形成的知识网络。意象图式是指基于某种感知体验所形成的一种抽象的、概括的、规则的心智图像,是在我们的日常亲身体验中不断重复出现的结构,这些图像与空间结构(如形状、移动、空间关系等)密切相关,人们通过它就能以类推的方式理解感知,掌握事件。隐喻模式用以对抽象事物的概念化、理解和推理,一个命题或意象图式模式从某一认知域投射到另一认知域的相应结构上就形成了隐喻模式。在上述某种或多种模式的基础上,使其中某个成分与另一成分发生联系,如在一个表示部分—整体的图式模式中,使某个部分的功能转到整体的功能,从而能够代表整体,这就形成了转喻模式。[1] 心理空间又称"心智空间","是人类进行范畴化、概念化和思维的媒介","是人们进行思考和交谈时,为了达到当下的理解和行动之目的而建构的,是通过框架和认知模型所形成的结构。它的建立受到语法、语境和文化等因素的制约,与长期图式知识(或叫'框架')和特殊知识密切相关"。[2] 心理空间理论强调"融合",是人们在言语交际中为了达到理解语言的目的,需要对不同空间输入的信息进行匹配并映射到融合空间进行融合,形成对语言的理解。

在汉语结构歧义的认知方面,有与语言意义认知共性特点相一致的认知模式,也有适应其独特个性特点的认知模式,这些模式主要有语义整合模式、主体突显模式、意象图式模式、性状特征模式等。

1.语义整合认知模式

语言意义来自语词,来自句子,来自语段,来自篇章。但不是来自语词意思

---

① 赵艳芳:《认知语言学概论》,上海外语教育出版社 2001 年版,第 72 页。
② 王寅:《认知语言学》,上海外语教育出版社 2007 年版,第 214 页。

的简单相加,来自句子的简单相加,而是来自语义的整合。即包括对语词意义的整合,对句子语义的整合,在汉语中,整合语义的方式是通过调整语言单位的组合顺序或使用不同的虚词来实现的。

整合,在认知语言学里又称"融合"。融合理论强调的是空间,又称"空间融合理论",说的是"概念融合至少涉及四个空间:两个输入空间(Input Space)、一个类属空间(Generic Space)和一个融合空间(Blended Space)。认知主体有选择地从两个输入空间提取部分信息进行匹配并映射入融合空间;类属空间包含两个输入空间所共有的轮廓结构,以保证映射能正确而顺利地进行;融合空间会利用并发展两个输入空间中对应部分的连接,将相关事件整合成一个更为复杂的事件"。"四个心智空间通过一系列的映射运作彼此连接起来,就构成了一个概念整合网络(CIN:Conceptual Integration Network)"[1]。语言意义的形成需要整合,语言理解更需要整合,词语的概念意义要整合理解,句法结构形成的意义也需要整合进行理解。

句法结构的认知所具有的整合性特点,具体就表现在理解句法结构所形成的意义时,不是将语词意义挨个地简单相加,而是要将语词意义进行整合处理。或者是恰当地选择义项,或者是将词语与词语组合时所表现的特征进行整合,或者是将语词进行越位组合,或者根据句法构造激活其临时意义,等等。

在歧义句法结构的分析中,语义整合的模式突出表现在认知者需要将某句法结构里语词的意义,按照句法结构的特点进行整合,甚至还会按照自己所体验的使用情况进行语义的整合,提炼出整个句法结构的意义。

2. 主体突显认知模式

人类是认识世界的主体,也是认知与语言形成的共同主体。因此,在语言认知与理解的过程中,主体意识必然也会参与其中。人类认知的主体性首先体现在对时间和空间的感知、对运动的判断上。在探寻事物之间的关系时,都会将自己置身于其中心,然后以此为参照点,形成一定的视角,从而确定其各种不同的关系,如空间关系、时间关系、速度关系、种属关系、人际关系、物际关系等。

美国认知心理学家司马贺认为:"一般情况下,人在进行活动时只是很简单地考虑一种或两种可能性,即利用一些生活中常用的启发式的规则。……人在解决问题时,不可能把各种可能性同时都考虑到,一般只采取一些启发式的规则来指导行动。"[2]一个人在认知事物时,受认知域和认知空间的影响,不可能将

---

① 王寅:《认知语言学》,上海外语教育出版社 2007 年版,第 215 页。

② [美]司马贺:《人类的认知——思维的信息加工理论》,荆其诚、张厚粲译,科学出版社 1986 年版,第 17 页。

与认知事物有关的所有可能性都考虑到,常常是选择一两种在生活经验中具有启发式的可能性进行取向。主要有信息加工的取向、具身认知的取向、情景认知的取向、社会认知的取向等。① 究竟应选择什么,首先应选择什么,也不是随意的,应该有一定的共性。主体常常是首先激活的项,称为"主体认知模式"。主体认知模式是指在语句理解中,认知者常常要将主体置于其中,理解其与语句要素之间的关系,进而确定语句的意义。如果语句中有动作主体,认知者往往将其作为主体或中心来理解语句的意义。

在歧义句法结构里,其歧义常常是由于结构中主体没出现或不明确而形成的。而认知者因为要按照主体突显的模式来理解,常常会暗地里加上一个主体,因而识别不了句法结构的歧义。

3. 意象图式认知模式

意象图式是认知语言学里的重要概念,意象图式模式是认知语言学的主要模式之一。认知语言学著作对此有比较多的论述,但是都讲得特别复杂且说法多样。

"意象",是认知心理学的一个术语,指的是人们对体验过的外界事物能形成形象保留在大脑中,在有刺激时能迅速提取出来,与当前形象形成比照,形成关于对事物的新认识。在没有外界刺激时,留在大脑中的意象也能浮现出来。"图式"是完形心理学的一个术语,指的是人的记忆能将各种信息与经验组织成认知结构,形成一种常规图式,存储于人的记忆之中,当有新的体验输入大脑时,大脑会将其提取出来与之对比,从而形成对事物的识解。当代认知语言学家将"意象"与"图式"结合起来,形成了"意象图式"理论,常应用于隐喻的分析中。

意象图式认知模式特别强调认知者的体验、互动和联系,人们对于客观世界、客观事物的认识,是通过完形感知、动觉和意象来完成的,这种认识不仅有关于事物本身的,而且还有关于事物之间关系的。这对认识歧义结构表达的语义有说服力。一个歧义语词或者歧义结构是要从不同的角度来认识才能发现的,一个人只有在其大脑中存储着一定的意象图式,并且具备运用意象图式进行投射时,才能使歧义语词或者歧义结构的意义得到突显。

意象图式是基于认知经验而形成的,不同的语言认知者大脑中的认知图式是不一样的,因而才会出现对于同一歧义现象认知结果却不一样的情况。意象图式会对此作出合理的说明。

---

① 唐孝威:《脑与心智》,浙江大学出版社 2008 年版,第 206 页。

4.性状特征认知模式

不同的事物有不同的性状特征,性状特征间也有不同的联系,这个特点在意象图式认知模式下,已经可以作出解释。这里我们借助性状特征要谈的是与动词所表示的动作、行为、动态相关联的特征。

我们认为动词用于句法结构中,与名词、副词、助词、助动词组合时,表现出来的不仅是这个动词本身的意义,还牵涉到与不同词相联系的其他意义。任何动词,即使是单向动词在句法结构中的意义也不止一个,而是一个语义多面体。我们以"跑"和"跳"为例说明(见表4-9)。

表 4-9　词义认知的多向度特点

词		跑	跳
词典解释		两只脚或四条腿迅速前进。	腿上用力,使身体突然离开身体所在的地方。
人们认知中的性状特征	1.主体	人或有足动物。	人或有足动物。
	2.方向	一个方向:向前(没有向后跑,人们所说的"向后跑"是指背向目的的方向,而不是人体向背的方向)。	多个方向:向前(跳远)、向上(跳高)、向下(跳水、跳楼)。
	3.速度	迅速(快于"走")。	迅速、突然(无法中途停止)。
	4.力量	大于行走。	用力弹起(爆发式,腾空跃起)
	5.姿势	按姿势不同有:小跑、短跑、长跑、奔跑、快跑、慢跑等;具体姿势是前倾、双手随着步伐而有节奏地甩动,有持续性。	一次性(不具持续性)、离开地面、干脆、作腾跃状。

人们理解词语的意思时,这些意义不一定都要在认知中显现出来,显现什么特征由与之组合的其他词激活来决定。如"跑业务",要激活的特征有:(1)主体是人,该人是单位、公司里的业务员;(2)方向:在客户、商家之间联系商业业务(生意);(3)速度、频率:经常性地来往于客户、商家之间;(4)运动方式:经常利用交通工具;(5)形象:讲究文明的打扮和谈吐。又如"小丫跑两会"要激活的特征:(1)主体是王小丫,CCTV 主持人;(2)方向、地点:在 CCTV 和"两会"之间来往;(3)目的:将"两会"的盛况及时向全国乃至世界报道出去;(4)速度:以最快的速度、最短的时间将新闻内容报道出来;(4)姿势:拿着话筒在"两会"会场和 CCTV 主播室作直播。

性状特征的认知模式就是要求我们在理解语言意义时注意联系词语在结构中的各种有必要突显出来的关系特征。特别是歧义的句法结构必然是联系着多方向的性状特征,如果这些特征能被合理地激活,就形成了歧义。例如"关心"一词,词典解释是:(把人和事物)常放在心上;重视和爱护。而我们认知的意义,不止于此,诸如:"关心"这个动作主体是人,常常多为长辈;"关心"的对象可以是人、物、事等;"关心"方式有语言问候,经济上接济;"关心"的内容有工作上指导,生活上照顾,学习上指教,等等。但在与其他词语组合之后会激活能够成立的一个或多个特征,如激活多个特征,就会形成歧义。对于认知者来说,别人能激活特征而你不能激活,就是不能识别歧义。如"关心的是大姐"这一组合中,要激活的是"大姐"这个名词与"关心"相联系的性状特征:大姐是主体,又是对象(语法分析说是"施事"、"受事",而一般人没有这概念);再如"倒了一杯水"这一组合中,要激活的是"倒"这个动词与"水"相联系的性状特征:是倒入,又是倒出(语法分析说是"语义特征",而一般人没有这概念)。能够识别这些性状特征,便是辨识了这些句法结构的歧义。

上述四种模式各有侧重。语义整合认知模式侧重从语义网络对语义的影响来探索语义的形成;主体突显认知模式侧重从句法结构内主体的出现对句法结构意义所起到调节作用;意象图式认知模式侧重从抽象概念与现象图式之间的关系来讨论认知的作用;性状特征认知模式旨在揭示隐藏在事物、概念、动作等背后的语义联系。它们在回答人们如何认识歧义,为何会出现歧义认知的个性差异方面能起到一定的作用,但这几种模式绝不是语言认知的全部认知模式。

二、认知模式与汉语句法结构歧义

句法结构歧义是由句法结构的不同组合形成的,受调查者在选择意义的时候,选择了某种意义,在其潜意识中,已经确定了用某种结构来理解其意义,尽管他不一定能说清楚这种句法结构形式。如果能说出两种以上意思,就是能用两种以上的结构形式理解意义。只有能识别由结构引起的多种意义,才能形成对歧义的认知能力。句法结构歧义的认知能力与认知者的年龄、语言理解水平直接关联,当然也与句法结构本身的特点有关系,与认知模式的选择有联系,还与语境的影响有联系。语言认知水平不同的人对有歧义的句法结构的认知途径是不一样的,概括起来有三种(见图 4-6)。

途径一是语义整合的方式。此途径以语义的认知为主,句法结构的作用显得微不足道。认知者一般没有系统地学习过语法知识,潜意识里关于语言结构的语感也不丰富,其认知的主要方法是检索结构中词语的意思,然后整合成该句法结构的整体意义输出(语义输出 A)。

途径二是语义—句法结合的方式。此途径对句法结构的特点有比较明确的感受和熟练的把握,认知者或者比较系统地学习过语法知识,或者潜意识里

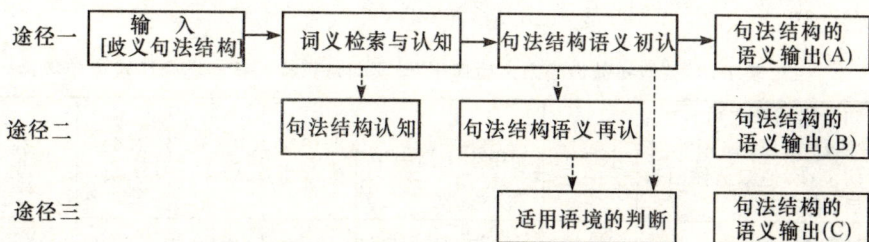

图 4-6　句法结构语义认知途径

有在语言实践中积累起来的关于语言结构的语感,其认知的方法是首先检索结构中词语的意思,然后结合词语意义进行句法结构的组合,生成该句法结构的整体意义输出(语义输出 B)。

途径三是语义－句法－语境相结合的认知方式。即在途径二(或者途径一)的理解基础上,结合对该句法结构适用于什么样的语境、会产生什么样意义的判断,进而作出选择,输出切合语境的语义(语义输出 C)。

途径一是低认知水平的认知途径,多数人(特别是中小学生)常常采用这种理解方式;途径二是较高认知水平的认知途径,大学生以上达到成人水平的一般会采取这种理解途径。途径三是最高水平的认知途径,中文大学生一般采用这种理解途径。这种选择不同认知途径理解方式在歧义句法结构中表现得较为普遍。

(一)句法结构歧义的语义整合认知模式

句法结构的认知所具有的整合性特点,具体就表现在理解句法结构所形成的意义的时候,要将语词的意义进行整合处理。或者是恰当地选择义项,或者是将语词进行越位组合,或者根据句法构造激活临时意义,等等。

一般情况下,句法结构层次不同所形成的歧义,是在非语音的因素的条件下才存在的现象,大多数句法结构形成的歧义在语音环境里,歧义会得到消解。句法结构歧义的认知调查用问卷形式有一定难度:用判断题的形式无法显示其在歧义认知过程中的运作情况,用选择题形式又因提供了可以选择的答案,可靠性会降低。但是,调查发现,即便是提供了答案,受调查者也不会将所有答案都选上,这说明这些句法结构的歧义并没有为他们所认知(但不排除有的是在选择项的提示下被认知才选出的)。因而,可以说,这种问卷形式调查的结果要比预想情况要好。调查中反映出来的受调查者的倾向性选择,还是值得我们注意的,也还是有一定价值的。

我们用以调查的由句法结构层次不同形成的歧义的句子(选择题)为“他知道你回来之后病了”和“我看见他太激动了”。问卷调查前一句的结果见表 4-10。

表 4-10 "他知道你回来之后病了"歧义句法选择的认知选择比较　单位:%

他知道你回来之后病了: A. 他已知道,你回来之后病了;B. 他知道你回来之后,他病了	小学生	初中生	高中生	非中文大学生	中文大学生	社会人员	均值
A 解释成立	69.30	45.20	50.00	45.40	0.00	23.50	38.90
AB 解释成立	20.50	21.50	28.70	32.00	100.00	69.10	45.30
B 解释成立	8.00	33.30	21.30	22.70	0.00	7.40	15.45
无法判断	2.30	0.00	0.00	0.00	0.00	0.00	0.35
合计	100.00	100.00	100.00	100.00	100.00	100.00	100.00

"他知道你回来之后病了":单选 A 义"他已知道,你回来之后病了"的明显处于优势,最高达到了 69.30(小学生),汉语社区平均为 45.30;而单选 B 义"他知道你回来之后,他病了"明显处于劣势,最高为 33.30(初中生),汉语社区平均为 15.45。如果算上多选中也选择了 A 义,认知度最高的达到了 100.00(中文大学生),最低为 66.70(初中生),汉语社区平均为 83.20。而 B 义算上多选中选择了 B 义,最高的也达到了 100.00(中文大学生),最低为 28.50(小学生),汉语社区平均为 60.85。问卷调查后一句的结果见表 4-11。

表 4-11 "我看见他太激动了"歧义句法选择的认知选择比较　单位:%

我看见他太激动了:A. 我看见了,他太激动了; B. 我看见他,我太激动了	小学生	初中生	高中生	非中文大学生	中文大学生	社会人员	均值
A 解释成立	18.20	9.70	34.00	7.20	0.00	12.30	13.58
AB 解释成立	25.00	26.90	30.90	32.00	100.00	71.60	47.76
B 解释成立	54.50	63.40	35.10	60.80	0.00	16.00	38.31
无法判断	2.30	0.00	0.00	0.00	0.00	0.00	0.35
合计	100.00	100.00	100.00	100.00	100.00	100.00	100.00

"我看见他太激动了":单选 B 义"我看见他,我太激动了"的明显处于优势,最高达到了 63.40(初中生),汉语社区平均为 38.31;而单选 A 义"我看见了,他太激动了"明显处于劣势,最高为 34.00(高中生),汉语社区平均为 13.58。如果算上多选中也选择了 B 义,认知度最高的达到了 100.00(中文大学生),最低为 64.90(高中生),汉语社区平均为 86.04。而如果算上多选中也选择了 A 义,

最高的达到了 100.00（中文大学生），最低为 36.60（初中生），汉语社区平均 61.32。

两个句子认知中，单选 A 义，单选 B 义，选择多义的平均情况见表 4-12。

问卷调查与网上调查比较，其结果非常接近，经 SPSS 相关性检验，两个句法结构的相关性系数分别为：1∶0.969、1∶0.982，显著性分别为：0.007、0.003，均在 0.01 水平（双侧）上显著相关。问卷调查结果可信。

表 4-12　问卷调查与网上调查比较（一）　　　　　　　　单位:%

他知道你回来之后病了：
A. 他已知道，你回来之后病了；B. 他知道你回来之后，他病了

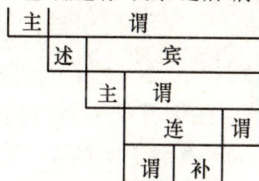

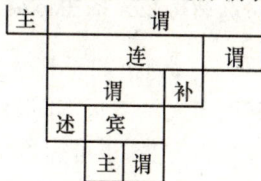

比较项目	单选 A 义	选择多义	单选 B 义	无法判断
问卷调查	38.90	45.30	15.45	0.35
网上调查	23.20	61.00	14.60	1.20

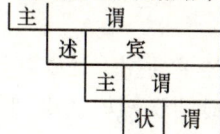

我看见他太激动了：
A. 我看见了，他太激动了；B. 我看见他，我太激动了

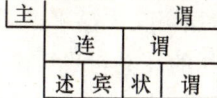

比较项目	单选 A 义	选择多义	单选 B 义	无法判断
问卷调查	13.58	47.74	38.30	0.38
网上调查	8.50	57.30	31.70	2.40

从句法结构分析出来的歧义是：

这两个句法结构的句法分析非常接近，在第二层上均是既可分析为述宾，也可分析为连谓，形成了歧义。但调查的结果显示，第一句多倾向于 A 解释（述宾），第二句多倾向于 B 解释（连谓）。并且随着语言理解水平的提高，这种倾向性会得到调整，才会逐步发现歧义。可以看到在语言理解水平的低级阶段，对句法结构的认识很不敏感，而主要是从词语意义的整合角度来确定句法结构所表现的意义的。

　　"他知道你回来之后病了"的语义整合过程是："他"＋"知道"＋"你回来之后病了"有意义。"他"＋"知道你回来之后"＋"病了"没有意义。这有两种情况：一是"他＋知道你回来之后"没有意义；二是"他＋（知道你回来之后）＋病了"也没有意义（"他"不会因为"知道你回来之后"而生病）。基于这两种考虑，很多人不会选择 B 义，尤其不会单选 B 义。

　　"我看见他太激动了"的语义整合过程是："我"＋"看见他"＋"太激动了"有意义。"我"＋"看见"＋"他太激动了"（即"他太激动了""让我看见了"）有意义，不过，因为语言使用中出现的几率极低。"太激动了"与"他"组合的用例不多见，更多的是"太激动了"与"我"组合。经北京大学汉语语言学研究中心语料库检索，"太激动"用于第一人称的几率远远高于其他情况。① 经百度搜索："他太激动了"26500 次，"我太激动了"157000 次，是前者的 5.9 倍；google 搜索："我太激动了"2420000 次，"他太激动了"实际为 0 次。用百度、google 搜索"看见他太激动"用例为 0，可见"看见他太激动"在生活中是很少使用的。因此，"我看见他太激动了"作"我看见他，我太激动了"理解更为合适。这种实际的使用状况对人们的理解产生了潜在的影响，造成了倾向于理解为 B 义现象："我（看见他）太激动了"即"我激动"。所以，调查中出现了选择 B 义多、选择 A 义少的结果。

　　随着人们句法结构分析能力的增强，才出现了语义整合与句法结构分析相结合的语义分析，识别歧义的能力才会逐渐增强。

（二）句法结构歧义的主体突显认知模式

　　词语组合后，词语间会形成不同结构关系和语义关系，于是形成了歧义。结构关系不同语义关系也不同的歧义句法结构，在语言学中既可用框式图解的层次分析法进行分析，也可用语义关系说明。如"撞倒王明的车子"、"喜欢干净的人"、"看打篮球的中学生"的歧义就既可用框式图解的方式分析，也可用语义关系说明。但对于结构关系无殊，只是语义关系不同的歧义，框式图解法便无能为力，只能用语义关系来说明。

　　对于这样的歧义句法结构，一般的认知者是不会用上述这样的分析方法来理解此种歧义结构的意义的，而是要用主体突显的认知模式来理解的。并且主体突显的认知模式会随认知水平的提高而逐渐淡化，非主体的作用逐渐得到强

---

① 经北京大学汉语语言学研究中心语料库搜索到"太激动了"有效用例 101 次。其中：用于第一人称的有 45 次（占 44.60％，"我太激动了"22 次，"我……太激动了"16 次，"我们……太激动了"2 次，"自己太激动了"5 次）；用于第二人称 22 次（占 21.80％，"你太激动了"11 次，"您太激动了"1 次，"你……太激动了"8 次，"你们……太激动了"2 次）；用于第三人称 22 次（占 21.80％，"他太激动了"7 次，"她太激动了"6 次，"他/她/他们/她们……太激动了"9 次）；其他 12 次（占 11.90％，"N……太激动了"10 次，"V……太激动了"2 次）。

化,一语多义(歧义)才会被认知。由于认知者对主体突显的认知模式把握的程度不同,导致了歧义句法结构歧义显现的倾向性认知。如对"撞倒王明的车子"、"喜欢干净的人"、"看打篮球的中学生"的认知就显示了这种认知特征。

A. 撞倒　王明的 车子
（语义关系："车子"是施事）

B. 撞倒　王明的 车子
（语义关系："车子"是受事）

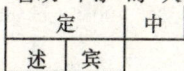

A. 喜欢　干净 的 人
（语义关系："人"是施事）

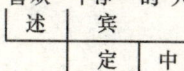

B. 喜欢　干净 的 人
（语义关系："人"是受事）

A. 看　打篮球的 中学生
（语义关系："中学生"是施事）

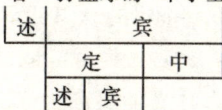

B. 看　打篮球的 中学生
（语义关系："中学生"是受事）

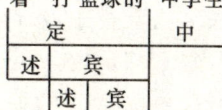

这种歧义结构的问卷调查,用的是选择方式(三个句法结构的结构基本相同,为了保证调查更有效,问卷调查时我们将"喜欢干净的人"的 A 结构义和 B 结构义作了对调)。调查结果见表 4-13、表 4-14 和表 4-15。

表 4-13　"撞倒王明的车子"的认知情况　　　　　　　单位:%

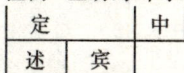

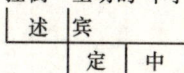

撞倒王明的车子: A.车子把王明撞倒了; B.把王明的车子撞倒了	小学生	初中生	高中生	非中文大学生	中文大学生	社会人员	均值
A 解释成立	25.00	22.60	19.10	32.00	0.00	19.80	19.75
AB 解释成立	17.00	17.20	24.50	28.90	99.20	63.00	41.63
B 解释成立	58.00	60.20	45.70	39.20	0.80	17.30	36.87
无法判断	0.00	0.00	10.60	0.00	0.00	0.00	1.75
合计	100.00	100.00	100.00	100.00	100.00	100.00	100.00

在本句法结构调查中,B 项语义"把王明的车子撞倒了"的认知度高于 A 项语义"车子把王明撞倒了",单选 B 义最高达到了 60.20(初中生),最低为 0(中文大学生、社会人员),汉语社区单选 B 义的平均为 36.87;单选 A 义的最高为 25.00(小学生),最低为 0(中文大学生),汉语社区单选 A 义的平均为 19.75。如果算上多选中也选择了 B 义,认知度最高的达到了 100.00(中文大学生),最低为 68.10(非中文大学生),汉语社区平均为 78.50。而如果算上多选中也选择了 A

义,最高的达到了 100.00(中文大学生),最低为 38.90(初中生),汉语社区平均为 61.38。

表 4-14 "喜欢干净的人"的认知情况　　　　　　　单位:%

喜欢干净的人: A.某人喜欢干净; B.喜欢的是干净的人	小学生	初中生	高中生	非中文大学生	中文大学生	社会人员	均值
A 解释成立	52.30	32.30	42.60	36.10	0.00	34.60	32.97
AB 解释成立	31.80	32.30	33.00	43.30	100.00	65.40	50.97
B 解释成立	15.90	35.40	24.50	20.60	0.00	0.00	16.06
合计	100.00	100.00	100.00	100.00	100.00	100.00	100.00

　　在本句法结构调查中,A 项语义"某人喜欢干净"的认知度高于 B 项语义"喜欢的是干净的人",单选 A 义最高达到了 52.30(小学生),最低为 0(中文大学生),汉语社区单选 A 义的平均为 32.97;单选 B 义的最高为 35.40(初中生),最低为 0(中文大学生、社会人员),汉语社区单选 B 义的平均为 16.06。如果算上多选中也选择了 A 义,认知度最高的达到了 100(中文大学生),最低为 64.60(初中生),汉语社区平均为 83.94。而如果算上多选中也选择了 B 义,最高的达到了 100(中文大学生),最低为 47.70(小学生),汉语社区平均为 67.03。

表 4-15 "看打篮球的中学生"的认知情况　　　　　　单位:%

看打篮球的中学生: A.看的是打篮球的中学生; B.中学生看打篮球	小学生	初中生	高中生	非中文大学生	中文大学生	社会人员	均值
A 解释成立	25.60	30.10	25.50	12.40	0.00	11.10	17.42
AB 解释成立	36.40	34.40	38.30	55.70	97.00	69.10	55.15
B 解释成立	36.40	35.50	36.20	32.00	3.00	19.80	27.13
无法判断	2.30	0.00	0.00	0.00	0.00	0.00	0.30
合计	100.00	100.00	100.00	100.00	100.00	100.00	100.00

　　在本句法结构的调查中,B 项语义"中学生看打篮球"的认知度高于 A 项语义"看的是打篮球的中学生",单选 B 义最高达到了 36.40(小学生),最低为 3.00(中文大学生),汉语社区单选 B 义的平均为 27.13;单选 A 义最高为 30.10(初中生),最低为 0.00(中文大学生),汉语社区单选 A 义的平均为 17.42。如果算上多选中也选择了 B 义,认知度最高的达到了 100.00(中文大学生),最低

为 72.80(小学生),汉语社区平均为 82.28。而如果算上多选中也选择了 A 义,最高的达到了 97.00(中文大学生),最低为 62.00(小学生),汉语社区平均为 72.57。

在这三个句法结构的调查中,我们有意打乱了 A 义、B 义的次序。为叙述方便,我们用第一层次的层次关系代替意义进行说明。三个结构认知的结果可以简单概括为:"撞倒王明的车子"述宾关系表现的意义的认知高于定中关系,"喜欢干净的人"和"看打篮球的中学生"是定中关系表现的意义的认知高于述宾关系。为什么非常相近的句法结构,却出现了不同的认知倾向性?这是因为认知者在语义认知时要将主体突显出来。在主体突显认知模式看来,只要有动作,发出动作的主体或接受动作的主体,都会自然突显出来。正如 Langacker(2000:331,359)所指出的:主语和宾语的选用不是逻辑问题,也不是语法问题,而是主体识解的认知问题、心智中的焦点问题和概念描写中的"突显"问题。[①]语言表达要突显主体,语言理解更需要突显主体。在有动词的句法结构中,主体是有生命的名词的可能性更高一些。Clark(1965)所作的主动句和被动句中的主语是否"有生命"的语义特征的调查显示:主动句中有生命的主语占81.50%;被动句中有生命的主语占 68.30%;主动句中有生命的宾语占27.60%;被动句中有生命的宾语占 48.50%。[②] 这种情况在汉语歧义句法结构中也有近似的表现,在有动词的句法结构中,认知者常常会将动作与动作的发出者(有生命的主体)相联系来理解语义。

理解"撞倒王明的车子"时,因为其中不存在有生命的主体,但填补上一个"有生命"的突显主体(施事)来理解是比较便捷的,当主体填补之后,就构成了典型"主-谓-宾"格式,尽管这个主体在句法结构中不出现,但可以在认知过程中出现,所以,认知者不会将"车子"视为主体。因为"车子"不是发出"撞"动作的主体(至多只是动作的传递者)。如果要将其理解为偏正短语所表现的意义(即视为主体),还需要再加上一个转换的过程(车子撞倒了王明 $\xrightarrow{\text{转换}}$ 这车子是"撞倒王明的车子");这样的处理会留下疑问:车子是怎么撞倒王明的?这样的理解就复杂了,只有到认知水平提高了,主体突显认知模式淡化了,才会接受这样的复杂理解。

在理解"喜欢干净的人"和"看打篮球的中学生"这类句法结构时,只需将"有生命"的"人"、"中学生"作为突显主体来理解就行了,他们虽然不在主语的位置上,但仍然是主体(施事),用不着填补和转换。所以出现了问卷调查中选

---

① 王寅编著:《认知语法概论》,上海外语教育出版社 2007 年版,第 96 页。
② 王寅编著:《认知语法概论》,上海外语教育出版社 2007 年版,第 97-98 页。

择定中关系表现的意义(中心语为"施事")高于述宾关系表现的意义(中心语为"受事")的倾向。网上调查也可佐证(见表 4-16)。

表 4-16　问卷调查与网上调查比较(二)　　　　单位:%

撞倒王明的车子:A.车子把王明撞倒了;B.把王明的车子撞倒了

比较项目	单选 A 义	选择多义	单选 B 义	无法判断
问卷调查	19.75	41.63	36.87	1.75
网上调查	29.30	39.00	29.20	2.40

喜欢干净的人:A.某人喜欢干净;B.喜欢的是干净的人

比较项目	单选 A 义	选择多义	单选 B 义	无法判断
问卷调查	32.97	50.97	16.06	0.00
网上调查	24.40	57.40	15.80	2.40

看打篮球的中学生:A.看的是打篮球的中学生;B.中学生看打篮球

比较项目	单选 A 义	选择多义	单选 B 义	无法判断
问卷调查	17.42	55.15	27.13	0.30
网上调查	14.60	63.40	22.00	0.00

网上调查与问卷调查不仅趋势一致,而且数据也十分接近,经 SPSS 相关性检验,三个句法结构的相关性系数分别为:1:0.965、1:0.963、1:0.992,显著性分别为:0.008、0.008、0.001,均在 0.01 水平(双侧)上显著相关。充分说明这种认知倾向的出现绝非偶然。认知水平不断提高,处于弱势的语义会不断被激活,歧义的识别率也随之不断提高。

(三)句法结构歧义的意象图式认知模式

意象图式是人类体验的结果,所有的意象图式都与空间关系有一定的联系。意象图式的概念世界均是由事物和关系组成的。人类通过完形感知、动觉和意象,不仅能获得对事物认知能力,而且也能获得关于认知事物之间关系的能力。所以,凡是涉及形状、移动、空间关系等知识,都可以用意象图式的认知来存储,并且能以语言的形式存储或激活。而且更常见的不是以意象图式来激活,而是以语言来激活。如果不同的意象图式用一种语言形式进行存储,或者意象图式经隐喻和转喻产生了其他的意义,当用这一语言形式来激活时,会出现多种意象图式时,就会出现歧义。而对于语言水平成熟者,某语言结构会激活多种意象图式产生歧义,但对于一般的语言水平不很成熟者,却只能激活一种意象图式,没有歧义理解的情况出现,这就是歧义结构理解的倾向性现象。

下面以"鲁迅的书"、"奶油面包"、"出租汽车"为例加以说明(见表 4-17、表 4-18 和表 4-19)。

表 4-17　"鲁迅的书"的认知情况① 　　　　　单位:%

鲁迅的书:A. 归鲁迅所有的书;B. 鲁迅写的书;C.写鲁迅的书	小学生	初中生	高中生	非中文大学生	中文大学生	社会人员	均值
A 解释成立	13.60	4.30	5.30	4.10	0.00	12.30	6.60
AB 解释成立	25.00	45.20	48.90	74.20	100.00	63.00	59.40
ABC 解释成立（计入 AB）	11.40	9.70	5.30	3.10	0.00	3.70	5.53
AC 解释成立(计入 A)	0.00	0.00	0.00	0.00	0.00	4.90	0.82
B 解释成立	47.70	20.40	36.20	16.50	0.00	14.80	22.60
BC 解释成立(计入 B)	0.00	20.40	4.30	1.00	0.00	0.00	4.28
C 解释成立(不计)	2.30	0.00	0.00	1.00	0.00	1.20	0.72
合计	100.00	100.00	100.00	100.00	100.00	100.00	100.00

注:C 项是误解,分析时不统计在内,理解 ABC 成立的计入 AB,理解 AC 成立的计入 A,理解 BC 成立的计入 B,理解 C 成立的不计。

本句法结构的认知中,B 项语义"鲁迅写的书"的认知度高于 A 项语义"归鲁迅所有的书",单选 B 义最高达到了 47.70(小学生),最低为 0.00(中文大学生),汉语社区单选 B 义的平均为 22.60;单选 A 义的最高为 13.60(小学生),最低为 0.00(中文大学生),汉语社区单选 A 义的平均为 6.60。如果算上多选中也选择了 B 义,认知度最高的达到了 100.00(中文大学生),最低为 81.50(社会人员),汉语社区平均为 91.81。而如果算上多选中也选择了 A 义,最高的达到了 100.00(中文大学生),最低为 49.90(小学生),汉语社区平均为 72.35。

在"鲁迅的书"这一句法结构中,"鲁迅"与"书"之间存在着各种关系,如所有关系、著作关系、记录关系、购置关系、阅读关系、出售关系、全异关系,等等。当"鲁迅"和"书"组合成短语后,很多关系会受到破坏,只剩下所有关系、记录关系。一般认知者在理解"鲁迅的书"这一语言形式时,不是从分析语言的结构来理解语义的,而是从激活意象图式及其关系来理解其意义的。即想到鲁迅这个人(至少知道鲁迅是一个人)和书这个物,然后从"鲁迅"和"书"是怎样的一种关系,进而理解了"鲁迅的书"的意义。至于激活的是什么关系,与认知者的体验有关。一般的认知者会激活"归鲁迅所有的书"这个义项,如果知道鲁迅是个作

---

① 为保证调查的信度,我们将先导调查出来的错误答案也列入调查问卷中,如"鲁迅的书"理解为"写鲁迅的书"的(C 项),调查结果显示单选 C 项的最高只有 2.30%,可以忽略不计,其他在多选中涉及 C 项的归并到包含 C 项的选项中去。

家,就会激活"鲁迅写的书"这个义项。我们调查的对象知道鲁迅是著名作家,而且读过他的许多作品,因此,选择 B 项(或 A、B 项)意义的自然会高。

在"奶油面包"的调查中,A 项语义"用奶油做的面包"的认知度高于 B 项语义"奶油和面包"。单选 A 义最高达到了 71.30(高中生),最低为 16.50(中文大学生),汉语社区单选 A 义的平均为 50.83;单选 B 义的最高为 29.60(小学生),最低为 1.50(中文大学生),汉语社区单选 B 义的平均为 16.02。如果算上多选中也选择了 A 义,认知度最高的达到了 98.50(中文大学生),最低为 70.40(小学生),汉语社区平均为 83.98。而如果算上多选中也选择了 B 义,最高的达到了 83.50(中文大学生),最低为 38.70(初中生),汉语社区平均为 48.17。

表 4-18　"奶油面包"的认知情况　　　　　　单位:%

奶油面包:A.用奶油做的面包;B.奶油和面包	小学生	初中生	高中生	非中文大学生	中文大学生	社会人员	均值
A 解释成立	56.80	61.30	71.30	54.60	16.50	44.40	50.83
AB 解释成立	13.60	16.10	21.30	22.70	82.00	43.20	33.15
B 解释成立	29.60	22.60	7.40	22.70	1.50	12.30	16.02
合计	100.00	100.00	100.00	100.00	100.00	100.00	100.00

表 4-19　"出租汽车"的认知情况　　　　　　单位:%

出租汽车:A.的士;B.把汽车出租给别人;C.出租给别人的汽车	小学生	初中生	高中生	非中文大学生	中文大学生	社会人员	均值
A 解释成立	34.10	17.20	18.10	11.30	1.50	18.50	16.78
AB 解释成立	33.00	30.10	29.80	59.80	66.90	66.70	47.72
ABC 解释成立	14.80	23.70	34.00	15.50	30.10	4.90	20.50
AC 解释成立	2.30	4.30	0.00	3.10	0.00	2.50	2.03
B 解释成立	11.40	18.30	6.40	2.10	1.50	7.40	7.85
BC 解释成立	0.00	4.30	8.50	6.20	0.00	0.00	3.17
C 解释成立	2.30	2.20	3.20	2.10	0.00	0.00	1.63
无法判断	2.30	0.00	0.00	0.00	0.00	0.00	0.38
合计	100.00	100.00	100.00	100.00	100.00	100.00	100.00

在"奶油面包"这一结构中,"奶油"和"面包"的关系,可以是包含关系、材料关系、分离关系等。当"奶油"和"面包"组合成短语后,存在包含关系、材料关

系、分离关系。一般认知者在理解"奶油面包"这一语言形式时，从意象图式及其关系容易激活的意义是"用奶油制作的面包"。至于分离关系的"奶油和面包"的意思容易被忽略，选择 A 项（或 A、B 项）意义的自然就高了。

三个短语认知中，单选 A 义，单选 B 义，单选 C 义，选择多义的平均情况见表 4-20。

表 4-20　问卷调查与网上调查比较（三）　　　　　　　单位：%

鲁迅的书 A.归鲁迅所有的书；B.鲁迅写的书；C.写鲁迅的书			
比较项目	单选 A 义	选择多义	单选 B 义	单选 C 义
问卷调查	6.60	70.01	22.60	—
网上调查	8.50	55.00	35.40	1.20

出租汽车：A.的士；B.把汽车出租给别人；C.出租给别人的汽车			
比较项目	单选 A 义	选择多义	单选 B 义	单选 C 义
问卷调查	16.75	73.36	7.30	1.63
网上调查	28.00	62.20	7.30	2.40

奶油面包：A.用奶油做的面包；B.奶油和面包；C.涂奶油的面包			
比较项目	单选 A 义	选择多义	单选 B 义	单选 C 义
问卷调查	50.83	33.15	16.02	—
网上调查	52.40	42.70	1.20	3.70

在"出租汽车"的认知中，取多选的多，单选的少，且较分散，不过认知的倾向性还是明显的。单选 A 项语义（"的士"）的认知度高于 B 项语义（"把汽车出租给别人"）和 C 项语义（"出租给别人的汽车"），单选 A 义最高达到了 34.10（小学生），最低为 1.50（中文大学生），汉语社区单选 A 义的平均为 16.78；单选 B 义的最高为 18.30（初中生），最低为 1.50（中文大学生），汉语社区单选 B 义的平均为 7.85。单选 C 义的最高为 2.30（小学生），最低为 0.00（中文大学生、社会人员），汉语社区单选 C 义的平均为 1.63。如果算上多选中也选择了 A 义，认知度最高的达到了 98.50（中文大学生），最低为 75.30（初中生），汉语社区平均为 87.03。如果算上多选中也选择了 B 义，最高的达到了 98.50（中文大学生），最低为 59.20（小学生），汉语社区平均 79.23。如果算上多选中也选择了 C 义，认知度最高的达到了 45.70（高中生），最低为 7.40（社会人员），汉语社区平均为 27.33。

"出租汽车"的认知过程既受主体突显的认知模式的影响，也受意象图式认知模式的影响。从主体突显看，只能将"汽车"理解为受事，不会理解为主体（施事）。并且在认知过程中，意象图式也参与其中了，很多认知者是将"的士"当作"出租汽车"述宾关系的名词化来理解的，即"把汽车（包括驾驶员）出租给别人用",这汽车就叫"的士"(Taxi)。而不是将"把汽车出租给别人"当作动作过程来理解的,所以,选择 B 义的少。另外 C 义"出租给别人的汽车"也名词化了(如"我这部是出租汽车,这部是自己用的汽车"),但这种用法要在特定语境里才会出现,平时所用的"出租汽车"都是问卷中的 A、B 义。言语互动的频率的影响在其他章节已经讨论,此不赘。

问卷调查与网上调查显示上述三个句法结构的认知趋势基本一致,数据也较接近,经 SPSS 相关性检验,相关性系数分别为 1∶0.922,显著性为:0.000,在 0.01 或 0.01 水平(双侧)上显著相关。

(四)句法结构歧义的性状特征认知模式

事物是有性状特征的,事物存在的方式也是有性状特征的。人们对事物的性状特征的感受程度、敏捷度都是有差别的,如对形象的形状特征容易把握,而对抽象的性状特征就不容易把握。一般说来,年龄大、语言水平高的人对语言所反映的事物的各种性状特征也会把握得全面而细腻。下面以"山上架着炮"和"烧了一车炭"来说明。

在前面的调查情况分析中,我们已经看到,对因语义特征而形成的句法歧义的识别率是最低的。这是因为事物存在的性状特征是抽象的、隐秘的,把握的难度最大。先看"山上架着炮"的认知情况(见表 4-21)。

表 4-21　"山上架着炮"的认知情况　　　　　　　单位:%

山上架着炮: A.山上架好了炮; B.山上正在架着炮	小学生	初中生	高中生	非中文大学生	中文大学生	社会人员	均值
A 解释成立	72.70	66.70	54.30	58.80	40.60	41.80	55.90
AB 解释成立	13.60	15.10	28.70	35.10	53.40	43.20	31.50
B 解释成立	13.60	18.30	17.00	6.20	6.00	8.60	11.60
合计	100.00	100.00	100.00	100.00	100.00	100.00	100.00

在"山上架着炮"的调查中,A 项语义"山上架好了炮"的认知度高于 B 项语义"山上正在架着炮",单选 A 义最高达到了 72.70(小学生),最低也达 41.80(社会人员),汉语社区单选 A 义的平均为 55.90;单选 B 义的最高只有 18.30(初中生),最低仅为 6.00(中文大学生),汉语社区单选 B 义的平均为 11.60。如果算上多选中也选择了 A 义,认知度最高的达到了 94.00(中文大学生),最低为 81.80(初中生),汉语社区平均为 89.00。而如果算上多选中也选择了 B 义,最高的只有 59.40(中文大学生),最低仅为 27.20(小学生),汉语社区平

均 40.20。

"山上架着炮"里的"架着"呈现的性状特征可以是动态"山上正在架炮",也可以是静态"山上有炮架着",表示存在。对这类歧义,层次分析法是无能为力的,语义指向的分析也解决不了问题。一般是用语义特征来说明其歧义所在:"架着"可以表示[＋动态],也可以表示[＋静态];陆俭明曾指出"可以用变换分析法来加以分化"[①],然而,在一般人理解"山上架着炮"是不会进行如此复杂的分析的。他们借助的是对事物的性状特征的体验(包括对事物运动状态的体验)。

"$N_{1(方位)}$＋V＋着＋N_2"这种格式,结果是表动态还是表示静态,与四个因素有关:

一是动词(V)。动词有动静之分,表示动作的动词动态性强,表示非动作的动词动态性弱。有的动态会向静态转化,这些动态常常是"无界"的[②],无界动词可以表示延续。有的无界动词表示的动态不断延续的结果便是静态,如果表示由动态到结束,一般用"了"、"好"、"完"等来完成,如果要表示由动态延续到静态仍在延续就要用到"着"。有界动词只能表示动态,不能表示动态延续,更不能表示静态延续。

二是动态助词"着"。"着"也有不表动态而表示静态的功能。当动词表示的动作结束了,"着"也跟着表示静态了。如果动词是[＋延续]义的,即"无界"的,加"着"可表示动态,不表示静态。如"进行"、"播放"等。试比较:

由动态延续趋向静态延续:

(在)山上架炮[动作]→(在)山上架着炮[动态延续]→山上架着炮[静态延续]

(在家里)架二郎腿[动作]→架着二郎腿[动态延续]→架着二郎腿[静态延续]

由动作直接实现静态延续,没有动态延续:

(在)鼻梁上架眼镜[动作]→?｛鼻梁上架着眼镜[动态延续]｝→鼻梁上架着眼镜[静态延续]

动态以延续方式呈现(即只有动态延续),无静态延续:

电视机里播放节目[动态]→电视机里播放着节目[动态延续]→

小河里流淌着清澈的水[动态]→小河里流淌着清澈的水[动态延续]→

动态瞬间完成,无动态延续也无静态延续:

会议开始(了)[动态]→＊会议开始着[动态延续]

战斗打响(了)[动态]→＊战斗打响着[动态延续]

---

① 陆俭明:《关于语义指向分析》,载邵敬敏主编:《现代汉语通论参考文献精选》,上海教育出版社 2002 年版,第 243 页。

② 沈家煊:《"有界"与"无界"》,《中国语文》1995 年第 5 期,第 367－380 页。

三是名词(N_2)。如果是有生名词,或者是能发出动作的有动力名词,也能使该结构表示动态,不会变为静态。如:"汽车"是有动力的名词,"行驶"是无界动词,所以"公路上行驶着汽车"就不会变为静态。"水里游着鱼"同样也不会变为静态。当然,如果是无法延续(无[＋延续]义)的动词,就无法表示动态,而只能表示静态了,如"操场上停着汽车"。

四是发出动作的主体。"V＋着"涉及的动作的主体是一定的,不管该主体在哪个位置,不管主体出现还是不出现。但当动作由动态转向静态的时候也会实现主体的转换,主体转换的,其动态也无法实现由动态向静态的转换。如:"唱着歌"里"唱"的主体只能是人,不会转移为静态的"歌",所以"唱着歌"不会成为静态。"天上飞着飞机"里"飞"的主体是"飞机",不能转为其他静态的主体,所以"天上飞着飞机"无法成为静态。而"山上架着炮"表示动态意义的时候其主体是"人",即"人们在山上架着炮";表示静态意义的时候其主体是"炮",即"炮在山上架着"。人们在理解"山上架着炮"时因主体突显认知模式的影响,当结构中有主体可以突显,并能成立的时候,该主体就首先突显进入理解了(不需另外将"人"这个主体补进,也就不会有动态)。所以出现了对"山上架着炮"选静态的倾向性结果。网上调查的情况与问卷调查的情况基本一致(见表 4-22)。经 SPSS 相关性检验,句法结构的相关性系数为 1：0.986,显著性为 0.002,在0.01 水平(双侧)上显著相关。

表 4-22　问卷调查与网上调查比较(四)　　　　单位:%

山上架着炮:A. 山上架好了炮;B. 山上正在架着炮

比较项目	单选 A 义	选择多义	单选 B 义	单选 C 义	无法判断
问卷调查	59.80	29.20	11.00	0.00	0.00
网上调查	45.10	37.80	12.20	1.20	3.70

再看"烧了一车炭"的认知情况(见表 4-23)。

表 4-23　"烧了一车炭"的认知情况　　　　单位:%

烧了一车炭: A. 烧好了一车炭; B. 烧完了一车炭	小学生	初中生	高中生	非中文大学生	中文大学生	社会人员	均值
A 解释成立	79.50	73.10	69.20	58.80	44.40	48.20	62.20
AB 解释成立	13.70	17.20	20.20	33.00	51.10	43.20	29.73
B 解释成立	6.80	9.70	10.60	8.20	4.50	8.60	8.07
合计	100.00	100.00	100.00	100.00	100.00	100.00	100.00

在本句法结构的调查中,A 项语义"烧好了一车炭"的认知度高于 B 项语义

"烧完了一车炭",单选 A 义最高为 79.50(小学生),最低为 44.40(中文大学生),汉语社区单选 A 义的平均为 62.20;单选 B 义的最高为 10.60(高中生),最低为 4.50(中文大学生),汉语社区单选 B 义的平均为 8.07。如果算上多选中也选择了 A 义,认知度最高为 95.50(中文大学生),最低为 89.40(高中生),汉语社区平均为 92.20。而如果算上多选中也选择了 B 义,最高为 55.60(中文大学生),最低为 20.50(小学生),汉语社区平均 37.80。

　　"烧了一车炭"用语义特征解释是"烧"在该组合中能显示两种语义特征:[+获取]和[+消耗]。而一般人理解时,也是从该动词和名词联系的性状特征来理解的。在"V+(了)+N"结构中,"了"是表结束,呈现的是结果的状态,呈现的是什么结果,由 V 和 N 共同决定。其中的 N 可能是结果,也可能是原材料。如"烧饭"是将米"烧"成饭,句法结构内的"饭"是结果;"烧纸"是将纸烧成灰,该句法结构之外的"灰"是结果,纸是原材料;"烧菜"是将生菜烧成熟菜,结果是性质的变化,也在该句法结构之外,"烧"之前的"菜"是原材料,与"烧"之后的"菜"(也可以看作实体性的结果)是不一样的;"烧水"是将冷水烧成热水或开水,结果也是性质的变化,也在该句法结构之外,"烧"之前和"烧"之后的"水"是不一样的;"烧山"是将山上的草木烧光,"山"只是"烧"的处所,结果是物体的消失,也在该句法结构之外;"烧炭"里的"炭"可能是结果,也可能是原材料,所以出现了两种意义。而实际上,语言接收者对上述"V+(了)+N"结构中 N 的性状特征把握的程度是不一样的。很多人体会不了"烧炭"里"炭"的两种性状特征。因为多数人一般有的体验是:"炭"是结果,而不会是原材料。其原因是语言的实际使用所使然,在生活中要将作为原材料的"炭"烧掉,"烧"不会是目的,而是通过"烧"的过程来取暖,所以,这时总希望"烧"的炭"烧"得越慢越好,这与副词"就"表示的语义不匹配。并且这种动作绝对没有人叫"烧炭",而叫"烤火"。即使一个冬天烤火"烧了一车炭"也不一定要说成"烧了一车炭",而常说成"用了一车炭"、"烤了一车炭"。所以,"烧了一车炭"多数人选"烧好了一车炭",就不足为奇了。

本章小结

　　句法结构歧义是同一句法结构形式(短语或者句子)用不同的方式进行理解,会产生不同的理解的现象。前贤们对此已经有了比较多的分析讨论,均认为句法结构歧义要到使用的语境中,才能消除歧义,语境是消除歧义的最佳途径。① 的确,语言的使用语境,上下文、场景语境、背景语境能消除歧义(在语境中形成的语用歧义是另外一回事)。但值得我们注意的是,众多的有歧义的句法结构歧义,很多人却看不出歧义来。这与句法结构本身的歧义度有关,更与接收者的认知有关。在不同的人群中,歧义的识别率是不一样的,而在同一群体内,不同的个人识别的情况也是不一样的,这就是人们在句法结构歧义认知上的差异性。这种差异性归根结底是受言语互动的影响的。

一、言语互动与认知程度

语言使用者分属于不同的人群,或是不同的言语社区,或是同一言语社区的不同群体。这些不同的言语使用群体,由于语言交际程度、受教育程度以及年龄上存在的差异,在语言使用上存在差异,导致了因语言形式和意义不对称而形成的歧义的认知存在差异。如非汉语社区人员对歧义句法的认知与汉语社区人员有着较大的差异,他们对句法歧义的认知水平与汉语社区的小学生、初中生接近,极少的项目能达到汉语社区高中生的水平。越是在认知难度大的项目(如语义关系不同和语义特征不同形成的歧义)的认知上表现得越明显。而同为非汉语社区的少数民族学员和留学生,由于在与汉语接触的程度上存在差异,总体上看,留学生对句法结构形成的歧义的认知又略低于少数民族学员。这种差异在对具体的歧义句的认知中有更为细致的表现,即不同的群体在认知程度上存在着差异,其表现是群体成员相同,共性明显,群体成员不完全相同,离散性强。如受调查的八个群体中,社会人员、少数民族学员、留学生这三个群体内的成员差异大,在歧义认知上趋同性弱,稳定性差。表现为在其他方面均弱于某个群体,而在某个方面却强于某个群体。如对语义关系不同形成的歧义(如"我在阳台上看见了小王")的认知度在其他各组中均为最低,但在社会人员、少数民族学员、留学生组却不是最低的。

二、言语互动与语义难度

歧义句是语言形式和意义不对称的表现,这种不对称也有程度的不同。有的在语义的认知过程中只要调动一种认知方式就能完成,有的要调动多种认知方式才能完成。即使是调用一种认知方式,其方式也有难易程度的差别,所以

---

① 王金娟:《语境——消除歧义的最佳途径》,《浙江师范大学学报》1996 年第 1 期,第 93—95 页。

在认知结果上就会出现差异。然而,由于语言行为"作为人的社会行为,都是只具有概率性的规律的"。① 不同的人群、不同的个体虽然在对歧义的认知程度上存在着差异,但在句法歧义认知度上所表现出来的趋势却基本一致:(1)在歧义句法结构的认知判断方面,语义关系不同形成的歧义的认知度最高,结构层次与关系均不同形成的歧义的认知度次之,因语义焦点不同形成的歧义(语用歧义)认知度最低。(2)在歧义句法结构的认知选择方面,不如句法歧义判断认知度高且不很稳定,但基本趋势与歧义判断认知度相近似——语义关系不同形成的歧义的认知度最高,结构层次与关系均不同形成的歧义的认知度次之,语义特征造成的歧义辨识率最低。这种异中趋同的现象是社会言语互动中的必然现象。语言是在使用中形成的,语言形式在语言使用中逐步趋于规范,语言意义的理解也是在使用中逐步趋于一致,这样才能使语言成为最有效的交际工具。

三、言语互动与认知方式

对不同的句法歧义,需要用不同的认知方式来理解。语言的认知方式是在与语言意义习得的同时获得的。而语言认知方式和语言意义又都是在语言应用的互动中获得的。不同社区、不同的群体的认知者由于言语互动环境的差异,认知方式也存在着差异。从某种程度上说,歧义认知上存在着的差异就是因为认知方式上存在差异,认知方式上难度低的,这种方式最容易获得。如意象图式的认知模式与认知者的亲身体验、互动有联系,从而通过完形感知、动觉和意象形成对客观世界事物的认识。每个人在其大脑中都会存储着一定的意象图式,只要能运用意象图式进行投射,歧义语词或者结构的意义就能得到突显。这种认知模式的特点是从亲身体验来感知的,因而难度最低,最易掌握。所以,需调动意象图式认知模式来认知的歧义语句的识别度最高。主体突显的认知模式是从句法结构里主体的显现对结构所产生的意义的影响角度来看待的,强调的是认知者在认知中对于有动词的句法结构会添加主体的认知特点。因而,主体突显的认知模式难度也低,掌握起来也方便,所以,需调动主体突显的认知模式来认知的歧义语句的识别度也高。语义整合认知模式是从语词组合形成语义的灵活性、立体性(非线条性)的角度来考虑的。语义整合模式可以越位组合,突破结构层次界限,对语句中词语进行整合,从而获得语句因不同整合方式所形成的语义。在语言实践中,掌握了这种方式的,就能辨识出句法结

① 徐大明:《社会语言学研究》,上海人民出版社 2007 年版,第 97 页。

构的歧义,没有掌握这种认知模式的,就辨识不出结构存在的歧义。语义整合的认知模式因要具有整合的能力,难度提高,所以,需调动语义整合认知模式来认知的歧义语句的识别度就比较低。性状特征认知模式是对命题模式的具体化探索,这一模式强调了理解语言意义时注意联系词语在结构中的各种有必要突显出来的关系特征。特别是歧义的句法结构必然是联系着多方向的性状特征,如果这些特征能被合理地激活,就形成了歧义。性状特征认知模式旨在揭示隐藏在事物、概念、动作等背后的语义联系。性状特征在语词上的表现就是语义特征,语义特征是隐性的特征,故性状特征的认知难度最高,所以,需调动性状特征认知模式来认知的歧义语句,其识别度最低。

第五章 词汇歧义消解的认知机制

语言的歧义在词汇、句法、语用等不同层面都不同程度地存在着,其表现形式各有特点,即使是同一层面上的歧义,也都有不同的表现特征。具体到每个具体的词语、具体的句法结构、具体的语用形式,其表现特征都不一样。对以上三个不同层面上的歧义,语言研究者已有诸多的描写和论述。由于歧义形式的复杂多样,人们对歧义的认知也呈现出不同的个性特征。其中一个重要的特征是,人们在对歧义的语言单位的认知过程中,在认知方式、认知策略的引导下,已经对这些语言单位的歧义进行了消解,再加上语境的过滤,真正的语言歧义并不像人们所分析的那样多,从而保证了语言交际的畅通。

对于利用语境消除歧义的功能,学者们多有讨论,这里不再深入讨论。我们要讨论的是语言歧义在没有进入语用语境之前,人们利用认知语境进行消歧的过程。前面的分析已经指出,语境不仅是歧义消解的环境,也是歧义形成的环境,一个多义的词语,只有进入短语才会有歧义,一个多义的短语只有进入更大的短语或者句子才会出现歧义。因此,我们的讨论仍然需要一个最小的语境——短语或句子,也即我们是在短语或句子的语境(下文合称为"句法结构")中讨论人们是如何利用认知来消解歧义的。

第一节 词汇歧义消解的心理机制

词汇歧义是由词语的一词多义引起的。一词多义现象是指一种语言形式具有两种或以上意义。词义的构成不是自主的,而是与人类对世界的感知、认知有密切关系的。词语由多义到歧义的过程更是与人对语言的认知相关的。

词语多义主要有三类情况:第一类,同音异形异义词。如:gōngshì(公事、公式、攻势、宫室、公示、工事),yóuchuán(游船、邮船、油船),qízhōng (期中、期终、其中、棋中),diànyuán(店员、电源)等。第二类,异音同形异义词。如:背着(bēizhe、bèizhe),东西(dōngxī、dōngxi),地道(dìdào、dìdao)等。第三类,同音同形异义词。如:仪表(用于测量的仪表、人的仪表),孩子(儿童、子女)等。

多义词进入短语,如果多种意义都能同时表现出来,就出现了歧义。第一类多义词在书面语中不会形成歧义,这里不作讨论;第二类在口语中不会引起歧义,但在书面语中有引起歧义的可能;第三类无论是在口语还是在书面语中都会引起歧义。因此,后两种值得讨论。但因第二类的多义词数量非常有限,所以,本书主要讨论第三类多义词形成歧义的认知问题。

一、词汇歧义形成的原因

词语与意义之间不存在一一对应的关系,同样的意义可以用不同的词语来表达,同一词语也可以表达不同的意义,这就是语言中的同义和多义现象。人们在语言的使用中需要根据表达的需要,选择自己认为表达最准确的词语和最优化的表达形式。所谓"选择最准确的词语"就是对要用到的词语进行合语义合语境的考察,当语言使用者对词语和语境的关系把握失误时,就会出现用词失误。用词失误有多种表现,其中之一是多义词的语境限制不够而使多义被激活形成了歧义。这样的歧义表达,如果接收者无法依据语境的要求选择唯一的义项,歧义便无法消解。所以,词汇歧义形成的首要条件是词语本身具有多义,其次是消除歧义的语境受到限制。

(一)词语多义是形成词汇歧义的内因

词汇层面的歧义一般是使用了多义词形成的,但并不是多义词就一定形成歧义,因为在语言使用中语境能起到消解歧义的作用。只有语境不能消解歧义时,歧义才会真正出现。这是人们已经达成的共识。但在无语境条件下,人们见到歧义词语,或者歧义句法结构,其意义被激活的程度是不一样的。这既与词义特点有关,更与每个人对词义的认知特点有关。

1. 不会形成歧义的多义词语

从多义词与语境的关系看,有的多义词先天就具有自我消解歧义的功能,因为这类多义词的几个义项无法在同一语境中共现(即在同一语言语境中出现,可以作两种及以上不同的非语言性语境下产生的意义来理解),主要有以下几类情形。

(1)有古今义和普通义(包括方言义)差别的多义词。如:

交椅——古义:可以折叠的椅子。　　普通义:当头目(如"第一把交椅")。

　　　　方言义:有扶手的椅子。

花冠——古义:帽子。　　　　　　　普通义:植物的花冠。

烽火——古义:边防报警的烟火。　　普通义:比喻战争。

(2)术语义和普通义构成的多义词。如:

滑坡——术语义:经济下滑。　　　　普通义:山石下滑。

还原——术语义:含氧物质被夺去氧。普通义:恢复原状。

分号——术语义:标点。　　　　　　普通义:分店。

(3)词义差别不大的多义词。如:

活路——走得通的路;行得通的方法;活下去的方法。

贯通——(学术、思想等方面)全部透彻的理解;连接、沟通。

(4)部分比喻义和基本义(引申义)构成的多义词。如:

虎口——基本义:老虎的嘴巴;　　　引申义:食指和拇指相连的部分。

　　　　比喻义:危险的境地。

冰山——基本义:冰冻长年不化的大山,或浮在海洋中的巨大冰块。

　　　　比喻义:不能长久依赖的靠山。

包袱——基本义:包东西的布,或用布包起来的包。

　　　　比喻义:某种负担。

(5)常用义和非常用义(激活率高的语义与激活率低的语义)构成的多义词。如:

挂职——常用义:上级部门将干部派到下级部门,委以具体职务培养锻炼一段时间的临时性任职。

　　　　非常用义:保留原职务下放到基层工作。

冰霜——常用义:比喻神情严肃。

　　　　非常用义:比喻有节操。

吃水——常用义:用水。

　　　　非常用义:吸水,入水。

(6)部分词类不同的同形多义词。如:

花费——动词与名词。

划算——动词与形容词。

坏事——名词与动词短语。

欢喜——动词与形容词等。

这些词语虽然有多种意义,但由于在实际生活中用得少,有的意义对于某些人来说几乎一辈子都不可能遇到。这样的意义或者本来就没有进入"心理词典",或者在"心理词典"中长期处于封存状态,激活的可能性小。所以,歧义便不会出现。

2.容易形成歧义的多义词

常见的容易形成歧义的多义词有以下一些类别。

(1)相同词类的。如：

暗线：文学中的线索；作接应的内线；藏在里面的电线（均为名词）。

浮动：(物体、人心、工资)浮动（均为动词）。

包车：定期租用；共同包用（均为动词短语）。

报销：核销账目；将废物销账；比喻从现有的人或物中除掉（均为动词）。

背后：身后；背地里（均为名词）。

好话：有益的话；赞扬的话；求情的话（均为名词）。

赫然：形容令人惊讶或引人注目；形容大怒（均为形容词）。

好听：听着舒服；听着使人满意（均为形容词）。

(2)相同的语义类别。如：

风花雪月：诗文；爱情故事（均为比喻义）。

黑道：不正当或非法的行径；流氓盗匪等黑社会组织（均为引申义）。

(3)常用的比喻义与基本义。如：

草包：用稻草等编成的袋子（基本义）——比喻无能的人（比喻义）。

残局：棋下到快要结束的局面（基本义）——比喻事情失败后或社会变乱后的局面（比喻义）。

黑暗：没有光线（基本义）——比喻黑暗（比喻义）。

(4)词与短语同形。如：

干事（名词与动词短语同形）；坏事（名词与动词短语同形）；画像（名词与动词短语同形）；心痛（名词与动词短语同形），等等。

(5)词语兼类。如：

保安（名兼动）、领导（名兼动）、巩固（形兼动）、代表（名兼动）、锁（名兼动）、端正（形兼动）、多（形兼动）、规矩（名兼动）、理想（名兼形）、跟（动兼介）、老（形兼副）、白（形兼副），等等。

这类词的几个意义使用的频度都较高，所以容易被激活而形成歧义。

(二)语境是形成词汇歧义的外因

语境能消除歧义，语境更能创造歧义。无论是词汇歧义还是句子歧义都是由语境创造的。因为歧义多半是从理解者的角度来说的，表达者在表达的时候总认为自己所说的是表达清楚的、没有歧义的。绝不会自己知道有歧义、别人理解会发生误解还要这样说，除非是他要造成幽默表达效果而故意利用歧义。

当表达者所据有的非语言语境与接收者具有的非语言语境不一致时,话语就容易产生歧义。这有两种情况:

第一种情况是发话人对受话人的非语言语境估计不够而形成。如:在一次某单位的一次年终大会上,某下属单位上任不久的领导上台讲话:"某某领导shàngdiào 了,我接替这个职务不久……"话音未落,台下笑开了。当第二次再要说这话的时候,他有意要避免用刚才的说法,换成"某某领导走了……"话音未落,台下又是一片笑声。他只得纠正说"某某领导离开了……"话音未落,台下笑声更热烈了。说者是笑呵呵说的,可以看成是幽默的说法,但一再如此说,并且那位升迁的原领导就在主席台上,我们也不妨将其看成是歧义的表达,但不管是幽默还是歧义,这位新领导发言的幽默效果还是出来了。幽默是要利用歧义来完成的,是歧义还是幽默,界限就在于这歧义是否故意要说出的。是故意要说出的是创造幽默,不是故意说出的就是对受话者的非语言语境估计不足:没想到受话者要如此理解我的话。

第二种情况是受话者不清楚发话人的非语言语境,而将所接收的话语置于自己拟想的不同的非语言语境来理解时而形成的。如"昨天那一餐让他报销了"中,"报销"是个多义词,如果受话者对"他"的情况不熟悉,或者对"他"很熟悉,但不知道发话人是从什么方面来说"他"的。就会将这话置于不同的非语言语境里进行知解,这样歧义就出现了:如果认为"他"很能吃,就会产生"昨天那一餐都让他一人吃完了"的理解;如果认为"他"喜欢大手大脚,会浪费,就会产生"昨天那一餐让他浪费了";如果认为"他"有钱且很慷慨,就会产生"昨天那一餐让他出钱了";如果认为"他"有权,能让单位给报销,就会产生"昨天那一餐的钱让他拿到单位给报销了"。又如"他一天就写了一篇文章",其中"就"是与量有关的副词,"就"所涉及的时间有"一天"和文章数目"一篇",既可言其写得快,也可言其写得慢。如果受话者对说话者的语境不清楚,不知道"他"的情况,不了解所写文章长短、难度等情况,就会将此话放入两个语境中理解,歧义就产生了:如果认为文章难写,他写得快,就可理解为"他只用了一天就写了一篇文章";如果认为文章好写,他写得慢,就可理解为"他竟然用一天的时间只写了一篇文章"。

无论是哪种情况,都是语境在创造歧义。词语到了语境中,多种意义均被激活,就会真正形成歧义。

二、词汇歧义消解的过程

词汇歧义的形成与消解都与语境有关系,一般说来,语境范围越宽,消歧的效果就越好,语境范围越窄,消歧的效果越差。然而越是范围窄的语境越好掌握,越是范围宽的语境越难掌握,即语言性语境最易把握,场景语境次之,认知语境和背景语境最难把握。但从消歧作用来说,认知语境是最重要的,其作用是最明显的。俗话说的"心照不宣"、"一切尽在不言中"等说法,就是指交际双方有共同的认知背景,即使不说双方也都会自然明白。

词汇歧义的形成和消解都是语言的心理过程,前者是多义词词义在语境的引导下被激活,后者是多义词词义在语境的引导下被抑制,其共同的前提是语言使用者对词汇多义的知解。没有对多义的知解,歧义就不可能出现,也就无所谓真正消歧("主动消解")。

(一)零语境下词汇歧义的消解

多义词的多义是在没有进入语境(即零语境)下所存在的意义,因为没有语境提示或者限制,多义词的多个意义或者都有被激活的可能,或者某些被激活,某些不被激活。例如,当人们不在有花或有鸟的环境里听到"杜鹃"时,就能激活所掌握的"杜鹃"一词的两个意思:一种花,一种鸟。只有有了语境的限制,才会淘汰一个意义,选择另一个意义,这就是抑制的作用。对此,心理语言学有较为深入的研究。

心理语言学所研究的在零语境下词汇歧义的消解,虽然与我们讨论的歧义现象有些不同,但词汇歧义得到激活和抑制的一些规律仍然会给我们许多有益的启发。

首先,在零语境下容易被激活的词语的义项,在句法的语境中更有被激活的可能。

其次,在零语境下歧义词多个意义被激活的顺序,在句法语境里也会有相同的表现。

第三,在零语境下多义词的多个意义也有受到抑制不被激活的,什么样的意义容易被抑制,在句法语境中如果要激活就需要一定的条件。

所有这些,说明词语歧义产生的零语境其实不是真正的没有语境,而是联系着人们的认知语境的。每个人所持的认知语境都会有差异,这些差异会影响人们在零语境下对词义的激活和抑制,也会影响句法语境下对词汇歧义的激活和抑制。

(二)词汇歧义消解的心理过程

句法语境可以分为短语语境和句子语境。短语与句子的区别不在于结构的复杂和简单,也不在于结构体的长和短,而是在于有无语气和语调。在书面语中,语气由末尾的点号来表示,而语调没有任何书面标志。所以,我们将短语和句子一律称句法结构或句法。句法语境是词语运用的基本语境,是多义词词义得到选择和初步定位的第一站。这一站的选择(即首次消解)是正确的,到现场语境和背景语境中会得到加强和巩固;如果这一站的选择在现场语境和背景语境中检验为不正确的,就会得到修正。其过程可概括为:"语义输入→检索—语义激活→选择—语义抑制→定位—语义输出"。整个过程都是在认知语境的引导下进行的,其过程如图 5-1 所示。

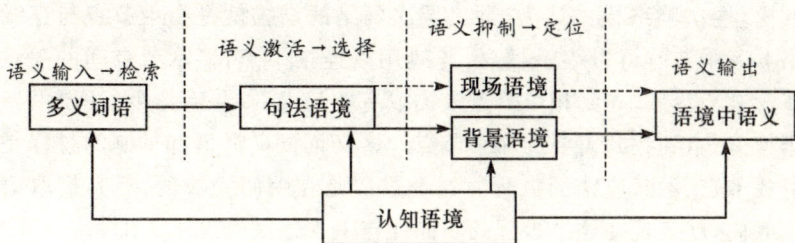

图 5-1　词汇歧义消解的心理过程

三、词汇歧义消解的认知模式

词汇歧义的消解是与语义认知密切联系在一起的,没有语言认知的参与,歧义就不可能被认知;没有语言认知的参与,歧义更不可能得到消解。在这方面,心理语言学的许多研究给了我们启迪。在词汇歧义的消解中,下列认知模式在不同的情形下会起作用。

(一)词义层次网络认知模式

层次网络模式(hierarchical network model)是 Quillian(1968),Collins 和 Quillian(1969)提出的。它是认知心理学中的第一个语义记忆模式。这个模式原本是针对言语理解的计算机模拟而提出的,称作"可教的言语理解者"(teachable language comprehender),后来也用来说明人的语义记忆,并因其具有层次网络结构而被称作层次网络模式。其原理是说,各个单词之间如果存在着种属关系,那么,这个网络就是一个词义层次网络。这个模式的基本单元是概念,每个概念都具有一定的特征,每个特征也可视为说明概念的概念。"所有的概念都按逻辑上的种属关系组织起来,最终形成了一个具有层次关系的网络系统。"[1]

---

① 王甦、汪安圣:《认知心理学》,北京大学出版社 2004 年版,第 175 页。

层次网络模式对于词语多义的存储和提取有着有益的启示。

首先,层次网络模式认为,概念的特征是被相应地分级存储着的。在各级概念的不同水平上,只存储该级概念所独有的某些特征,同一级的各个概念所共同拥有的特征,则存储于上一级概念的水平上。对于下一级的概念来说,其共同的特征可通过连线,到高层次的概念处去获得。人们掌握多义词的过程也就是不断认知、存储、形成语义网络和心理词典的过程。

其次,层次网络模式认为,词义层次网络的结构就是指由节点与连线构成的网络。其中节点可以表示概念,连线用以连接节点,显示节点间的关系。当某个概念被激活后,先到相应节点上提取有关信息,如果有必要,还要沿着连线再向上搜索,直到找到需要的那个节点。多义词词义激活和抑制的过程是在大脑中寻找节点、不断连线的过程。这个过程是在瞬间完成的,但其提取语义时的不同倾向,就表现在这个过程的不同操作上。

(二)激活-抑制的认知模式

"激活"指认知结构的激活扩散模型,它也是一种网络模型,是用语义联系或语义相似性将概念组织起来的模型。"激活扩散模型"是 Collins 和 Loftus (1975)提出来的[①]。激活扩散模型的加工过程是,当某个概念受到刺激或被加工时,在该概念节点上就会产生激活,然后激活沿该节点的各个连线,同时向四周扩散,先扩散到与之直接相连的节点,再扩散到其他间接相连的节点。激活扩散模型告诉我们,获取知识后的保持不仅与知识的组织程度有关,而且还与知识的运用频率和信息加工过程的决策计算等有关。在歧义句法的处理中激活过程表现得更为复杂。

在认知激活过程中,激活和抑制是相辅相成的,不被激活就是受到了抑制。对于歧义词语来说,如果没有抑制,歧义词语就会带来真正的歧义;如果有了抑制,就会将不适合要求的意义淘汰掉,对语言作出准确的理解。如果对于歧义词语抑制不当,将该激活的意义抑制了,或将该抑制的意义激活了,都会造成对语言意义的歧解。

激活-抑制认知模式的最大特点是:强调意义之间都是有联系的,但这种联系有直接和间接之分,有紧密和疏远之别,有强弱之差。如基本义与引申义的关系,辐射引申比连锁引申紧密;连锁引申中与第一次引申义联系紧密,与再次引申、三次引申联系就逐渐疏远。如果联系的强度减弱,激活的程度也就会随之降低。基本义与比喻义(或借代义)的联系情况要复杂得多,有的比喻义与

---

① 李伯约、赛丹:《自然语言理解的心理学原理》,学林出版社 2007 年版,第 101 页。

基本义的关系近一些,有的要远一些。这些表现在结构图上,就是联系强度弱的连线长,联系强度强的连线短。联系的强弱取决于许多因素,如相似的程度,时空上的接近程度等,更重要的是认知者的认知经验。有时由一个节点到另一节点的距离虽然很长,但由于语言生活中使用的频率很高,就会使节点到节点的连线增粗,所以,激活的速度就会加快,甚至会出现引申义或者比喻义的激活速度、激活程度高于基本义的现象。

(三)词义通达的认知模式

词义通达,是指人们通过视觉或者听觉,接收到词形或词音信息,并根据这些信息提取词义的过程。对于歧义的词语来说,接收者接收之后,提取什么样的词义,取决于他对由此语词参与组合而成的句法结构整体意义的理解。在此过程中,语言接收者一般要利用上下文信息对歧义词语进行语义筛选。"这就意味着在心理的认知加工上歧义词语比非歧义词语要复杂得多,信息加工就需要更多的注意参与,信息处理的时间就会加长"[1]。

词义通达与词频、语义启动、词语的性质、词语是否有歧义等认知结果相联系。其中心理语言学家关于词频效应、词语性质效应、词语的歧义问题的研究,对歧义认知和消解的研究会有一定的参考价值。

心理语言学家的研究证实,词语的使用概率同频度等级之间存在着一定线性相关关系,这种关系体现了"最小努力"原则,即如果一个词语的使用频度越高,对它进行加工的过程也就越显得容易。"即词频同单词识别的阈限之间存在着正相关,其相关系数为 0.60～0.40 之间"[2]。此为"词频效应"。词语可以激活相应的意义。其表现是,具体的词语可以激活具体的语义,抽象的词语可以激活抽象的语义,此为"词语性质效应"。"Kroll 与 Merves(1986)发现,具体性对词义判断作业的促进作用,主要是对低频词产生的,对高频词的作用不大。"[3]即高频词不管是具体还是抽象,其激活的速度都会很快。

歧义词语的认知加工比非歧义词语更加复杂,需要更多的注意参与,但歧义词语的各个意义所需要的时间是不一样的。这是由词义的使用频率决定的,由使用频率的不同形成了主要词义和次要词义的分别。主要词义是使用频率高的词义,次要词义是使用频率低的词义。主要词义在认知过程中激活的速度快、激活程度高,次要词义激活速度慢、激活程度低。

关于歧义词语词义通达的研究主要有两种观点:一种是全面通达论,认为

---

① 李伯约、赛丹:《自然语言理解的心理学原理》,学林出版社 2007 年版,第 109 页。
② 李伯约、赛丹:《自然语言理解的心理学原理》,学林出版社 2007 年版,第 104 页。
③ 李伯约、赛丹:《自然语言理解的心理学原理》,学林出版社 2007 年版,第 108 页。

在对歧义词语进行加工时,不管词语的上下文语境提供了什么样的线索,其所有词义都有可能被激活。但是只有最常用的词义或是因上下文提供了线索的词义,才能在其他词义被激活之前超越激活的阈限而被激活。另一种是选择性通达论,认为在对歧义词语进行加工时,上下文语境提供了足够的线索,可以激活歧义词语唯一的、适宜的词义。歧义词语的每个意义如果都能被选择就是平衡选择,否则就是非平衡选择。非平衡歧义词语的次要词义要被选择的话,要求有严格的约束条件。非平衡歧义词语的主要词义要被选择的话,则不需要有严格的约束条件。

全面通达和选择性通达并不是对立的,而是歧义词语在不同条件下的通达情况的不同形式。"如果句子中的偏好线索符合相应的约束条件,当然只有相应的词义被激活,也就出现了所谓的选择性通达。而句子中的偏好线索不符合相应的所有约束条件,对平衡歧义词语的诸词义没有取舍的依据,于是就可能激活所有的词义,就出现了所谓的全面通达。对于非平衡歧义词语来说,如果句子中没有相应的约束条件,只可能激活其主要词义。但句子有约束条件时,就能激活相应的次要词义。这些也都是选择性通达。如果约束条件出现在歧义词语之前,由于该条件所导致的自上而下的加工的影响,即使对歧义词语的次要词义的激活速度也会加快。另外,个体的经验所造成的频率是影响歧义词语平衡性的一个重要因素。就个体而言,一个歧义词语的诸词义的使用频率或多或少是会有差别的,完全平衡的情况是很少见的。"[1]

词义通达的认知模式让我们看到,在歧义词语的语义提取过程中有三大特征:一是主要词义和次要词义提取的速度不一样,提取的频率也不一样;二是高频词提取的速度高于低频词;三是每个认知者对歧义词语的主要意义和次要意义的认识不一样,对高频词、低频词知解程度也是不一样的。所有这些形成了人们对歧义词语的认知差异。

(四)特征比较的认知模式

特征比较认知模式是 Smith 等人(1974)[2]提出来的,该模式的基本观点是可以用规定特征(定义性特征)和标志特征(特异性特征)来规定一个概念。这些特征的重要性程度不一样,前者是一个概念或物体是否属于某个范畴的关键特征,属于重要的特征;后者是一个范畴成员通常所拥有的,但不是必需的特征,属于次要的特征,它具有描述的作用。在特征比较模式中,所有的特征都储

---

① 李伯约、赛丹:《自然语言理解的心理学原理》,学林出版社 2007 年版,第 110—111 页。

② Smith,E. E.,Shoben,E. J.,& Rips,L. J. "Structure and Process in Semantic Memory: A Featural Model for Semantic Decisions". *Psychological Review*,1974,81:214-241.

存在所有的有关概念下,认知者掌握了某事物范畴特征,就可以对某事物的特征与该类事物的范畴特征进行比较。

特征比较可以分两步走。第一步是把两个概念的所有特征(包括规定特征和标志特征)作一种整体比较。如果这些特征达到了足够相似的水平,就产生判断为"对"的反应。如果相似性程度特别接近而难以区分,就要进入到第二步,比较两个概念的规定特征。例如,上级概念"鸟"的规定性特征为"长羽毛"、"长翅膀",就自动成为下级概念"鸽子"的规定性特征。"会飞"则是"鸟"的标志性特征。标志性特征对概念也起着一定的辅助性作用。当人们看到某种动物会"飞",就容易将它同鸟联系起来。在歧义语句的辨识中,特征比较常常表现为对影响句义的词语进行语义特征的比较。

人们对概念特征的把握是依赖于长期的语言实践积累的,只有概念积累到一定的程度,才能将概念的特征分析出规定性特征和标志性特征并存储于大脑。用特征比较模式分析由名词概念引起的词汇歧义,可以揭示引起认知差异的原因。

第二节 词汇歧义消解的认知调查分析

歧义是进入语境才出现的,词汇的歧义至少是词语进入了短语的语境,即与别的词组合后才产生的。因此,我们的词汇歧义认知调查是将歧义词语组成短语,构成歧义短语,让受调查者鉴别歧义存在情况,并指出歧义词语的不同意义被激活的顺序和受到抑制的情况。

一、词汇歧义消解在意义类型上的差异性分析

歧义词语进入句法语境之后,没有更大的语境予以限制,歧义现象就形成了,以往语言研究者都是如此看待的。然而,这样的歧义句法结构很多人却不觉得有歧义,第三、第四两章已经证明了这种现象。这种情况说明了两点:一是这些受调查者的认知语境中根本不存在歧义的认识;二是受调查者认知深处潜存着关于这些词语或句法结构的歧义认知,但因没有语境的帮助,无法激活这些认知,歧义也就无法产生。无论是哪种情况均属消歧现象,是认知者的认知语境在起消歧的作用,不属一般所说的语境消歧。

即使是那些已经被识别出来的歧义,不同的群体辨识的结果也迥然有别。再者,被辨识出的歧义也有主次、先后之别。为了解个中差异,我们作了歧义辨

识顺序的调查。

(一)词语基本义与引申义不同形成歧义的认知

词义有不同的类型,如基本义、引申义、比喻义。最常见的就是基本义与引申义的关系。引申义是由本义推演而派生出来的意义。根据与本义关系的亲疏远近可将引申义分为直接引申义和间接引申义。一个词语的基本义和引申义一般不会在同一语境中同时兼有,否则,就会出现歧义。相对来说,基本义和引申义之间的差距不是很明显,人们认识语义时,哪个语义先激活,哪个语义后激活就显得要灵活一些。我们以"他已经走了一个多小时了"为例进行了调查。其中"走"有多个义项(《现代汉语词典》收入了 8 个义项),在"他已经走了一个小时了"的句法结构语境中有两个义项会被激活,其一是"行走"义,其二是"离开"义,前者是基本义,后者为引申义。

调查结果见表 5-1。

表 5-1　"他已经走了一个多小时了"语义激活与抑制对比　　　单位:%

调查对象、人数(占问卷调查的%) 意义理解		小学生 88人 (12.70)	初中生 93人 (13.50)	高中生 94人 (13.60)	非中文大学生 97人 (14.00)	中文大学生 133人 (19.20)	社会人员 81人 (11.70)	汉语社区平均 586人	少数民族学员 54人 (7.80)	留学生 51人 (7.40)	网上调查 82人
他已经离开这里一个小时了	首先想到	53.40	71.00	70.20	66.00	67.70	82.70	68.30	55.60	52.90	82.90
	其次想到	26.10	12.90	16.00	21.60	27.80	9.90	19.80	37.00	29.40	14.60
	第三想到	未设	未设	未设	未设	未设	未设	未设	未设	未设	1.20
	不会想到	20.50	16.10	13.80	12.40	4.50	7.40	11.90	7.40	17.60	1.20
他已经步行了一个小时了	首先想到	36.40	14.00	20.20	26.80	33.80	18.50	25.60	44.40	47.10	18.30
	其次想到	35.20	59.10	48.90	61.90	63.90	70.40	57.00	18.50	27.50	59.80
	第三想到	未设	未设	未设	未设	未设	未设	未设	未设	未设	8.50
	不会想到	28.40	26.90	30.90	11.30	2.30	11.10	17.40	37.00	25.50	13.40

注:网上调查增加了第三个意思:他不会回来了。为避免题目本身顺序干扰调查,"首先想到"、"其次想到"、"第三想到"等内容不一定基本义放在"首先想到"项;另外网上调查和问卷调查"首先想到"、"其次想到"、"第三想到"的顺序也不一样,这里是按照内容重新整理的。此类顺序选择,一般是单选的,但有的受调查者把握不准偶尔出现多选,所以,统计出的总量有时会大于 100.00%。下同。

表中的"首先想到"、"其次想到"表示看到"他已经走了一个多小时了"时首先、其次想到的意义,这是该意义被激活的顺序。"不会想到"表示看到"他已经走了一个多小时了"时,不会想到该义项,这是该意义被抑制的情况。我们将"首先想到"、"其次想到"称为"激活速度","首先想到"指该义项激活速度最快,"其次想到"激活速度次之;将"首先想到"、"其次想到"(有的还有"第三想到"、"第四想到"——有三个以上的意义会出现)之和称为"激活度";将"不会想到"称为"抑制度"。抑制度低的发现歧义的程度(即歧义认知度)就高,抑制度高的发现歧义的认知度就低。

调查结果：(1)引申义的激活速度普遍比基本义快,首先想到引申义的最高为82.70(社会人员)。(2)基本义抑制度普遍比引申义抑制度高,基本义抑制度最高为37.00(少数民族学员),最低为2.30(中文大学生);引申义抑制度最高为20.50(小学生),最低为4.50(中文大学生)。(3)认知水平高的对多义的抑制程度低,认知水平低的抑制程度高。(4)非汉语社区成员对基本义和引申义的抑制程度均高于汉语社区成员(发现歧义的程度低)。(5)此句法结构调查显示出来的基本义的激活度低于引申义,抑制度高于引申义不等于所有词汇的基本义和引申义激活和抑制都是如此,而是因为在此句法语境里基本义"步行"[行走]接受度低(见表5-1)。问卷调查与网上调查的对比,可以看到整体的趋势是一致的,而且数据也基本接近:激活度引申义略高于基本义;抑制度引申义低于基本义;但激活速度引申义远高于基本义。

(二)词语基本义与比喻义不同形成歧义的认知

比喻义是多义词中因比喻而引申出来的词义,是由修辞上的比喻手法逐渐固定下来的意义。一个词语的基本义和比喻义,一般不会在同一语境中同时兼有,否则,就会出现歧义。对这样的歧义,在由基本义和比喻义都能存在的歧义句法结构中哪个义项的先被激活,哪个义项后被激活?或者哪个义项容易被抑制?各种不同认知水平的人又有怎样不同激活歧义的水平?或者不同认知水平的人又是如何抑制某个义项的意义?这些就是我们所要关注的。我们以"你的眼睛都红了"为例进行了调查。

"你的眼睛都红了",由于"红"的意义不同而形成歧义。"红"的基本义是"红色","眼睛红"是眼睛发红。问卷给出的句法结构的意义"你的眼睛有问题了"由此意义而来。"红"的比喻义是"看见别人有名有利或有好东西时,非常羡慕、嫉妒,自己也想得到",这个意义常用"眼红"一词表达。问卷给出的句法结构义"你在嫉妒别人了"由此意义而来。

调查结果见表5-2。

问卷调查结果:(1)"你的眼睛都红了"的激活度基本义(85.80)高于比喻义(78.20)。(2)认知水平高的人群基本义激活速度不一定比认知水平低的人群高(因为认知水平低的在比喻义上激活度低,势必基本义激活度会高一些)。(3)比喻义抑制度(21.80)高于基本义抑制度(14.30)。(4)非汉语社区人群比喻义激活度比汉语社区人群低,比喻义抑制度(少数民族学员37.00、留学生51.00)高于汉语社区人群(21.80)。网上调查出来的基本义激活度为79.10,比喻义的激活度为51.80,略高于问卷调查汉语社区人群的水平;基本义抑制度为9.90,比喻义抑制度为21.00,略低于问卷调查的抑制度。

表 5-2 "你的眼睛都红了"语义激活与抑制对比　　　　单位：%

调查对象、人数（占问卷调查的％）　意义理解		小学生 88人 (12.70)	初中生 93人 (13.50)	高中生 94人 (13.60)	非中文大学生 97人 (14.00)	中文大学生 133人 (19.20)	社会人员 81人 (11.70)	汉语社区平均 586人	少数民族学员 54人 (7.80)	留学生 51人 (7.40)	网上调查 82人
你眼睛有问题了	首先想到	43.20	45.20	60.60	45.50	62.40	72.80	55.00	74.10	70.60	59.30
	其次想到	30.70	32.30	17.00	42.30	37.60	24.70	30.80	14.80	17.60	19.80
	第三想到	未设	未设	未设	未设	未设	未设	未设	未设	未设	11.10
	不会想到	26.10	22.60	22.30	12.40	未设	25.00	14.30	11.10	11.80	9.90
你在嫉妒别人了	首先想到	36.40	41.90	35.10	44.30	38.30	27.30	37.20	25.90	17.60	18.50
	其次想到	33.00	25.90	25.50	38.10	61.70	61.70	41.00	37.00	31.40	33.30
	第三想到	未设	未设	未设	未设	未设	未设	未设	未设	未设	27.20
	不会想到	30.70	32.30	39.40	17.50	0.00	11.10	21.80	37.00	51.00	21.00

注：网上调查增加了第三个意思：你没睡好觉，是干扰项。

（三）连词与介词兼类形成歧义的认知

连词与介词兼类的不多，主要有"和"、"跟"、"与"、"同"几个。区别的方法是：连词前后的词语是并列关系，互换位置基本意思不变，介词"和"前后词语不能互换；连词组成并列短语后可以带"都"，介词不可；连词前面不能有修饰语，介词可以；连词不能出现在一个句子或一个成分的开头，介词可以。但如果在句法结构语境中，这些要求都不能排除歧义时，歧义就不可避免地产生了。如"跟"在"我跟他去过上海"里作连词和介词都可以理解，歧义就产生了：一是"我们一起去过上海"，一是"我跟着他去过上海"。从实际的调查情况看，"我跟他去过上海"里"跟"作为连词和作为介词，两种意义被激活的程度不一样。

调查结果见表 5-3。

问卷调查显示：（1）"跟"作为连词意义的激活度比作为介词的激活度高。作为连词意义的最高激活度达到了 100.00（非中文大学生、少数民族学员），作为介词的激活度最高只有 92.60（社会人员）。（2）"跟"作为连词意义的激活度比作为介词的激活度高。"跟"作为连词意义的最快激活速度最高达到了 84.30（留学生），最低也有 55.60（少数民族学员）；"跟"作为介词最快激活速度最高只有 40.70（少数民族学员），最低为 15.70（留学生）。（3）"跟"作为介词意义的抑制度比作为连词意义的抑制度高。作为介词的抑制度最高的达到了 37.30（留学生），最低为 7.40（社会人员），汉语社区平均抑制度为 19.30；作为连词的抑制度最高为 20.50（小学生），最低为 0.00（非中文大学生、少数民族学员），汉语社区平均抑制度为 7.00。（4）认知水平高的在对多义的激活上并不占优势，仍主要表现在其抑制度比认知水平低的抑制度低，所以识别歧义的程度就高。（5）非汉语社区成员里，留学生与少数民族学员在语义的激活上虽然差距很大，很不稳定,"跟"的连词义留学生比少数民族学员激活度高,"跟"的介词义少数民族学员比留学生激活度高,而其共同点是对"跟"的介词义的抑制都在 37.00 及以上,比汉语社区成员都要高,说明辨析歧义的认知度低。

表 5-3 "我跟他去过上海"语义激活与抑制对比　　单位:%

调查对象、人数 (占问卷调查的%) 意义理解	小学生	初中生	高中生	非中文大学生	中文大学生	社会人员	汉语社区平均	少数民族	留学生	网上调查
	88人 (12.70)	93人 (13.50)	94人 (13.60)	97人 (14.00)	133人 (19.20)	81人 (11.70)	586人	54人 (7.80)	51人 (7.40)	82人
我和他一起去过上海　首先想到	70.50	79.60	80.90	64.90	75.20	76.50	74.60	55.60	84.30	65.40
其次想到	9.10	9.70	11.70	35.10	24.10	17.30	18.40	44.40	59.00	32.10
第三想到	未设	未设	未设	未设	未设	未设	未设	未设	未设	1.20
不会想到	20.50	10.80	7.40	0.00	0.80	6.20	7.00	0.00	9.80	1.20
他带我去过上海　首先想到	21.60	19.40	19.10	35.10	26.30	23.50	24.40	40.70	15.70	39.50
其次想到	48.90	54.80	48.90	51.50	63.20	69.10	56.30	22.20	47.10	56.80
第三想到	未设	未设	未设	未设	未设	未设	未设	未设	未设	2.50
不会想到	29.50	25.80	31.90	13.40	10.50	7.40	19.30	37.00	37.30	1.20

注:网上调查增加了第三个意思:别人没去过上海。

问卷调查与网上调查对比可见,激活度的趋势一致,数据比较接近,但抑制度相差较大,网上调查的抑制度比问卷调查的抑制度低,尤其是作为介词义的差距更大,说明受调查者发现歧义的能力强。

(四)动词与介词兼类形成歧义的认知

从来源说,介词主要是从动词虚化而来的,由于虚化程度的不同,介词跟动词向来纠葛不清。[①] 所以,动词与介词应该算是实词与虚词兼类中最多的一种兼类现象。如下面这些词都是动词与介词兼类的词:按、帮、朝、趁、向、靠、经、归、在、到、至、往、奔、比、拿、任、给、替、跟、离、叫、当、对、随、顺、由、望、用、沿、按照、比较、根据、离开、经过、通过、趁着、当着、本着、随着、顺着、沿着、冲着、依照、遵照等。然而,某词作为动词和介词出现在同一语境中(即出现歧义)的情况还是不多的。从动词虚化为介词是一个渐变的过程,虚化的两头是清楚的,好辨识的,中间往往是模糊难辨的。[②] 所以,常常会出现某词是动词还是介词的争论,我们认为是动词还是介词主要看其是否表动作。如果是既可看成动作,又可看成介引的,就是歧义现象。例如,"给"在"自行车我给他修好了"中就产生歧义了。既可理解为"我动手帮他修好了自行车"(自行车是我修好的),也可

---

① 陈昌来:《介词与介引功能》,安徽教育出版社 2002 年版,第 1 页。

② 陈昌来:《介词与介引功能》,安徽教育出版社 2002 年版,第 42 页。

理解为"我把自行车拿给他修,他修好了"(自行车是他修好的),甚至是"我找人帮他修好自行车"(自行车既不是我修好,也不是他修好的)。第一种情况和第二种情况的"给"是动词(下面将前一项称为动词₁,后一项称为动词₂),第三种情况"给"为介词。

调查结果见表 5-4。

表 5-4　"自行车我给他修好了"语义激活与抑制对比　　　　单位:%

调查对象、人数（占问卷调查的%） 意义理解	小学生 97人 (14.00)	初中生 93人 (13.50)	高中生 94人 (13.60)	非中文大学生 97人 (14.00)	中文大学生 133人 (19.20)	社会人员 81人 (11.70)	汉语社区平均 586人	少数民族学员 54人 (7.80)	留学生 51人 (7.40)	网上调查 82人
我动手帮（替）他修好了自行车[动词₁] 首先想到	59.10	78.50	88.30	84.50	96.20	95.10	84.50	77.80	68.60	90.10
其次想到	12.50	21.50	11.70	4.10	3.80	4.90	9.40	11.10	19.60	7.40
第三想到	0.00	0.00	0.00	5.20	0.00	0.00	0.00	0.00	0.00	2.50
不会想到	28.40	0.00	0.00	6.20	0.00	0.00	5.30	11.10	11.80	0.00
我把自行车拿给他修,他修好了[动词₂] 首先想到	15.90	7.50	3.20	1.00	0.00	2.50	4.60	14.80	28.00	4.90
其次想到	30.70	41.90	54.30	25.80	30.80	17.30	33.60	3.70	13.70	29.60
第三想到	0.00	0.00	0.00	6.20	11.30	12.30	5.30	0.00	2.00	18.50
不会想到	52.30	50.50	42.60	67.00	57.90	67.90	56.30	81.50	56.90	46.90
我找人帮他修好自行车[介词] 首先想到	21.60	14.00	8.50	14.40	3.80	2.50	10.40	7.40	0.00	6.20
其次想到	38.60	26.90	27.70	45.40	56.40	59.30	43.00	22.20	27.50	43.20
第三想到	2.30	3.20	1.10	2.10	14.30	4.90	5.30	0.00	3.90	25.90
不会想到	37.50	55.90	62.80	38.10	25.60	33.30	41.30	70.40	68.60	24.70

问卷调查显示:(1)"给"作为动词₁"帮"("替")的意义激活度最高,达到100.00的有初中生、高中生、中文大学生、社会人员,平均激活度 93.90;"给"作为介词的意义激活度次之,最高达到了 75.40,平均激活度 58.70;"给"作为动词₂"拿给"的意义激活度最低,最高的一组也只有 57.50(高中生),平均激活度 43.70。(2)"给"作为动词₁激活速度最快的达到了 96.20(中文大学生),作为动词₂和介词的激活速度均较慢,最快的分别为 27.50(留学生)和 21.60(小学生)。(3)"给"作为动词₁的抑制度最低,最高的只有 28.40(小学生),平均抑制度 5.30;"给"作为介词的抑制度次之,最高的为 70.40(少数民族学员),平均抑制度 41.30;"给"作为动词₂的抑制度最高,最高的为 81.50(少数民族学员),平均抑制度 56.30。(4)非汉语社区成员对"给"在此句法结构中的三种意义的激活度均比汉语社区成员低,而抑制度均比汉语社区成员高,说明对此结构的歧义认知能力比汉语社区成员低。从问卷调查与网上调查对比可见,激活度的趋势一致,数据比较接近;从抑制度看,网上调查对象的认知水平比问卷调查对象的认知水平略高。

(五)动词语义细微差异形成歧义的认知

动词是语言中最为重要、最为复杂的一类词。汉语动词根据语义特征,可以分为动作动词、行为动词、存现动词、心理动词、能愿动词、比况动词、关系动词、判断动词、趋向动词、形式动词、授受动词、交互动词、使令动词、起止动词等,不同的动词会使句法结构形成不同的句法结构关系。同一动词在同一句法结构中也能表示不同的语义,从而形成了歧义。这种情况虽不多见,但值得注意。例如"我帮她洗衣服",其中的"帮"是动词,其意义是"帮助",即为别人做事。但"帮"有不同的帮法,可以完全代替别人做某件事,也可以和别人一起做某件事,在"我帮她洗衣服"的句法结构里"帮"可作两种理解,于是出现了歧义。

调查结果见表 5-5。

表 5-5　"我帮她洗衣服"语义激活与抑制对比　　　　　　单位:%

调查对象、人数（占问卷调查的%） 意义理解		小学生 88人 (12.70)	初中生 93人 (13.50)	高中生 94人 (13.60)	非中文大学生 97人 (14.00)	中文大学生 133人 (19.20)	社会人员 81人 (11.70)	汉语社区平均 586人	少数民族学员 54人 (7.80)	留学生 51人 (7.40)	网上调查 82人
我帮她洗衣服,她自己不洗	首先想到	32.60	41.10	40.40	59.80	66.20	69.10	49.90	22.20	51.00	59.30
	其次想到	44.20	33.70	29.80	33.00	30.10	24.70	30.10	11.10	23.50	22.20
	第三想到	未设	未设	未设	未设	未设	未设	未设	未设	未设	12.30
	不会想到	23.30	25.30	29.80	7.20	3.80	6.20	20.00	66.70	25.50	6.20
我帮她洗衣服,我和她一起洗	首先想到	55.80	50.50	53.20	41.20	33.80	30.90	47.20	81.50	51.00	29.60
	其次想到	27.90	32.60	24.50	42.30	58.60	7.40	38.40	7.40	35.30	29.60
	第三想到	未设	未设	未设	未设	未设	未设	未设	未设	未设	23.50
	不会想到	16.30	16.80	22.30	16.50	7.50	12.30	14.50	11.10	13.70	17.30

注:网上调查增加了第三个意思:她不会洗(是干扰项)。

调查结果显示:认知水平高的大学生和社会人员第一种理解激活度高,非中文大学生为 92.80,中文大学生为 96.30,社会人员为 93.80;认知水平低的小学生、中学生和非汉语社区人员第一种理解的激活度相对低一些,小学生为 76.80,初中生为 74.80,高中生为 70.20,少数民族人员为 33.30,留学生为 74.50。第一种理解的抑制度认知水平低的高于认知水平高的。第二种理解的激活度、抑制度与第一种理解相反。汉语社区的平均情况是第一种理解和第二种理解的激活度和抑制度都十分接近,第一种理解的激活速度略快。网上调查两种理解也相差不远,但激活速度第一种理解比第二种理解快。可见,词义差别不明显的歧义有相近的激活度。

二、词汇歧义消解在性别上的认知差异分析

语言理解水平与受教育程度的关系应该比年龄的关系更密切,经 SPSS 的方差分析,受教育程度在词汇歧义激活与抑制上的显著性(Sig.)均小于 0.05(或 0.01),但性别在词汇歧义激活与抑制上的显著性(Sig.)均大于 0.05。可见性别不是影响歧义理解的主要因素,这是从总体情况作出的分析。但不同文化程度内的不同性别者在歧义理解上还是有差异的,所以,我们以文化程度和性别交叉的形式来统计。下面是不同文化程度不同性别的调查对象对词语歧义激活与抑制的不同情况的比较分析。

(一)基本义与引申义的认知性别差异

首先看语义认知的激活速度,即受调查者看到歧义句法结构时"首先想到"的比率。在对"他已经走了一个多小时了"的认知中,"首先想到""他已经离开这里一个多小时了"的,除高中生和社会人员是男性高于女性外,其余各组均为女性高于男性。"首先想到""他已经步行了一个小时了"除初中生和非中文大学生是男性高于女性外,其余各组也均为女性高于男性。总的平均激活速度引申义是女性高于男性,基本义是男性略高于女性。网上调查的认知趋势基本与此一致:引申义的高激活速度(首先想到)为女性(84.10)略高于男性(83.30),基本义的高激活速度也为女性(19.40)高于男性(11.10)。

再看抑制度。抑制度的高低显示了认知水平的高低,抑制度高的认知水平低,抑制度低的认知水平高。因此,从抑制度的高低来观察歧义识别中的男女认知差异更有意义。按理,基本义的激活速度会比引申义快,但在"他已经走了一个小时了"中"走"的基本义"行走"(步行)却比引申义"离开"的激活速度慢,抑制度也更高。

调查结果见表 5-6。

表 5-6 "他已经走了一个小时了"语义激活与抑制的性别对比　　　　单位:%

意义		他已经离开这里一个小时了			他已经步行了一个小时了		
激活顺序		首先想到	其次想到	不会想到	首先想到	其次想到	不会想到
小学生	女性(44 人)	54.50	27.30	18.20	40.90	40.90	18.20
	男性(44 人)	50.00	25.00	22.70	31.80	29.50	38.60
初中生	女性(48 人)	72.90	12.50	14.60	8.30	75.00	16.70
	男性(45 人)	64.40	13.30	22.20	20.00	42.20	37.80

续 表

意义		他已经离开这里一个小时了			他已经步行了一个小时了		
激活顺序		首先想到	其次想到	不会想到	首先想到	其次想到	不会想到
高中生	女性(49 人)	67.30	18.40	14.30	22.40	42.90	34.70
	男性(45 人)	73.30	13.30	13.30	17.80	55.60	26.70
非中文大学生	女性(49 人)	73.50	16.30	10.20	16.30	69.40	14.30
	男性(48 人)	58.30	27.10	14.60	37.50	54.20	8.30
中文大学生	女性(81 人)	0.679	30.90	1.20	38.60	56.10	5.30
	男性(52 人)	67.30	23.10	9.60	28.90	69.70	1.30
社会人员	女性(66 人)	82.10	11.90	0.60	19.40	70.10	10.40
	男性(15 人)	85.70	0.00	14.30	14.30	71.40	14.30
平均	女性(313 人)	69.70	19.60	10.80	24.30	59.10	16.60
	男性(273 人)	66.50	17.00	16.10	25.10	53.80	21.20

在本句法结构歧义的认知中,男性和女性的抑制度在不同阶段情况不一,表现为小学、初中阶段女性的抑制度比男性低,到高中阶段男女抑制度基本持平,高中以后,女性的抑制度又降得比男性低。总的平均抑制度也是女性比男性低。两项综合起来看,在此句法结构里由基本义和引申义引起的歧义认知中,女性的认知水平略高于男性(见图 5-2、图 5-3)。网上调查"他已经离开这里一个小时了"的抑制度女性为 0.00、男性为 5.50,"他已经步行了一个小时了"的抑制度女性为 19.05、男性为 44.40。此句法结构歧义的认知度女性高于男性。

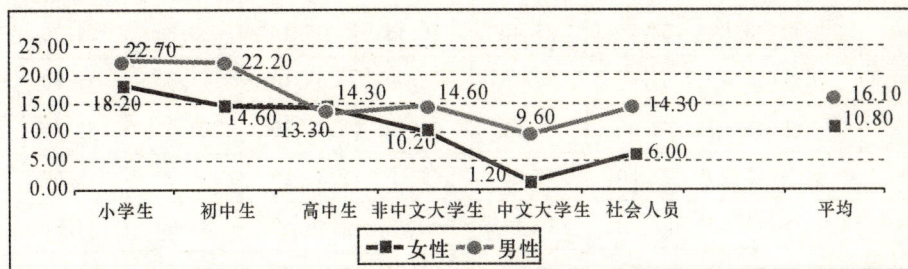

图 5-2 "他已经离开一个小时了"不同性别认知的抑制度比较

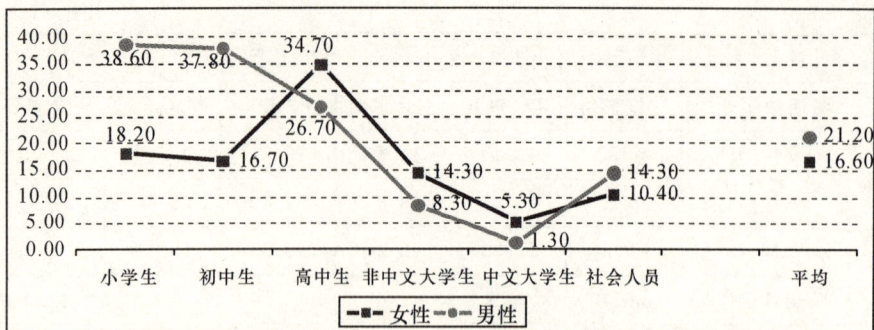

图 5-3 "他已经步行一个小时了"不同性别认知的抑制度比较

(二)基本义与比喻义的认知性别差异

"你的眼睛都红了"里"红"的基本义使句法结构具有"你的眼睛有问题了"的意义,该意义的高激活速度(首先想到)除社会人员组是男性高于女性外,其余各组均为女性高于男性。"红"的比喻义使句法结构具有"你在嫉妒别人了"的意思,该意义的高激活度除初中生组是男性高于女性之外,其余各组均为女性高于男性(见表 5-7)。网上调查的认知趋势相近,"你的眼睛有问题了"女性高激活速度(首先想到)为 57.14,男性为 66.66;"你在嫉妒别人了"的高激活速度女性为 20.63,男性为 11.11。均为女性高于男性。

表 5-7 "你的眼睛都红了"语义激活与抑制的性别对比　　　　单位:%

意义		你眼睛有问题了			你在嫉妒别人了		
激活顺序		首先想到	其次想到	不会想到	首先想到	其次想到	不会想到
小学生	女性(44 人)	45.50	31.80	22.70	38.60	34.10	27.30
	男性(44 人)	43.20	29.50	29.50	34.10	31.80	34.10
初中生	女性(48 人)	54.20	35.40	10.40	35.40	33.30	31.30
	男性(45 人)	37.80	28.90	33.30	51.10	17.80	37.80
高中生	女性(49 人)	63.30	16.30	20.40	38.80	30.60	30.60
	男性(45 人)	57.80	17.80	24.40	31.10	20.00	48.90
非中文大学生	女性(49 人)	51.00	40.80	8.20	46.90	38.80	14.30
	男性(48 人)	39.60	43.80	16.70	41.70	37.50	20.80
中文大学生	女性(81 人)	63.00	37.00	0.00	40.70	59.30	0.00
	男性(52 人)	61.50	38.50	0.00	34.60	65.40	0.00

意义		你眼睛有问题了			你在嫉妒别人了		
激活顺序		首先想到	其次想到	不会想到	首先想到	其次想到	不会想到
社会人员	女性(66 人)	71.20	25.80	3.00	29.90	61.20	9.00
	男性(15 人)	80.00	20.00	0.00	21.40	64.30	14.30
平均	女性(313 人)	58.00	31.20	10.80	38.40	42.90	18.80
	男性(273 人)	53.30	29.80	17.30	35.70	39.50	26.00

"你的眼睛都红了"汉语社区的比喻义抑制度(22.40)高于基本义抑制度(14.05)。抑制度在性别上也有明显的特点：抑制水平高中以下差距较大,大学以上各组认知水平基本接近。比较起来,基本义的抑制程度要比比喻义的抑制程度低一些,基本义的抑制度从小学到大学都是男性比女性高,相差最大的是初中生,男性比女性高 22.90,到大学(中文专业)男女抑制度都降为零,但社会成员又拉开一些距离,女性的抑制度比男性略高(见图 5-4);比喻义的抑制度除大学(中文)男女均为零之外,其他各组均为男性的抑制度高,最高的是高中生男性比女性高 18.30。从总的平均抑制度看,男性也高于女性,值差为 7.20(见图 5-5)。

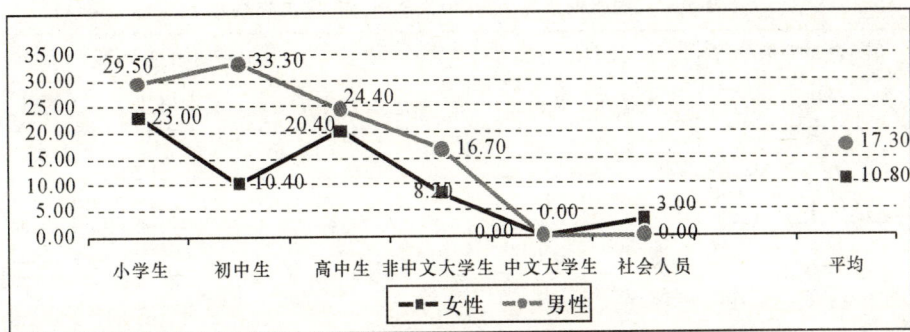

图 5-4　"你眼睛有问题了"不同性别认知的抑制度比较

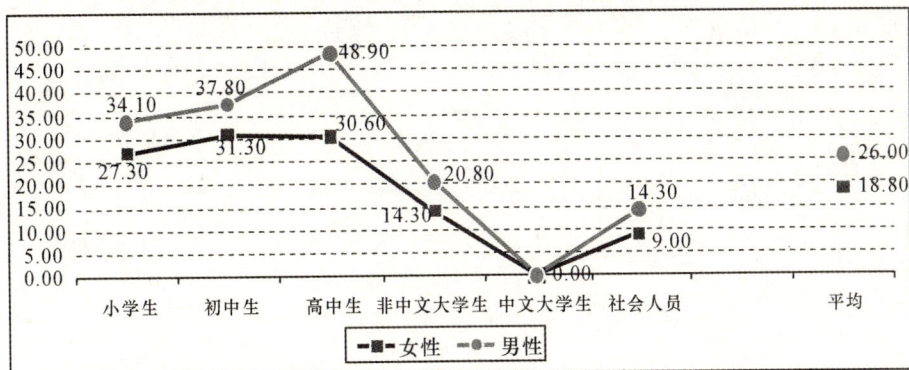

图 5-5　"你在嫉妒别人了"不同性别认知的抑制度比较

网上调查的结果显示的趋势与问卷调查一致,"你眼睛有问题了"女性的抑制度为 7.94,男性的抑制度为 16.67;"你在嫉妒别人了"女性的抑制度为 17.46,男性的抑制度为 33.33。在此句法结构歧义的认知中女性的认知率会高于男性。

(三)连词义与介词义的认知性别差异

前面讨论说明"跟"作为连词的激活度高,激活速度也快,作为介词的激活度低,激活速度也慢一些;在抑制度上介词比连词高。这些在性别上也有反映,主要表现是"跟"因为是虚词,意义不像实词具体实在,所以波动较大。从激活速度看,"和"作为连词和作为介词的激活速度不像其他词那样都是女性比男性高,而是"平分秋色"。"跟"作为连词意义出现和作为介词意义出现,高激活速度都各占一半,前者是高中生、中文大学生、社会人员男性高于女性,后者是小学生、初中生、非中文大学生女性高于男性。总平均激活速度是"跟"作为连词的高激活速度女性高于男性,"跟"作为介词的高激活速度男性高于女性(见表5-8)。网上调查却与之相反,是"跟"作为连词的高激活速度男性(77.77)高于女性(61.90)。

表 5-8　"我跟他去过上海"语义激活与抑制的性别对比　　　单位:%

意义理解		我和他一起去过上海			他带我去过上海		
激活顺序		首先想到	其次想到	不会想到	首先想到	其次想到	不会想到
小学生	女性	81.80	4.50	13.60	13.60	63.60	22.70
	男性	59.10	13.60	27.30	27.30	34.10	38.60
初中生	女性	95.80	0.00	4.20	2.10	66.70	31.30
	男性	62.20	20.00	17.80	37.80	42.20	20.00
高中生	女性	73.50	18.40	8.20	26.50	42.90	30.60
	男性	88.90	4.40	6.70	11.10	55.60	33.30
非中文大学生	女性	71.40	28.60	0.00	28.60	55.10	16.30
	男性	58.30	41.70	0.00	41.70	47.90	10.40
中文大学生	女性	72.80	25.90	1.20	28.40	55.60	16.00
	男性	78.80	21.20	0.00	21.20	69.20	3.80
社会人员	女性	74.60	17.90	7.50	25.40	68.70	6.00
	男性	85.70	14.30	14.30	14.30	71.40	14.30

续 表

意义理解		我和他一起去过上海			他带我去过上海		
激活顺序		首先想到	其次想到	不会想到	首先想到	其次想到	不会想到
平均	女性	78.30	15.90	5.80	20.80	58.80	20.50
	男性	72.20	19.20	11.00	25.60	53.40	20.10

再看抑制度,"跟"作为连词意义的激活度较高,抑制度低,所以抑制度男性与女性差距不大,只是小学、初中男性(27.30、17.80)比女性(13.60、4.20)略高,高中到大学男性女性的抑制度已基本接近,社会人员因语言水平参差不一,所以男性的抑制度(14.30)比女性(7.50)高;平均抑制度男性(11.00)比女性(5.80)高(见图 5-6)。

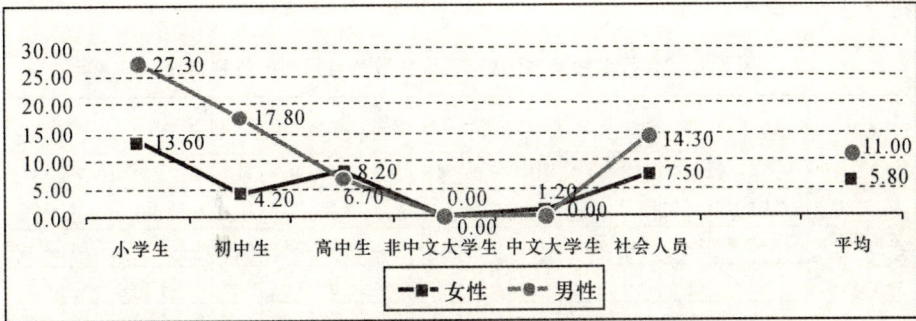

图 5-6 "我和他一起去过上海"不同性别认知的抑制度比较

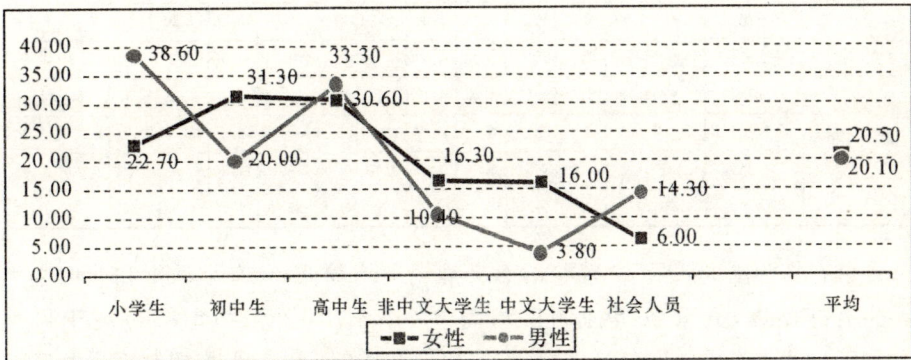

图 5-7 "他带我去过上海"不同性别认知的抑制度比较

"跟"作为介词的激活度低,抑制度就高,男性与女性间的差距起伏较大,小学男性抑制度(38.60)高于女性(22.70),初中女性抑制度(31.30)高于男性(20.00),高中男性与女性的抑制度基本接近,大学男性抑制度(10.40)低于女性的抑制度(16.30),社会人员男性的抑制度(14.30)又高于女性(6.00);平均抑制度女性(20.50)比男性(20.10)略高(见图5-7)。网上调查与问卷调查有些不同,"跟"作为连词抑制度女性为 2.00,男性为 0:00,"跟"作为介词抑制度女性为 0.00,男性为 7.10。两种理解男性女性抑制度不稳定但差距甚小。这主要在于该句法结构的语义激活度高,抑制度相差不大的缘故。

(四)动词义与介词义的认知性别差异

"自行车我给他修好了"里的"给"作为动词₁"帮"("替")的意义激活度最高,作为动词₂"拿给"的意义激活度最低,"给"作为介词的意义激活度处于中间。其抑制度正好倒过来。无论是激活度还是抑制度都与文化程度有着密切的关系,而相同文化程度不同性别的受调查者在认知上的差别不很明显。问卷调查见表5-9。

表 5-9 "自行车我给他修好了"语义激活与抑制的性别对比 单位:%

意义	激活顺序	小学生		初中生		高中生		非中文大学生		中文大学生		社会人员		平均	
		女性	男性	女性	男性	女性	男性	女性	男性	女性	男性	女性	男性	女性	男性
我动手帮他修好了自行车	首先想到	63.60	54.50	87.50	68.90	87.80	88.90	89.80	79.20	96.30	96.20	94.00	100.0	86.50	81.30
	其次想到	45.00	20.50	12.50	31.10	12.20	11.10	8.20	0.00	3.70	3.80	6.00	6.00	7.90	11.10
	第三想到	0.00	0.00	0.00	0.00	0.00	0.000	0.00	10.40	0.00	0.00	0.00	0.00	0.00	1.70
	不会想到	31.80	25.00	0.00	0.00	0.00	0.00	2.00	0.00	0.00	0.00	0.00	0.00	5.60	5.90
我把自行车拿给他修,他修好了	首先想到	18.20	15.90	10.40	4.40	2.00	4.40	2.00	0.000	0.00	0.00	0.00	0.00	5.90	4.00
	其次想到	31.80	29.50	52.10	31.10	51.10	57.80	10.20	41.70	29.60	32.70	14.90	28.60	31.60	36.90
	第三想到	0.00	0.00	0.00	0.00	0.00	0.00	12.20	0.00	8.60	15.40	11.90	14.30	5.50	5.00
	不会想到	50.00	54.50	37.50	64.40	46.90	37.80	75.50	58.30	61.70	51.90	70.1	57.10	57.00	54.10
我找人帮他修好自行车	首先想到	13.60	29.50	21.00	26.70	10.20	6.70	8.20	20.80	3.70	3.80	3.00	3.00	6.80	14.60
	其次想到	40.90	36.40	25.00	28.90	34.70	20.00	57.10	33.30	51.90	63.50	56.7	71.40	44.40	42.30
	第三想到	4.50	0.00	6.30	0.00	0.00	0.00	2.20	4.10	4.10	0.00	16.00	11.50	6.20	2.30
	不会想到	40.90	34.10	66.70	44.40	55.10	71.10	30.60	45.80	28.40	21.20	34.30	28.60	42.70	40.90

"给"作为动词₁"帮"("替")的意义抑制度均较低,只有小学生和非中文大学生有抑制度,其余各组抑制度均为 0。小学生是女性(31.80)高于男性(25.00),非中文大学生(10.40)是男性高于女性(2.00)。平均抑制度男女基本接近,男性略高。"给"作为动词₂"拿给"的意义抑制度均较高,女性只有小学生和初中生其抑制度低于男性,其余各组均高于男性。平均抑制度是女性(57.00)高于男性(54.00)。"给"作为介词的意义的抑制度也很高,其表现是,男性在高中生组和非中文大学生组高于女性,其余各组均为女性高于男性。平

均抑制度是女性(42.00)高于男性(40.90)(见图 5-8 至图 5-10)。

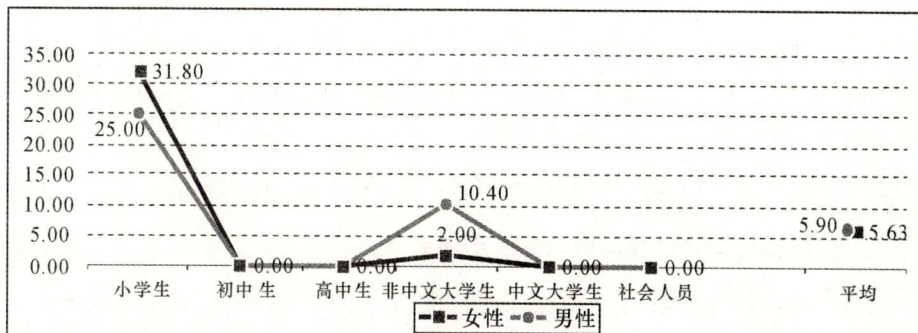

图 5-8 "我动手帮他修好了自行车"不同性别认知的抑制度比较

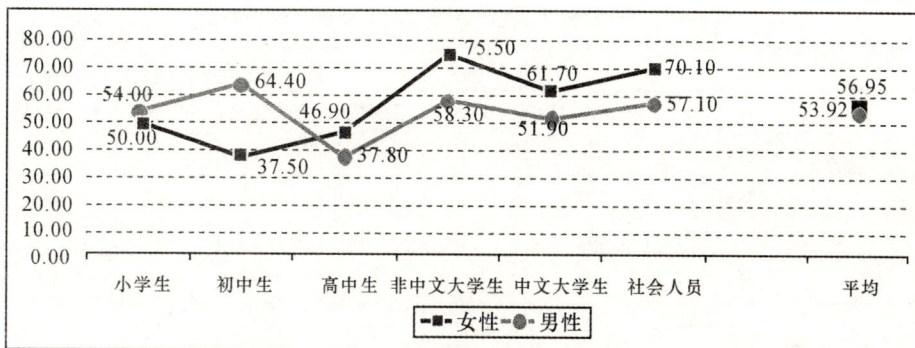

图 5-9 "我把自行车拿给他修,他修好了"不同性别认知的抑制度比较

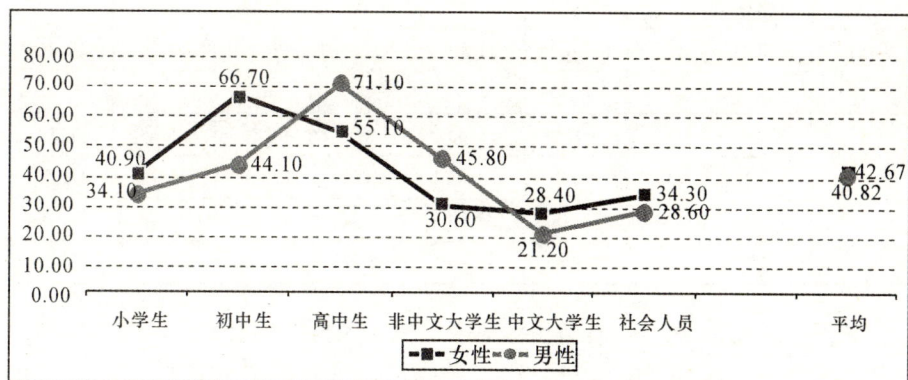

图 5-10 "我找人帮他修好自行车"不同性别认知的抑制度比较

网上调查,"给"作为动词₁"帮"("替")的意义抑制度女性和男性均为 0.00;"给"作为动词₂(拿给)抑制度女性(53.10)比男性(35.70)高;"给"作为介词的意义的抑制度男性(35.70)比女性(24.50)高。除"给"为介词义与问卷调查有区别外(差距不大),其余基本趋势是一致的,总的情况与前几项类似的是网上调查的男女平均抑制度比问卷调查男女平均抑制度要略低一些,这是因为网上调查的参与者的文化层次比问卷调查参与者的文化层次高所致。

(五)动词语义细微差异的认知性别差异

"我帮她洗衣服"里"帮"的意义有细微的差异,是全"帮"(代替)"她"的工作,还是陪着"她"工作,在此句法结构的语境中很难确定,在前面的不同人群的认知中,差异性不是很明显。同样,在不同性别的认知中,差异也不是很明显。

表 5-10　"我帮她洗衣服"语义激活与抑制的性别对比　　　　单位:%

意义		我给她洗衣服,她自己不洗			我帮她洗衣服,我和她一起洗		
激活顺序		首先想到	其次想到	不会想到	首先想到	其次想到	不会想到
小学生	女性(44 人)	36.40	45.50	18.20	54.50	31.80	13.60
	男性(44 人)	29.50	43.20	27.30	58.60	25.00	18.20
初中生	女性(48 人)	37.50	35.40	27.10	52.10	35.40	12.50
	男性(45 人)	44.40	31.10	24.40	48.90	28.90	22.20
高中生	女性(49 人)	32.70	30.60	36.70	61.20	30.60	8.20
	男性(45 人)	48.90	28.90	22.20	44.40	17.80	37.80
非中文大学生	女性(49 人)	73.50	22.40	4.10	28.60	51.00	20.40
	男性(48 人)	45.80	43.80	10.40	54.20	33.30	12.50
中文大学生	女性(81 人)	73.70	21.10	5.30	26.30	63.20	10.50
	男性(52 人)	60.50	36.80	2.60	39.50	55.30	5.30
社会人员	女性(66 人)	66.70	25.80	7.60	33.30	54.50	12.10
	男性(15 人)	80.00	20.00	0.00	20.00	66.70	13.30
平均	女性(313 人)	53.40	30.10	16.50	42.70	44.40	12.90
	男性(273 人)	51.50	34.00	14.50	44.30	37.80	18.20

从激活速度看,第一种理解激活速度最快的为男性社会人员(80.00),其次是女性大学生(73.50 和 73.70);第二种理解激活速度最快的为女性高中生(61.20),其次为女性小学生(58.60);平均激活速度第一种理解女性高于男性,第二种理解男性高于女性,但相差甚微(见表 5-10)。所以,此句法结构的歧义认知在性别上没有显著差异。从抑制度看,第一种理解男性从小学生到社会人

员是逐步下降,女性总体趋势是下降的,但有波动,女性高中生抑制度升到最高 (36.70),整体上看,第一种理解男性的抑制度低。第二种理解的抑制度正好相反,女性稳定在 8.20～13.60 之间,而男性却在 5.20～37.80 之间波动,男性高中生达到最高,整体上看,第二种理解男性的抑制度低(见图 5-11、图 5-12)。

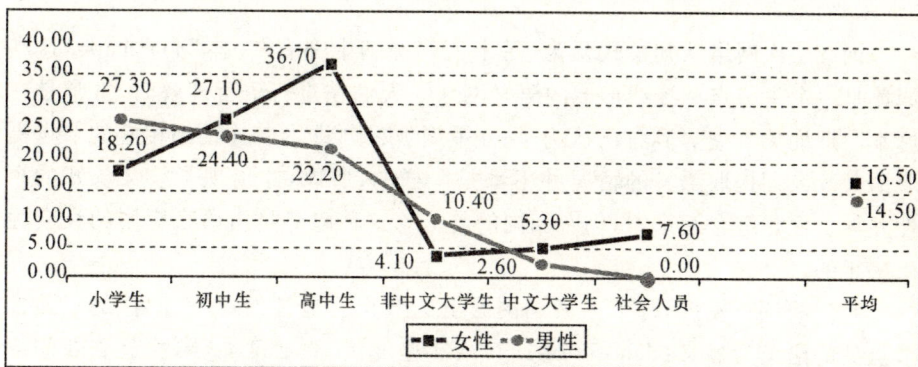

图 5-11 "我给她洗衣服,她自己不洗"不同性别认知的抑制度比较

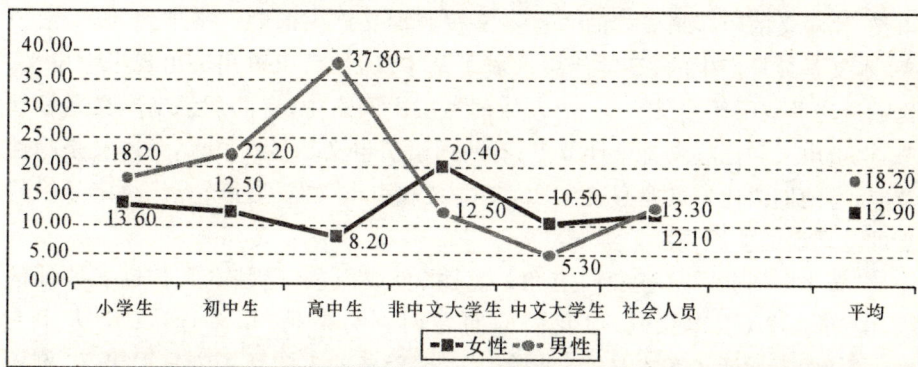

图 5-12 "我帮她洗衣服,我和她一起洗"不同性别认知的抑制度比较

第三节 词汇歧义消解的认知过程分析

在无语境条件下,歧义词多个意义都得到通达,这一点在众多相关研究中是共同的。[①] 但歧义词的多个意义不是同时被激活,而是有先后的,甚至还有很多不能被激活的情况。形成这种现象的原因,既与词义的类别、特点有关,也与

[①] 周治金:《汉语歧义消解过程的研究》,华中师范大学出版社 2002 年版,第 129 页。

不同认知对象的认知特点有关。下面我们从不同角度探讨词汇歧义消解的认知过程。

一、词义层次网络认知模式与歧义消解

词义层次网络认知模式认为,每个人的头脑中都有"一本"心理词典,这本词典是一个由节点和连线形成的语义网络。人们在进行语言理解时,常常是在这本心理词典中搜寻到自己认为是"正确"的义项,即沿着连线到相应的节点提取语义。人们提取语义的情况并不都是一样的,所以,才出现了歧义认知的个性差异。但是综合起来看,仍有相同的趋势。这种趋势是由语言应用的社会性所决定的。

我们的调查发现,每个多义词网络上的节点有显性的,也有隐性的。显性节点处的语义为显义(denotation),其激活速度快、激活度高,隐性节点处的语义为隐义(connotation),其激活速度慢、激活度低。显性与隐性节点处的语义并不是按照词典上的义项来分配的(一般说来,词典里的义项是按照基本义、引申义、比喻义的顺序来安排的),也不是按照词义产生的顺序来排列的(一般说来,本义是最早产生的,经常使用形成了基本义,然后引申用法出现了引申义,比喻用法形成了比喻义)。在个人的词义层次网络中,有的词语基本义是显性节点,引申义和比喻义是隐性节点;有的词语引申义是显性节点,基本义是隐性节点;有的词语比喻义是显性节点,基本义和引申义是隐性节点。决定显隐特点的是词语的使用频度。例如:

"黄牛"一词,"牛的一种,有角,毛黄褐色或黑色"是基本义,"倒卖票证的人"是方言义(引申义)。但我们的问卷调查结果是(可多选),691人中有83.65%的人激活了基本义"一种耕牛",66.28%的人激活了方言引申义"倒卖票证的人"。但网上调查与此相反,82人中有58.54%的人激活了基本义"一种耕牛",80.50%的人激活了方言引申义"倒卖票证的人"。这是因为网上调查的参与者都是高中以上文化水平的城镇网民,他们所听到的为社会所使用的"黄牛"一般不是"一种耕牛",而是"倒卖票证的黄牛",因而,这个意义就成了显性的节点。这是认知语境在引导人们理解时迅速连接了引申义这个节点,引申义节点的显化,其结果就是基本义得到抑制,歧义便得到消解(见图5-13)。

"地下工厂"这一短语,在调查中,我们给出了两个意思作为选择项:A.工厂建在地下;B.从事非法活动的工厂。A为基本义,B为引申义。问卷调查的691人中有56.40%的人选择了A义,87.10%的人选择了B义。网上调查的82人中有12.20%的人选择了A义,96.40%的人选择了B义。也是以选择引申义

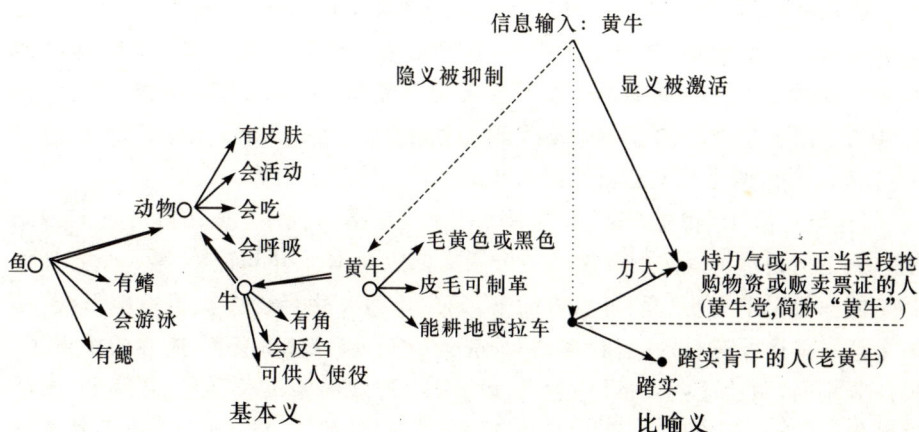

图 5-13　"黄牛"歧义消解的心理过程

为绝大多数,这是因为"地下工厂"在生活中用的最多的意思是 B 义。在北京大学汉语语言学研究中心语料库里,我们共检索到使用"地下工厂"一语的 30 例,其中有 27 例为"从事非法活动的工厂"的意思,占 90.00%,"工厂建在地面下"只占 10.00%,这与我们调查的数据颇为接近。

二、激活－抑制认知模式与歧义消解

层次网络认知模式突出的是语义存储和提取的位置(节点)和连线(路径),语言生活中所认知的语词意义都会根据语义的层级关系存储在相应的语义节点上,当再次遇到该语词时,会到相应的节点上提取语义。激活－抑制认知模式解释了语义提取的过程,当一个概念被加工或受到刺激,在该概念节点就产生激活,然后激活沿该节点的各个连线,同时向四周扩散,先扩散到与之直接相连的节点,再扩散到其他节点。节点与节点间的连线的长短按语义联系的紧密程度决定,连线的强弱也由词语使用频度决定。语义关系紧密的连线短,使用频率高的连线强度就高,语义激活的速度就快;反之,语义关系不紧密的连线长,使用频率低的连线强度就低,语义激活的速度就慢。语义超过一定的时间不被激活,或者原来没有语义的存储,便无法找到连线和节点,也无法激活语义,就会出现语义的抑制。在我们的歧义调查中,选择"不会想到"就是典型的语义抑制。例如:

"别弄错了"里"别"有两义:一是"不要",用于在事前嘱咐,"别弄错了"是嘱咐别人"不要弄错了"。二是对结果的推测,是"莫不是"的意思,用于对事情的不定的判断,即"莫不是弄错了"的意思。都由否定意义引申出来,前一意义引申连线短,使用频率也高,容易被激活;后一意义引申连线长,使用频率低,不容易被激活。① 问卷调查的 691 人中,单独激活第一个意义的占 49.50%,单独激活第二个意义的占 20.70%,两个意义都激活的占 28.20%,不能决定的占 1.60%。网上调查的 82 人中,激活第一个意义的占 92.60%,激活第二个意义的占 50.00%,两个意义都激活的占 46.30%。其激活趋势一致。

"这坑挖深了"里的"深"有两种意义:一是指达到了"深"的目标(客观结果);一是指超过了规定的深度。两个意义都由基本义引申而来,第一个意义由"深"的一般引申义"深度"再引申而来;第二个意义由经由多次再引申形成(这两个意义都还没有收入《现代汉语词典》)。前一意义离"深度"连线的距离短,使用频率高,激活速度快;后一意义离"深度"连线的距离长,使用频率低,激活速度慢。② 问卷调查的 691 人中,单独激活第一个意义的占 39.20%,单独激活第二个意义的占 25.20%,两个意义都激活的占 35.50%。网上调查的 82 人中,激活第一个意义的占 15.90%;激活第二个意义的占 21.90%。两个意义都激活的占 62.20%。两种形式调查结果不甚一致。

连线的长度与连线的强度相比较,连线的强度在多义的激活上更具有积极作用。例如:"他已经走了一个多小时了",我们在调查时给出了两个句子来解释其意义,一是"他已经离开这里一个小时了",二是"他已经步行了一个小时了",前者用的是"走"的引申义,后者用的是"走"的基本义。测试其多义词的几个意义的激活速度(不是测试其能否认识多义)。问卷调查的 691 人中,第一个意义首先想到的有 71.10%,其次想到的有 22.60%,不会想到的为 6.40%。网上调查的 82 人中,第一个意义首先想到的有 82.90%,其次想到的有 14.60%,第三想到的和不会想到的各为 1.20%。第二个意义问卷调查首先想到的有 28.20%,其次想到的有 53.40%,不会想到的为 18.40%。第二个意义网上调查首先想到的有 18.30%,其次想到的有 59.80%,第三想到的为 8.50%,不会想到的为 13.40%。两个调查都反映出首先激活的语义节点不是基本义,而是引申义。这是由认知语境中所存储的认知特性所决定的:说话人的视点不在"他"方面时,不随"他"移动,接着说下去的内容不是"他"的情况(如"他已经走了一个小时了,部队才赶到"),"走"就是"离开"的意思;如果说话人的视点在"他"方面,随"他"移动,接着说"他"的情况(如"他已经走了一个小时了,已经很累了"),"走"才会是"步行"(行走)的意思。在日常口语里,说话人常常将视角

---

① 从北京大学汉语语言学研究中心语料库检索到"别弄错了"共 4 条,其中有 3 条是第一种意义。百度搜索"别弄错了"共得语料 144000 条,人工考察前面有效的 100 条语料,其中 98 条是第一种意义。

② 从北京大学汉语语言学研究中心语料库检索到"挖深了"共 6 条,其中有 5 条是第一种意义。百度搜索"挖深了"共得有效语料 43 条,其中 37 条是第一种意义。

置于自己一方。除非是在语境的支持下，要叙述他人情况时，才会将视角转移到他人身上，这种情况见于书面语的文学作品中。[①] 受调查者常常是从口语的角度理解"他已经走了一个小时了"，所以，就会选择"离开"意义，而抑制了"步行"意义。

三、词义通达认知模式与歧义消解

在人的认知结构中，除了语义网络之外，还有按照语音或文字组织起来的语词网络。该网络的节点同语义网络的相应节点相联系。从语词网络节点到语义网络节点就是词义通达。

前面我们已经谈到，词义通达的认知模式显示了歧义词语语义提取的三大特征：一是主要词义和次要词义提取的速度不一样，提取的频率也不一样；二是高频词提取的速度高于低频词；三是每个认知者对歧义词语的主要意义和次要意义的认识不一样，对高频词、低频词知解程度也是不一样的。这三方面的因素形成了人们对歧义词语的认知差异。

用词义通达认知模式来看待歧义词语的语义激活，很多现象可以得到解释。例如，"你的眼睛都红了"里两种意思都是由"红"带来的。其中"你眼睛有问题了"用的是"红"的基本义，"你在嫉妒别人了"用的是比喻义。调查结果是基本义激活度高于比喻义，抑制度方面是比喻义高于基本义。这是因为基本义是主要词义，比喻义是次要词义；基本义是高频词义，比喻义是低频词义，所以前者提取速度快，激活度高。又如，"出租汽车"一语，问卷调查的 691 人中选择 A 义"的士"（包括选择 A、AB、AC、ABC）的为 85.50％，选择 B 义"把汽车出租给别人"（包括选择 B、AB、BC、ABC）的为 75.10％；选择 C 义"出租给别人的汽车"（包括选择 C、BC、AC、ABC）的为 29.00％。网上调查的 82 人中选择 A 义的为 85.50％，选择 B 义的为 75.10％，选择 C 义的为 29.00％。A 义在现代生活中是高频词，所以激活度最高，C 义是低频词，所以激活度低。又如"我跟他去过上海"里"跟"作连词（65.10％）理解比作介词（43.10％）理解的激活度高，就是因为主要词义和次要词义的差别形成的。再如"自行车我给他修好了"里"给"作为动词"帮（替）"的激活度最高（100.00％），作为介词的意义激活度次之（58.70％），作为动词"拿给"的意义激活度最低（43.70％）。出现这种结果的原因也是在于这三种意义的使用频率。因此有人认为，"词汇通达主要有两种因

---

① 我们用 google 搜索到"他（他们）已经走了一个多小时了"共 6 条，其中表示"步行"意义的有 4 条；表示"离开"意义的有 2 条，均为文学作品。用 google 搜索"我（我们）已经走了一个多小时了"共 13 条，均为"步行"义。

素:意思的显性(meaning dominance)和情境的强度。意思显性指在歧义词里的相对频率,在没有情境的情况下,主要/较明显的意思会被激活;而在有偏向性的情景中,其次要的意思会有较大的机会被激活"[1]。

四、特征比较认知模式与歧义消解

人对词语的记忆是按照三个方面特征来记忆的:一是词语的载体特征(如读音、词形、书写);二是词语的组合特征(如何与其他词语搭配,如何在搭配中表现意义,属于语法的特征);三是词语的语义特征(词语的本质特征)。载体特征是与语言载体相关的特征,载体特征处于语言认知的低级阶段,初学语言首先掌握的就是语言的载体特征。组合特征、语义特征是高级阶段,组合特征是在应用中表现出来的特征,对组合特征的认知需要在语言运用中通过积累逐步获得;语义特征的把握除固定的意义之外,还要把握应用中所产生的意义。组合特征是为语义特征服务的,词语的意义常常会在组合时得到确定,有时也会在组合中产生新的意义。但组合特征的参与又常常是隐藏在语义特征背后的,以至于人们在一般情况下甚至不会感觉到理解语言要调用语言组合特征。人们在运用语言的过程中,也在不断地积累着关于语词的语义特征,然后将这些特征存放在不同的记忆位置,在语言理解时再从各个不同的位置调动出来,这个过程心理语言学称为"激活"和"提取"。正如我们在第四章以"跑"为例所讨论的那样,一个语词的意义不会像词典那样简单,每个人记忆的语词的语义特征不会完全一样,存放的位置也不会完全一样。这与人们的年龄、性别、文化水平、专业学识、兴趣爱好等都有关系。例如,一个政治学专业的人对"道德"一词的理解比一般人就要具体、丰富得多,那就是因为他所把握的"道德"一词的语义特征比一般人要具体、丰富得多。

心理语言学的语义特征认知模式主要分析了对概念(名词)的知解,用特征比较模式分析由名词概念引起的词汇歧义,可以看到引起认知差异的原因。同样,非概念名词的语义也同样在记忆时要按语义的特征存储在不同的语义空间里。其语义空间同样有两类:规定特征(定义性特征)和标志特征(特异性特征)。规定特征呈显性状态,标志特征呈隐性状态。一般而言,载体特征是规定特征多、标志特征少,组合特征是规定特征少、标志特征多。[2] 所以,规定特征方面的语义激活速度快,激活程度高;标志特征方面的语义激活速度慢,激活程度

---

[1] 陈烜之主编:《认知心理学》,广东高等教育出版社 2006 年版,第 308 页。

[2] 这是对一般人而言的,对学过语言学的人来说,组合特征会得到加强。一般人能理解语义,但要让其说出是如何理解的,就很难说清了。

低,最低时就是不能激活。两种特征在语义空间
也并不是一半对一半的,对有些语词来说是规定
特征多一些,标志特征少一些;有些语词是标志
特征多一些,规定特征少一些。标志特征逐渐被
认知、被巩固,就会转化为规定特征。因此,对语
词意义的认知推进的过程就是规定特征不断得
到强化、不断延展,标志特征不断被削弱、不断萎
缩的过程(见图5-14)。

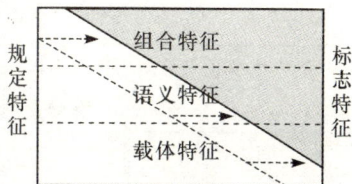

图 5-14　词语记忆特征关系

判断"母亲背着女儿去捡破烂"一句有无歧义,是对"背着"一词的语义认知。问卷调查的691人中,激活两个意义(认为有歧义)的占72.50%,激活一个意义(认为没有歧义)的占27.50%。网上调查的82人中,激活两个意义的占80.50%,激活一个意义的占19.50%。歧义的认知度相当高,其主要原因就在于"背着"的载体特征明显,"背着"有两个读音而具有两个不同的意思。虽说是用书面材料作调查的,但受调查者还是能很快联系到语音这个载体特征,因而,激活速度加快,激活程度得到提高,歧义的辨识率也随之提高。

对于"奶油面包"一语,问卷调查的691人中,激活A义("用奶油做的面包")的占86.90%,激活B义("奶油和面包")的占45.80%。网上调查的82人中,激活A义的占95.10%,激活B义的占25.70%。在这里A义激活度高,B义激活度低,一方面是因为语词的载体特征定位在下级语义节点上("奶油面包是面包的一种"),没有到上级语义节点上检验,分离出"奶油"来;二是因为语词的组合特征("奶油面包"之间可以是联合关系)受到抑制。因而规定特征被强化,标志特征被弱化,A义被激活,B义被抑制。

而"我帮她洗衣服"的认知情况不一样,问卷调查的第一种理解"我给她洗衣服,她自己不洗",汉语社区的平均抑制度为20.00%,第二种理解"我帮她洗衣服,我和她一起洗",汉语社区的平均抑制度为14.50%;网上调查的第一种理解的平均抑制度为7.90%,第二种理解的平均抑制度为19.00%。几项数据十分接近,抑制度都很低,歧义的辨识率很高。这是因为受调查者对"帮"的语义特征("帮"的两种意思[＋帮助]或[＋协助]、[＋代替]或[＋代做])都有比较清楚的理解。[①] 由于语义特征清楚,规定特征增强,所以,两项语义都被激活,抑制度便降低了。

我们再列表对比几项涉及词语歧义情况(见表5-11)。

---

① 虽然这两种意思连《现代汉语词典》都未区别清楚,但据我隐身调查的20人,都能大致说出这两种意思。

表 5-11　词语歧义问卷调查与网上调查比较　　　　　　单位：%

这篇文章给我看看好吗	有歧义	无歧义	他一个早晨就洗了三床被子	有歧义	无歧义
问卷调查	39.20	60.80	问卷调查	48.00	52.00
网上调查	34.10	65.90	网上调查	58.50	41.50
他们多半是一年级的大学生	有歧义	无歧义	他原来是经理	有歧义	无歧义
问卷调查	56.00	44.00	问卷调查	57.90	42.10
网上调查	57.30	42.70	网上调查	81.70	18.30

　　此四例中引起歧义的词语在语义上分别涉及不同的语义特征："给"是动词义（交给）和介词义（替、为、帮）的不同，"就"是表数量义副词（仅仅、只）和表时间义副词（对比"一个早晨"的时间，以显示洗得多、洗得快）的不同，"多半"是表数量副词（超过半数、大半）和表估计副词（大概）的不同，"原来"是时间名词（起初、本来）和副词（表示发现真实情况）的不同。从语义特征看，"给"的两种意思，一个动词义，一个介词义，相距最远且没有联系（一般人的理解，不是语言学者的理解），各自有不同的组合特征，作动词时，与后面的动作"看"分属两个不同的主体，构成兼语结构；作介词是引进施事。一般人不会从组合特征分析语义，而是直接导出语义来（一般是导出动词义）。因此，激活度最低，抑制度最高，歧义识别率降低。"就"两种意思均为副词义，共同性增强，组合特征有所减弱，但意义上一为时间，一为数量，还是有一定距离的，所以，歧义激活度比"给"有所提高，抑制度有所降低，歧义识别率有所提高。"多半"的两种理解都是副词义，无论是"大半"还是"大概"都属"不定"，共同性增强，组合特征减弱，激活度进一步增强，抑制度进一步降低，歧义识别率进一步提高。"原来"两种意思不属同一词类，但意义"起初"、"本来"跟"发现真实情况"比较接近，再加上在重音和语调上的载体特征明显，激活度得到提高，抑制度降低，歧义识别率也明显提高了。这些词语的认知情况如图 5-15 所示。

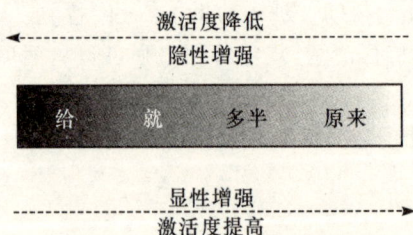

　　　　　　　　　　　◄-----------------　激活度降低
　　　　　　　　　　　　　　　　隐性增强

　　　　　　　　　　给　　就　　多半　　原来

　　　　　　　　　　　　　　　显性增强
　　　　　　　　　　　激活度提高　-----------------►

图 5-15　词义特征与激活度关系

本章小结

词汇歧义消解时不同的认知群体间存在着认知度的差异,但也存在着相同的趋势。这种在"量"上的差异性和"质"上的趋同性主要是由词语意义的隐显和认知机制来决定,而词义的隐显、认知机制的形成又都是由社会的言语交际来决定的,尤其是社区内言语互动来决定的。

一、言语互动促成词义隐显

在词语歧义的识别和消解中,词义的隐显是影响识别度或消解度的关键因素。当歧义词语的意义,有隐显不同的时候,常常是显性的词义(强势意义)首先被激活、被认知;而隐性的词义(弱势意义)常常是后被激活、被认知,或者是不能被激活、被认知,即被自动消解了。而词义的隐显由社会言语生活决定。

首先,语言是社会生活的产物,语义是社会生活的反映。社会生活首先通过词汇来反映,社会生活的丰富多彩,决定了词义的丰富多彩,决定了词语表意方式的丰富多彩。

从词义的发展变化看,基本义最先产生,随着社会言语交际生活的需要再产生引申义、比喻义、借代义、双关义(均属派生义)等新的意义。任何一种新意义的产生都是原词表意受限而带来的,是社会言语生活丰富的表现,是言语互动中人们表意的特殊需要与语言受限之间矛盾的解决办法。词语的新意义常常是利用词义的扩大、缩小、转移、弱化、强化、色彩变化等手段来实现的。基本义与事物(特点)之间的联系更为接近,容易理解;而新意义根据"新"的程度在理解上出现了难易不等的现象。在词义发展过程中,由本义产生基本义、进而产生派生意义,后起的派生意义属新义。然而,对使用者来说,没有词义新旧的区别,只有使用的需要,经常被使用的词义会存储在最方便的位置,理解时就能迅速被激活。一切都从言语互动的需要出发。如:对于现代与网络生活联系紧密的人来说,见到"灌水"、"坐沙发"、"顶"之类的词,能首先激活的是网络世界的新意义。本书调查的词语中,很多词义首先激活的不是基本义而是派生义,就是言语互动使然。

从词语的表义方法看,词语表义方法多种多样,其表义特征往往是从简单到复杂,从具体到抽象,从单义到多义,从简单到精细,从直义到含蓄,等等。前者为显性意义之特点,后者为隐性意义之特点,显性意义的理解难度要低一些,理解认知度相对要高一些;隐性意义的理解难度要高一些,理解认知度就要低一些。一般而言,对于不同言语水平的理解者来说,显性意义容易激活,隐性意义不易激活。而词义的隐显也由社会言语互动决定,与言语生活密切相关的、经常使用的意义呈显性意义,不常使用的意义呈隐性意义。因而,词义的隐显又会因人而异。如对于成人来说是显性的意义,对于中小学生来说常常会是隐性的意义。本书讨论的引申义的激活超过基本义的激活的现象就是这个原因。

其次,语言随社会语言生活发生变化。语言的变化首先是语义的变化,其次才是形式的变化。社会生活的新事物、新思想、新观念、新要求等需要用语言来传递、交流,利用原来已有的词通过派生方式产生新意是首选,当派生方式不足以达到表意要求的时候就需要用改变原有词的形式,如语音形式、词形形式、词性特点来完成。于是出现了同音词、同形词、同源词、词性变化以及其他语言的变异手段来实现。同音是借音不借义(如"公事"与"公式"、"工事"、"攻势"),同形是借形不借义(如"鲜花"的"花"和"花钱"的"花"),同源是音义相关(如"背"和"负"),词性变化是借音、借形、又借义,但用法发生了变化(如动词和介词的兼类)。各种不同方式产生的意义,孰隐孰显,由社会的言语互动来决定;对于语言使用者来说,哪种意义隐,哪种意义显,由他本人的言语互动的特点决定。本书讨论的连词与介词兼类、动词与介词兼类、动词语义细微差异所形成的歧义,在认知上出现的差异性就是由此引起的。

二、言语互动提升认知水平

语言是人类认知活动的产物,是人类认知的工具。语言认知能力是人的认知能力的一部分。"语言能力不应被当作是人脑里独立于其他认知能力和知识的完全自主自足的天赋部分,而应与一般认知能力密切相关"[①]。一个人所具有的全部认知能力有其共同性,那就是所有的认知能力的形成都与社会生活有关,而语言认知能力与人们的社会言语生活有关。

首先,不同的社会生活需要促成语言反映形式的不同。人们在用语言来反映社会生活时,根据被反映对象的特点、根据互动的形式、根据各人使用语言的个性习惯等的不同,在语言形式上、语体特点上、个人风格上,都会出现差异。这些差异从表达方面看,或表现在词汇上,或表现在句法上,或表现在言语风格上。从理解方面看,不同的言语表达的结果,需要用不同的认知模式才能理解准确。本书讨论了在词语歧义的消解上常用的几种认知模式:词义网络模式、

---

① 解正明:《社会语法学》,中国社会科学出版社 2008 年版,第 27 页。

激活－抑制模式、词义通达模式、特征比较模式。这些认知模式不是人与生俱来的,而是在言语互动中逐步形成、不断提升的。

词义层次网络模式是纲,其他认知模式是目。没有语义层次网络,语义激活和抑制、词义的通达、语义特征的比较都将无法进行。但各种认知模式的侧重不同、特点不同,层次网络认知模式侧重的是从语义本身的特点来分析认知过程中如何从语义网络里来提取语义。用词义层次网络模式来分析歧义的认知,重在从语义的存储和提取的关系上来讨论歧义语词识别和消解的特征。进一步看,用该认知模式来分析歧义问题又重在语义的提取特征上,如何从一个节点越向另一节点,显性节点和隐性节点在语义提取中是如何产生作用的,基本义、引申义、比喻义与节点的关系以及在语义提取中又表现出怎样的特征。层次网络模式是语言认知中首先形成认知模式。每个人的词义层次网络不尽相同,这与每个人的语言生活、言语互动程度有关。

激活－抑制认知模式在语义认知过程中有两种情况,即或被激活或被抑制。歧义语词与一般语词不同的是,一个语词在同一语境里有多种意义,就会出现或全部被激活,或有的被激活,有的被抑制。只有几种意义均被激活才能认知歧义,如果有意义受到抑制未能被激活就无法认识歧义的存在。对于在同一句法语境中的同一语词存在歧义的现象,不同的认知个体激活或抑制的情况会有差异,而同类型的认知群体有的有共同认知特点,有的不一定有;有的人群认知特点明朗一些,有的人群认知特点含糊一些;哪些人群对什么样的歧义的激活情况如何,抑制的情况如何,所有这些差异都有每个人的社会言语生活来决定。

词义通达认知模式解释了词义存储和词义提取的关系。词义节点和连线之间长短与使用频率之间存在着线性关系,说明了不一定连线长激活就一定慢,对于使用频率高的语词来说,即使连线长激活的速度也会快。词义通达认知模式根据语词的使用频率,将其分为主要词义和次要词义,来说明主要词义激活速度快、激活程度高,就能辨识出歧义来;次要词义激活速度慢、激活程度低,歧义受到抑制,就不能辨识出歧义来。运用词义通达认知模式可以解决歧义认知中的一些反常现象。

特征比较认知模式可用于歧义认知过程中具体的认知细节的分析。人们掌握词义时,是将词义的一个个语义特征存储于大脑中,形成"心理语义词典"的,并在语言生活中不断丰富这本"心理语言词典"。以后在遇到词语时就会从心理语义词典中提取相应的语义特征对该词语作出理解,进而对话语作出理解。由于每个人所经历的社会语言生活是不一样的,积累语言的途径和过程是不一样的,每个人的认知水平也是有差异的,因而,每个人的"心理语义词典"是不一样的。所以,带来了认知上的个性差异,这种差异在歧义的认知上表现得更为突出。

其次,每个人的社会言语生活是不一样的,随着言语生活经验的积累、沉淀,其语言认知不断得到积累和提升,这个提升过程是一个循序渐进的过程。由于每个人的社会生活,尤其是言语互动的社区范围不同,带来了歧义认知上的群体差异。这种差异越是在言语认知水平不成熟的阶段越是明显;越是在言语社区成员认知水平不一、使用汉语的频度的不等、成员来源有别的群体内越发显得不稳定。如留学生群体在年龄、国籍、民族、专业、职业、学汉语的时间、使用汉语的频度等方面有着很大的差异,所以显得最不稳定(由于调查人数不多,无法在这方面作出更细的统计)。而少数民族学员在年龄上差距不大,在职业上都是教师(专业仍然有别),民族相同(均为维吾尔族)等,相同的因素多一些,不仅认知水平整体优于留学生,而且在认知上也比留学生要稳定。

第六章　句法歧义消解的认知机制

　　句法歧义即句法结构的歧义,这种歧义主要不是由语词的意义引起,而是由词语组合为句法结构所形成的。句法结构歧义与两种因素有关:一是与句法结构本身相关。句法结构体的意义是在词语组合的基础上形成的,如果某些词语组合为同一个结构体之后,可以形成或不同的句法结构关系、或不同的句法结构层次、或不同的语义关系、或不同的语义指向、或不同的语义特征、或不同的语音特征等所带来的不同的意义,便造成了歧义。二是句法结构的歧义与人们的理解有关。某句法结构如果存在歧义,还得由语言接收者的理解来决定,只有语言结构体所表示的多种语义均被接收者的认知激活了,歧义才算真正出现了。否则,歧义便是被接收者给消解了。

　　从语言运用实际看,未被接收者接受的歧义句法结构,只是一种可能的歧义。不同的语言接收者,对同一歧义句法结构的理解是有差异的,这种差异由各种因素决定,最重要的因素是语言接收者的认知能力,但这种认知能力根本上又取决于语言接收者的社会的言语互动程度。本章重点讨论不同人群在句法结构歧义认知上的差异、认知机制及其原因。

第一节　句子理解与歧义的形成

　　句子是语言运用的基本单位,它由词、短语(词组)构成,能表达一个完整的意思。句子要表达的意义,由词或短语的意思、句子的结构、句子的语气和语调等要素决定。构成句子要依赖于词、短语的意义,还需要按该类语言的组合规则进行组合,同时还要依靠语气、语调、停延、轻重音等将意思完整地传递出来。因此,在口语表达时,意思表达得更为充分完整,而在书面语中除了句末的点号能起到传递基本的语气外,表示与语义有关的其他语音信息都被屏蔽了,如果不采取弥补的措施,将无法准确传递语义。人们所讨论的有些歧义就是因为语音信息的缺损而造成的。人们在理解书面语句子的过程中,除了激活词和短语的意义之外,还需要分析句子的结构所产生的意义,有时还会考虑书面载体没有反映出的语音信息所能产生的意义。如人们分析说"我想不起来了"有歧义,就是将语音信息纳入句子的理解中来了,所以才会感到歧义的存在。

当人们接收到一个句子时,首先要提取有关的语言信息,然后对句子所提供的信息进行加工、整合,形成句子的完整意思。在整个句子理解中,句法加工起着非常重要的作用,是语言理解的必要手段。影响句子理解加工的因素很多,主要有对句子的句法结构的接受、句法结构剖析的策略和人的记忆容量。

一、对句法结构的接受程度

句法结构有表层结构和深层结构之分。表层结构是由句子里的词语线性组合而形成的,而其与意义相关的结构是深层结构,它是人们心理的语言结构。从心理上的认知(深层结构)演化为具体的语言形式(表层结构),要经过一个转换的过程(投射、衍生的变化过程)——这是乔姆斯基的"转换生成语言学"的观点。

从"深层"到"表层"的转换,可以有不同的形式和规则。如"我在纸上画画"和"我把画画在纸上"这两个句子的深层结构是一样的,只是表层结构不一样。这样,从同一个深层结构投射、衍生、变化而来的表层句子就都是同义形式。同义形式在表层结构里具有平行、并列、对应等关系,并且可以有条件地互相代替。正因如此,在语言表达的时候,人们可以将深层结构转换成最理想的表层结构,而在语言理解的时候,又能将表层结构转换成合适的深层结构。

表层结构与深层结构之间存在三种关系:(1)两个或多个句子不同的表层结构,但是其深层结构却可以是非常类似的,或者是相同的。如:①老马吃了那个苹果。②那个苹果被老马吃了。③那个苹果老马吃了。④老马把那个苹果吃了。这是四个不同的表层结构,但要表达的意思只有一个。(2)几个句子可以有类似的表层结构,但是,它们的深层结构,也就是说它们的基本意义,可以是很不同的。如:①小陈容易讨好。②小陈渴望讨好。表层结构是两个句子,其深层结构也是两个句子。(3)有些句子的表层结构是完全一样的,但它们有不同的深层结构,即一个句子会有几种不同的意思,这种句子就是"歧义句"。如:"这个人谁都不相信"这一句子就有两个意思:一是"谁都不相信这个人";二是"这个人对谁都不相信"。句子理解就在于将接收的表层结构的句子转换为深层结构的句子,对于上述三类不同的句子,人们理解时的加工过程就会不一样,所采取的剖析策略也会不同。

任何人在理解语言的时候都需要进行这种从表层到深层的转换。但不同的年龄阶段、不同的语言经历、不同的语言理解水平的人,在转换过程中的情形是不会完全一致的。这在歧义的认知中表现得更为突出。

二、句法结构加工的剖析策略

句法加工的剖析是语言理解的重要过程和必要策略,凡能使用某种语言的人都能运用这种语言的结构规则进行句法分析,即使他没有学习过语法理论,不知道那些语法方面的术语。如"饭吃完了"和"吃完了饭"的表层结构不同,但其深层结构是一样的。因为前者是没有标记的被动句,后者是主动句。理解的时候要将其转换成深层语义,对于这样的无标记的被动句,即使是 2 岁的儿童都能理解。[①]

句法剖析就是要弄清楚一个句法结构中的每个单词之间的句法关系,以及结构体中每个短语与短语之间的结构关系,然后才能剖析由短语构成的更大的句法结构的关系。句法结构越长、越复杂,花费的时间就越长,这是被许多心理学家的研究所证实了的。[②] 因此,对于上述三种情况的句子理解加工的速度将会不一样。表层结构不同但深层结构类似或相同,理解的速度最快,理解的准确性也最高;表层结构类似但深层结构不同,理解的速度就会减慢,理解的准确性也会降低;表层结构完全一样但深层结构不同(即"歧义句"),其理解速度会更慢,理解的准确性也最低。歧义句法结构越长越复杂,其理解的速度会更慢,准确性会更低。

句法结构的剖析加工策略有两种模型。一种是自下而上的加工模型,这种加工首先"对进入感觉系统的听觉或视觉的信息进行分析,抽取特征、识别字词及其联系,最后予以解释,达到对整个句子的理解"。另一种是自上而下的加工模型,这种模型的"加工方向正好相反,它从对话题的一般概念或者期望开始,应用有关的知识包括语言知识,来引导对特定的感觉信息、特定的字词及其句法联系等进行加工"[③],最后达到对整个句子的理解。这两种方向相反的加工是相互联系交互进行的。人们对句法结构的剖析是从词语开始的,这就是自下而上的加工。然后可以通过自上而下的加工,形成对后续词语的预期,从而提高加工的效率。

---

① 李宇明:《儿童语言的发展》,华中师范大学出版社 2004 年版,第 170—172 页。
② 王甦、汪安圣:《认知心理学》,北京大学出版社 2004 年版,第 344 页。
③ 王甦、汪安圣:《认知心理学》,北京大学出版社 2004 年版,第 349 页。

在句法剖析的加工过程中，还有两种不同的优先处理方式：一种是深度优先加工，即在剖析加工的每一步，都要作出猜测，只有在前面的猜测得到证实之后，才有可能探究下一步猜测。一种是广度优先加工，即在剖析加工的过程中同时保持若干个猜测，每一步的判断可以同时涉及这些猜测。随着加工的不断深入，可以放弃一些不适宜的、不必要的猜测，将猜测的判断缩小到最小范围。这两种处理方式也是交互进行的。在对歧义句法结构的加工中，人们首先按照最可能的方向进行剖析，其余的方向则暂时隐藏下来，如果后续部分出现某种条件，又将隐藏的方向激活，改为沿着它进行剖析。[①] 所以，在对歧义句法结构的认知过程中，常常会出现对某个意义感知较快，而对另一个意义感知较慢或感知不出来的情况。

三、句法结构记忆的容量

在人们的工作记忆系统中有两种工作记忆，分别称作言语工作记忆和空间工作记忆。无论是言语工作记忆，还是空间工作记忆，都包含了纯粹的存储、复述和执行等三个不同的功能成分。[②] 对于言语工作记忆来说，存储可以指维持句子理解的中间或最终产品，而复述和执行可以指句法分析或施事、受事等题元角色(thematic roles)的指派。因此，存储中的记忆容量对语言信息加工究竟有无重要作用就成了国外心理学家分歧较大的研究领域。如 Just 等人[③]提出了一个关于工作记忆广度在语言信息加工中的作用容量理论，并指出，人的语言理解能力均取决于其语言信息加工的工作记忆的容量。只有高广度阅读者才有工作记忆容量在加工歧义句时保持两种表征，具有较快的速度和精确性；低广度阅读者只保持偏好的表征，但速度快。Waters 等人否认了容量理论的存在。他们认为，许多短时记忆极其有限的患者也能对广泛的句子结构进行分析。[④] 对此，Just 等人又进行反质疑。[⑤] 对汉语歧义句进行加工时，被试的偏好起很大作用。[⑥] 他们的讨论有三点值得肯定，在讨论歧义认知和消解问题时值

① 李伯约、赛丹:《自然语言理解的心理学原理》,学林出版社 2007 年版,第 126 页。

② Smith E E, Jonides J. Neuroimaging analyses of human working memory. PNAS, 1998, 95: 12061-12068.

③ Just M A, Carpenter P A. A eapaeity theory of comprehension: Individual differences in working moemory. Psyehologieal Review, 1992, 99: 122-149.

④ Waters G S, Caplan D. The capacity theory of sentence comprehension: Critique of just and carpenter(1992). Pshychological Review, 1996, 103: 761-772.

⑤ Just M A, Carpenter P A, and Keller T A. The capacity theory of comprehension: New frontiers of evidence and arguments. Pshychological Review, 1996, 103: 773-780.

⑥ 陈永明、崔跃:《汉语歧义句的加工》,《心理学报》1997 年第 1 期,第 1—6 页。

得重视：(1)语言工作记忆的容量决定语言理解的速度和效度，甚至精度；(2)语言理解能力受多种因素影响，语言工作记忆的容量当然是其中的一种特别重要的因素；(3)认知的速度和精度是互相牵制的两个因素，从社会认知的整体性看，速度会影响精度，但从个体认知的情况看，高广度的阅读者是可能做到既有速度又有精度的。

语言工作记忆的容量有多大？美国心理学家米勒（George A. Miller）《神奇的数字 7 加减 2：我们加工信息能力的某些限制》明确提出短时记忆的容量为 7±2，即一般为 7 并在 5～9 之间波动。这就是神奇的 7±2 效应[①]。Miller(1956)从信息加工的角度出发，提出了组块的(chunk)概念，即将若干较小的单位(如字母)联合而成熟悉的、较大的单位(如字和词)的信息加工，也指这样组成的单位。他认为短时记忆中的信息不是以信息论中所说的比特(bit)为单位的，而是以组块为单位的，短时记忆容量为 7±2 组块，以几个字母组成的字词就是一个组块。由字词组成的短语、句子也是一个组块。然而，由于人的知识经验的不同，对同一材料的组块就会不同。如"相对剩余价值"6 个字对于不懂经济学的人来说是 3 个块，对于略懂经济学的人来说，可以是两个组块（相对，剩余价值)，而对于经济学家来说则只是一个组块。因此，才会出现 Just 等人所说的高广度阅读者的记忆容量高，信息处理的速度和精确性要比低广度阅读者高的现象。

第二节　汉语句法歧义消解的心理机制

在语言交际过程中，语言信息交流是要由交际双方共同的激活机制和抑制机制来完成的。首先是表达者提供的信息激活了接收者的语言认知，接收者对接收到的语言信息并不是全部接收而是要有所选择的，常常是经过选择，接受需要的信息，抑制不需要的信息。所以，出现了很多情况下在语言研究者眼中属于有歧义的句子，但在常人眼中并没有歧义。这是因为那些被认为有歧义的句子的两个或多个意义，其中常常有一个意义是显性的，它会首先被接收者的语言认知激活，或者是由语境来激活；而其他意义是隐性的，它们或者是根本无法得到激活，或者是被抑制了。能够首先被接收者的认知所激活的显性意义是"强势意义"，其他或者不能被认知激活的意义，或者能自觉加以抑制的意义是"非强势意义"("弱势意义")。如果能发现歧义的存在，就是激活机制在起作

[①]　王甦、汪圣安：《认知心理学》，北京大学出版社 2004 年版，第 138 页。

用,而确定强势意义、淘汰非强势的意义就是抑制的认知机制在起作用。如果不能发现有歧义存在,首先是因为在其认知中根本不知道这个意义,或者是即使知道这个意义,但因激活不够(抑制过度)而成了隐性的"非强势意义"。"因为使用同一母语的交际者,对强势意义有共同的认知。因此,一般情形下,接收者如果接收了有歧义的信息,可以利用认知心理机制选择强势意义,抑制非强势意义。如果表达者和接收者所激活的强势意义不一致了,就会出现真正的歧义,这时就需要表达者在表达中恰当地利用语境,选择能顺利地抑制歧义理解的表达方式来表达了。"[①]

当然,不同句法结构原因造成的歧义,在消解歧义的认知机制上会有所不同。认知心理学关于句法歧义的认知加工,主要有四种基本观点[②]:一是系列加工模型(即单表征模型)。认为遇到句法歧义时,一次只建立一种可能的解释,如果后继解歧信息与该解释不一致,就放弃原解释并搜索另一种可能的解释。[③]二是并行加工模型(即多表征模型)。认为遇到歧义时,同时生成多种可能的解释,再根据解歧信息和相对使用频率来选择一种最佳解释。[④] 三是延迟模型(最小约束模型)。认为遇到歧义时,不立即作出确定解释,而是到解歧信息出现时才开始对歧义进行分析。[⑤] 四是混合模型。认为不同情形下句法歧义解决的策略也不同,如资源充足,就进行并行加工,但如遇资源不足时便使用系列加工策略。[⑥] 在不同的年龄层次和不同的文化层次的影响下,加工的方式会有很大的不同,如对于中小学生或文化水平低的人来说,一般会用单表征模型,而对于文化层次高或语言能力强的人来说,则会使用多表征模型或延迟模型、混合模型来理解歧义;即使是同样水平的人也存在个性的差异。因而,歧义理解上的个性差异就成了一种值得我们注意的十分自然的现象。

---

① 周明强:《认知在歧义的辨识与消解中的作用》,《修辞学习》2006 年第 5 期,第 42—46 页。

② Mitchell D C. Sentence parsing. In: Gernsbacher M A(Ed), Handbook of Psycholinguistics. Orlando, FL: Academic Press, 1994.

③ Frazier I, Rayner K. Making and correcting errors during sentence comprehension: Eye movements in the analysis of structurally ambiguous sentences. Cognitive Psychology, 1982, 14: 178-210.

④ Gazdar G, Mellish C. Natural language processing in PROLOG: An introduction to computational linguistics. Workingham. U. K: Addisson Wesley, 1989.

⑤ Smith C S, Meier R P, Fosa D J. Information and desition making in parsing. In: Smith CS(Ed), Current issues in natural language processing. Austin: University of Texaa, Center for cognitive science, 1991, 1-43.

⑥ Just M A, Carpenter P A. A capacity theory of comprehension: Individual differences in working memory. Psychological Review, 1992, 99(1): 122-149.

一、组块在层次结构歧义消解中的作用

上文提到的 Miller(1956)提出的"组块"(chunk)实际上是一种信息的组织或再编码。这种理论讨论的是在口头语言的理解时所表现出的特点,而实际上在书面语理解中,同样也存在着组块的问题。只是书面语是留存在书面上的语言,对语言所作的理解是否准确,阅读者可以回视,而在口语方面,回视(回忆)的可能性就小得多,依靠语言工作记忆才能回忆,就只能大致限定在 7±2 的范围内。如果是在听连续的话语的时候,还不允许回忆,否则,新的内容会无法听到。书面语的阅读速度可由阅读者自己掌控,如果意思不清楚还是可以回视的,然而,人们在阅读过程中,一般也是随阅读进度不断组块的,尽量避免回视。只有当读到下文发现前面的理解有误,或者眼前的意义无法理解时,才会用回视的方法重新审视上文的意思。我们这里讨论的句法结构歧义,句法结构本身就是语境,也没有上下文帮助理解时,回视就不存在了。这时候的书面语,从采信方式的角度看与口语是非常接近的。所以,组块分析的方法也可以用以分析书面语的理解情况,特别是对歧义的倾向性认知。如"一些国家领导人发表了新年献词"的组块情况(见图 6-1)。

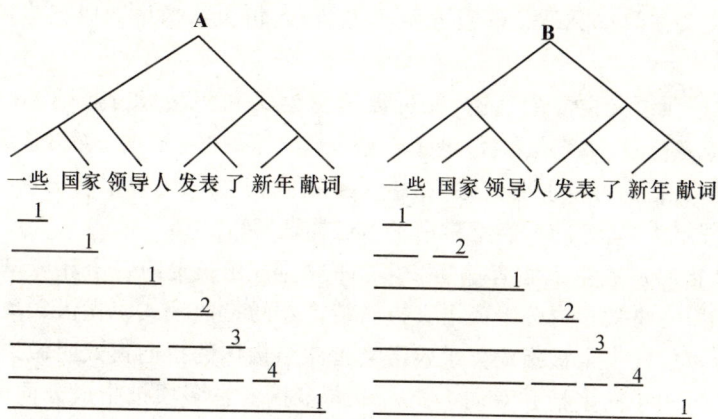

图 6-1　"一些国家领导人发表了新年献词"组块

此例中 A 理解和 B 理解的区别仅仅是"国家"一词组合方式不同,在没有语境因素影响的情况下,人们多会按 A 方式来组块,理解为"一些国家";如果有了语境的约束,人们也会在"国家"一词出现的时候放弃组合,而期待下文出现新的词语再行组合。当"领导人"出现后,即组合为"一些国家领导人"(即"许多领导人")。如果组块的词离得太远,尤其是超过了短时记忆的容量,非顺序组块的意义就不易被激活,在句法结构层面歧义就被消解了(不会产生两种理解)。

所以，出现了语言学家们分析的歧义句子，一般人却看不出有歧义的现象。

二、指向在层次结构歧义消解中的作用

语义理解除了用组块来统摄外，还会受语义联系的方向的影响。词语的意义在句法结构中能产生组合意义，从而形成短语义、句子义。其组合可以就近组合，也可以越位组合，可以顺向组合，也可以逆向组合。语义关系、语义指向就是为了解释这种越位组合而产生的理论，用这两种理论能解释语义和句法成分错位的现象。

如按照语义关系的理论，就可以用施事、受事解释动词前后的成分与动词的关系。如受事可以在动词前，施事可以在动词后。如"那瓶酒喝醉了老王了"[①]，"酒"在主语的位置上，"老王"在宾语的位置上，按照过去的传统语法不好理解，人们会将其视为病句。但引入语义关系理论可以作出解释，这里虽然"老王"不在主语的位置上，"酒"不在宾语的位置上，但"老王"的施事角色、"酒"的受事角色不变。只要能认清施事、受事的语义角色，语义理解仍然是顺畅的。

有些句法结构的歧义不能从结构层次、结构关系说明歧义的差异，或者不能正确地分解出歧义的时候，我们可以从语义关系角度作出解释。如"鸡不吃了"用语义关系解释其歧义就很方便："鸡"在此句法结构中同时担当了施事和受事的角色。

又如按照语义指向的理论，就可以解释语义和句法成分越位的"反常"现象。如"老王烂了一筐苹果"，"老王—烂—苹果"的"主—谓—宾"是无法搭配的，但用语义指向可以说明："烂"在语义上是指向"苹果"的，"老王烂了一筐苹果"可以理解为"老王的一筐苹果烂了"，这样理解就顺畅了。

语义指向从数量上看有单指和多指的不同，在一定的言语环境里，一个指向成分只跟一个被指成分组成语义指向结构体的指向模式叫做语义单指；一个指向成分可能跟多个被指成分组成语义指向结构体的指向模式叫做语义多指。多指可以分为单向多指和双向多指。单向多指就是多项被指成分同时出现于指向成分的前面或后面。单向多指又可以分为前向多指和后向多指。前向多指如在"香港、澳门，我们都去过"中，"都"表示总括范围，它可以前指"香港、澳门"，也可前指"我们"，还可前向兼指"香港、澳门"和"我们"。后向多指如在"他仅去过西安一次"中，"仅"可后指"去过"，也可后指"西安"，还可后指"一次"。

---

①　例句出自胡建华：《题元，论元和 GF——格效应与语言间的差异》，《东亚语言比较国际会议论文集》，2006 年，第 28 页。见于 http://www. eastling. org/paper/％C2％DB％CE％C4％CC％E1％D2％AA. pdf。

双向多指就是多项被指成分同时出现于指向成分的前后两个方向。例如,在"爷爷也是读书人"中,"也"表示类同事物的加合,它可前指"爷爷"(别人是读书人),也可后指"读书人"(爷爷是商人,也是读书人)。① 因而,语义多指往往引起歧义。

　　但是,人们无论是对于语义关系,还是对于语义指向引起的歧义的认知,常常有其基本的认知特点。如重视语句本身,忽略句外因素,例如对于语义关系引起的歧义句"鸡不吃了"理解为"鸡不吃(东西)了"的顺向组合理解容易,而理解为"(我)不吃鸡了"的逆向组合理解困难;对于语义指向不同引起的歧义也是顺指向理解容易,逆指向理解困难。如理解"香港、澳门,我们都去过"时,常常会采用加合各词语的语义来理解:"我们"+"都"(指"我们"的全部)+"去过"+"香港、澳门"(两个城市,不包括"香港、澳门"各个地方)。理解"爷爷也是读书人"也会加合各词语的语义来理解,即"爷爷是读书人",对"也"涉及的比较,要选取与"爷爷"作比较,即"别人是读书人","爷爷也是读书人",而抑制其他比较产生的意义。因为这种顺向组合记忆的负担最轻,"也"与"爷爷"联系找到了比较的对象,其推理也最为方便,符合语言理解记忆的特点。

三、转换在层次结构歧义消解中的作用

　　人们所听到或见到的语句是由深层结构转换而来的,而在理解话语意义的时候,又要正确还原为深层结构的意义,才算真正理解了表达者所要表达的意义。如"饭吃饱了才有力气干活",是表层结构,因为要强调"饭"的重要,将其提到了动词"吃"的前面(移位),并且将表示条件关系的关联词语"只有"省略了。理解的时候必须添补、还原,将其转换为"我只有吃饱了饭才有力气干活"的深层结构才算真正理解了意思(不过,理解时不需要转换为这样的表层结构来理解)。然而,句子转换的次数越多,它所占的记忆空间也就越大,理解的速度就会降低。

　　歧义句是一种表层结构对应多种深层结构的语言现象。歧义消解就是在由表层结构转换为深层结构时,阻断某种深层结构意义的转换,这样才能提高理解语义的速度。这在语言理解过程中,特别是在交际过程中是十分必要的。如"小王借了老师一万块钱"可以转换为两种深层结构的意义:"小王从老师那里借了一万块钱"和"小王借给了老师一万块钱"。一般情况下,消除其歧义依靠的是语言环境条件。但在没有语境可以支持的情况下,依靠的是人们对语言

---

　　① 税昌锡:《语义指向结构模式的多维考察》,《浙江大学学报》(人文社会科学版)2004 年第 3 期,第 93—101 页。

的认知。如在理解该句时,一是要准确把握关键词语"借"。"借"有"借进"、"借给"两个意思,但从认知和使用习惯看,"借"一词的意义是从他人手里"借进",而要表示"借给别人"的意义的时候,常常是直接用"借给"一词,或者调整施事、与事的位置,施事在"借"前,与事在"借"后。二是采用转换的方式:将"小王借了老师一万块钱"转换为"小王向老师借了一万块钱"的意思。于是,就会出现很多人将"小王借了老师一万块钱"只理解为一种意思的现象。

上述三种对歧义句法结构认知的心理机制,或者单独作用,或者交叉作用,由此产生了歧义句法结构理解中的许多微妙现象。

第三节 句法结构歧义消解的认知调查结果分析

我们的调查主要有四项内容:一是人们对歧义句法结构认知的激活速度(某个意义"最先想到"的频度);二是人们对歧义句法结构认知的抑制度(某个意义"不会想到"的频度);三是人们对歧义句法结构认知的激活度(某个意义能够想到——包括"首先想到"、"其次想到"等——的频度);四是人们对歧义句法结构的认知度(各类人群对某种意义的最大抑制度)。为保证调查样本的可靠性,我们进行了适当的限时,整份调查问卷(包括前面各项)一般不超过 30 分钟;同时,我们还在互联网上进行了同内容、同形式(只是增加了干扰项——所有题意义选项都在三个以上)的调查,作为问卷调查的对比参考。下面是问卷调查激活速度、抑制度、歧义认知度与互联网调查激活速度、抑度度、歧义认知度的相关性分析结果。所调查的 59 项内容的三对数据的相关性为在 0.01 水平上均显著相关,说明两种调查方式反映的结果具有较强的一致性(见表 6-1 至表 6-3)。

表 6-1 问卷调查激活速度与互联网调查激活速度的相关性

N=59		问卷调查激活速度	互联网调查激活速度
问卷调查激活速度	Pearson 相关性	1	0.956**
	显著性(双侧)		0.000
互联网调查激活速度	Pearson 相关性	0.956**	1
	显著性(双侧)	0.000	

＊＊在 0.01 水平(双侧)上显著相关。

表 6-2 问卷调查抑制度与互联网调查抑制度的相关性

N＝59		问卷调查抑制度	互联网调查抑制度
问卷调查抑制度	Pearson 相关性	1	0.829＊＊
	显著性（双侧）		0.000
互联网调查抑制度	Pearson 相关性	0.829＊＊	1
	显著性（双侧）	0.000	

＊＊在 0.01 水平（双侧）上显著相关。

表 6-3 问卷调查歧义认知度与互联网调查歧义认知度的相关性

N＝59		问卷调查歧义认知度	互联网调查歧义认知度
问卷调查歧义认知度	Pearson 相关性	1	0.898＊＊
	显著性（双侧）		0.000
互联网调查歧义认知度	Pearson 相关性	0.898＊＊	1
	显著性（双侧）	0.000	

＊＊在 0.01 水平（双侧）上显著相关。

一、结构层次不同形成歧义的认知

结构层次不同所形成的歧义，是最常见的歧义类型之一。结构层次不同常常也会带来结构关系的不同。它是"由于直接成分（immediate constituents）可作多种切分而造成的歧义。这种歧义通常的根源是线性修饰（linear modification）——有层次的修饰关系和复合结构——只能用单一的线性序列来表达"①的这种矛盾的表现。句法分析中常用层次分析法展现结构层次的不同所表现的语义。例如：

[1]他没瞒着父母打游戏机。

此句很多人分析为语用预设带来的歧义。其实，此结构不用预设理论，仅从结构层次上就能看出歧义：

---

① 赵元任：《汉语中的歧义现象》，载《赵元任语言学论文集》，商务印书馆 2002 年版，第 828 页。

A.他 没 瞒着 父母 打游戏机　　　　B.他没 瞒着 父母 打 游戏机

主	谓		
	状	中	
	状	中	述	宾
		述	宾	

主	谓		
	状	中	
		联	合
		述 宾	述 宾

　(意义：他打了游戏机，但没瞒着父母。)　(意义：他没打游戏机，也没瞒着父母。)

从调查的情况看，对于此歧义句法结构的理解，带有明显的倾向性。第一种理解有着较高的激活速度和激活度、较低的抑制度。[1] 激活速度最高达到了93.60[2]（高中生），最低也达 55.60（少数民族学员）；汉语社区平均激活速度为78.02，平均抑制度为 11.10。而第二种理解的激活速度都偏低，抑制度都较高。最高激活速度只有 32.10（社会人员），最高抑制度达到了 76.50（留学生）。可见此句法结构的歧义认知度是很低的，汉语社区的平均歧义认知度为 53.50。不同人群对此句的认知差异主要表现在对第二种意义的理解上。互联网调查比问卷调查认知度略高，歧义的认知度为 76.20。其差异也在对第二种意义的认知上（见图 6-2）。[3]

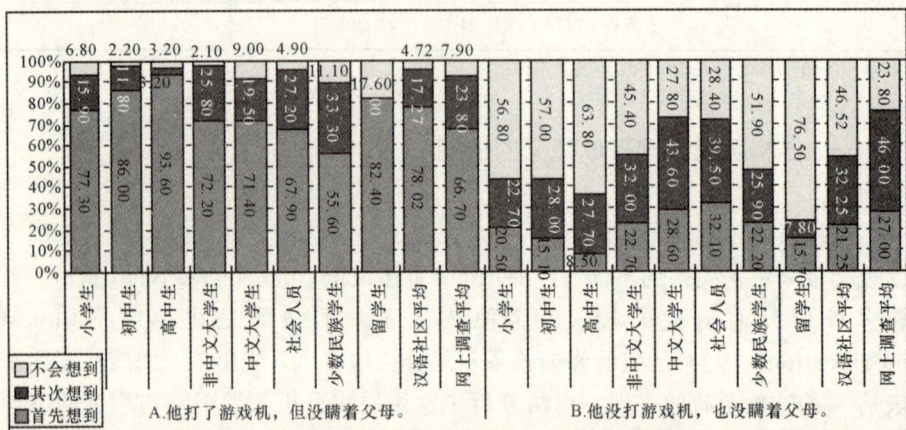

图 6-2　"他没瞒着父母打游戏机"的认知比较

[2]我看这本书合适。

此句由"看"的多义和层次结构不同共同造成歧义，其层次结构关系和意义如下：

---

①　"激活速度"指调查中某意义"首先想到"的频率；"激活度"指调查中某意义"首先想到"、"其次想到"（有的还有"第三想到"、"第四想到"）的频率之和；"抑制度"指调查中某意义"不会想到"的频率。

②　激活速度、激活度、抑制度均用百分数表示，在文中一律省写%。

③　因极少数受调查者对选项有多选或少选的现象，故少数群组总数在 100 的上下。

A.我　看　这本书　合适

主			谓
主	谓		
	述	宾	
		定	中
		指	量

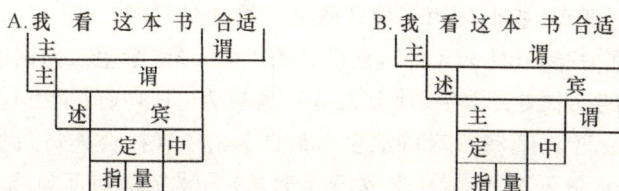

意义：这本书适合我看。

B.我　看　这本　书合适

主	谓		
	述	宾	
	主	谓	
	定	中	
	指	量	

意义：我认为这本书适合于某种用途。

此句法结构的第一种理解的激活速度最高为 74.50（高中生），最低为 47.10（留学生），汉语社区平均激活速度为 63.80；抑制度最高为 31.40（留学生），最低为 4.10（非中文大学生），汉语社区平均抑制度为 7.47。第二种理解的激活速度最高为 51.00（留学生），最低为 18.50（少数民族学员），汉语社区平均激活速度为 32.78；抑制度最高为 42.60（高中生），最低为 8.60（社会人员），汉语社区平均抑制度为 20.82。第一种理解的激活速度高于第二种理解，抑制度低于第二种理解。汉语社区平均认知度为 79.20，互联网调查歧义认知度为 82.50，高于问卷调查（见图 6-3）。

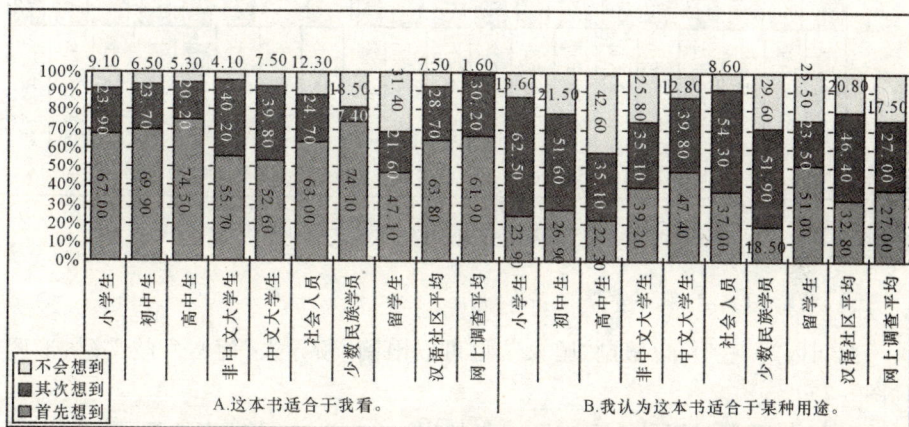

图 6-3　"我看这本书合适"的认知比较

[3]你讲不过他也得讲。

此句的不同结构层次在语音上有停顿作为标记，书面上可以用标点表示。如：

你讲，不过他也得讲（意义：你和他都"讲"[①]）

你讲不过他，也得讲（意义：鼓动"你"讲。不涉及他讲还是不讲）

调查材料是没有标点的，所以，两种意义的理解差别很大。激活速度第二

[①] 为节省篇幅，以下框式图解分析均省略，代之以意义说明。

种理解高于第一种理解,抑制度第一种理解高于第二种理解。第二种理解的激活速度最高达到了 97.50(社会人员),最低也有 51.00(留学生);抑制度最低为 0.00(非中文大学生、中文大学生、社会人员),最高为 31.40(留学生)。第一种理解的激活速度最高只有 39.20(留学生),最低为 2.50(社会人员);抑制度最高 48.90(高中生),最低为 14.80(少数民族学员)。歧义认知度最高是 83.40(中文大学生),最低为 51.10(高中生),汉语社区平均歧义认知度为 66.30。互联网调查第二种理解的激活速度达为 84.10,抑制度为 0.00;而第一种激活速度为 12.70,抑制度为 15.90。歧义认知度也为 84.10(见图 6-4)。

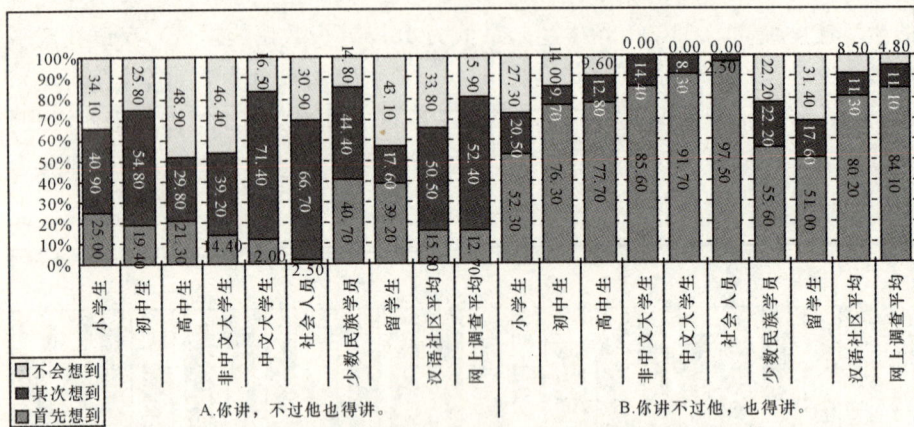

图 6-4 "你讲不过他也得讲"的认知比较

[4]一些国家领导人发表了新年献词。

此句因"一些"可以限制"国家",也可以限制"领导人"而产生歧义(树形图见图 6-1):

A.一些国家//领导人发表了新年献词。(意义:一些国家的领导人发表了新年献词。)

B.一些国家领导人//发表了新年献词。(意义:国家的一些领导人发表了新年献词。)

两种理解激活速度、激活度、抑制度都非常接近。第一种理解激活速度最高为 68.60(留学生),最低为 38.60(小学生);抑制度最高为 15.90(小学生),最低为 0.00(中文大学生);汉语社区平均激活速度为 51.80,平均抑制度为 7.60。第二种理解激活速度最高为 56.80(社会人员),最低为 27.30(小学生);抑制度最高 38.60(小学生),最低为 3.80(中文大学生);汉语社区平均激活速度为 43.10,平均抑制度为 13.70。歧义认知度最高为 96.20(中文大学生),最低为 51.40(小学生),汉语社区平均歧义认知度为 86.30。互联网调查第一种理解激活速度为 73.00,抑制度为 4.80;第二种理解激活速度为 33.30,抑制度为 17.50,歧义认知度为 82.50(见图 6-5)。

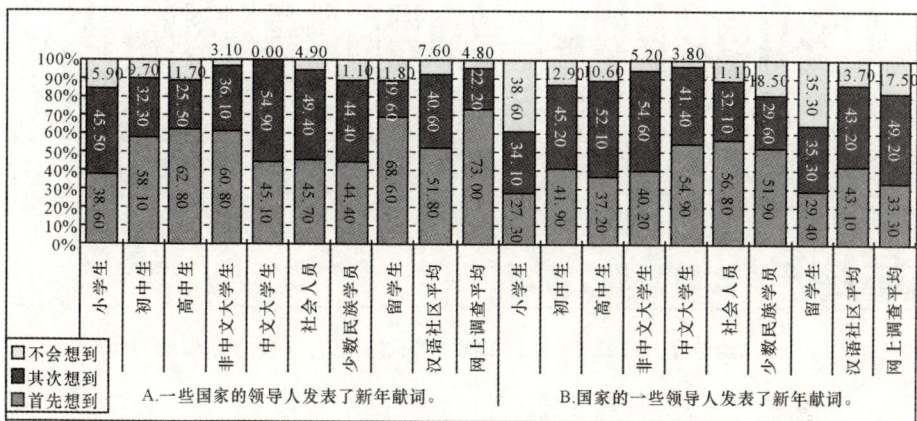

图 6-5　"一些国家领导人发表了新年献词"的认知比较

[5]他给我们讲了两个解放军战士抢救国家财产的故事。

数量限制语"两个"既可限制"故事",又可限制"解放军",因而产生歧义:

A.他给我们讲了两个 // 解放军战士抢救国家财产的故事。(意义:他给我们讲了两个故事,内容是解放军战士抢救国家财产。)

B.他给我们讲了两个解放军战士 // 抢救国家财产的故事。(意义:他给我们讲故事,内容是两个解放军战士抢救国家财产。)

此句两种理解激活速度、激活度、抑制度都比较接近。第一种理解激活速度最高为 53.40(小学生),最低为 30.80(中文大学生);抑制度最高为 29.40(留学生),最低为 4.90(社会人员);汉语社区平均激活速度为 42.50,平均抑制度为 12.30。第二种理解激活速度最高为 69.20(中文大学生),最低为 39.80(小学生);抑制度最高为 26.10(小学生),最低为 0.80(中文大学生);汉语社区平均激活速度为 56.00,平均抑制度为 10.60。歧义认知度最高为 99.30(中文大学生),最低为 73.90(小学生),汉语社区平均歧义认知度为 89.40。互联网调查第一种理解激活速度为 49.20,抑制度为 1.60;第二种理解激活速度为 50.80,抑制度为 4.80,歧义认知度为 88.90(见图 6-6)。

[6]他知道这件事情不要紧。

此句在第一个层次上可以作以下两种分析,因而产生歧义:

A.他知道这件事情 // 不要紧。(意义:这件事情不会有问题,他已经知道了。)

B.他知道 // 这件事情不要紧。(意义:让他知道这件事情也没关系。)

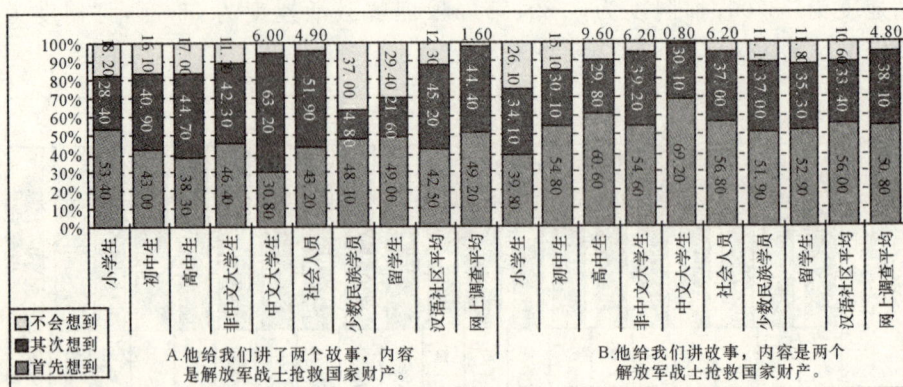

图 6-6 "他给我们讲了两个解放军战士抢救国家财产的故事"的认知比较

此句法结构的第一种理解略高于第二种理解。第一种理解激活速度最高为 80.40（留学生），最低为 40.90（小学生）；抑制度最高为 31.80（小学生），最低为 0.80（中文大学生）；汉语社区平均激活速度为 61.70，平均抑制度为 9.40。第二种理解激活速度最高为 59.30（少数民族学员），最低为 23.40（高中生）；抑制度最高为 58.80（留学生），最低为 3.80（中文大学生），汉语社区平均激活速度为 35.30，平均抑制度为 17.90。歧义认知度最高为 99.20（中文大学生），最低为 67.20（小学生），汉语社区平均歧义认知度为 82.10。互联网调查第一种理解激活速度为 36.50，抑制度为 19.00；第二种理解激活速度为 38.10，抑制度为 9.50，歧义认知度为 81.00（见图 6-7）。

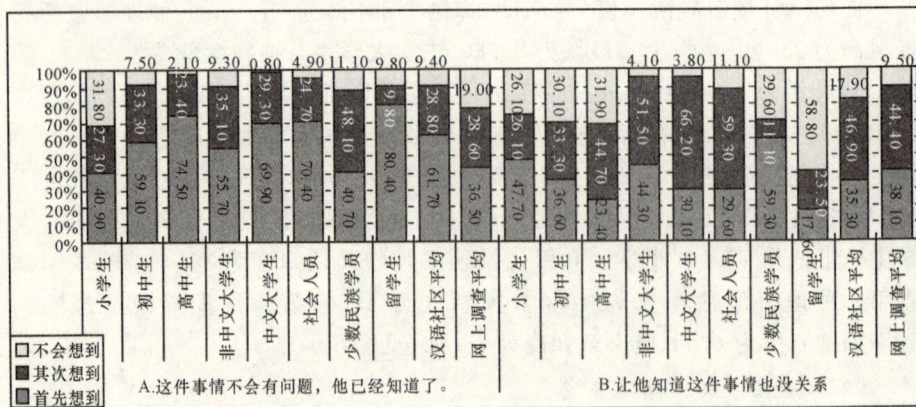

图 6-7 "他知道这件事情不要紧"的认知比较

单纯由词语多义带来的歧义，我们在前一章已经讨论过。有时词语多义还会与结构层次的不同共同造成歧义，这样认知度就会降低。如：

[7]不要打坏电话。

此句从结构层次看，"坏"可以作"打"的补语，也可以作"电话"的定语，加之"打"有"敲打"、"拨打"的意思，"坏"可指电话机坏了，还可指电话内容不健康。于是，该句法结构就有四种意思：第一种是"不要敲打坏了电话机"，第二种是"不要把电话机用坏了"，第三种是"不要用已经坏了的电话机"，第四种是"打电话要注意文明，不要说脏话"[①]。问卷调查结果是，第一种意思激活速度最高为35.10(非中文大学生)，最低为7.40(少数民族学员)；抑制度最高为51.00(留学生)，最低为25.90(少数民族学员)；汉语社区平均激活速度为29.40，抑制度为35.10。第二种意思激活速度最高为72.20(中文大学生)，最低为31.40(留学生)；抑制度最高为31.80(小学生)，最低为6.80(中文大学生)；汉语社区平均激活速度为48.80，平均抑制度为18.40。第三种意思激活速度最高为17.00(高中生)，最低为0.00(中文大学生)；抑制度最高为92.60(少数民族学员)，最低为51.90(中文大学生)；汉语社区平均激活速度为5.80，平均抑制度为65.00。第四种意思激活速度最高为37.30(留学生)，最低为6.80(中文大学生)；抑制度最高为66.00(高中生)，最低为43.10(留学生)；汉语社区平均激活速度为19.10，平均抑制度为56.80。认知度最高为49.40(社会人员)，最低为7.40(少数民族学员)，汉语社区平均认知度为35.00。互联网调查的认知度为44.40。第二种意思接受度最高，其他意思接受度都比较低，特别是第三种意思接受度最低。说明实际使用中只有第二种合乎情理(见图6-8)。

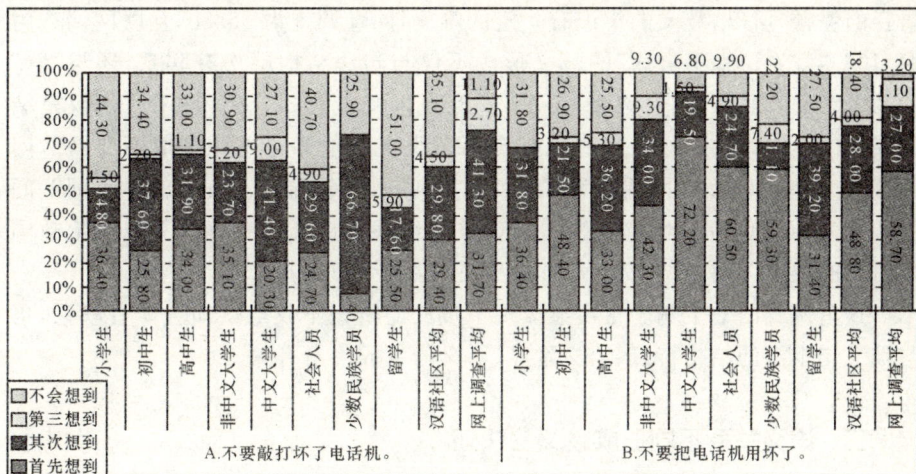

图 6-8(1) "不要打坏电话"的认知比较

---

① 赵红梅、程志兵：《"不要打坏电话"的第五种意思》，《汉语学习》1998年第1期。

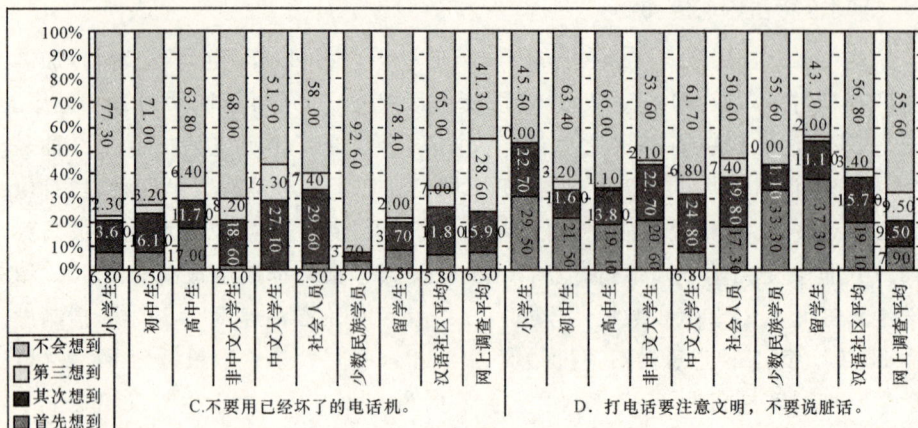

图 6-8(2) "不要打坏电话"的认知比较

以上所讨论的由结构层次不同所带来的歧义,常常会与其他造成歧义的原因纠合在一起,这样就会给歧义的辨识带来困难。如"不要打坏电话"不仅涉及结构层次问题,而且还与词语"打"、"坏"等词语的多义有联系,因此,歧义的辨识率自然会降低。问卷调查的平均认知度仅为 35.00,互联网调查的平均认知度也只有 44.40。"他没瞒着父母打游戏机"不仅涉及结构层次的辨析,还涉及结构关系,也增添了辨识的难度,歧义辨识率问卷调查为 53.50,互联网调查为 76.20。"你讲不过他也得讲"除了要辨析结构层次外,还涉及"不过"的多义和语音的停顿,所以,歧义的辨识有一定的难度,问卷调查为 66.30,互联网调查为 84.10。"我看这本书合适"的歧义形成不仅与句法结构层次有联系,还与"看"的两个意义有联系,问卷调查为 79.20,互联网调查为 82.50。以下三例仅是结构层次的不同,因此,歧义的辨识率提高了很多:"他知道这件事情不要紧",问卷调查为 82.10,互联网调查为 81.00。"一些国家领导人发表了新年献词",问卷调查为 86.30,互联网调查为 82.50。"他给我们讲了两个解放军战士抢救国家财产的故事",问卷调查为 89.40,互联网调查为 88.90。

这里调查的七个句子很明显体现了歧义的辨识不仅与认知主体有联系,也与歧义句本身的结构特点、语义隐显、语义的生成因素有关。

二、语义关系不同形成歧义的认知

语义关系是指隐藏在句法结构后面由该词语的语义范畴所建立起来的关

系。① 如动作与动作的主体间的语义关系是施事与动作的关系，动作与动作对象间的语义关系可以是受事与动作的关系。与动词有关的语义关系除施事、受事外，还有系事、与事、结果、工具、原因、方式、目的、时间、处所等多种。当某句法结构里的动词与名词的语义关系不止一种的时候，便会形成歧义。如："开刀的是他父亲"，"他父亲"既可能是施事，也可能是受事，于是，便产生了歧义。由于语义关系是隐藏在句法结构后面的一种关系，所以，多数由语义关系所形成的歧义，辨识就有一定难度。

[1]看中的是小李。

句中"小李"既可以是"看中"的施事，也可是受事，因而产生了歧义。问卷调查情况是：第一种理解"某人看中了小李"激活速度最高为 88.90（少数民族学员），最低为 62.80（小学生）；抑制度最高为 20.90（小学生），最低为 0.00（非中文大学生、中文大学生）；汉语社区平均激活速度为 79.70，平均抑制度为 10.60。第二种理解"小李看中了某人/或某物"激活速度最高为 25.60（小学生），最低为 10.30（非中文大学生）；抑制度最高为 63.80（高中生），最低为 12.00（中文大学生）；汉语社区平均激活速度为 17.10，平均抑制度为 36.00。歧义认知度最高为 88.00（中文大学生），最低为 25.90（少数民族学员），汉语社区平均歧义认知度为 64.00。互联网调查第一种理解激活速度为 98.40，抑制度为 1.60；第二种理解激活速度为 9.50，抑制度为 19.00，歧义认知度为 81.00。第二种理解的抑制度高于第一种理解，歧义认知度互联网调查高于问卷调查（见图 6-9）。

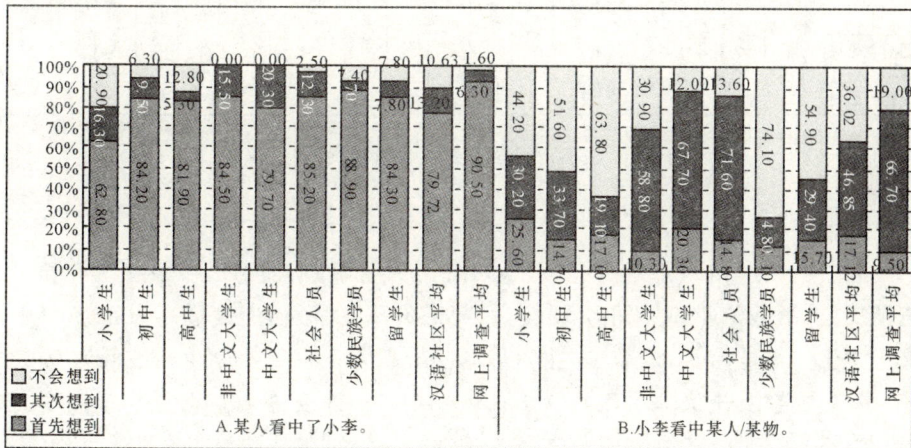

图例：□ 不会想到　■ 其次想到　▨ 首先想到

A.某人看中了小李。（小学生、初中生、高中生、非中文大学生、中文大学生、社会人员、少数民族学员、留学生、汉语社区平均、网上调查平均）

B.小李看中某人/某物。（小学生、初中生、高中生、非中文大学生、中文大学生、社会人员、少数民族学员、留学生、汉语社区平均、网上调查平均）

图 6-9 "看中的是小李"的认知比较

---

① 邵敬敏主编：《现代汉语通论》（第二编），上海教育出版社 2007 年版，第 220 页。

[2]小王连老李都不认识。

句中的"小李"既可理解为施事,也可理解为受事,从而形成了歧义。问卷调查情况是:第一种理解"小王不认识老李"激活速度最高为100.00(社会人员),最低为67.40(小学生);抑制度最高为20.90(小学生),最低为0.00(中文大学生、社会人员);汉语社区平均激活速度为90.30,平均抑制度为73.30。第二种理解"老李不认识小王"激活速度最高为7.20(非中文大学生),最低为0.00(社会人员);抑制度最高为66.30(初中生),最低为26.30(中文大学生);汉语社区平均激活速度为5.50,平均抑制度为48.80。歧义认知度最高为73.70(中文大学生),最低为33.70(初中生),汉语社区平均歧义认知度为52.20。互联网调查第一种理解激活速度为92.10,抑制度为1.60。第二种理解激活速度为3.20,抑制度为49.20,歧义认知度为50.80。第一种理解的抑制度高于第二种理解;歧义认知度问卷调查高于互联网调查(见图6-10)。

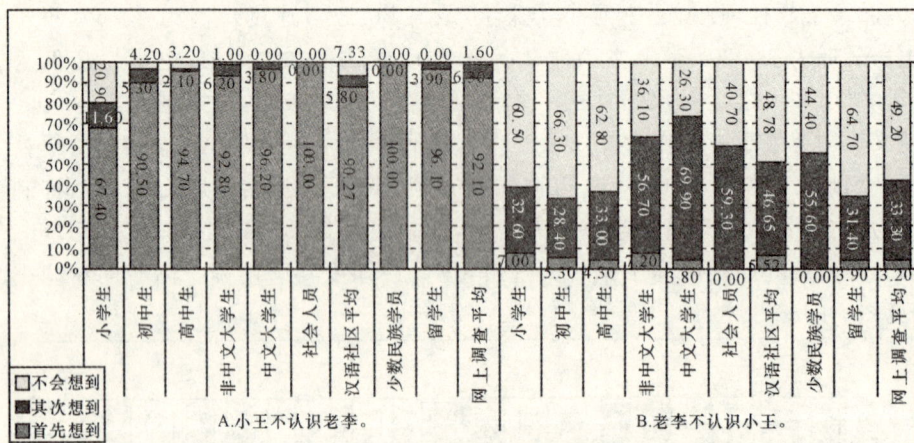

图6-10 "小王连老李都不认识"的认知比较

[3]他的笑话说不完。

句中的"他"既可理解为施事,也可理解为受事,从而形成了歧义。问卷调查情况是:第一种理解"他很会说笑话,笑话说不完"激活速度最高为82.70(中文大学生),最低为51.20(小学生);抑制度最高为25.60(小学生),最低为0.00(非中文大学生、中文大学生);汉语社区平均激活速度为70.40,平均抑制度为10.20。第二种理解"他被别人说笑话,笑话说不完"激活速度最高为37.20(小学生),最低为9.00(中文大学生);抑制度最高为5.60(少数民族学员),最低为3.00(中文大学生);汉语社区平均激活速度为26.90,平均抑制度为18.50。歧义认知度最高为97.00(中文大学生),最低为44.40(少数民族学员),汉语社区平均歧义认知度为 81.50。互联网调查第一种理解激活速度为 71.40,抑制度为 1.60;第二种理解激活速度为 15.90,抑制度为 9.50,歧义认知度为 90.50。第二种理解的抑制度高于第一种理解,歧义认知度互联网调查高于问卷调查(见图 6-11)。

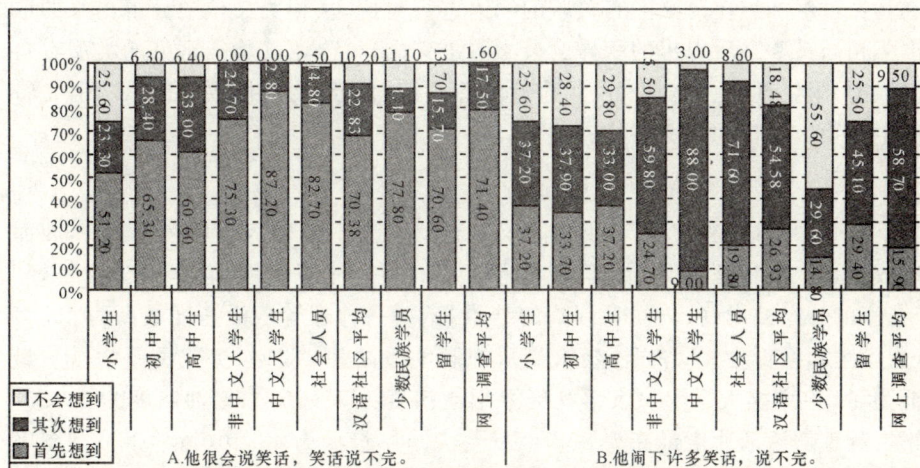

图 6-11 "他的笑话说不完"的认知比较

人们对于语义关系不同形成的歧义的认知特点是,把处于主语位置上的词语理解为施事、处于宾语位置上的词语理解为受事是"强势意义"。在"看中的是小李"意义的理解中,将"小李"作受事理解的在语言水平高的人群中可以达到 100.00,最低也达 79.10;而将"小李"作施事理解的在语言水平高的人群中为 88.00,最低只有 36.20(汉语社区)。汉语社区对此句的歧义认知度问卷调查为 64.00,互联网调查为 81.00。在"小王连老李都不认识"意义的理解中,将"小王"作施事理解、"老李"作受事理解的,在语言水平高的人群中也达到了 100.00,甚至连少数民族学员也达到了 100.00,最低也达 79.10;而将"老李"作施事理解、"小王"作受事理解的,在语言水平高的人群中为 73.70,最低只有 37.20(汉语社区)。汉语社区对此句的歧义认知度问卷调查为 52.20,互联网调查为 50.80。在"他的笑话说不完"意义的理解中,将"他"理解为施事,在语言水平高的人群中也达到了 100.00,而将"他"理解为受事的,在语言水平高的人群中为 97.00,最低为 70.20(汉语社区)。汉语社区对此句的歧义认知度问卷调查为 81.50,互联网调查为 90.50。

三、语义特征不同形成歧义的认知

"语义特征(semantic feature)是一组语义相关的词内部相异的语义要素，它是通过对一组在语义上有关联的词语进行对比，从相关义位中分解出来的取出了相同义素之后得出的相异的最小的语义成分。"[①]语义特征常见的类型有自然性的、附属性的、聚合性的、组合性的等。从句法结构中提取的词语的语义特征主要为组合性的语义特征。例如：

[1]老李的车修得好。

从句中可以提取"好"的两种语义特征，一是[＋结果]，一是[＋技术]，因而形成歧义。一种理解是"老李的车能修好"，另一种理解是"老李修车修得好"(老李的修车技术好)。问卷调查的结果是，第一种理解激活速度最高为 49.00(留学生)，最低为 17.30(社会人员)；抑制度最高为 48.10(少数民族学员)，最低为 4.50(中文大学生)；汉语社区平均激活度为 35.50，平均抑制度为 15.20。第二种理解激活速度最高为 82.70(社会人员)，最低为 43.10(留学生)；抑制度最高为 37.00(少数民族学员)，最低为 4.90(社会人员)；汉语社区平均激活速度为 64.20，平均抑制度为 13.80。歧义认知度最高为 90.70(非中文大学生)，最低为 51.90(少数民族学员)，汉语社区平均歧义认知度为 84.80。互联网调查第一种理解激活速度为 34.90，抑制度为 6.30；第二种理解激活速度为 69.80，抑制度为 3.20，歧义认知度为 93.70。两种调查均反映出第一种理解抑制度高于第二种，互联网调查的歧义认知度高于问卷调查的歧义认知度(见图 6-12)。

[2]这衣服洗得干净。

句子的补语"干净"在此结构中显示两种语义特征，一是[＋可能]，一是[＋结果]，因而出现了歧义。问卷调查结果为，第一种理解激活速度最高为 44.20(小学生)，最低为 17.60(少数民族学员)；抑制度最高为 54.90(少数民族学员)，最低为 5.30(中文大学生)；汉语社区平均激活度为 34.20，平均抑制度为 18.40。第二种理解激活速度最高为 82.40(少数民族学员)，最低为 51.20(小学生)；抑制度最高为 23.30(小学生)，最低为 2.50(社会人员)；汉语社区平均激活速度为 63.90，平均抑制度为 10.40。歧义认知度最高为 94.70(中文大学生)，最低为 45.10(少数民族学员)，汉语社区平均歧义认知度为 81.60。互联网调查第一种理解激活速度为 31.70，抑制度为 11.10；第二种理解激活速度为

---

① 邵敬敏等：《汉语语法专题研究》，北京大学出版社 2009 年版，第 231 页。

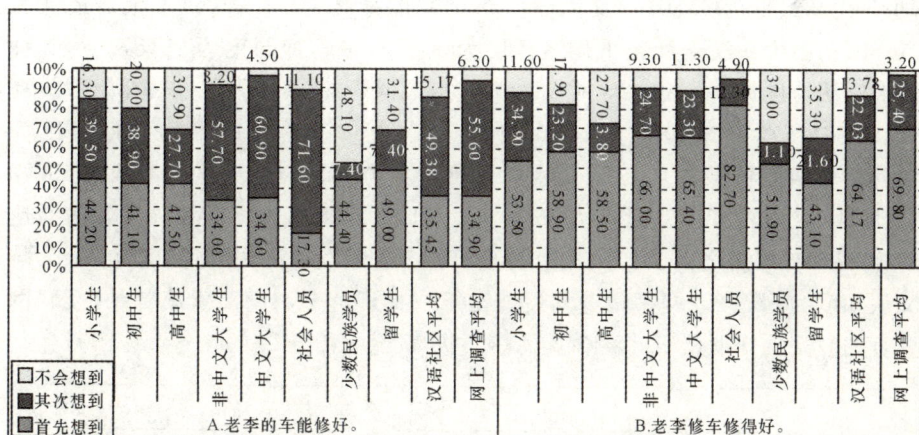

图 6-12　"老李的车修得好"的认知比较

66.70,抑制度为 9.50,歧义认知度为 88.90。两种调查均反映出第一种理解抑制度高于第二种,互联网调查的歧义认知度高于问卷调查的歧义认知度(见图6-13)。

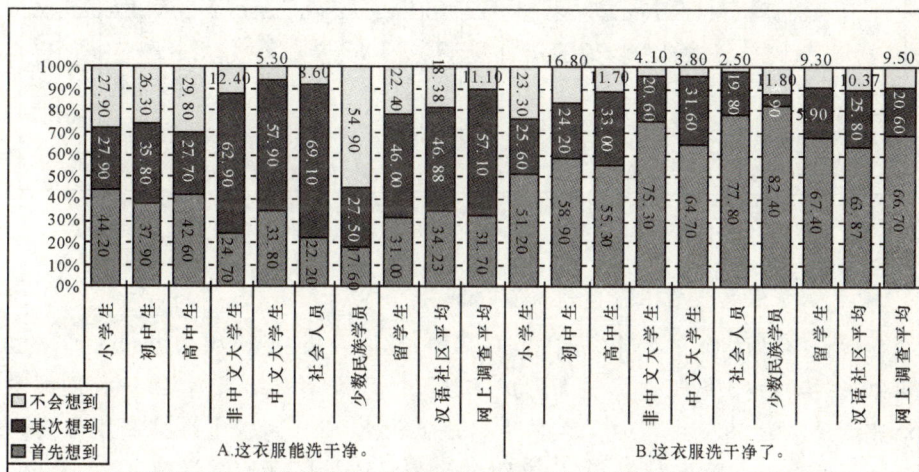

图 6-13　"这衣服洗得干净"的认知比较

[3]这个月的奖金领了跟没领一个样。

与词语的语义特征相类似的是短语的所指意义不同而形成的歧义。如"这个月的奖金领了跟没领一个样"的"跟没领一个样",这个短语在此句中可以有两种所指意义:一种是与钱的数目比,奖金太少;一种是与生活的需要比,奖金太少。因而,出现了歧义。问卷调查结果为,第一种理解激活速度最高为 27.30

（小学生），最低为 6.80（中文大学生）；抑制度最高为 54.90（留学生），最低为 21.50（初中生）；汉语社区平均激活度为 19.72，平均抑制度为 26.87。第二种理解激活速度最高为 93.20（中文大学生），最低为 66.70（留学生）；抑制度最高为 23.50（留学生），最低为 0.00（中文大学生）；汉语社区平均激活速度为 78.52，平均抑制度为 10.53。歧义认知度最高为 78.50（初中生），最低为 45.10（留学生），汉语社区平均歧义认知度为 73.14。互联网调查第一种理解激活速度为 22.20，抑制度为 31.70；第二种理解激活速度为 77.80，抑制度为 3.20，歧义认知度为 68.30。两种调查均反映出第一种理解抑制度高于第二种，互联网调查的歧义认知度低于问卷调查的歧义认知度（见图 6-14）。

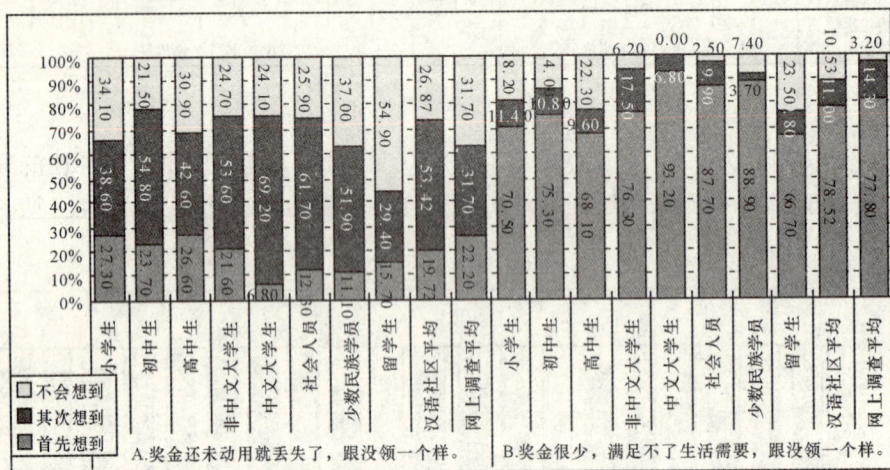

图 6-14 "这个月的奖金领了跟没领一个样"的认知比较

[4]妹妹做姐姐的工作也是常有的事。

此句中"做姐姐的工作"同样也有多指，既可以指"做姐姐的思想工作"，也可以指"接替姐姐做工作"，从而形成了歧义。问卷调查结果为，第一种理解激活速度最高为 59.80（非中文大学生），最低为 20.20（高中生）；抑制度最高为 60.80（留学生），最低为 5.30（中文大学生）；汉语社区平均激活速度为 41.65，平均抑制度为 22.00。第二种理解激活速度最高为 79.80（高中生），最低为 41.20（非中文大学生）；抑制度最高为 32.60（小学生），最低为 3.80（中文大学生）；汉语社区平均激活速度为 56.18，平均抑制度为 12.30。歧义认知度最高为 94.70（中文大学生），最低为 39.20（留学生），汉语社区平均歧义认知度为 78.00。互联网调查第一种理解激活速度为 41.30，抑制度为 22.20；第二种理解激活速度为 25.40，抑制度为 17.50，歧义认知度为 77.80。两种调查均反映出第一种理解抑制度高于第二种，互联网调查的歧义认知度与问卷调查的歧义认知度基本相同(见图 6-15)。

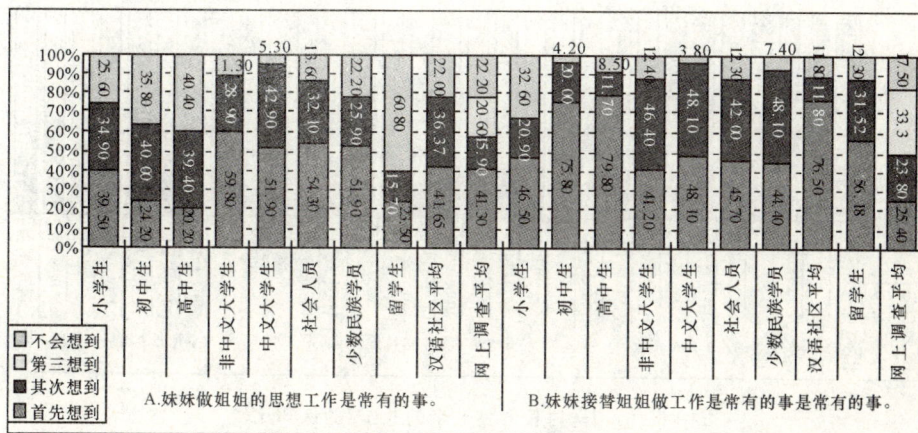

图 6-15　"妹妹做姐姐的工作也是常有的事"的认知比较

[5]送村长的是老李的儿子。

因语义关系和语义特征都不同而产生歧义,认知度就会降低。"送村长的是老李的儿子"就既涉及语义关系的不同,也涉及"送"的语义特征的不同。其中的"老李的儿子"与动词"送"之间的关系,既可能是施事,也可能是受事,从而构成了歧义。如果语义关系是施事,即"老李的儿子送村长",因"送"有[＋送行]和[＋送给]的不同语义特征,于是又有"老李的儿子为村长送行"和"老李的儿子送东西给村长"两种理解。如果语义关系是受事,就是"老李把儿子送给了村长"。问卷调查结果为,第一种理解"老李的儿子为村长送行"的激活速度最高为 100.00(中文大学生、社会人员),最低为 51.90(少数民族学员);抑制度最高为 17.60(留学生),最低为 0.00(初中生、高中生、非中文大学生、中文大学生、社会人员);汉语社区平均激活速度为 96.50,平均抑制度为 2.30。第二种理解"老李的儿子送村长东西"的激活速度最高为 29.60(少数民族学员),最低为 0.00(中文大学生、社会人员);抑制度最高为 76.60(高中生),最低为 52.90(留学生);汉语社区平均激活速度为 5.25,平均抑制度为 67.78。第三种理解"老李把儿子送给了村长"激活速度最高为 18.50(少数民族学员),最低为 0.00(中文大学生、社会人员);抑制度最高为 64.70(留学生),最低为 39.80(初中生);汉语社区平均激活速度为 2.45,平均抑制度为 49.47。歧义认知度最高为 60.20(初中生),最低为 23.40(高中生),汉语社区平均歧义认知度为 32.22。互联网调查第一种理解激活速度为 93.70,抑制度为 0.00;第二种理解激活速度为 6.30,抑制度为 46.00;第三种理解激活速度为 1.60,抑制度为 65.10;歧义认知度为 34.90(见图 6-16)。

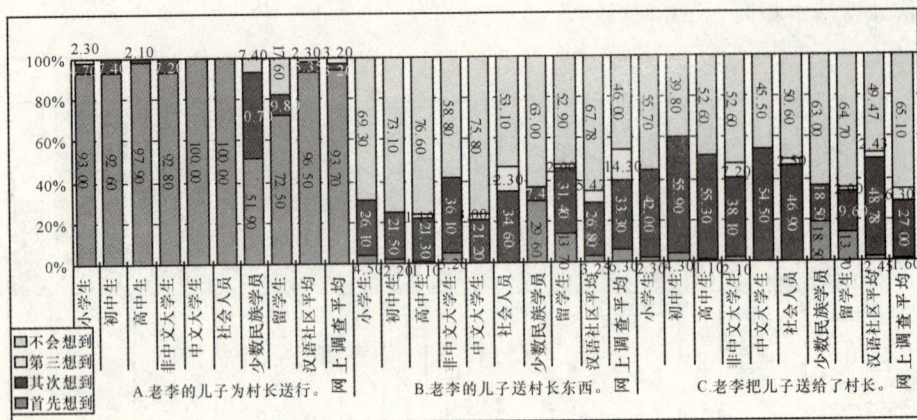

图 6-16 "送村长的是老李的儿子"的认知比较

语义特征是在句法结构中显示出来的，是一种临时意义。对于歧义句来说，准确把握语义特征是理解句义的关键。从认知者的角度看，有的语义特征呈显性状态，有的呈隐性状态。哪些语义特征呈显性状态，哪些语义特征呈隐性状态，与认知主体的认知方式密切相关。

首先，与句子中的主体关系密切的特征，一般都能比较及时地捕捉到，而与主体关系不甚密切的特征，常常不会关注到。如在"老李的车修得好"一句中与"好"相关的有两种语义特征：[＋结果]和[＋技术]。激活语义特征[＋结果]，句子的意思是"老李的车能修好"；激活语义特征[＋技术]，句子的意思是"老李修车修得好"（即"老李的修车技术好"）。后一种理解将"好"与[＋技术]联系，实际就是将"老李"理解为施事，所以激活速度快，达到了82.70（首先想到），加上"其次想到"激活度达到了95.10。前一种理解将"好"与[＋结果]联系，"车"是主体，"老李"为所有者，其激活速度大大降低，最高只有44.20，加上"其次想到"，激活度最高也能达到95.50。虽然理解度十分接近，但激活速度相差甚远。

其次，对现实情况的把握强于对非现实情况的推理。如在"这衣服洗得干净"一句中的"干净"理解为[＋结果]时，是对既成事实的断定，理解为[＋可能]时，是对未出现的结果的推论，[＋结果]的意义激活迅速，[＋可能]的激活显得迟钝一些。问卷调查显示，"干净"理解为[＋结果]（全句意义为"这衣服洗干净了"）的激活速度最高为77.80（社会人员），连少数民族学员都达到了82.40。而"干净"理解为[＋可能]（全句意义为"这衣服能洗干净"）的激活速度最高只有44.20。

又如"送村长的是老李的儿子"也是因语义特征和语义关系都不同而产生的歧义。"老李的儿子"与动词"送"之间的关系，既可能是施事，也可能是受事，从而构成了歧义。而当语义关系是施事时，句义是"老李的儿子送村长"，因"送"有两种语义特征：[＋送行]和[＋送给]，故又有"老李的儿子为村长送行"和"老李的儿子送东西给村长"两种理解。如果语义关系是受事，就是"老李把儿子送给了村长"。第一种语义特征更具有现实性，容易被激活。问卷调查显示，第一种理解（"老李的儿子为村长送行"）的激活速度达到了 100.00，最低也有 92.60。而第二种理解（"老李的儿子送东西给村长"）的激活速度最高只有 4.20，激活度最高也只有 41.30。第三种理解的激活速度最高只有 4.70，激活度最高也只有 30.30。

第三，对情况的判断从实情考虑优于从虚拟情况考虑。如"这个月的奖金领了跟没领一个样"中，"跟没领一个样"这个短语在此句中可以有两种所指意义：一个语义特征为[＋无]，是与钱数比，奖金太少（"领来就丢了"，钱数根本没增加）；一个语义特征为[＋少]，是与生活需要比，奖金太少。前一理解虽然意义也能成立，但偶然性强，所以，激活度很低，最高激活速度为 27.90，最高激活度为 78.50。后一理解切合实情，所以激活度高，最高激活速度为 93.20，最高激活度为 100.00。

又如"妹妹做姐姐的工作也是常有的事"中"工作"的语义特征，一是[＋职业工作]，一是[＋思想工作]。前者更合实情，可能性大；后者偶然性强，因此前一语义特征显示的句义更易激活，后者不易激活。问卷调查显示，前者的句意"妹妹接替姐姐做工作是常有的事"的激活速度最高为 79.80，激活度达到 96.20。后者的句意"妹妹做姐姐的思想工作是常有的事"最高激活速度为 59.80，最高激活度为 94.70。

四、语义焦点不同形成歧义的认知

"焦点（focus）是一个句子中在意义上比较突出的部分，是说话人希望听话人格外注意的部分。从信息包装的角度看，说话人通常把上文已经交代过的已知信息用话题来包装，把比较重要的新传信息用焦点来包装。""不同的语言可能采用不同的语法手段来表达不同种类的焦点。"[①]汉语中常用重音、语气词"是"、语序（状语和宾语位置）等方式来表示焦点。其类型有心理焦点、语义焦点和对比焦点等多种。同一句法结构如果焦点不同，其意义就不一样，如果同一句法结构从不同的焦点均可理解，就出现了歧义。例如：

① 袁毓林：《句子的焦点结构及其对语义解释的影响》，《当代语言学》2003 年第 4 期，第 323—338 页。

[1]王老师也教英语。

此句根据语义焦点的不同有三种意义。焦点在"王老师"上,意思是"别人教英语,王老师也教英语";焦点在"教"上,意思是"王老师学英语,王老师也教英语";焦点在"英语"上,意思是"王老师教汉语(或其他语言),王老师也教英语"。第一种理解最易为人们所接受,激活速度最高,达到了 84.20(中文大学生),最低也有 40.00(初中生);汉语社区平均激活速度为 59.10;抑制度最高为 36.80(初中生),最低为 1.00(非中文大学生);汉语社区平均抑制度为 17.50。第三种理解接受度次之,激活速度不够高,激活速度最高只有 50.50(初中生),最低为 15.80(中文大学生);但抑制度与第一种理解接近,最高为 39.50(小学生),最低为 4.90(社会人员);汉语社区平均激活速度为 34.00,平均抑制度为 16.70。第二种理解接受度最低,激活速度最低,抑制度最高。激活速度最高 11.60(小学生),最低为 0.00(中文大学生);抑制度最高为 80.40(留学生),最低也有 45.70;汉语社区平均激活速度仅为 8.40,抑制度达到了 58.90。能识别出三种意思的歧义认知度最高为 54.30(高中生),最低只有 19.60(留学生)。问卷调查汉语社区平均歧义认知度为 41.10。互联网调查第一种理解的激活速度为 59.10,抑制度为 0.00,第三种理解激活速度 23.80,抑制度 20.60。互联网调查歧义认知度为 54.00。两种调查均反映出第二种理解抑制度最高,互联网调查的歧义认知度高于问卷调查的歧义认知度(见图 6-17)。

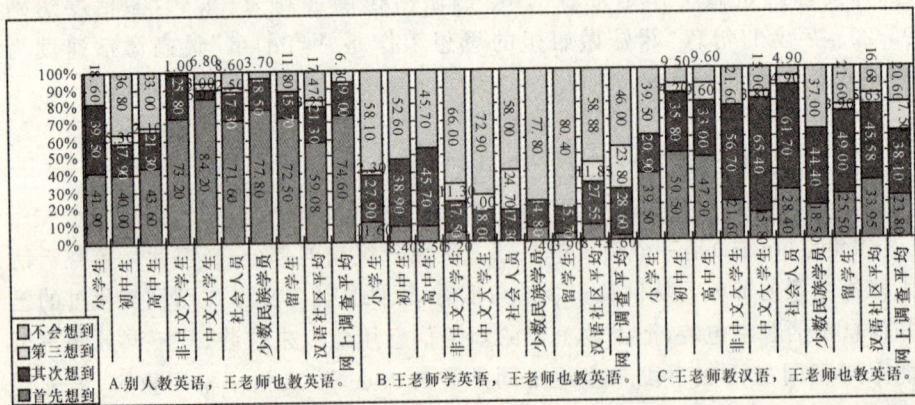

图 6-17 "王老师也教英语"的认知比较

[2]玲玲最喜欢布娃娃。

此句根据语义焦点的不同有两种意义。焦点在"玲玲"上,意思是"别人喜欢布娃娃,玲玲最喜欢布娃娃";焦点在"布娃娃"上,意思是"玲玲喜欢玩具,最喜欢布娃娃"。第二种理解容易为人们所接受,激活速度最高达到了 100.00(中文大学生),最低也有 67.40(初中生),汉语社区平均激活速度为 91.50;抑制度最高为 20.90(小学生),最低为 0.00(高中生、非中文大学生、中文大学生、社会人员),汉语社区平均抑制度为 11.00。第一种理解激活速度最高只有 18.60(小学生),最低为 0.00(中文大学生);抑制度最高为 54.90(留学生),最低为 33.30(少数民族学员);汉语社区平均激活速度为 6.90,平均抑制度为 44.30。歧义认知度最高为 66.70(少数民族学员),最低只有 45.10(留学生);汉语社区平均歧义认知度为 55.70。互联网调查第一种理解的激活速度为 9.50,抑制度为 25.40;第二种理解的激活速度为 7.90,抑制度为 39.70;歧义认知度为 40.30(见图 6-18)。

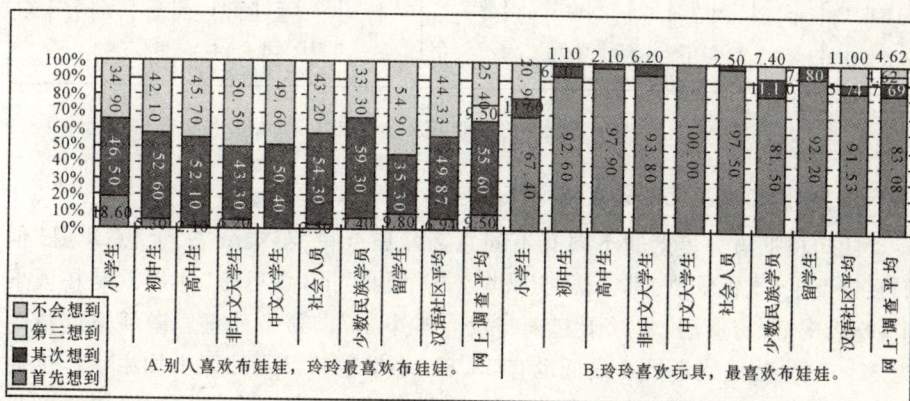

图 6-18　"玲玲最喜欢布娃娃"的认知比较

[3]入了党就要比一般群众干得更好。

此句根据语义焦点的不同有不同的意义。焦点在"入了党"和"更"上,意思是"(我)原来比群众干得好,入了党比一般群众干得更好";焦点在"一般群众"上,意思是"群众原比我干得好,但入了党我比一般群众干得更好"。第一种理解容易为人们所接受,激活速度最高达到了 88.30(少数民族学员),最低也有 56.90(留学生),汉语社区平均激活速度为 68.20;抑制度最高为 31.40(留学生),最低为 0.80(中文大学生),汉语社区平均抑制度为 13.90。第二种理解激活速度最高只有 37.90(初中生),最低为 3.70(少数民族学员);抑制度最高为 52.90(留学生),最低为 18.90(初中生);汉语社区平均激活速度为 25.30,平均抑制度为 35.30。歧义认知度最高为 78.90(初中生),最低为 47.30(留学生);汉语社区平均歧义认知度为 64.70。互联网调查第一种理解的激活速度为 76.20,抑制度为 1.80;第二种理解的激活速度 17.50,抑制度为 36.50;歧义认知度为 63.50(见图 6-19)。

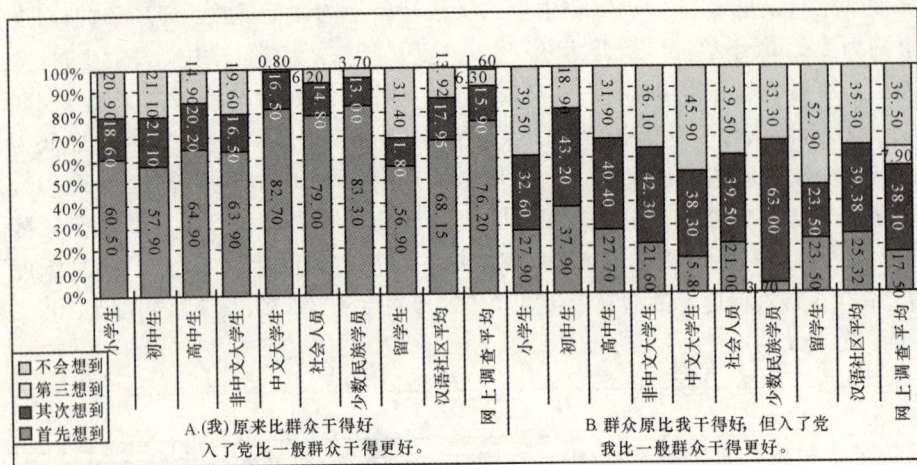

图 6-19 "入了党就要比一般群众干得更好"的认知比较

[4]他们在饭桌上都是英雄豪杰。

此句根据语义焦点的不同有不同意义。焦点在"英雄豪杰"上，意思是"他们在饭桌上(吃饭喝酒)都很厉害"，焦点在"饭桌"上，意思是"他们只是在饭桌上(吃饭喝酒)有能耐，实际干起来却没有本事了"。第一种意思激活速度最高为 81.50(少数民族学员)，最低也有 55.80(小学生)，汉语社区平均激活速度为 64.60；抑制度最高为 25.50(留学生)，最低为 0.00(中文大学生)，汉语社区平均抑制度为 9.30。第二种意思激活速度最高只有 39.10(中文大学生)，最低为 14.80(少数民族学员)；抑制度最高为 45.10(留学生)，最低为 13.60(社会人员)；汉语社区平均激活速度为 32.40，平均抑制度为 42.40。歧义认知度最高为 86.50(社会人员)，最低为 54.90(留学生)；汉语社区平均歧义认知度为 74.80。互联网调查第一种理解的激活速度为 74.60，抑制度为 1.60；第二种理解的激活速度 25.40，抑制度为 11.10；歧义认知度为 88.90(见图 6-20)。

[5]记者再次来到地震现场。

此句根据语义焦点的不同有不同的意义。焦点在"再次"上，意思是"记者上次来过地震现场，这次是第二次来"；焦点在"记者"上，意思是"其他人上次来过地震现场，这次记者来"。第一种意思激活速度最高为 98.50(中文大学生)，最低为 60.50(小学生)，汉语社区平均激活速度为 86.80；抑制度最高为 14.00(小学生)，最低为 0.00(中文大学生、社会人员)，汉语社区平均抑制度为 4.55。第二种意思激活速度最高只有 25.60(小学生)，最低为 0.00(中文大学生、社会人员)；抑制度最高为 77.80(少数民族学员)，最低为 44.30(非中文大学生)；汉语社区平均激活速度为 15.10，平均抑制度为 37.60。歧义认知度最高为 55.70

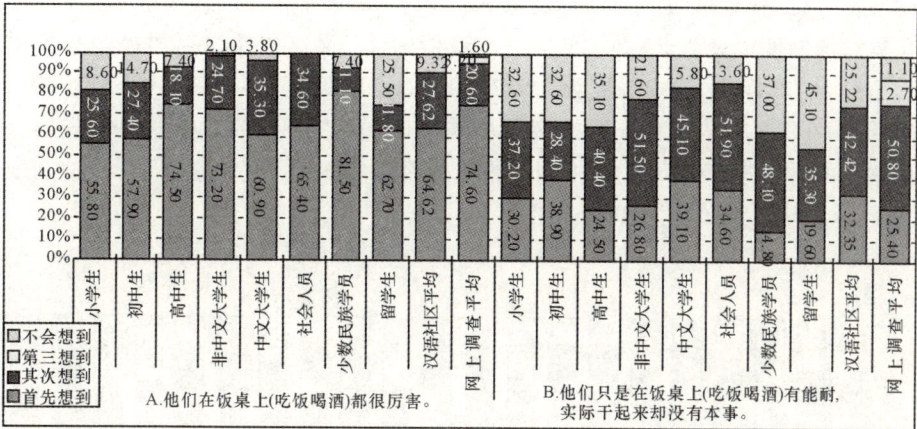

图例：□不会想到 □第三想到 ■其次想到 ■首先想到

A.他们在饭桌上(吃饭喝酒)都很厉害。　　B.他们只是在饭桌上(吃饭喝酒)有能耐，实际干起来却没有本事。

图 6-20　"他们在饭桌上都是英雄豪杰"的认知比较

(非中文大学生)，最低为 22.20(少数民族学员)；汉语社区平均歧义认知度为 52.60。互联网调查第一种理解的激活速度为 79.40，抑制度为 1.60；第二种理解的激活速度 4.80，抑制度为 54.00；歧义认知度为 46.00(见图 6-21)。

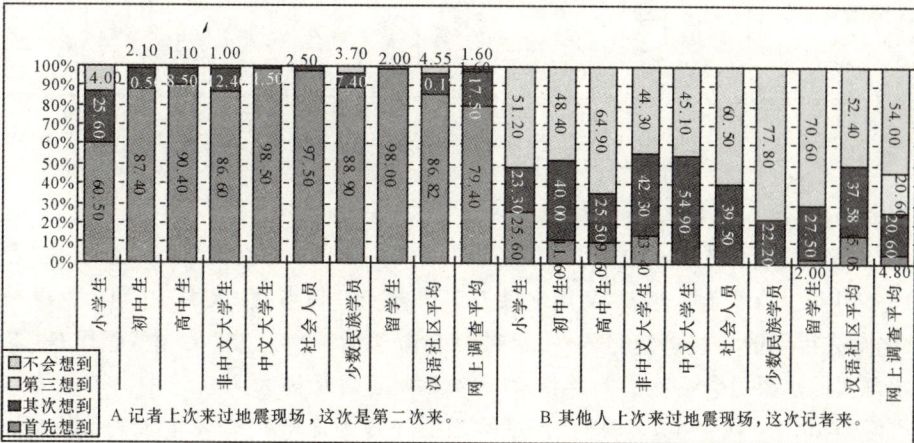

图例：□不会想到 □第三想到 ■其次想到 ■首先想到

A.记者上次来过地震现场，这次是第二次来。　　B.其他人上次来过地震现场，这次记者来。

图 6-21　"记者再次来到地震现场"的认知比较

[6]网上也可买空调。

此句根据语义焦点的不同有不同的意义。焦点在"网上"时，意思是"别处可以买空调，网上也可买空调"；焦点在"空调"上，意思是"网上可以买别的家电，也可买空调"。第一种意思激活速度最高为 92.50(中文大学生)，最低为 37.00(少数民族学员)，汉语社区平均激活速度为 75.10；抑制度最高为 20.90(小学生)，最低为 0.00(非中文大学生、中文大学生)，汉语社区平均抑制度为

13.80。第二种意思激活速度最高为 51.90(少数民族学员),最低为 4.90(社会人员);抑制度最高为 30.20(小学生),最低为 1.00(高中生);汉语社区平均激活速度为 23.70,平均抑制度为 42.40。歧义认知度最高为 89.90(社会人员),最低为 69.70(小学生);汉语社区平均歧义认知度为 85.90。互联网调查第一种意思的激活速度为 87.30,抑制度为 1.60;第二种理解激活速度 7.90,抑制度为 11.10;歧义认知度为 88.90(见图 6-22)。

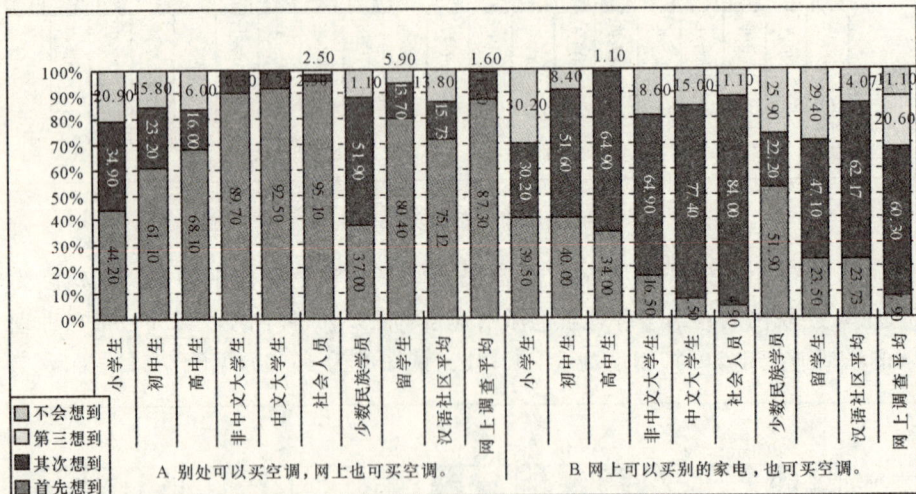

图 6-22 "网上也可买空调"的认知比较

[7]老章又用水果刀袭击他们。

此句根据语义焦点的不同有不同的意义。焦点在"水果刀"上,意思是"老章先用别的凶器袭击他们,又用水果刀袭击他们";焦点在"水果/刀"上,意思是"老章先用别的刀袭击他们,又用水果刀袭击他们";焦点在"又"上,意思是"老章再次用水果刀袭击他们"。第一种理解激活速度最高为 75.90(中文大学生),最低为 14.70(初中生),汉语社区平均激活速度为 34.50;抑制度最高为 70.40(少数民族学员),最低为 7.50(中文大学生),汉语社区平均抑制度为 27.70。第二种理解激活速度最高为 27.90(小学生),最低为 3.20(高中生);抑制度最高为 85.20(少数民族学员),最低为 24.10(中文大学生),汉语社区平均激活速度为 12.40,平均抑制度为 38.00。第三种理解激活速度最高为 78.70(高中生),最低为 16.50(中文大学生);抑制度最高为 22.20(少数民族学员),最低也有 5.30(高中生);汉语社区平均激活速度仅为 55.40,抑制度达到了 15.30。歧义认知度最高为 75.30(社会人员),最低只有 14.80(少数民族学员);汉语社区平均歧义认知度为 62.00。互联网调查第一种理解的激活速度为 52.40,抑制度为 6.30;第二种理解的激活速度 11.10,抑制度为 19.00;第三种理解的激活速度 41.30,抑制度为 12.70;歧义认知度为 81.00(见图 6-23)。

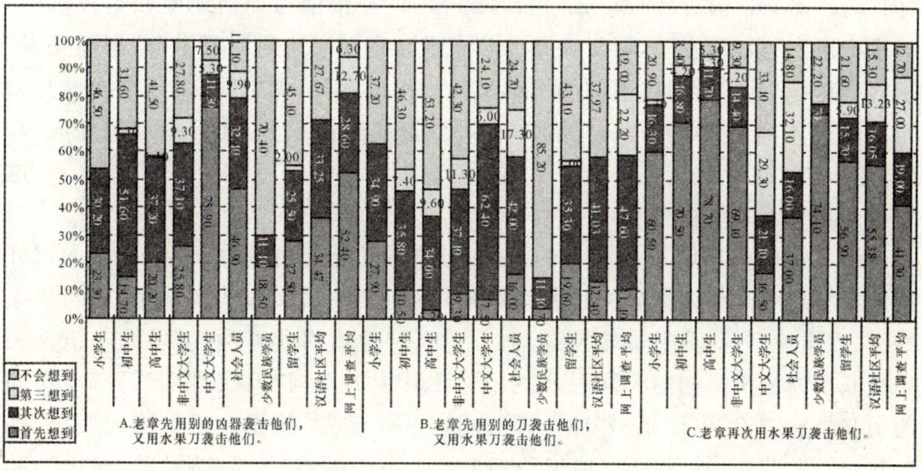

图 6-23 "老章又用水果刀袭击他们"的认知比较

语义焦点的歧义可以通过语音上的重音轻音的对比来体现。从"听"的角度说,语言的认知表现为能根据别人说话的轻重音,通过对比提取语义的焦点,从而把握句义。从"说"的角度说,要能根据自己的表达在适当的位置安排重音,以显示语义焦点。然而,在书面语中,无法从语音上获取重音,又没有外语境支持时,人们可以利用语言认知,从句子语境中确定重音,我们的调查就是以句语境为基础来提取重音,获取焦点的。在有歧义的句子中,焦点常常与比较相关联,焦点的选择其实就是把握比较的重心。这种焦点的获取,反映了人们在语言认知中的共性特点。

五、语义指向不同形成歧义的认知

"语义指向就是句法成分在语义平面上的动态指归性,它体现为由指向成分和被指向成分一起构成的语义指向结构体。"[①]从语义理解的角度看语义指向,就是要清楚句法结构内的词语与哪个词语发生意义上的联系。句法结构分析词语的联系常常是紧贴的,如果要远距离地组合,就得依靠层次来关联。而语义指向可以进行跨越式的语义组合。如:"老师在黑板上圆圆地画了一个圈"中"圆圆"在句法结构的组合上只能与动词"画"组合,作"画"的状语,显示了其

---

① 税昌锡:《汉语语义指向论稿》,东北师范大学出版社 2005 年版,第 46 页。

画圈时的状态,刻意要将"圈"画圆。但在语义理解上,"圆圆"是可以跨越其他词语与"圈"组合的,如老师画出来的"圈"是圆圆的。即"圆圆"在语义上是指向"圈"的。语义指向有多种形式,可以顺指,如"老张稳稳当当地坐在电视机前"("稳稳当当"指向"坐"),可以逆指,如"老张高高兴兴地回到家里"("高高兴兴"指向"老张");可以近指(前面两例都是),也可以远指,如"老张干干净净地打扫完了房间"("干干净净"指向"房间");可以指向句内成分,还可指向句外成分,如"老张被客客气气请进了里屋"("客客气气"指向句外,请老张的那个人)。这里所列各句,除"稳稳当当"一例所指和句法结构一致外,其余均不一致。

语义指向的理解有层次上的差异,近指的比远指的容易理解,内指的比外指的容易理解。单纯指向的比复杂指向的(和别的语义形式有联系,如与语义特征、语义关系等相联系)容易理解。下面的"他追得我直喘气"就是与语义关系相联系的语义指向的不同形成的歧义。其中的动词"追"和"喘气"都有不同的语义指向,"追"可以指向"他",即"他追我"("他"是施事),也可指向"我",即"我追他"("我"是施事)。"喘气"也同样可分别指向"他"("他"累得喘气)和"我"("我"累得喘气)。因而形成了四种意义。

问卷调查结果是,第一种理解(他追我,他累得喘气)和第二种理解(他追我,我累得喘气)容易为大家所接受,第三种理解(我追他,他累得喘气)和第四种理解(我追他,我累得喘气)不容易为大家接受。所以,第一种理解激活速度最高为71.40(中文大学生),最低为14.80(少数民族学员);抑制度最高为55.60(少数民族学员),最低为0.00(中文大学生);汉语社区平均激活速度为47.20,平均抑制度为18.80。第二种理解激活速度最高为85.20(少数民族学员),最低为22.60(中文大学生);抑制度最高为29.80(高中生),最低为11.30(非中文大学生);汉语社区平均激活速度为47.10,平均抑制度为21.00。第三种理解激活速度最高为15.00(中文大学生),最低为0.00(非中文大学生);抑制度最高为96.30(少数民族学员),最低为27.80(中文大学生);汉语社区平均激活速度为7.20,平均抑制度为67.40。第四种理解激活速度最高为13.50(中文大学生),最低为0.00(少数民族学员);抑制度最高为93.60(高中生),最低为38.30(中文大学生);汉语社区平均激活速度为7.70,平均抑制度为69.20。歧义认知度最高为61.70(中文大学生),最低为3.70(少数民族学员),汉语社区平均歧义认知度为30.80。互联网调查第一种理解激活速度为47.60,抑制度为1.60;第二种理解激活速度为52.40,抑制度为7.90;第三种理解激活速度为3.20,抑制度为58.70;第四种理解激活速度为6.30,抑制度为47.60。歧义认知度为41.30(见图6-24)。

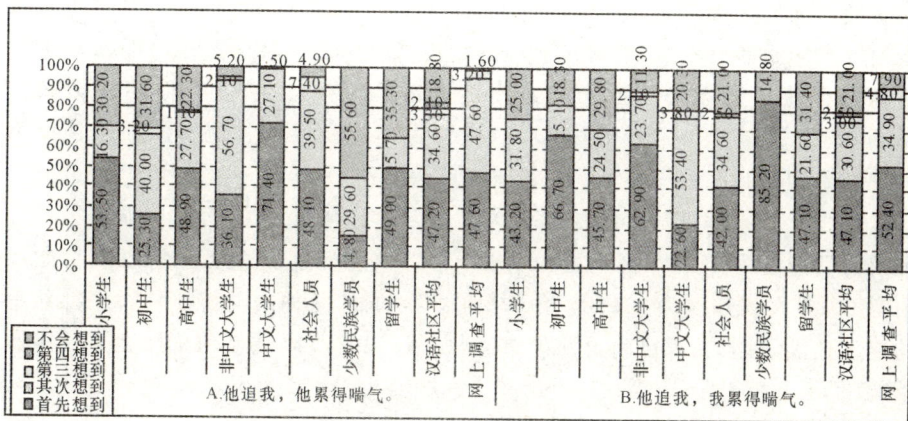

图 6-24(1) "他追得我直喘气"的认知比较

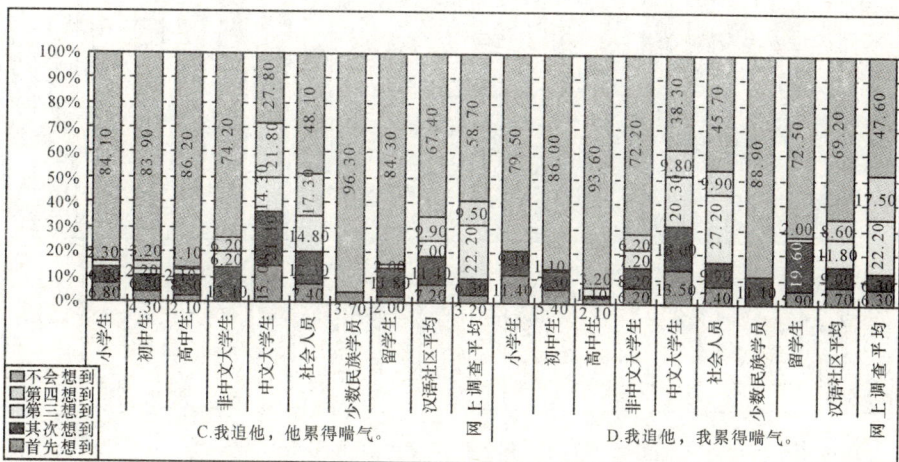

图 6-24(2) "他追得我直喘气"的认知比较

六、语义指向、语义特征都不同形成歧义的认知

语义指向和语义特征都不同形成歧义,会增加理解的难度。例如:

[1]老张有个女儿很骄傲。

此句是由语义指向和语义特征都不同而形成了歧义。"骄傲"一词有两个语义特征,用于贬义为[+自满],用于褒义为[+自豪];"骄傲"一词在此句法结构中有两种语义指向,指向"老张",显现[+自豪]义,指向女儿,显现[+自满]义。第一种理解的激活速度最高为 72.20(中文大学生),最低为 25.90(少数民

族学员);抑制度最高为 63.00(少数民族学员),最低为 0.00(中文大学生);汉语社区平均激活速度为 59.20,平均抑制度为 13.50。第二种理解的激活速度最高为 66.70(少数民族学员),最低为 29.30(中文大学生);抑制度最高为 25.90(少数民族学员),最低为 4.50(中文大学生);汉语社区平均激活速度为 39.30,平均抑制度为 15.00。歧义认知度最高为 95.50(中文大学生),最低为 37.00(少数民族学员),汉语社区平均歧义认知度为 85.00。互联网调查第一种理解激活速度为 61.90,抑制度为 7.90;第二种理解激活速度为 34.90,抑制度为 7.90;歧义认知度为 91.20。由于"骄傲"一词的两种语义特征是大家都熟悉的(《现代汉语词典》都已将这两种意义收入进去),所以歧义的认知度未受多大影响(见图 6-25)。

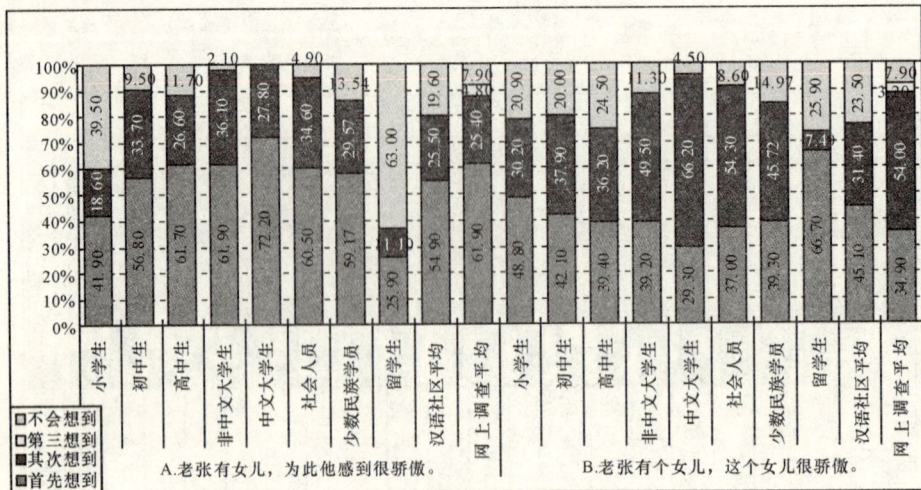

图 6-25 "老张有个女儿很骄傲"的认知比较

语义指向和语义特征都不同形成的歧义,如果语义特征不为大家所熟悉,歧义的认知度就会降低。例如:

[2]这些题我们都会做。

此句是由语义指向和语义特征共同构成的歧义,所以共有四种意思。第一种意思是"都"指向"我们"形成的,即"这些题我们都会做,没有一个人不会做";第二种意思是"都"指向"这些题"构成的,即"这些题我们都会做,没有一道题不会做";第三种意思是"会"的语义特征[+具有自觉性]所形成的,即"这些题我们都会做,不用你吩咐";第四种意思是"会"的语义特征[+具有能力]所形成的,即"这些题我们都会做,不用再讲/练了"。第一种意思的激活速度最高为 65.40(中文大学生),最低为 45.30(初中生);抑制度最高为 31.60(初中生),最低为 7.50(中文大学生);汉语社区平均激活速度为 58.30,平均抑制度为 14.60。第二种意思的激活速度最高为 38.30(社会人员),最低为 17.00(初中生);抑制度最高为 42.10(初中生),最低为 3.00(中文大学生);汉语社区平均激活速度为 27.10,平均抑制度为 20.70。第三种意思的激活速度最高为 16.00(高中生),最低为 2.50(社会人员);抑制度最高为 62.70(少数民族人员),最低为 33.10(中文大学生);汉语社区平均激活速度为 9.60,平均抑制度为 9.60。第四种意思的激活速度最高为 23.30(高中生),最低为 2.10(高中生);抑制度最高为 55.80(小学生),最低为 22.60(中文大学生);汉语社区平均激活速度为 10.50,平均抑制度为 10.50。歧义认知度最高为 66.90(中文大学生),最低为 37.30(少数民族人员),汉语社区平均歧义认知度为 49.80。互联网调查平均歧义认知度为 71.40,比问卷调查高得多,但由于"会"的语义特征是临时生成的①,所以歧义认知度受到的影响最为明显(见图 6-26)。

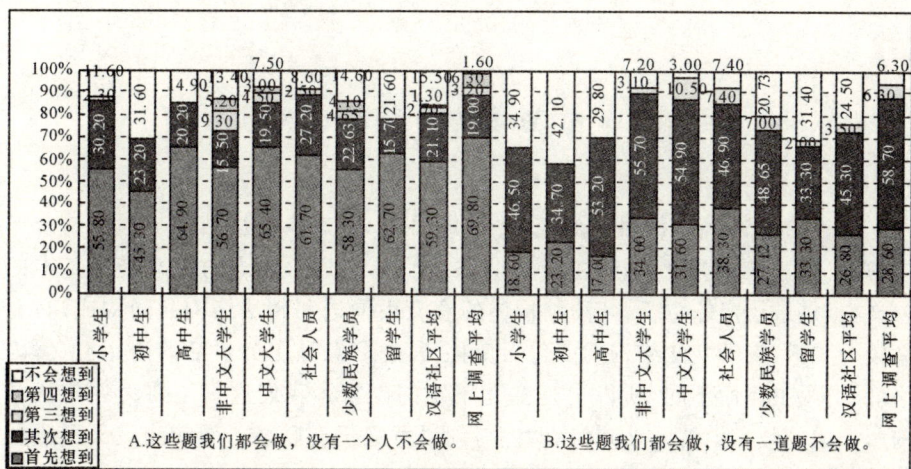

图 6-26(1)　"这些题我们都会做"的认知比较

———————————

① 《现代汉语词典》没有收"具有自觉性"的义项,所收的"表示有可能实现"与此义有些接近,但还是不同的。

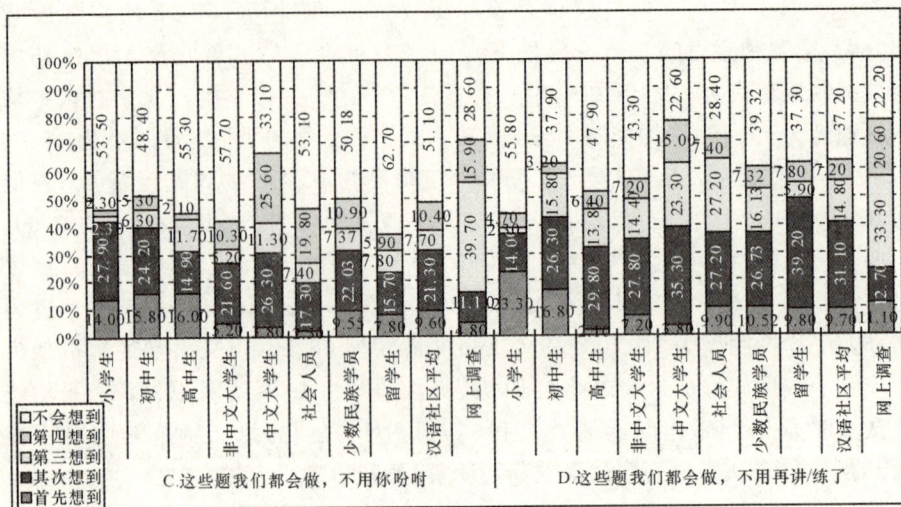

图 6-26(2) "这些题我们都会做"的认知比较

第四节 句法歧义消解的认知机制

句子的意义由三种因素决定:一是词语意义;二是句法结构与词语结合形成的意义;三是与语境、语用主体相联系的言外之意。词语的意义是最基本的意义,也是最稳定的意义;句法结构体的意义由词语和句法结构共同构成,其意义较为灵活,它随句法结构的变化而变化;言外之意是更为灵活的语用意义,因语境、语用主体而不同,所以更是变化不定的因素。我们这里主要讨论句法结构所形成的歧义消解的认知特点,但与词语意义仍有联系。因句法歧义形成的原因不同,在歧义的认知上也会表现出不同的特点。

一、结构层次不同形成歧义的消解

因结构层次不同所形成的歧义哪种意义激活度高(抑制度低)？哪种意义激活度低(抑制度高)？我们调查的数据虽然不是整齐划一的,但从比较中,我们可以发现其基本趋势是比较清晰的,特别是问卷调查和互联网调查①结果也

---

① 网上调查为保证调查的效度,每项内容都至少列三种意义,这个"第三想到"大多是起干扰作用的,这里统计随问卷调查用两种意义,所以如无必要,第三种意义就不再统计进来。

带有较高的一致性。

在自然语言理解的"组块"过程中，人们语言认知惯性是以左统右（顺向）的，即在"组块理解"中是"摄前"的。[①] 如下例的 A 义是"摄前"式的理解，B 义是"摄后"的，其认知难度 A 义比 B 义要低。

[1]他没瞒着父母打游戏机。

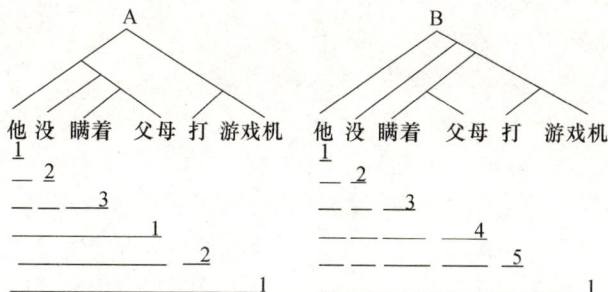

图 6-27　"他没瞒着父母打游戏机"的认知组块

人们分析该句法结构的歧义为：A."他没瞒着父母∥打游戏机"（即"他打了游戏机，但没瞒着父母"）；B."他没∥瞒着父母/打游戏机"（即"他没打游戏机，也没瞒着父母"）（见图 6-27）。在我们的调查中"首先想到"A 义的占绝对优势，在问卷调查中平均为 78.20，在互联网调查中平均为 66.70。而"首先想到"B 义的在问卷调查中平均只有 21.25，在互联网调查中平均只有 27.00。这是因为 A 义的认知方法符合组块时的记忆要求，认知难度比 B 义低。陆丙甫曾在"组块"理论里提出过"感知难度"及计算方法，我们可以用以计算和比较歧义的两种意义在理解上的优劣。把认知处理过程中头脑中时时要记住的平均板块数作为衡量语句认知难度的基本指数，称为"平均认知难度"，简称"平均难度"（用 PN 表示）；将局部要记住的板块数称为"瞬时认知难度"，简称"瞬时难度"（用 SN 表示）。平均认知难度与瞬时认知难度的关系为：

$$PN = \frac{\sum (SN)}{m} \ (m \text{ 为句法结构所蕴含的词数})$$

例[1]认知难度为：

A：$SN(a) = 1 + 2 + 3 + 1 + 2 + 1 = 10$

$PN(a) = (1 + 2 + 1 + 1 + 2 + 2 + 1) \div 6 = 1.67$

B：$SN(b) = 1 + 2 + 3 + 4 + 5 + 1 = 16$

$PN(b) = (1 + 2 + 3 + 4 + 3 + 4 + 4 + 3 + 2 + 1) \div 6 = 2.67$

① 陆丙甫：《核心推导语法》，上海教育出版社 1993 年版，第 186 页。

由以上计算可知,A 式的理解难度低,B 式的理解难度高。因此,人们在理解这个歧义句时,大多选择了 A 义的理解,选择 B 义的少。B 义在理解过程中大多数将其抑制了,歧义便得到了消解。当然,这样的选择与表达者的表达也是一致的,表达者同样存在着记忆容量的限制,表达时的瞬间当然也是从接收者理解方便角度选择优选的组块方式的。

为节省篇幅,下面分析只列组块,不再列出树形分析。

[2]我看这本书很合适。

A. 我 看 这 本 书 很 合适　　　(意义:这本书适合于我看)
　　1　1　2　2　1　2　1

认知难度:$SN(a)=1+1+2+2+1+2+1=10$

$\qquad PN(a)=(1+1+2+2+1+2+1)\div 7=1.43$

B. 我 看 这 本 书 很 合适　　　(意义:我认为这本书适合于某种用途)
　　1　1　2　2　2　3　1

认知难度:$SN(b)=1+1+2+2+2+3+1=12$

$\qquad PN(b)=(1+1+2+2+2+3+1)\div 7=1.71$

A 义的平均认知难度低,认知度就高;B 义的平均认知难度高,认知度就低。问卷调查 A 义认知激活速度为 63.78,抑制度为 7.47;B 义认知激活速度为 32.77,抑制度为 20.82。互联网调查 A 义认知激活速度为 61.90,抑制度为 1.60;B 义认知激活速度为 27.00,抑制度为 17.50。

[3]你讲不过他也得讲。

A. 你 讲 不过 他 也 得 讲　　　(意义:你讲不过他,也得讲)
　　1　1　2　1　1　2　3　1

认知难度:$SN(a)=1+1+2+1+2+3+1=11$

$\qquad PN(a)=(1+1+2+1+2+3+1)\div 7=1.57$

B. 你 讲 不过 他 也 得 讲　　　(意义:你讲,不过他也得讲)
　　1　1　2　3　4　5　1

认知难度:$SN(b)=1+1+2+3+4+5+1=17$

$\qquad PN(b)=(1+1+2+3+4+5+1)\div 7=2.43$

问卷调查 A 义认知激活速度为 80.08,抑制度为 8.53;B 义认知激活速度为 15.78,抑制度为 33.82。互联网调查 A 义认知激活速度为 84.10,抑制度为 0.00;B 义认知激活速度为 12.70,抑制度为 15.90。

[4]一些国家领导人发表了新年献词。

A. 一些 国家 领导人 发表 了 新年 献词
　　1　 1　 1　 1　 2　 3　 4　 1

(意义:一些国家的领导人发表了新年献词)

认知难度:$SN(a)=1+1+1+2+3+4+1=13$

$PN(a)=(1+1+1+2+3+4+1)÷7=1.86$

B. 一些　国家　领导人　发表　了　新年　献词
　　　1　　2　　　1　　　2　　3　4　　1

(意义:国家的一些领导人发表了新年献词)

认知难度:$SN(b)=1+2+1+2+3+4+1=14$

$PN(b)=(1+2+1+2+3+4+1=14)÷7=2$

问卷调查 A 义认知激活速度为 51.78,抑制度为 7.58;B 义认知激活速度为 42.98,抑制度为 13.80。互联网调查 A 义认知激活速度为 73.00,抑制度为 4.80;B 义认知激活速度为 33.30,抑制度为 17.50。

[5]他给我们讲了两个解放军战士抢救国家财产的故事。

A. 他　给　我们　讲　了　两　个　解放军　战士　抢救　国家　财产　的　故事
　　1　2　　3　　4　1　2　3　　4　　2　3　　4　　3　4　　1

(意义:他给我们讲故事,内容是两个解放军战士抢救国家财产)

认知难度:$SN(a)=1+2+3+4+1+2+3+4+2+3+4+3+4+1=37$

$PN(a)=(1+2+3+4+1+2+3+4+2+3+4+3+4+1)÷14$
$=2.64$

B. 他　给　我们　讲　了　两　个　解放军　战士　抢救　国家　财产　的　故事
　　1　2　　3　　4　1　2　2　　3　　3　4　5　　3　4　　1

(意义:他给我们讲了两个故事,内容是解放军战士抢救国家财产)

认知难度:$SN(b)=1+2+3+4+1+2+2+3+3+4+5+3+4+1=38$

$PN(b)=(1+2+3+4+1+2+2+3+3+4+5+3+4+1)÷14$
$=2.71$

问卷调查 A 义认知激活速度为 55.90,抑制度为 10.70;B 义认知激活速度为 42.57,抑制度为 12.27。互联网调查 A 义认知激活速度为 50.80,抑制度为 4.80;B 义认知激活速度为 49.20,抑制度为 1.60。

[6]他知道这件事情不要紧。

A. 他　知道　这　件　事情　不　要紧　　(意义:他知道//这件事情不要紧)
　　1　1　2　3　　2　　3　1
　　1　　1　　2　3　2　3　　1

认知难度:$SN(a)=1+1+2+3+2+3+1=13$

$PN(a)=(1+1+2+3+2+3+1)÷7=1.86$

B.他　知道　这　件　事情　不　要紧　　(意义:他知道这件事情//不要紧)
　1　2　　3　4　　3　4　1

认知难度:$SN(b)=1+2+3+4+3+4+1=18$

$$PN(b)=(1+2+3+4+3+4+1)\div7=2.57$$

问卷调查 A 义认知激活速度为 61.67,抑制度为 9.52;B 义认知激活速度为 35.33,抑制度为 17.83。互联网调查 A 义认知激活速度为 55.90,抑制度为 19.00;B 义认知激活速度为 38.10,抑制度为 9.50。

[7]不要打坏电话。

A.不 要 打 坏 电 话 　 (意义:不要把电话机用坏了)
　　1　2　3　2　　1
认知难度:$SN(a)=1+2+3+2+1=9$
　　　　　$PN(a)=(1+2+3+2+1)\div5=1.8$

B.不 要 打 坏 电 话 　 (意义:不要用已经坏了的电话机)
　　1　2　3　4　　1
认知难度:$SN(b)=1+2+3+4+1=11$
　　　　　$PN(b)=(1+2+3+4+1)\div5=2.2$

问卷调查 A 义认知激活速度为 48.73,抑制度为 18.40;B 义认知激活速度为 6.98,抑制度为 65.00。互联网调查 A 义认知激活速度为 58.70,抑制度为 3.20;B 义认知激活速度为 6.30,抑制度为 41.35。

上述各例证明,层次结构歧义的认知激活速度与认知难度呈反比关系,抑制度与认知难度成正比关系。问卷调查与互联网调查的抑制度相差较大,互联网调查的起伏更大,绝大多数的抑制度低于问卷调查,有几项(2A、3A、5B、7A)的抑制度最低,甚至于为 0,说明这些意思最容易为人们所接受。抑制度越高的意义越不为人们所接受,例如"不要打坏电话"理解为"不要用已经坏了的电话机"(7B),从理论上来说是成立的,但实际上使用的可能性很小(既然是坏了的电话机,还怎么使用,更用不着叮嘱了),所以抑制度达到了 41.30 和 65.00。问卷调查与互联网调查的认知激活速度非常接近,认知激活速度低的,其抑制度就高,如 1B、3B、7B,抑制度超过了激活速度,尤其是 7B 的抑制度远远超出了激活速度(见图 6-28)。

二、语义关系不同形成歧义的消解

语义关系是隐藏在句法结构关系背后的意义,因而,不易为人们发现,如果歧义是因语义关系引起的,其认知度就会大大降低。汉语句法结构基本特点是"S-V-O",其中将 S 理解为施事,O 理解为受事,形成"施-动-受"的语义结构,这样的顺向理解语义的速度是最快的。如果要理解为"受-动-施"或"施-受-动"的语义结构,除了要外语境的支持外,在语义理解的路线上,也还需要有一个回组的过程。因此,这样的逆向语义理解的速度必然会降低。即使是

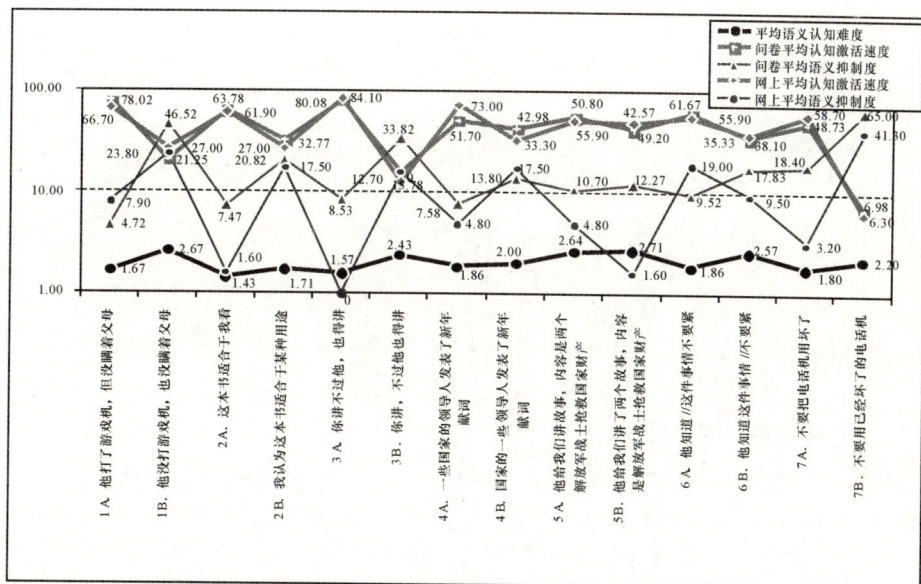

图 6-28　层次结构歧义的认知难度与认知激活速度、抑制度比较

S 被省略，也是将 V 后的 O 理解为受事更方便，如"关心的是老张"、"看重的是小王"等。如果要将处在动词后面的"老张"、"小李"理解为施事，认知的速度就会降低。如果句法结构中有标记性的词语，会大大提高理解的速度，也会大大降低认知的瞬间难度和平均难度。为方便认知难度的计算，我们将有标记（如"连"、"都"）的顺向组块（即"施—动—受"）在认知瞬时难度上 ×0.5，逆向组块（即"受—动—施"）是在顺向组块结束后，没有得到句法结构意义而重新组合的，所以在认知时间上会加倍，认知的瞬时难度的计算也在顺向组块后再按逆向继续计算组块。我们调查的几例语义关系歧义认知的瞬间难度和平均认知难度如下。

[1]小王连老李都不认识。

A. 小王 连 老李 都 不 认识　（意义：小王不认识老李）
　　1　2　3　　4　5　1

认知难度：$SN(a)=1+2+3+4+5+1=16$

$\qquad PN(a)=(1+2+3+4+5+1)\div6=2.67\times0.5=1.33$

B. 小王 连 老李 都 不 认识　（意义：老李不认识小王）
　　1　　2　3　　4　5　6　＋ 老李 不 认识 小王
　　　　　　　　　　　　　2 1　 1　2　3　　1

认知难度：$SN(b)=1+2+3+4+5+6+1+2+3+1=28$

$\qquad PN(b)=(1+2+3+4+5+6+1+2+3+1)\div10=2.8$

[2]看中的是小李。

A. 看中 的 是 小李　　（意义:某人看中了小李）

　　1　1　2　1

认知难度:$SN(a)=1+1+2+1=5$

　　　　　　$PN(a)=(1+1+2+1)\div 4=1.25$

B. 看中 的 是 小李　　（意义:小李看中某人/某物）

　　1　2　3　4　+　小李　看中　某人/某物

　　　　　　　　　　10　　1　　2　　　3

认知难度:$SN(b)=1+2+3+4+1+2+3=16$

　　　　　　$PN(b)=(1+2+3+4+1+2+3)\div 7=2.29$

[3]他的笑话说不完。

A. 他 的 笑话 说 不 完（意义:他很会说笑话,笑话说不完）

　1　2　1　2　3　1

认知难度:$SN(a)=1+2+1+2+3+1=10$

　　　　　$PN(a)=(1+2+1+2+3+1)\div 6=1.67$

B. 他 的 笑话 说 不 完（意义:他闹下许多笑话,说不完）

　1　2　3　4　5　6　+　关于 他 的 笑话 说 不 完

　　　　　　　　21　　　　　1　2　3　1　2　3　1

认知难度:$SN(b)=1+2+3+4+5+6+1+2+3+2+3+1=34$

　　　　　　$PN(b)=(1+2+3+4+5+6+1+2+3+2+3+1)\div 13=2.62$

　　句法结构的语义关系形成的歧义的认知激活速度与认知难度成反比关系,抑制度与认知难度成正比关系。问卷调查与互联网调查的认知激活速度非常接近。互联网调查的抑制度除 2A 之外,其余均低于问卷调查,抑制度越高的意义越不为人们所接受,如 B 类意义的理解。说明按语义关系进行调整的语义理解的方式,在语义理解上有一定的难度。如果没有外语境的刺激,人们一般不会按这种方式理解该句法结构的意义(见图 6-29)。

三、语义特征不同形成歧义的消解

　　语义特征是在词语组合中所表现出来的特征,它既与句法结构有联系,又与词语的理性意义有联系。有的是对词语有义项的选择,有的是原来不够明显的意义的显化。语义特征要在句法结构中才能显现,语义特征又需纳入句法结构中才能显示句法结构所能表现的语义。语义特征歧义是语言单位在句法结构中表现出多种语义特征,即按照所显示的多种语义特征将一种表层结构转换为多种深层结构的句法语义。此处所指语义特征既包括"词"的语义特征,也包

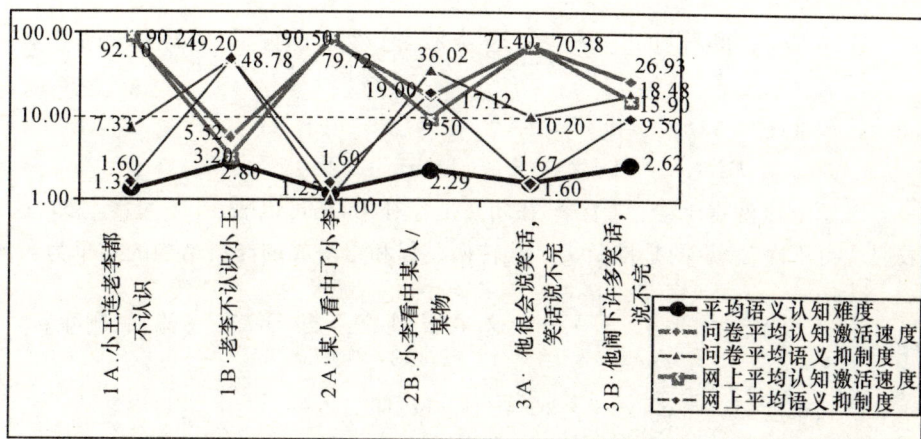

图 6-29　语义关系歧义的认知难度、认知激活速度、抑制度之比较

括"语"的语义特征,实际上是词语所包含的内容。而句义的形成仍然依赖于词语的组块,所不同的是当首次组块完成后,因语义特征不同句子真正的意思还不清楚,必须重新将语义特征纳入对句法结构的转化、组块,才能显示句子的真正意义。其转换的方式主要有移位、添加、重叠、删除等。例如:

[1]老李的车修得好。

A. 老李的车修得好。"好"表示[＋结果]时,是"老李修车修得好"的意思。其转换过程和组块成的深层结构的句子为:

$$
\underset{1\ \ 1\ \ 1\ \ 2\ \ 3\ \ 4}{\text{老李 的 车 修 得 好}} \xrightarrow{\text{转换}} \underset{1\quad 2\ 2\ 1\ 2\ 3\ 1}{\text{老李（的 修 车 修 得 好}} \quad [删除、添加]
$$

认知难度:$SN(a)=1+2+2+1+2+3+1=12$
$PN(a)=(1+2+2+1+2+3+1)\div 6=2$

B. 老李的车修得好。"好"表示[＋可能]时,是"老李的车能修好"的意思。其转换过程和组块成的深层结构的句子为:

$$
\underset{1\ \ 1\ \ 2\ \ 1\ \ 2\ \ 3\ \ 4}{\text{老李 的 车 修 得 好}} \xrightarrow{\text{转换}} \underset{1\quad 1\ \ 2\ \ 3\ \ 4\ \ 5\ \ 6\quad 1}{\text{老李 的 车 能 修（得）好}} \quad [添加、删除]
$$

认知难度:$SN(b)=1+2+3+4+5+6+1=22$

$PN(b)=(1+2+3+4+5+6+1)\div 6=3.67$

[2]这衣服洗得干净。

A. 这衣服洗得干净。"干净"在句法上作补语,可以表示[＋结果],即"这衣服洗得干净"表示的是评价义。其转换过程和组块成的深层结构的句子为:

这 衣服 洗 得 干净 $\xrightarrow{\text{转换}}$ 这 衣服 洗（得）干净 了 ［删除、添加］
1　2　3　4　1　　　　　　　1　2　3　4　1　1

认知难度：$SN(a)＝1＋2＋3＋4＋1＝12$

$\qquad PN(a)＝(1＋2＋3＋4＋1)÷5＝2.4$

B. 这衣服洗得干净。"干净"在句法上作补语，还可以表示［＋可能］，即"这衣服洗得干净"表示的是推断义。其转换过程和组块成的深层结构的句子为：

这 衣服 洗 得 干净 $\xrightarrow{\text{转换}}$ 这 衣服 能 洗（得）干净 ［添加、删除］
1　2　3　4　1　　　　　　　1　2　3　4　5　1

认知难度：$SN(b)＝1＋2＋3＋4＋5＋1＝16$

$\qquad PN(b)＝(1＋2＋3＋4＋5＋1)÷5＝3.2$

［3］这个月的奖金领了跟没领一个样。

其中"领了"与"跟没领一个样"是表比较的，其中形成比较的原因要由受者来判断。在没有外语境的情况下，内语境的判断是领了奖金＝没领奖金，原因是奖金少，体现不出奖金的用途。因此，A 义的"没领"有［＋钱少］的特征，其转换过程和组块成的深层结构的句子为：

A. 这 个 月 的 奖金 领 了 跟 没 领 一 个 样
　 1 2 1 2　1　2 1 2 3 4 5 6 7

$\xrightarrow{\text{转换}}$ 这 个 月 的 奖金 太少，跟 没 领 一 个 样 ［添加］
　　　　 1 2 1 2　1　21　2 3 4 5 6 1

认知难度：$SN(a)＝1＋2＋1＋2＋1＋2＋1＋2＋3＋4＋5＋6＋1＝31$

$\qquad PN(a)＝(1＋2＋1＋2＋1＋2＋1＋2＋3＋4＋5＋6＋1)÷13$

$\qquad\qquad ＝2.4$

至于形成比较的原因是其他因素则需要外语境的支持的，如"领了奖金又遗失了"。B 义的"没领"有［＋遗失］的特征。其转换过程和组块成的深层结构的句子为：

B. 这 个 月 的 奖金 领 了 跟 没 领 一 个 样
　 1 2 1 2　1　2 1 2 3 4 5 6 7

$\xrightarrow{\text{转换}}$这 个 月 的 奖金 没 用 就 遗失 了，领 了 跟 没 领 一 个 样 ［添加］
　　　　1 2 1 2　1　2 3 4 5 1 2 3 4 5 6 7 1

认知难度：$SN(b)＝1＋2＋1＋2＋1＋2＋1＋2＋3＋4＋5＋1＋2＋3＋4＋5$

$\qquad\qquad ＋6＋7＋8＋1＝60$

$$PN(b)=(1+2+1+2+1+2+1+2+3+4+5+1+2+3+4+$$
$$5+6+7+8+1)÷18=3.33$$

[4]妹妹做姐姐的工作也是常有的事。

"妹妹做姐姐的工作也是常有的事",其中"做姐姐的工作"所指的具体内容清楚了,此话才算真正理解了。A指的是具体实在的意义,[＋接替姐姐的工作],转换过程和组块成的深层结构的句子为:

A.妹妹 做 姐姐 的 工作 也 是 常 有 的 事
　　1　2　　3　　4　1　2　3　4　5　6　1

转换
————→　妹妹 接替 姐姐 的 工作 也 是 常 有 的 事　［添加］
　　　　　1　　2　　3　　4　1　2　3　4　5　6　1

认知难度:$SN(a)=1+2+3+1+2+3+4+5+6+1=30$
$$PN(a)=(1+2+3+1+2+3+4+5+6+1)÷11=2.73$$

B所指是虚义的工作,[＋思想工作](劝说),转换过程和组块成的深层结构的句子为:

B.妹妹 做 姐姐 的 工作 也 是 常 有 的 事
　　1　2　　3　　4　1　2　3　4　5　6　1

转换
————→　妹妹 做 姐姐 的 思想 工作 也 是 常 有 的 事　［添加］
　　　　　1　2　　3　　4　5　　1　2　3　4　5　6　1

认知难度:$SN(b)=1+2+3+4+5+1+2+3+4+5+6+1=37$
$$PN(b)=(1+2+3+4+5+1+2+3+4+5+6+1)÷11=3.36$$

句法结构的语义特征形成的歧义的认知激活速度与认知难度成反比关系,抑制度与认知难度成正比关系。问卷调查与互联网调查的认知激活速度非常接近,只是4A略有差异。互联网调查的抑制度基本上都比问卷调查低。B义的激活速度基本上在25～35之间,其消解的程度比较高。如果没有外语境的刺激,人们一般不会按这种方式理解该句法结构的意义(见图6-30)。

四、语义焦点不同形成歧义的消解

"通俗地说,所谓焦点就是句子中的重要部分,突出部分。在一定的语言环境中,凭语感不难指出焦点在哪里。同一句子在不同的场合说,其焦点就不同。"[①]而在没有语境支持的时候,人们就会设想在不同语境下焦点会发生变化,

———————————

① 徐烈炯、潘海华:《焦点结构和意义的研究》,外语教学与研究出版社2005年版,第11—12页。

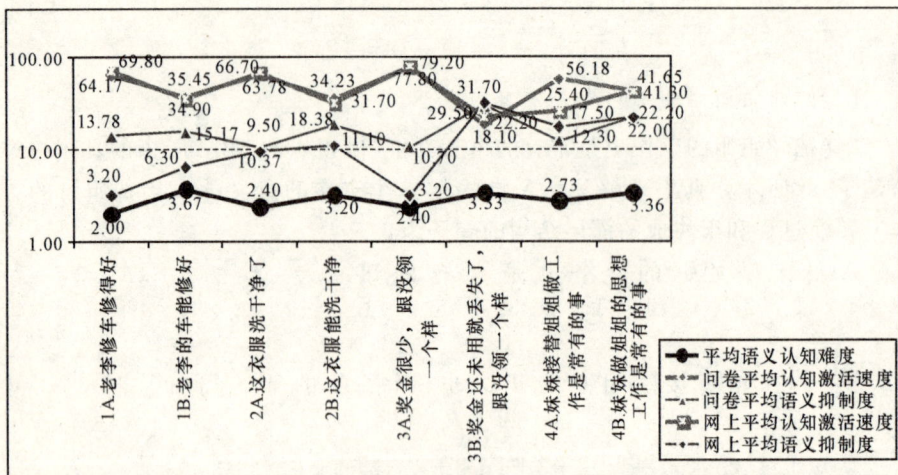

图 6-30　语义特征歧义的认知难度、认知激活速度、抑制度比较

就会出现歧义。因语义焦点不同所形成的歧义句,在口语中是可以根据语气、重音来判断消除歧义的,但在书面语中却不能马上消除歧义。在口语中如果说话人不用语气和重音来强调语义焦点的话,这就和书面语一样,歧义也会出现。这时就需要受话者根据其认知语境或外语境来判断了。一般情况下,对这样的歧义,人们的认知有一个倾向性的理解,当有外语境的时候,会根据外语境对认知的倾向性理解再加以修正,而不是没有外语境歧义就不能消除了。

(一)对比焦点与强调

"对比焦点的特点是说话者头脑中有一个范围,从这个范围挑出一个(或者几个)对象,排除其他对象。"[①]对比是通过两种以上事物的特点展示来实现的,在一个句子内实现对比,并要作强调,常常要通过副词、介词来实现。副词"也"是暗含式的对比,其对比的对象一般可以不出现,让语言接收者自己去认知。因为对比对象不定,有时就会出现不同的对比的对象都可以解释的歧义现象。例如:

[1]王老师也教英语。

[2]网上也可以买空调。

由于"也"的加入,形成对比。一般情况下,使用"也"字句必须同时满足四个条件:(1)存在两个或两个以上事件,说话人在使用"也"字句时,心里想到的

---

① 徐烈炯、潘海华:《焦点结构和意义的研究》,外语教学与研究出版社 2005 年版,第 15 页。

是两件事。(2)这两件事有相类同的关系。(3)如果把一件事分成主项和谓项两部分,那么这两件事的主项或谓项至少有一项相同。(4)说话人习惯于把两件事分开来用两个单句来描述。但是,如果只是一个句子时,其比较的对象就不清楚了。接收者理解这样的句子时就要自己在句外找比较点,若选择的比较点不同,意义就会不同。如上列的对比对象就是在句外且不定,因而构成歧义。"王老师也教英语"可以是主语"王老师"与他人比,也可以是宾语"英语"与其他语言比,甚至还可以是动作"教"与其他动作比。此句便有三种意思(F 表示焦点投射的词语标记):

A.别人教英语,[王老师]$_F$也教英语。

B.王老师学英语,王老师也[教]$_F$英语。

C.王老师教汉语,王老师也教[英语]$_F$。

"网上也可以买空调"可以强调主语"网上",即一般是在商店里买空调,但现在可以在网上买,以显其突出性;也可以强调后者"买空调",以显其特别,买其他东西容易,买空调这么麻烦的商品也有可能。所以,此句至少可以强调两个意思:

A.别处可以买空调,[网上]$_F$也可以买空调。

B.网上可以买别的家电,网上也可以[买空调]$_F$。

对于此类"也"字句的歧义,人们的认知可以很不一样,但这类句子有其共同点。

"王老师也教英语"的三种意义的接受程度很不一样,其中 A 义的接受度最高,其激活速度为 59.08(问卷调查)和 74.40(互联网调查);C 义次之,激活速度为 33.95(问卷调查)和 23.80(互联网调查),"其次想到"分别为 45.58(问卷调查)和 38.10(互联网调查);而 B 义激活速度最低,抑制度(不会想到)最高,达到了 59.88(问卷调查)和 46.00(互联网调查)。B 义的接受度最低(见图 6-31)。

"网上也可以买空调"同样也是 A 义接受程度高,其激活速度为 86.82(问卷调查)和 79.40(互联网调查);B 义接受程度低,其激活速度为 15.05(问卷调查)和 4.80(互联网调查)(见图 6-32)。

对于 A 义容易接受,朱德熙曾经作过讨论。他说:"'也'和'都'一样,也是标举它前面的词语的范围的,区别在于'都'是总括,'也'是分举。"[1]他虽然未说其中的道理,但揭示了"也"字句的认知特点。

---

① 朱德熙:《语法讲义》,载《朱德熙文集》(第 1 卷),商务印书馆 1999 年版,第 195 页。

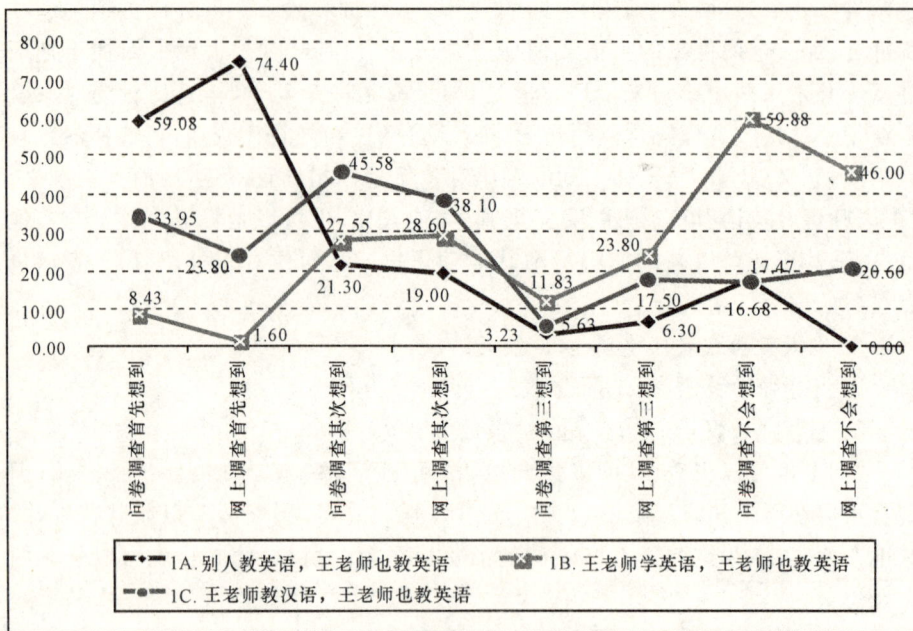

图 6-31 "王老师也教英语"歧义消解的认知比较

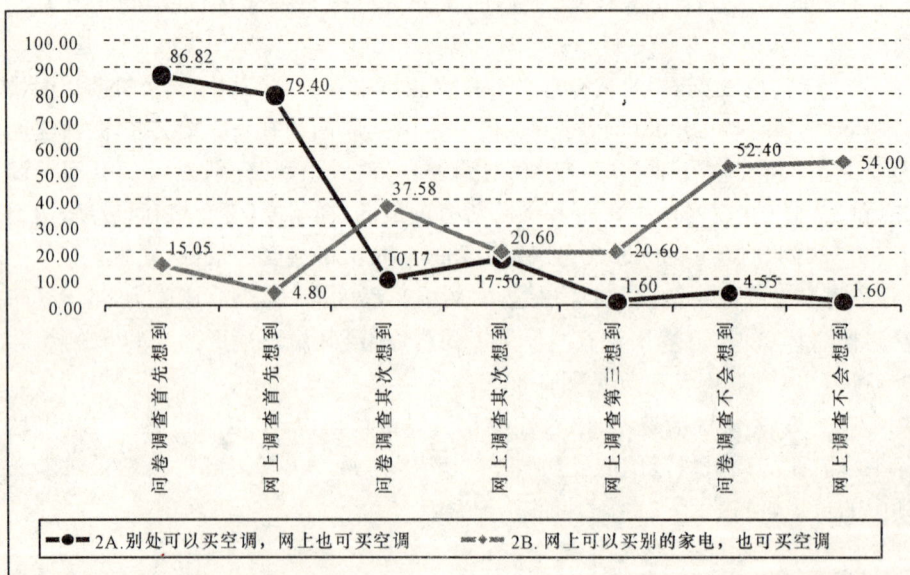

图 6-32 "网上也可以买空调"歧义消解的认知比较

而用介词"比"是引进了比较的对象的,其强调的内容也是"比"的内容和"比"后的内容分别与句外的内容比。例如:

[3]入了党就要比一般群众干得更好。

"入了党就要比一般群众干得更好",用"比"表示比较的意思更明了,强调的意味也更强。可以强调前者"入党",即没入党与"入了党"比,也可以强调后者,即不比一般群众干得好与"比一般群众干得更好"比。此句谓语不具比较意义,所以此句有两种意思:

A.(我)原来比群众干得好,[入了党]_F 比一般群众干得更好。

B. 群众原比我干得好,但入了党我比[一般群众]_F 干得更好。

"入了党就要比一般群众干得更好"同样也是 A 义接受程度高,其激活速度为 68.15(问卷调查)和 76.20(互联网调查);B 义接受程度低,其激活速度为 25.32(问卷调查)和 17.50(互联网调查)(见图 6-33)。

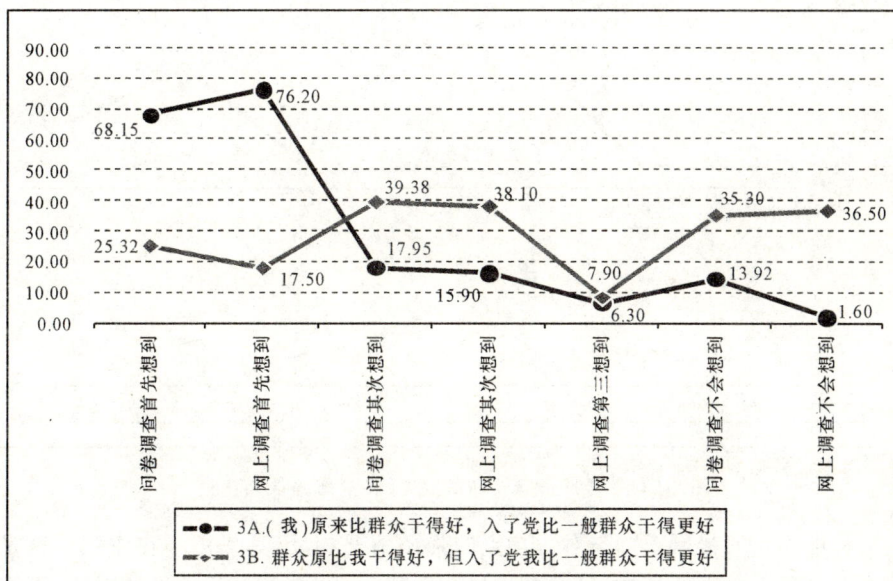

图 6-33 "入了党就要比一般群众干得更好"歧义消解的认知比较

(二)程度焦点与强调

事物之间的差异是有程度的,在句子中,这种差异程度可以通过程度副词来表现。程度副词的位置一般用在动词前,但所强调的程度,可以是动词后面的论元的程度,也可能是其他位置论元的程度。所以,就会出现歧义。例如:

[4]玲玲最喜欢布娃娃。

此句由于程度副词"最"的介入，可以强调比较的程度，由于比较项不在句内而不定，因而形成了歧义。其比较项可以是主语，也可以是宾语。即：

A.（别人喜欢布娃娃，）［玲玲］F 最喜欢布娃娃。

B.（玲玲喜欢玩具，）玲玲最［喜欢［布娃娃］F］。

从调查的情况看，理解为强调宾语（B 义）的激活速度高于强调主语的激活速度，"首先想到"宾语的，即 B 义，问卷调查为 91.53，互联网调查为 83.08；而"其次想到"主语的，即 A 义，问卷调查为 49.87，互联网调查为 55.38。主语的抑制度高，问卷调查为 44.33，互联网调查为 24.62（见图 6-34）。

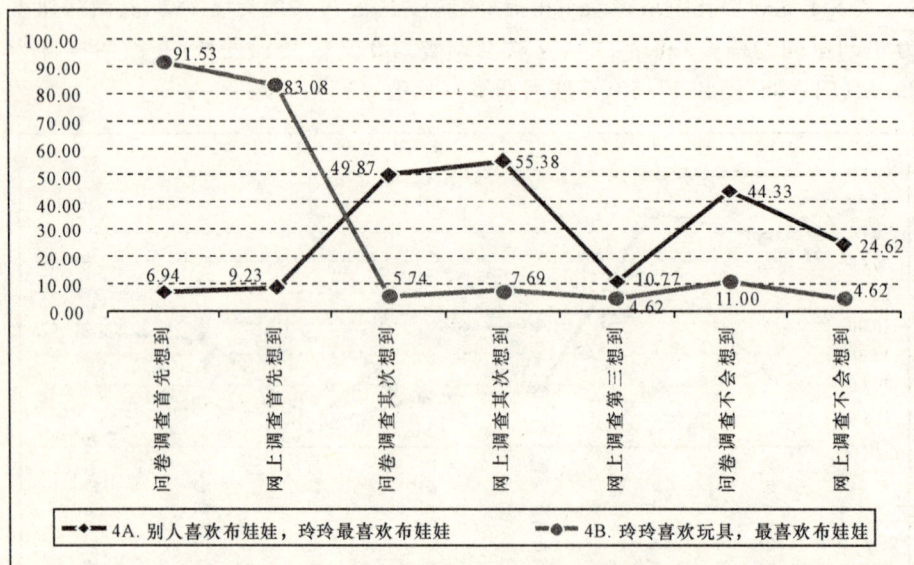

图 6-34 "玲玲最喜欢布娃娃"歧义消解的认知比较

程度焦点的强调正好与对比焦点的强调情况相反，其焦点不在主项。这是因为对比焦点的重点是人、事、物的对比，即侧重于两个人、两件事的对比；而程度焦点的重点是动作、行为、性质、状态的强调，即侧重于同一人或同一事件程度上的对比。在汉语句法里，动作、行为、性质、状态一般是处在句子的谓项。因此，程度焦点也自然落在谓项。在没有语音重音提示焦点的话，认知自然会到谓项检索语义的焦点。于是"玲玲最喜欢布娃娃"的程度焦点就会自然落到了"布娃娃"上。这种深层的认知特点在我们的调查中得到了很好的展示。

(三)范围焦点与强调

从范围上加以限定进行突出强调是汉语常用的方式,表示范围的词语都能体现这种范围焦点,如表示时间的名词、表示时间的副词、表示范围的副词、表示范围的介词短语,等等。然而,在句子中,能强调范围的焦点其投射常常不定,因而会出现歧义。例如:

[4]他们在饭桌上都是英雄豪杰。

此句"在饭桌上"和"英雄豪杰"可以是语义焦点,从而形成比较。构成两种意思:

A.他们[在饭桌上]_F 都是英雄豪杰

(意义:他们在饭桌上(吃饭喝酒)都很厉害)

B.他们[在饭桌上都是英雄豪杰]_F

(意义:他们(只是)在饭桌上(吃饭喝酒)有能耐,实际干起来却没有本事了)

从调查的情况看,理解为限定具体的范围的强调(即强调"他们在饭桌上吃饭喝酒都很厉害",不涉及其他方面)的激活速度高于对隐含意义(无具体的范围)的理解,"首先想到"范围焦点的,即 A 义,问卷调查激活速度为 64.62,互联网调查为 74.60;而"首先想到"由范围焦点到隐含意义的(事件作为范围),即 B 义,问卷调查激活速度为 32.35,互联网调查为 25.40。而 B 义的抑制度高于 A 义,问卷调查 A 义的抑制度为 9.32,互联网调查为 1.60;而 B 义的抑制度达到了 25.22,互联网调查达到了 11.10(见图 6-35)。由此我们可以看到,对隐含意义的激活,更依赖于语境的支持,产生歧义的可能性极低。

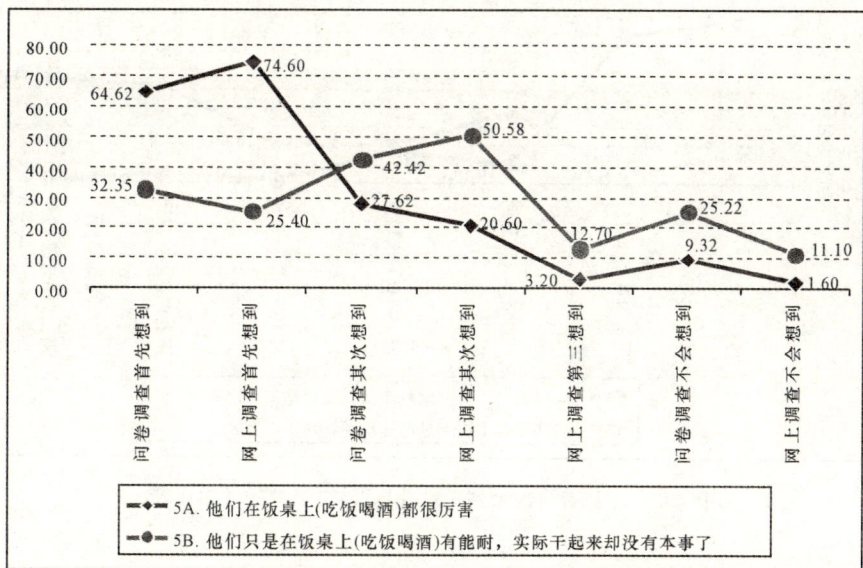

图 6-35　"他们在饭桌上都是英雄豪杰"歧义消解的认知比较

(四)频度焦点与强调

频度焦点是指由表示频度的副词来强调的焦点。在汉语中表示频度的副词主要有：经常、再、再次、一再、又、还、始终、总是、一向、向来、仍然、屡次、反复、重新等。频度副词多修饰动词，而且动词所表示的动作行为一般要在上下文中都出现，前后有比较。但有时由于人们对比较对象的认定不同，就会产生歧义。例如：

[1]记者再次来到地震现场。

句中的"再次"是表示频度的副词，修饰动词"来到"，而"再次来到"所表示的频度的比较对象是谁？可以是"记者"，也可以不是"记者"。于是出现了歧义。

A.记者[再次]ₑ来到地震现场

（意义：记者上次来过地震现场，这次是第二次来）

B.[记者]ₑ再次来到地震现场

（意义：其他人上次来过地震现场，这次记者来）

从调查的情况看，理解为强调 A 义的，其激活速度最高，问卷调查激活速度为 86.82，互联网调查为 79.40；而强调 B 义的，问卷调查激活速度为 15.05，互联网调查仅为 4.80。而 B 义的抑制度高于 A 义，问卷调查 A 义的抑制度为 4.55，互联网调查为 1.60；而 B 义的抑制度达到了 52.40，互联网调查达到了 54.00（见图 6-36）。因此可以说如果没有语境的支持，歧义就很难产生。

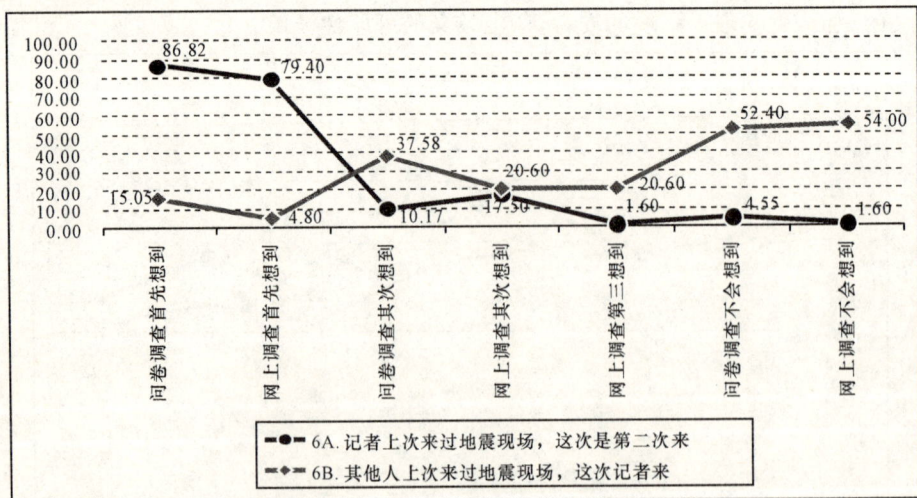

图 6-36 "记者再次来到地震现场"歧义消解的认知比较

[2]老章又用水果刀袭击他们。

句中的"又"是表示频度的副词，修饰动词"袭击"，而"又"所表示的频度焦点可以是"用水果刀"（比较的对象是其他凶器）；也可以是"水果刀"（比较的对象是别的刀）；还可以是"用水果刀袭击他们"（比较的对象是老章已经用水果刀袭击过他们）。于是出现了三种歧义：

A.老章又[用水果刀]$_F$袭击他们

（意义：老章先用别的凶器袭击他们，又用水果刀袭击他们）

B.老章又用[水果刀]$_F$袭击他们

（意义：老章先用别的刀袭击他们，又用水果刀袭击他们）

C.老章又[用水果刀袭击他们]$_F$

（意义：老章再次用水果刀袭击他们）

从调查的情况看，理解为 A 义的强调（即强调"老章先用别的凶器袭击他们，又用水果刀袭击他们。"）和理解为 C 义的强调的激活速度高。A 义问卷调查的激活速度最高（55.38），C 义互联网调查的激活速度最高（52.40）。B 义强调的意义在两种调查中"其次想到"均居于第二位的激活速度，问卷调查为 41.03，互联网调查 47.60；但抑制度在两种调查中都属最高，问卷调查为 37.93，互联网调查为 19.00。因此，此句 A、C 义共现的歧义最容易出现；而 B 义出现产生歧义的可能性小（见图 6-37）。

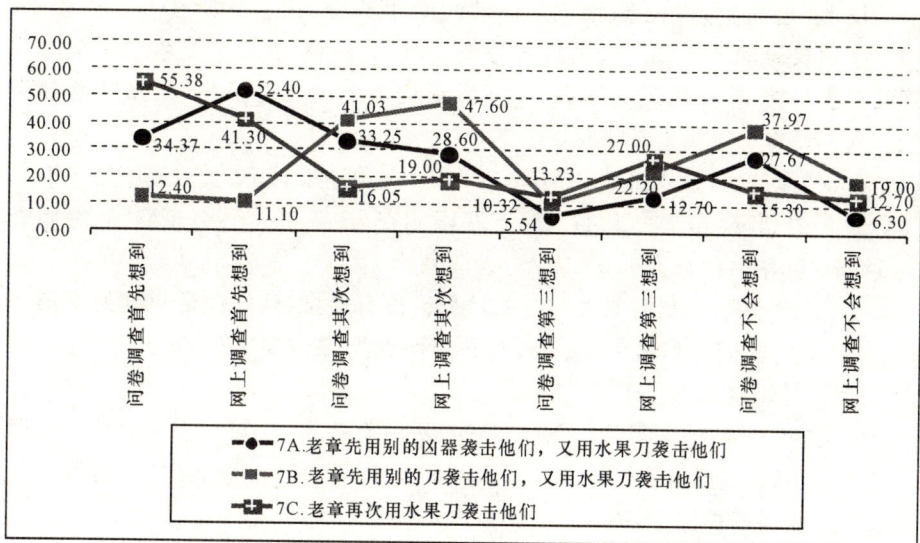

图 6-37 "老章又用水果刀袭击他们"歧义消解的认知比较

上述两个句子认知情况比较复杂,但比较中,可以看到共同的特点是:在频度焦点中,认知者首先关注的是频度本身,所以,频度词本身显示的焦点首先被激活的程度高。

五、语义指向不同形成歧义的消解

当我们在理解语义时,对相同的句法结构里某个成分(词语)可以与多个位置上的词语相联系而形成的歧义,称之为语义指向的歧义。根据被指成分与该词语在线形序列上的位置关系,语义指向有前指和后指之分。根据被指成分与该词语在语义关系上的特点,语义指向有顺指和逆指之分。如及物动词前指主语、后指宾语时,就是顺指,如果动词前后的名词的施受关系发生异变时,便是逆指。下面的句子是动词"追"和"喘气"交错指向"他"与"我"形成四种意义。

他追得我直喘气。

此句的交错指向存在四种情况:顺指施事(OA),逆指施事(RA);顺指受事(OP),逆指受事(RP)。其意义可以表示如下:

A. 他[追]$_{OA-OP}$得我直[喘气]$_{RA}$　(意义:他追我,他累得喘气)

B. 他[追]$_{OA-OP}$得我直[喘气]$_{OA}$　(意义:他追我,我累得喘气)

C. 他[追]$_{RA-RP}$得我直[喘气]$_{RA}$　(意义:我追他,他累得喘气)

D. 他[追]$_{RA-RP}$得我直[喘气]$_{OA}$　(意义:我追他,我累得喘气)

按照汉语的特点和人们的认知习惯,主语为施事、宾语为受事的顺指向的理解最容易接受,如出现逆指向,认知激活的速度就会打折扣,认知度就会降低。我们调查的结果也是如此:

A 义"他追我,他累得喘气"有两项顺指,一项逆指,认知激活速度处于第二位:"首先想到"问卷调查为 47.22,互联网调查为 47.60;"不会想到"问卷调查为 18.84,互联网调查为 1.60。

B 义"他追我,我累得喘气"有三项顺指,没有逆指,认知激活速度处于第一位:"首先想到"问卷调查为 47.08,互联网调查为 52.40;"不会想到"问卷调查为 20.98,互联网调查为 7.90。

C 义"我追他,他累得喘气"有三项逆指,没有顺指,认知激活速度处于第四位:"首先想到"问卷调查为 7.14,互联网调查为 3.20;"不会想到"问卷调查为 67.37,互联网调查为 58.70。

D 义"我追他,我累得喘气"有两项逆指,一项顺指,认知激活速度处于第三位:"首先想到"问卷调查为 7.68,互联网调查为 6.30;"不会想到"问卷调查为 69.20,互联网调查为 47.60(见图 6-38)。

由此,我们可以看到顺指的项目越多,逆指的项目越少,其意义的认知激活度越高。

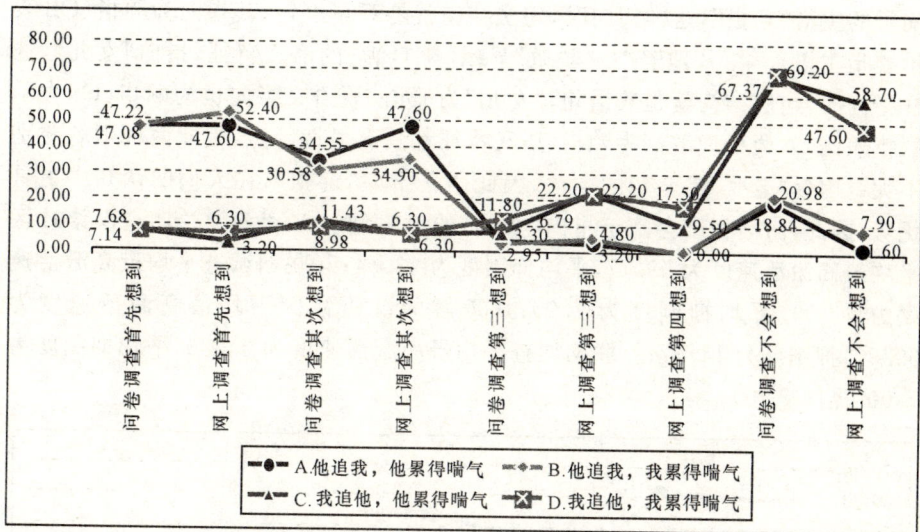

图 6-38 "他追得我直喘气"歧义消解的比较

六、语义指向、语义特征都不同形成歧义的消解

语义指向和语义特征都不同而形成的歧义,从理论上说,既要从语义指向的角度,又要从语义特征的角度来分析语义,在语义的激活上难度会加大。然而,由于语义特征与语义指向是有联系的,把握了某一方面的特点,另一特点也跟着把握了,有利于语义的理解。例如:

[1]老张有个女儿很骄傲。

此句是由语义指向和语义特征都不同而形成的歧义。"骄傲"一词有两个语义特征,用于贬义为[＋自满],用于褒义为[＋自豪];"骄傲"一词在此句法结构中还有两种语义指向,指向"老张",显现[＋自豪]义,指向女儿,显现[＋自满]义。

A. 老张有个女儿很[骄傲[＋自豪]]OS

(意义:老张有个女儿,他感到很骄傲)

B. 老张有个女儿很[骄傲[＋自满]]OI

(意义:老张有个女儿,这个女儿很骄傲)

由于"骄傲"的两种意义人们都比较熟悉,因而,两个意义的激活情况相差

不大,但是由于涉及要用语义指向来调节语义理解,A、B两种理解在激活程度上仍有差距。在A理解中,"骄傲"显示[+自豪]的语义特征,此语义特征指向句子的主语"老张",这样指向时,句法结构就是双宾语句,其指向为顺指(OS表示顺指主语)。在B理解中,"骄傲"显示[+自满]的语义特征,指向"女儿",这样指向时,句法结构就是兼语句,"女儿"为兼语,故语义指向也为顺指(OI表示顺指兼语)。两种理解都为顺指,语义特征都具有显性特点,因此两种理解差别不大。因为"老张"是全句的主语,因此语义指向"老张",在人们的认知中更具优势,因此,激活程度会高于指向"女儿"的B理解。A理解问卷调查汉语社区平均最高激活速度为59.17,平均抑制度为13.54;互联网调查平均最高激活速度为61.90,平均抑制度为7.90;B理解的汉语社区平均最高激活速度为39.30,抑制度为14.97;互联网调查平均最高激活速度为34.90,平均抑制度为7.90(见图6-39)。

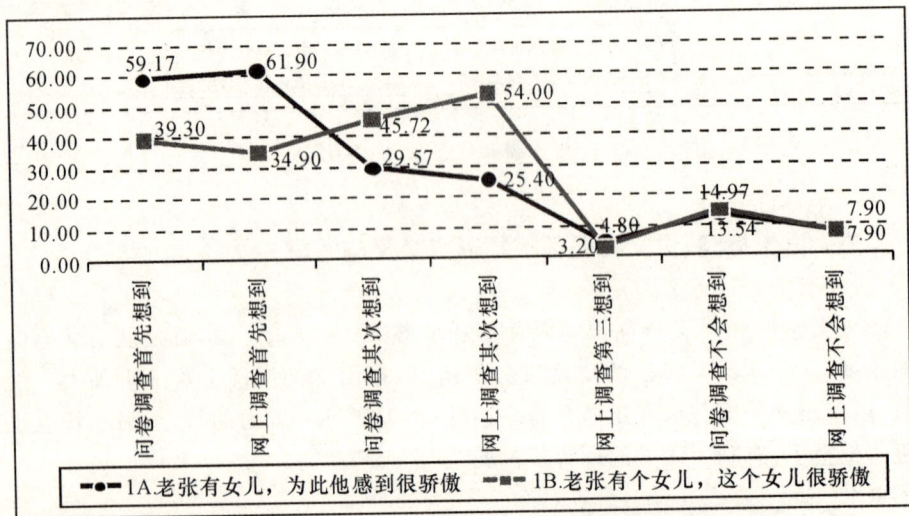

图6-39 "老张有个女儿很骄傲"歧义消解的比较

[2]这些题我们都会做。

此句也是由语义指向和语义特征都不同而形成的歧义。"会"有两个语义特征:[+有能力]、[+有自觉性]。副词"都"在此句法结构中有两种语义指向,既可单指,或指向"这些题",或指向"我们";也可双指,既指向"这些题"又指向"我们",这就会有四种意思:

A.这些题我们[都 R→我们]会[+有能力]做

(意义:这些题我们都会做,没有一个人不会)

B.这些题我们[都 R→这些题]会[+有能力]做

（意义：这些题我们都会做，没有一道题不会做）

C. 这些题我们［都 R→这些题我们］会［＋有自觉性］做

（意义：这些题我们都会做，不用你吩咐）

D. 这些题我们［都 R→这些题我们］会［＋有能力］做

（意义：这些题我们都会做，不用再讲/练了）

　　四种理解中，A、B的理解优于C、D，A的理解激活速度最高，抑制度最低。"首先想到"问卷调查为 58.30，互联网调查为 69.80；"不会想到"问卷调查为 14.60，互联网调查为 1.60。B的理解激活速度次之，抑制度明显升高。"其次想到"问卷调查为 48.65，互联网调查为 58.70；"不会想到"问卷调查为 20.73，互联网调查为 4.80。C、D的激活速度都很低，抑制度却很高。C的理解激活速度"首先想到"问卷调查仅为 9.55，互联网调查仅为 4.80；"其次想到"问卷调查为 22.03，互联网调查为 11.10。"不会想到"问卷调查竟达 50.18，互联网调查也达 28.60。D的理解激活速度"首先想到"问卷调查仅为 10.52，互联网调查仅为 11.10；"其次想到"问卷调查为 26.73，互联网调查为 12.70。"不会想到"问卷调查为 39.32，互联网调查为 22.20（见图 6-40）。

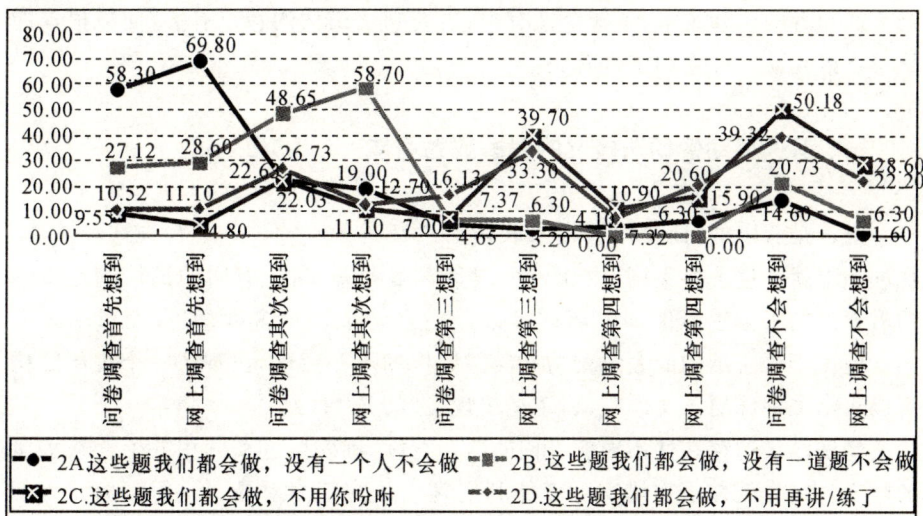

图 6-40　"这些题我们都会做"歧义消解的认知比较

　　A的理解，"都"指向"我们"，其深层结构的语义是："我们都会做这些题"，"我们"的主体性很突出，而且是典型的"S－V－O"的结构，十分符合一般人的认知特点的，因而，最容易接受。

　　B的理解，"都"指向"这些题"，"这些题"是主题，其深层结构的语义是："这些题，我们每道都会做"，其结构是"S－（S－V－O）"，转换过程复杂一些，因而，知解度会降低许多。

C 的理解，不仅"都"是双指的，而且"会"的语义也不一样，所以，其深层结构的语义是："这些题的每道题我们每个人都会自觉地去做"，转换为深层结构的语义的过程也更复杂。因而，理解起来也更难一些，所以，认知度最低，抑制度最高。

D 的理解，"都"也是双指的，但"会"的语义同 A、B 一样，其深层结构的语义是："这些题的每道题我们每个人都有能力做"，转换为深层结构的语义的过程比 A、B 复杂，但比 C 要容易。因而，认知度比 C 略高，抑制度比 C 低。

本章小结

歧义句法中有的意义呈显性状态，在人们接收并理解时，其意义会首先被激活。有的意义呈隐性状态，在人们接收并理解时，其意义不会首先被激活，甚至受到抑制而不被激活。其认知结果（激活的速度、激活的程度、抑制度）既与语言认知者的认知水平、认知个性有关，也与句法结构的特点有关，而最根本的是与言语互动的程度和密度有关。

一、言语互动使句法歧义的消解成为可能

语言是有限的，而要用语言来表达的意义是无限的。为了解决这种矛盾，在词汇上就产生了多义词，以让一个词负载多种意义，让有限的词汇满足交际的需要。句子虽然不像词汇那样可以让一个句子表示多种意思，而成为多义句。但由于语言结构的表层结构和深层结构的不一致性，出现了一个表层结构可以表示多种深层语义的现象，于是出现了"歧义"。

句法歧义的存在并不影响人们的语言交际，在实际的交际中并不存在大量的歧义。首先就在于言语交际者能利用言语认知能力对歧义进行消解。人们对歧义的倾向性理解就是一种对歧义的自然消解、主动消解。其次，语境具有消歧作用，在认知消歧不能奏效的时候，人们会利用各种语境来消解歧义。

本章的研究发现，利用认知来消歧的倾向性具有趋同性的特点。接收者的趋向性与表达者趋向性一致时，言语交际的顺利进行就得到了保证。这种趋同性是在言语互动中形成并渐趋统一的。例如，在认知歧义句的组块时，"摄前"的趋同性，决定了认知结果的倾向性。这种倾向性是在言语互动中达成一致的。

二、言语互动使句法歧义消解的认知得到加强

认知对句法歧义的消解能力由两方面的因素决定：一是取决于句法结构的不同特点；二是取决于认知者的言语互动程度。

由结构层次形成的歧义的认知与语言的组块方式有关。凡能顺向地、及时地组合的句法结构，认知难度就会降低，语义的激活速度就会加快，激活度也会随之提高，语义的抑制度就会降低，歧义就会自然得到消解。由语义关系形成的歧义的认知也与组块的理解方式相关。顺向的组块方式，固定的语义关系格的位置对语义理解起着重要作用。如施事在主语的位置上，受事在宾语的位置上，是最常见的组块方式，如果这种关系错位，就会影响语义的激活速度和歧义的辨识度。语义特征也影响句义理解过程的速度，因为在句义理解过程中要依据句中词、短语在组块中的语义特征，随时修改、调整组块理解的路径和形式，以达到理解句义之目的。然而，由于不同的语言理解的人群对语义特征把握的水平不一，会影响其对语义的激活速度，影响其对歧义的辨识效率。语义焦点在书面上也有反映，它主要体现在对语句的理性认知上。如主语（主题）位置上设置焦点形成比较是最常见的形式，其中有类别比较焦点、频度比较焦点等。再如主语（主题）上还可设置程度比较焦点。又如在宾语的位置上设置焦点可以是对比分类的。这样的焦点设置，是最容易为人们所认知、所接受的，激活速度就更快，激活度就更高。否则，语义理解就会受到影响，歧义便会得到消解。语义指向是突破顺向、挨个组合的一种跨越式语义组合方式。因为要说明不同的语词的不同语义指向，常常要与语义特征结合起来理解。语义指向具有隐性特点，语义特征又是在句子语境中临时产生的，也具有隐性特征。这种"双隐"，使得这种原因形成的歧义，在激活速度、激活度上都会受到影响而降低，歧义识别度也会降低。

不同水平的认知者由于言语互动的程度不同，使用汉语时间的长短不同，对汉语句法结构组块特点掌握的程度不一，就会形成认知上的差异。对于高水平的人来说，组块的速度高，有时甚至能够处理逆向的组合，其处理信息的速度也相对较高，歧义的辨识力就会高于其他认知者，就能利用主动消歧的方式消解歧义。反之，对于低水平的人来说，处理信息的速度就会减慢，歧义消解能力就会降低，常常不能进行"主动消歧"。

本书结论

语言意义和语言形式一样也存在着变异现象,语言形式的变异可以通过语音、词形来观察,语言意义的变异可以通过语言理解来窥测。不仅是歧义,其他语义也都会存在理解上的差异,因为人们在语言习得中,一方面是习得语言表达的形式,口口相传时,通过听来习得,书面交流时,通过看来习得,从而学会语言的运用。而语义意义的习得,最基本的方式是在语言环境中"悟",从而学会理解语义。语言形式具有显性的特点,发现其差异容易;语言意义的理解具有隐性的特点,发现差异困难。学校语言教育,给语言学习提供了有利条件,不仅加快了语言习得的速度,而且使语言表达、语言理解都朝着规范、规则的目标发展。然而,即使是学校语言教学也是为了语言形式的教学方便,使所有的语音系统、语形规则可以在不长的时间内全部教给学生。而语言意义的理解,却不是全部能教给学生的,有许多语言理解的机制还是要靠学生自己在语言实践中去"悟"。所以,语言能力的优劣、语言水平的高低主要表现应该是语言意义理解的水平和能力,而不是语音、语形系统掌握得如何。一个完全封闭在自己母语圈内的人,要在外语学习上达到外国人的语感水平是很困难的,就是因为语音、语形的学习容易,语义理解的方法掌握不那么容易。所以探讨语言意义理解的机制,语言意义理解上的变异,在今天显得十分重要。

本书运用社会语言学的变异理论和言语社区理论来研究歧义现象,并运用认知语言学的相关理论讨论了歧义认知的主要机制。本书研究的结果主要在两大方面。

一、歧义认知的差异性是言语互动不平衡的表现

本书通过定量研究证明了歧义认知的差异性是语言变异的表现,这种认知差异更具有隐性的特点。它与社会言语互动有关,是社会隔阂和社会交际的不

均匀性的反映。不同言语社区社会言语交际隔阂明显,在歧义认知上的差异性更为明显;相同的言语社区社会言语交际不受隔阂但交际密度不等,不同的群体间在歧义的认知上仍然存在差异。具体表现为:

(一)言语社区不同,歧义认知差异明显

对歧义不同意义认知上的差异在不同的言语社区里表现得最为突出。在我们调查的两个非汉语社区:少数民族学员和留学生,其对象均为成人,而少数民族学员里有的还是汉语教师,留学生中也有主要是学习汉语或汉文化的,但这两个群体对歧义的平均认知水平在各项调查中均处于汉语社区成人以下的水平。在这两个受调查的群体中,由于成员的认知水平不一、使用汉语的频度不等,成员的来源复杂,差异更为明显或不稳定。如留学生群体在年龄、国籍、民族、专业、职业、学汉语的时间、使用汉语的频度等方面有着很大的差异,所以显得最不稳定。而少数民族学员在年龄上差距不大,在职业上都是教师,民族相同(均为维吾尔族)等,相同的因素多一些,不仅认知水平整体优于留学生,而且在认知上也比留学生要稳定。所有这些认知上的差异主要是因言语互动受到限制所造成。

(二)年龄不同,歧义认知差异明显

同是汉语社区,不同年龄群体间存在着明显的认知差异。如从总体上看,中文大学生在歧义识别、歧义消解各方面的认知水平都是最高的,高中以下各组在歧义识别、歧义消解的各项认知均落后于高中以上的群体。形成这种差异有两个原因:一是受其认知水平的发展阶段的制约;二是社会言语互动的受限。

(三)文化水平不同,歧义认知差异明显

中文大学生、非中文大学生与社会人员均为成人,但在文化水平上有差异,理解能力上有差距,所以在对歧义的认知上存在明显的差异。表现为中文大学生在歧义认知的各项调查中其认知水平均优于非中文大学生和社会人员。社会人员群体内的文化程度不一,年龄也有差异,在歧义认知上有时显得不很稳定。

(四)性别不同,歧义认知差异不明显

在我们所进行的歧义认知的各个项目的调查中,各个不同层次群体的男性和女性受调查者的认知水平差别不大,总体上是女性略优于男性。因为不同性别在语言的互动上并不存在差异。

二、歧义认知的方式受社会言语互动的影响

本书通过定性研究找到了形成歧义认知差异性的深层原因。从其表现特点上看,是人们认知方式上的差异影响了歧义识别和歧义消解的结果。从根本原因上看,歧义认知上的差异又是由人们社会语言生活上的差异所造成的,尤其是认知者言语互动的不均衡所带来的。

(一)词汇歧义的认知方式受言语互动影响明显

词汇直接联系着社会生活,词汇意义的变化也是直接受社会生活影响的。从词汇歧义看,这种联系也十分明显。社会的言语互动不仅能影响词汇意义的变化,也会影响人们对歧义的认知。

首先,词语意义的隐显是由社会言语生活决定的。社会生活中使用频度高的词语意义常常成为显性的意义,反之就会变为隐性的意义。一般情况下,歧义中意义为显性意义的识别率高,隐性意义的识别率低。

其次,言语互动的程度影响人们的认知,从而影响人们词语歧义的辨识率。社会阅历丰富者词语歧义的识别率高于社会阅历不丰富者。社会生活促成了词语的临时意义的出现,如果生活阅历不丰富,就无法理解词语中的临时意义(词汇的、语法的)。非汉语社区的语言使用者词语歧义的认知水平与中小学生相近就很能说明问题。

再次,接受教育是言语互动中的规范形式,而受教育程度直接影响人们对词语歧义的辨识率。就整体而言,受教育程度高对词语歧义的辨识率就高,反之就低;中文专业的人士歧义辨识率高于非中文专业的人士,尤其是在非常用义或临时产生的意义的辨识上更显示了这种优势。

第四,社会的言语互动直接影响人们认知域的形成,认知域又影响对歧义的认知,其表现虽然十分复杂,但其共性是与社会生活关系密切的认知域在歧义的辨识中作用更为明显。

第五,在词汇歧义消解的认知中,各种认知模式的形成与发挥作用,无一不与语言的互动相联系。如词义层次网络认知模式最重要的是心理"网络词典"及其语义节点的形成和语义的提取。而这都与社会言语生活关系密切。激活—抑制认知模式的作用也直接与言语互动有关,与语义关系紧密、使用频率高的连线强度高,语义激活速度快;与语义关系不紧密、使用频率低的连线强度低,语义激活的速度就慢。所以才会出现对歧义认知的差异性。词义通达的认知模式体现在高频词语义提取的速度比低频词高,不同认知者对歧义词语的主

要意义和次要意义的认识不同,对高频词、低频词的知解程度不同也都源于社会言语生活。特征比较的认知模式的关键是对语义特征的把握。认知者掌握了某事物的范畴特征,就可以对该事物的特征与该类事物的范畴特征进行比较。而对事物范畴特征的把握,除了言语互动之外,还要注意对特征的分析。

"在任何时候,同表面看来相反,语言都离不开社会事实而存在,因为它是一种符号现象。它的社会性质就是它的内在的特性之一。"[①]社会言语互动的程度会直接影响认知能力的形成和调用。

(二)句法歧义的认知方式因言语互动发生变化

由句法结构形成的意义比词汇表现意义显得更为灵活、更加复杂,理解的难度更大,被人们称为"只可意会,不可言传"的语句意义,就是由语句结构所产生的意义。什么样的语句结构可以表示什么样的意义,也是由社会生活约定俗成的。

由句法结构产生的歧义,其产生的原因是简单还是复杂,影响到语义的辨识率。其基本特点是,单纯由结构加合形成的语义辨识率高,由句法结构和别的因素形成的语义辨识率低,形成语义的因素越多,辨识率越低。而对各类句法结构表意特点的掌握,依赖于语言生活的积累或对语言知识的学习,如社会人员对句法结构歧义的认知水平高于其他群体,就是靠言语互动掌握语言结构表意的特点的,而大学生的认知水平强于其他群体,既依赖于言语互动,也依赖于语言知识的学习。

从句法结构歧义的常用认知模式看,所有认知模式都是在言语互动中不自觉地形成的,并不是由谁传授的。如:

语义整合的认知模式。利用社会生活中所积累的语感整合各部分的语义形成句法结构的强势语义,而不是简单句法结构里各组成部分的语义。语义整合模式能突破结构层次界限,解释人们在由句法结构层次或(和)结构关系不同所形成的歧义的认知上的差异性。

主体突显的认知模式。在语句理解中,认知者常常要将主体置于其中,并理解其与语句各个要素之间的关系,进而确定语句的意义。对于主体关系不明确而形成的语句歧义,认知者常常以自我为主体来理解语义。

意象图式的认知模式。强调人们对于客观世界事物的认识要通过完形感知、动觉和意象来完成的。歧义语词或者结构是从不同的角度来认识才能发现的,人们只有在大脑中存储了一定的意象图式,并且具备运用意象图式进行投

---

① [瑞士]费尔迪南德·索绪尔:《普通语言学教程》,商务印书馆 1980 年版,第 115 页。

射时,才能使歧义语词或者结构的意义得到突显。

性状特征的认知模式。要求人们在理解语言意义时注意联系词语在结构中的各种有必要突显出来的关系特征,歧义的句法结构常常联系着多方向的性状特征,如果这些特征都能被合理地激活,就形成了对歧义的认知。如果人们不能联系这些性状特征,就无法认知歧义的存在。

典型的组块认知模式。语言结构组块的认知的常规是 7 ± 2,并且以顺向组合占优势。凡能顺向地、及时地组合的句法结构,认知难度就会降低,语义的激活速度就会加快,激活度也会随之提高,语义的抑制度就会降低。歧义句法结构的多种意义中能以顺向方式组合的,其激活度也就高,抑制度就低。而不能进行顺向方式组合的语义或组合的块超过常规的,其激活度也就降低,抑制度就会提高,歧义被认知的可能性就减小了,也就自然得到了消解。由结构层次不同形成的歧义主要有组块的方式进行歧义的消解。

改变方向的组块的认知模式。语言组块有时不能顺向完成,需要通过逆向、越位、交叉等来完成,其难度就会加大,激活度会降低,抑制度就会加大。如语义关系、语义指向不同所形成的歧义就需要运用改变方向的组块来完成理解。

转换生成的认知模式。这是一种更为复杂的认知方式,它除了要突破组合的方向,还要依靠删除、移位、添补、转换等多种方式来实现句法结构的语义理解。如因语义特征不同形成歧义的句法结构,常常要用转换生成的方式来理解语义。

所有这些认知模式都是在言语生活中逐渐形成,逐步被认知者认识并逐步掌握的,不同的言语使用者由于言语互动受到限制,掌握的结果很不一样,因而出现了对歧义句法结构产生的歧义在认知上的差异性。这种差异性会随着接触汉语的时间的延续,随着言语互动的加强而逐渐减少。

附 录

附录 A 容易产生歧义的词语

A 暗线

B 包车 报错 包袱 背 背后 背景 壁障 壁垒 别 冰霜 冰释
  冰山 冰炭 补丁

C 残局 草色 潮流 成年 吃劲 吃水 吹风 春雷 春色 吃醋

D 打气 打算盘 大方 大家 大人 担子 低湖 低调 底线 地道
  地下 点火 掉队 钉子 顶峰 定时炸弹 丢 东风 动脉 杜鹃 蛀虫
  短见 断线 断根 断后 对话 对立 对头 对象 多半

F 发热 翻版 反面 反正 饭桶 饭碗 方便 放炮 放屁 放手 放血
  分离 分水岭 分头 分晓 分心 分赃 粉黛 粉丝 分子 粪坑
  丰富 丰盈 风车 风尘 风传 风风火火 风格 风骨 风光
  风花雪月 风化 防火墙 风浪 风雪 风流 风貌 风起云涌
  风情 风骚 风色 风声 风头 风向 风行 风雅 风言风语 风雨
  风月 风云 风致 封顶 封建 封口 风门 封赏 烽火 蜂窝 奉迎
  复苏

G 肝胆 赶场 感冒 干事 高压 给 公道 骨干 挂职 灌水 光头
  广播 过

H 孩子 海口 海事 好处 好看 好事 好人 好话 好听 合流
  赫然 黑暗 黑白 黑道 狠心 横流 后辈 后台 虎口 花费
  花冠 划算 滑坡 画幅 画稿 画卷 画廊 画图 画像 坏事
  欢喜 欢迎 还原 还愿 缓解 换文 黄金时代 黄牛 黄色
  灰色 回避 回潮 回春 回电 回话 回避 回礼 回老家 回流
  回笼 回路 回信 回音 会 活路 火车头 火红 火候

J 及时雨 急火 继子 加封 加料 兼任 剪报 贱骨头 江湖 江南
将军 讲话 讲究 交白卷 焦点 搅合 叫 教授 借 结果
金星 进口 精神 警戒 径直 敬礼 究竟 旧案 就 就是 局
具体 据 捐款 卷 角 绝 绝唱 绝地 绝对 绝后 绝路
绝门 崛起 军马

K 开 开发 开河 开花 开化 开荤 开火 开卷 开课 开口子
开阔 开朗 开脸 开路 开门 开幕 开炮 开辟 开篇 开启 开窍
开山 开设 开始 开市 开天窗 开通 开头 开拓 开玩笑 开胃
开销 开小差 开展 开张 开仗 开支 看家 坎坷 慨然 看病
看好 看齐 看透 慷慨 考究 磕磕碰碰 靠边 磕碰 可靠 可以
克服 刻板 刻画 空房 空腹 空口 空谈 空白支票 空地 空闲
苦口 宽大

L 拉扯 来电 蓝图 捞取 老大 老调 冷处理 连天 练兵 量 晾
龙骨 龙头 漏风 落地

M 麻痹 麻木 毛 没有 名牌 明处 明天 明媚 命 木

N 难过 难受 年代 牛皮 浓郁

P 盘子 炮筒子 皮毛 泼

Q 漆工 起 气短 千金 潜行 枪手 墙脚 桥梁 青天 清淡 曲折
全票 缺口

R 燃烧 热度 人家 人样 韧性 日工 容 入口 软弱 锐利

S 扫除 扫地 色彩 善终 伤疤 上路 上游 渗透 生产 失调
实心 收拾 耍猴 水分 水印 酸溜溜 算计

T 坍台 摊牌 弹性 滔天 桃色 题名 体无完肤 恬淡 甜丝丝 跳行
贴身 头路 头年 透风 团团 退路

W 外部 晚景 网罗 萎缩 未知数 味道 温暖 无名 无味 无心
务实 误

X 吸收 息 稀拉 洗手 细水长流 狭窄 下地 下海 下流 下坡路
先生 线条 相好 香甜 响当当 消化 萧条 小人 小媳妇
心胆 心肝 心火 新人 修理 修复 选材 学舌 血肉

Y 压场 压力 雅号 烟幕 研 眼红 眼前 样板 要 腰杆子 样子
仰望 夭折 腰斩 摇篮 咬牙 药罐子 野人 夜车 衣架 依托
印记 硬件 油水 油条 余热 园丁 原来 远景 远门 月报

Z 杂烩 杂书 栽培 再生 早日 早晚 扎手 榨取 沾手 掌印
遮盖 中道 重心 转嫁 转弯抹角 捉迷藏 自动 走火 做梦 做戏
作对 醉人

附录 B 语义理解情况调查(问卷调查)

朋友：

　　您好!

　　为了解人们日常生活中理解语义的实际情况,需要您的帮助。请您不要有什么顾虑,本调查只是想了解您在遇到语言多义与歧义时您是如何处理的,您的回答我们只是作为研究资料使用,不会用于其他目的。不要求填写您的姓名和工作单位,问卷中的答案无所谓对错,只希望您能独立如实回答所提出的问题,以保证本次调查的可信度。十分感谢您在百忙之中的合作!

个人背景信息(请您在选项的方框内打"√",在横线上写文字)

1. 您的性别:□男　　　□女　　　2. 您的国籍:_____

3. 您的民族:_____族

4. 您的年龄:□A. 15 岁以下　　□B. 16—20 岁　　□C. 21—25 岁　　□D. 26—30 岁　　□E. 31—40 岁　　□F. 41—50 岁　　□G. 51—60 岁　　□H. 60 岁以上

5. 您的文化程度:□A. 小学　　□B. 初中　　□C. 高中/中专/技校　　□D. 大专(_____专业)　　□E. 本科及以上(_____专业)

一、您认为下面加横线的词或短语的哪种解释能成立,在表示此解释的字母前的□里打"√",哪种解释不能成立,在表示此解释的字母前的□里打"×"。

1. 黄牛来了

　　□A. 一种耕牛　　　　□B. 倒卖票子的人

2. 前面有地下工厂

　　□A. 工厂建在地下　　□B. 从事非法活动的工厂

3. 我找画的人

　　□A. 画画的那个人　　□B. 被画的那个人　　□C. 画出来的那个人

4. 从小李<u>说</u>起
    □A. 小李第一个说 　　　　　□B. 从小李的事说起

5. 你<u>别弄错</u>了
    □A. 嘱咐人别弄错了 　　　　□B. 怀疑某事弄错了（结果）

6. <u>出租汽车</u>
    □A. 的士 　　　　　　　　　□B. 把汽车出租给别人
    □C. 出租给别人的汽车

7. <u>饭吃完了</u>
    □A. 饭被吃完了 　　　　　　□B. 吃好了饭

8. 这是<u>鲁迅的书</u>
    □A. 归鲁迅所有的书 　　　　□B. 鲁迅写的书
    □C. 写鲁迅的书

9. 我<u>10 日前</u>去汇报
    □A. 10 号这天前去汇报 　　□B. 10 号之前去汇报
    □C. 10 天前去汇报

10. <u>撞倒王明的车子</u>
    □A. 车子把王明撞倒了 　　　□B. 把王明的车子撞倒了

11. <u>喜欢干净的人</u>
    □A. 某人喜欢干净 　　　　　□B. 喜欢的是干净的人

12. <u>看打篮球的中学生</u>
    □A. 看的是打篮球的中学生 　□B. 中学生看打篮球

13. <u>在火车上写字</u>
    □A. 人处在火车上写字 　　　□B. 把字写在火车上

14. <u>叫他推了一下</u>
    □A. 被他推了一下 　　　　　□B. 叫他来推了一下

15. 这是<u>奶油面包</u>
    □A. 用奶油做的面包 　　　　□B. 奶油和面包

16. <u>小王叫他叔叔</u>
    □A. 小王称呼他为叔叔 　　　□B. 小王喊他叔叔（来）

17. <u>我看见他太激动了</u>
    □A. 我看见了，他太激动了 　□B. 我看见他，我太激动了

18. <u>山上架着炮</u>
    □A. 山上架好了炮 　　　　　□B. 山上正在架着炮

19. <u>这坑挖深了</u>

　　□A. 这坑挖深了(指客观结果)　□B. 这坑挖得过了要求

20. 他知道你回来之后病了

　　□A. 他已知道,你回来后病了　□B. 他知道你回来后,他病了

21. 烧了一车炭

　　□A. 烧好了一车炭　　　　　　□B. 烧完了一车炭

二、下面的句子有无歧义? 您认为有歧义的请在句前的□里打"√",没有歧义的请在句前的□打"×"。

　　□1. 我们翻过那座山。　　　　　　□2. 他借我一辆摩托车。

　　□3. 这篇文章给我看看好吗?　　　□4. 我们看电视学外语。

　　□5. 王老师是个好老师。　　　　　□6. 我在阳台上看见了小王。

　　□7. 他一个早晨就洗了三床被子　　□8. 他们多半是一年级的大学生。

　　□9. 他是我弟弟的崇拜者。　　　　□10. 母亲背着女儿去捡破烂。

　　□11. 他原来是经理。　　　　　　　□12. 关心的是他母亲。

　　□13. 论文的标题是什么并不重要。　□14. 他喜欢游泳。

　　□15. 他的笑话讲不完。　　　　　　□16. 我见到你那年才 10 岁

　　□17. 老马打孩子打肿了手。　　　　□18. 她是去年生的孩子。

　　□19. 他说不下去了。　　　　　　　□20. 那本书我丢了,怎么还你?

三、您听到/看到下面的句子时,哪层意思首先想到(请在句前的□里注上"A"),哪层意思后想到(请在句前的□里注上"B"),有三个以上选项的依次类推;哪层意思不会想到(请在句前的□里打"×")。

　　1. 送村长的是老李的儿子。

　　　　□(1)老李的儿子为村长送行。

　　　　□(2)老李把儿子送给了村长。

　　　　□(3)老李的儿子送村长东西。

　　2. 他没瞒着父母打游戏机。

　　　　□(1)他打了游戏机,但没瞒着父母。

　　　　□(2)他没打游戏机,也没瞒着父母。

　　3. 王老师也教英语。

　　　　□(1)别人教英语,王老师也教英语。

　　　　□(2)王老师学英语,王老师也教英语。

　　　　□(3)王老师教汉语,王老师也教英语。

　　4. 玲玲最喜欢布娃娃。

　　　　□(1)别人喜欢布娃娃,玲玲最喜欢布娃娃

　　　　□(2)玲玲喜欢玩具,最喜欢布娃娃。

5.入了党就要比一般群众干得更好。

　　□(1)（我）原来比群众干得好，入了党比一般群众干得更好。

　　□(2)群众原比我干得好，但入了党我比一般群众干得更好。

6.我看这本书很合适。

　　□(1)这本书适合于我看。

　　□(2)我认为这本书适合于某种用途。

7.老李的车修得好。

　　□(1)老李的车能修好。　　　　　□(2)老李修车修得好。

8.看中的是小李。

　　□(1)某人看中了小李。　　　　　□(2)小李看中某人/某物。

9.小王连老李都不认识。

　　□(1)小王不认识老李。　　　　　□(2)老李不认识小王。

10.这衣服洗得干净。

　　□(1)这衣服能洗干净。　　　　　□(2)这衣服洗干净了。

11.你的眼睛都红了。

　　□(1)你眼睛有问题了。　　　　　□(2)你在嫉妒别人了。

12.他追得我直喘气

　　□(1)他追我，他累得喘气。　　　□(2)他追我，我累得喘气。

　　□(3)我追他，他累得喘气。　　　□(4)我追他，我累得喘气。

13.我跟他去过上海。

　　□(1)我和他一起去过上海。　　　□(2)他带我去过上海。

14.他已经走了一个小时了。

　　□(1)他已经离开这里一个小时了。

　　□(2)他已经步行了一个小时了。

15.我帮她洗衣服。

　　□(1)我给她洗衣服，她自己不洗。

　　□(2)我帮她洗衣服，我和她一起洗。

16.他们在饭桌上都是英雄豪杰。

　　□(1)他们在饭桌上(吃饭喝酒)都很厉害。

　　□(2)他们只是在饭桌上(吃饭喝酒)有能耐，实际干起来却没有本事了。

17.不要打坏电话。

　　□(1)不要敲打坏了电话机。

　　□(2)不要把电话机用坏了。

　　□(3)不要用已经坏了的电话机。

　　　　□(4)打电话要注意文明,不要说脏话。

　18. 自行车我给他修好了。

　　　　□(1)我动手帮他修好了自行车。

　　　　□(2)我把自行车拿给他修,他修好了。

　　　　□(3)我找人帮他修好自行车。

　19. 他的笑话说不完。

　　　　□(1)他很会说笑话,笑话说不完。

　　　　□(2)他闹下许多笑话,说不完。

　20. 你讲不过他也得讲。

　　　　□(1)你讲,不过他也得讲。

　　　　□(2)你讲不过他,也得讲。

　21. 这些题我们都会做。

　　　　□(1)这些题我们都会做,没有一个人不会做。

　　　　□(2)这些题我们都会做,没有一道题不会做。

　　　　□(3)这些题我们都会做,不用你吩咐。

　　　　□(4)这些题我们都会做,不用再讲/练了。

　22. 老张有个女儿很骄傲。

　　　　□(1)老张有女儿,为此他感到很骄傲。

　　　　□(2)老张有个女儿,这个女儿很骄傲。

　23. 一些国家领导人发表了新年献词。

　　　　□(1)一些国家的领导人发表了新年献词。

　　　　□(2)国家的一些领导人发表了新年献词。

　24. 他给我们讲了两个解放军战士抢救国家财产的故事。

　　　　□(1)他给我们讲了两个故事,内容是解放军战士抢救国家财产。

　　　　□(2)他给我们讲故事,内容是两个解放军战士抢救国家财产。

　25. 这个月的奖金领了跟没领一个样。

　　　　□(1)奖金还未动用就丢失了,跟没领一个样。

　　　　□(2)奖金很少,满足不了生活需要,跟没领一个样。

　26. 记者再次来到地震现场。

　　　　□(1)记者上次来过地震现场,这次是第二次来。

　　　　□(2)其他人上次来过地震现场,这次记者来。

　27. 他知道这件事情不要紧。

　　　　□(1)这件事情不会有问题,他已经知道了。

　　　　□(2)让他知道这件事情也没关系。

28.妹妹做姐姐的工作也是常有的事。

　　☐(1)妹妹做姐姐的思想工作是常有的事。

　　☐(2)妹妹接替姐姐做工作是常有的事。

29.网上也可买空调。

　　☐(1)别处可以买空调,网上也可买空调。

　　☐(2)网上可以买别的家电,也可买空调。

30.老章又用水果刀袭击他们。

　　☐(1)老章先用别的凶器袭击他们,又用水果刀袭击他们。

　　☐(2)老章先用别的刀袭击他们,又用水果刀袭击他们。

　　☐(3)老章再次用水果刀袭击他们。

四、您在生活中遇到过因语言歧义(或多义)造成误解的情况吗？请把这些句子提供给我们。

　　1._____

　　2._____

　　3._____

　　4._____

——调查结束,再次感谢您的支持与合作!

附录 C 语义理解情况调查(互联网调查)

问卷星

专业的在线问卷调查平台[首页]

· 搜索公开问卷 注册新用户 设计新问卷 ？语义理解情况调查

发布者:huoshu ✉ 08—10—06 有效答卷:82 份 评论:13 条

为了解人们日常生活中理解语义的实际情况,需要您的帮助。请您不要有什么顾虑,本调查只是想了解您在遇到语言多义与歧义时您是如何处理的,您的回答我们只是作为研究资料使用,不会用于其他目的。不要求填写您的姓名和工作单位,问卷中的答案无所谓对错,只希望您能独立如实回答所提出的问题,以保证本次调查的可信度。十分感谢您在百忙之中的合作!

调查报告公开级别:完全不公开

下面 1—6 项是您的非隐私个人信息。

1.您的性别：* 请选择 ▼

2.您的年龄段：* 请选择 ▼

3.您目前常住的城市：*

· 北京 上海 香港 重庆 杭州 武汉 长沙
· 广州 深圳 南宁 贵阳 海口 石家庄 哈尔滨
· 郑州 福州 兰州 南京 南昌 长春 呼和浩特
· 沈阳 银川 西宁 济南 太原 合肥 西安
· 成都 天津 乌鲁木齐 拉萨 昆明 澳门 台湾
· 湖州 嘉兴 宁波 绍兴 温州 丽水 金华
· 台州 衢州 舟山 海外
· 其他

4.您攻读的专业类别：*　　　　　　　　　　　　［请选择 ▼］

5.您正在攻读或已获得的最高学历：*　　　　　　［请选择 ▼］

6.您目前从事的职业：*　　　　　　　　　　　　［请选择 ▼］

■下面开始进入正式答题,请您务必独立回答,不要与他人切磋。

◆下面 7—26 题的词语,你是如何理解的,选出你认为解释得正确的,你认为解释得不正确的不要选择。

7.选出您认为对"黄牛"这个词解释得正确的项：*　　　　　　［多选题］

• A.一种耕牛　　　　　B.长着黄色毛的牛　　　　　C.倒卖票子的人

8.选出您认为对"地下工厂"这个短语解释得正确的项：*　　　［多选题］

• A.底层的工厂　　　　B.从事非法活动的工厂　　　C.工厂建在地下

9.选出您认为对"画的人"这个短语解释得正确的项：*　　　　［多选题］

• A.画画的那个人　　　B.被画的那个人　　　　　C.画出来的那个"人"

10.选出您认为对"从小李说起"这个短语解释得正确的项：*　［多选题］

• A.小李第一个说　　　B.从小李的事说起　　　C.从小李这个人说起

11.选出您认为对"别弄错了"这个短语解释得正确的项：*　　［多选题］

• A.嘱咐人别弄错了　　B.别人弄错了　　　C.怀疑某事弄错了(结果)

12.选出您认为对"出租汽车"这个短语解释得正确的项：*　　［多选题］

• A.的士　　　　　B.把汽车出租给别人　　　C.出租给别人的汽车

13.选出您认为对"饭吃完了"这个短语解释得正确的项：*　　［多选题］

• A.饭被吃完了　　　　B.吃好了饭　　　　　　C.我吃饱了

14.选出您认为对"鲁迅的书"这个短语解释得正确的项：*　　［多选题］

• A.写鲁迅的书　　　　B.归鲁迅所有的书　　　　C.鲁迅写的书

15.选出您认为对"10 日前去汇报"这个短语解释得正确的项：*

［多选题］

• A.10 号这天前去汇报　B.10 号之前去汇报　　C.10 天前去汇报

16.选出您认为对"撞倒王明的车子"这个短语解释得正确的项：*

［多选题］

• A.车子把王明撞倒了　B.把王明的车子撞倒了　C.去把王明的车子撞倒

17.选出您认为对"喜欢干净的人"这个短语解释得正确的项：*［多选题］

• A.某人喜欢干净　　　B.喜欢的对象是干净的人　　C.不喜欢脏的人

18.选出您认为对"看打篮球的中学生"这个短语解释得正确的项：*［多选题］

• A.看的是打篮球的中学生　　　　B.中学生看打篮球

　C.看完了中学生打篮球

19.选出您认为对"在火车上写字"这个短语解释得正确的项：*［多选题］

· A. 人处在火车上写字　B. 不是在火车上画画　C. 把字写在火车上

20. 选出您认为对"叫他推了一下"这个短语解释得正确的项：*　　[多选题]

· A. 被他推了一下　B. 叫他来推了一下　C. 我摔倒了

21. 选出您认为对"奶油面包"这个短语解释得正确的项：*　　　　[多选题]

· A. 用奶油做的面包　B. 白白胖胖　C. 奶油和面包

22. 选出您认为对"小王叫他叔叔"这个短语解释得正确的项：*　[多选题]

· A. 小王称呼他为叔叔　B. 小王喊他叔叔（来）　C. 他不是小王的叔叔

23. 选出您认为对"我看见他太激动了"这个短语解释得正确的项：*

[多选题]

· A. 我看见了,他太激动了　B. 他不一定真激动

C. 我看见他,我太激动了

24. 选出您认为对"山上架着炮"这个短语解释得正确的项：*　　[多选题]

A. 山上架好了炮（炮正架在山上）　B. 山上正在架炮

C. 别的地方没有架炮

25. 选出您认为对"这坑挖深了"这个短语解释得正确的项：*　　[多选题]

A. 这坑挖深了（指客观结果）　B. 这坑挖好了　C. 这坑挖得过了要求

26. 选出您认为对"他知道你回来之后病了。"这个句子解释得正确的项：*

[多选题]

A. 他已知道你回来后你病了　B. 他知道你回来后他病了

C. 你以前没有病

◆下面 27—46 题的句子有无歧义（多种意思）？请选择。

27. 我们翻过那座山。*　　　　　　　　○有歧义　　○无歧义

28. 他借我一辆摩托车。*　　　　　　　○有歧义　　○无歧义

29. 这篇文章给我看看好吗？*　　　　　○有歧义　　○无歧义

30. 我们看电视学外语。*　　　　　　　○有歧义　　○无歧义

31. 王老师是个好老师。*　　　　　　　○有歧义　　○无歧义

32. 我在阳台上看见了小王。*　　　　　○有歧义　　○无歧义

33. 他一个早晨就洗了三床被子。*　　　○有歧义　　○无歧义

34. 他们多半是一年级的大学生。*　　　○有歧义　　○无歧义

35. 他是我弟弟的崇拜者。*　　　　　　○有歧义　　○无歧义

36. 母亲背着女儿去捡破烂。*　　　　　○有歧义　　○无歧义

37. 他原来是经理。*　　　　　　　　　○有歧义　　○无歧义

38. 关心的是他母亲。*　　　　　　　　○有歧义　　○无歧义

39. 论文的标题是什么并不重要。*　　　○有歧义　　○无歧义

40. 他喜欢游泳。* ○有歧义 ○无歧义

41. 他的笑话讲不完。* ○有歧义 ○无歧义

42. 我见到你那年才 10 岁。* ○有歧义 ○无歧义

43. 老马打孩子打肿了手。* ○有歧义 ○无歧义

44. 她是去年生的孩子。* ○有歧义 ○无歧义

45. 他说不下去了。* ○有歧义 ○无歧义

46. 那本书我丢了(怎么还你?)* ○有歧义 ○无歧义

◆您听到以下这些句子时,哪层意思首先想到? 哪层意思其次想到? 依次类推。哪层意思不会想到? 请作出选择。

◆注意:是句子本身表示出的意思,每题可选不同的项,如一个选了"首先想到",其他的不能选"首先想到"。

47—49 题对"送村长的是老李的儿子"这个句子的解释,哪层意思你首先想到? 哪层意思其次想到? 依次类推。哪层意思不会想到?

47. 老李的儿子为村长送行。* [请选择 ▼]

48. 老李把儿子送给了村长。* [请选择 ▼]

49. 老李的儿子送村长东西。* [请选择 ▼]

50—52 题对"他没瞒着父母打游戏机"这个句子的解释,哪层意思你首先想到? 哪层意思其次想到? 依次类推。哪层意思不会想到?

50. 他打了游戏机,但没瞒着父母。* [请选择 ▼]

51. 他没打游戏机,也没瞒着父母。* [请选择 ▼]

52. 他打游戏机,但瞒着父母。* [请选择 ▼]

53—55 题对"王老师也教英语"这个句子的解释,哪层意思你首先想到? 哪层意思其次想到? 依次类推。哪层意思不会想到?

53. 别人教英语,王老师也教英语。* [请选择 ▼]

54. 王老师学英语,王老师也教英语。* [请选择 ▼]

55. 王老师教汉语,王老师也教英语。* [请选择 ▼]

56—58 题对"玲玲最喜欢布娃娃"这个句子的解释,哪层意思你首先想到? 哪层意思其次想到? 依次类推。哪层意思不会想到?

56. 别人喜欢布娃娃,玲玲最喜欢布娃娃。* [请选择 ▼]

57. 玲玲喜欢唱歌,最喜欢布娃娃。* [请选择 ▼]

58. 玲玲喜欢玩具,最喜欢布娃娃。* [请选择 ▼]

59—61 题对"入了党就要比一般群众干得更好"这个句子的解释,哪层意思你首先想到? 哪层意思其次想到? 依次类推。哪层意思不会想到?

59.原来就比一般群众干得好,入了党比一般群众干得更好。*

[请选择 ▼]

60.不入党不必比一般群众干得好。*

[请选择 ▼]

61.一般群众原来就比我干得好,入了党我应该比一般群众干得更好。*

[请选择 ▼]

62—64 题对"我看这本书很合适"这个句子的解释,哪层意思你首先想到? 哪层意思其次想到? 依次类推。哪层意思不会想到?

62.这本书适合于我看。*　　　　　　　　　　[请选择 ▼]

63.我看了这本书觉得很好。*　　　　　　　　[请选择 ▼]

64.我认为这本书适合于某种用途。*　　　　　[请选择 ▼]

65—67 题对"老李的车修得好"这个句子的解释,哪层意思你首先想到? 哪层意思其次想到? 依次类推。哪层意思不会想到?

65.老李的车能修好。*　　　　　　　　　　　[请选择 ▼]

66.老李修车修得好。*　　　　　　　　　　　[请选择 ▼]

67.老李的车也开得好。*　　　　　　　　　　[请选择 ▼]

68—70 题对"看中的是小李"这个句子的解释,哪层意思你首先想到? 哪层意思其次想到? 依次类推。哪层意思不会想到?

68.某人看中了小李。*　　　　　　　　　　　[请选择 ▼]

69.小李看中某人(或某物)。*　　　　　　　[请选择 ▼]

70.看中了小李东西。*　　　　　　　　　　　[请选择 ▼]

71—73 题对"小王连老李都不认识"这个句子的解释,哪层意思你首先想到? 哪层意思其次想到? 依次类推。哪层意思不会想到?

71.小王不认识老李。*　　　　　　　　　　　[请选择 ▼]

72.老李是刚来的。*　　　　　　　　　　　　[请选择 ▼]

73.老李不认识小王。*　　　　　　　　　　　[请选择 ▼]

74—76 题对"这衣服洗得干净"这个句子的解释,哪层意思你首先想到? 哪层意思其次想到? 依次类推。哪层意思不会想到?

74.这衣服能洗干净(可能)。*　　　　　　　[请选择 ▼]

75. 这衣服洗干净了（结果）。*　　　　　　　　| 请选择 ▼ |

76. 这衣服不用洗了。*　　　　　　　　　　　　| 请选择 ▼ |

77—79 题对"你的眼睛都红了"这个句子的解释，哪层意思你首先想到？哪层意思其次想到？依次类推。哪层意思不会想到？

77. 你眼睛有问题了。*　　　　　　　　　　　　| 请选择 ▼ |

78. 你在嫉妒别人了。*　　　　　　　　　　　　| 请选择 ▼ |

79. 你没睡好觉。*　　　　　　　　　　　　　　| 请选择 ▼ |

80—83 题对"他追得我直喘气"这个句子的解释，哪层意思你首先想到？哪层意思其次想到？依次类推。哪层意思不会想到？

80. 他追我，他累得喘气。*　　　　　　　　　　| 请选择 ▼ |

81. 他追我，我累得喘气。*　　　　　　　　　　| 请选择 ▼ |

82. 我追他，他累得喘气。*　　　　　　　　　　| 请选择 ▼ |

83. 我追他，我累得喘气。*　　　　　　　　　　| 请选择 ▼ |

84—86 题对"我跟他去过上海"这个句子的解释，哪层意思你首先想到？哪层意思其次想到？依次类推。哪层意思不会想到？

84. 我和他一起去过上海。*　　　　　　　　　　| 请选择 ▼ |

85. 他带我（我跟着他）去过上海。*　　　　　　| 请选择 ▼ |

86. 别人没去过上海。*　　　　　　　　　　　　| 请选择 ▼ |

87—89 题对"他已经走了一个小时了"这个句子的解释，哪层意思你首先想到？哪层意思其次想到？依次类推。哪层意思不会想到？

87. 他已经离开这里一个小时了。*　　　　　　　| 请选择 ▼ |

88. 他已经步行了一个小时了。*　　　　　　　　| 请选择 ▼ |

89. 他不会回来了。*　　　　　　　　　　　　　| 请选择 ▼ |

90—92 题对"我帮她洗衣服"这个句子的解释，哪层意思你首先想到？哪层意思其次想到？依次类推。哪层意思不会想到？

90. 我帮她洗衣服，她自己不洗。*　　　　　　　| 请选择 ▼ |

91. 我帮她洗衣服，她不会洗。*　　　　　　　　| 请选择 ▼ |

92. 我帮她洗衣服，我和她一起洗。*　　　　　　| 请选择 ▼ |

93—95 题对"他们在饭桌上都是英雄豪杰"这个句子的解释，哪层意思你首先想到？哪层意思其次想到？依次类推。哪层意思不会想到？

93. 他们在饭桌上(吃饭喝酒)都很厉害。* 　　　请选择 ▼

94. 他们只是在饭桌上(吃饭喝酒)有能耐,实际干起来却没有本事了。*

　　　请选择 ▼

95. 你斗不过他们。* 　　　请选择 ▼

96－99 题对"不要打坏电话"这个句子的解释,哪层意思你首先想到? 哪层意思其次想到? 依次类推。哪层意思不会想到?

96. 不要敲打坏了电话机。* 　　　请选择 ▼

97. 不要把电话机用坏了。* 　　　请选择 ▼

98. 不要用已经坏了的电话机。* 　　　请选择 ▼

99. 打电话要注意文明,不要说脏话。* 　　　请选择 ▼

100－102 题对"自行车我给他修好了"这个句子的解释,哪层意思你首先想到? 哪层意思其次想到? 依次类推。哪层意思不会想到?

100. 我动手帮他修好了自行车。* 　　　请选择 ▼

101. 我把自行车拿给他修,他修好了。* 　　　请选择 ▼

102. 我找人帮他修好自行车。* 　　　请选择 ▼

103－105 题对"他的笑话说不完"这个句子的解释,哪层意思你首先想到? 哪层意思其次想到? 依次类推。哪层意思不会想到?

103. 他很会说笑话,笑话说不完。* 　　　请选择 ▼

104. 他闹下许多笑话,说不完。* 　　　请选择 ▼

105. 他的笑话很多,说不完。* 　　　请选择 ▼

106－108 题对"你讲不过他也得讲"这个句子的解释,哪层意思你首先想到? 哪层意思其次想到? 依次类推。哪层意思不会想到?

106. 你讲,不过他也得讲。* 　　　请选择 ▼

107. 你讲不过他,也得讲。* 　　　请选择 ▼

108. 你讲不过,他也得讲。* 　　　请选择 ▼

109－112 题对"这些题我们都会做"这个句子的解释,哪层意思你首先想到? 哪层意思其次想到? 依次类推。哪层意思不会想到?

109. 这些题我们都会做,没有一个人不会做。* 　　　请选择 ▼

110. 这些题我们都会做,没有一道题不会做。* 　　　请选择 ▼

111. 这些题我们都会做,不用你吩咐。* 　　　请选择 ▼

112. 这些题我们都会做，不用再讲(或"再练")了。* 　　请选择　▾

113—115 题对"老张有个女儿很骄傲"这个句子的解释，哪层意思你首先想到？哪层意思其次想到？依次类推。哪层意思不会想到？

113. 老张有女儿，为此他感到很骄傲。* 　　请选择　▾

114. 老张有个女儿，这个女儿很骄傲。* 　　请选择　▾

115. 老张有个女儿很聪明，又很骄傲。* 　　请选择　▾

116—117 题对"一些国家领导人发表了新年献词"这个句子的解释，哪层意思你首先想到？哪层意思其次想到？依次类推。哪层意思不会想到？

116. 一些国家的领导人发表了新年献词。* 　　请选择　▾

117. 国家的一些领导人发表了新年献词。* 　　请选择　▾

118—120 题对"他给我们讲了两个解放军战士抢救国家财产的故事"这个句子的解释，哪层意思你首先想到？哪层意思其次想到？依次类推。哪层意思不会想到？

118. 他给我们讲了两个故事，内容是解放军战士抢救国家财产。* 　请选择　▾

119. 他给我们讲故事，内容是两个解放军战士抢救国家财产。* 　请选择　▾

120. 他给我们讲了两个故事，内容是两个解放军战士抢救国家财产。* 　　请选择　▾

121—123 题对"这个月的奖金领了跟没领一个样"这个句子的解释，哪层意思你首先想到？哪层意思其次想到？依次类推。哪层意思不会想到？

121. 奖金还未动用就丢失了，跟没领一个样。* 　　请选择　▾

122. 奖金很少，满足不了生活需要，跟没领一个样。* 　　请选择　▾

123. 工资很高，那么点儿奖金不在眼里，跟没领一个样。* 　请选择　▾

124—126 题对"记者再次来到地震现场"这个句子的解释，哪层意思你首先想到？哪层意思其次想到？依次类推。哪层意思不会想到？

124. 记者上次来过地震现场，这次是第二次来。* 　　请选择　▾

125. 其他人上次来过地震现场，这次记者来。* 　　请选择　▾

126. 记者多次来过地震现场，这次是又一次来。* 　　请选择　▾

127—129 题对"他知道这件事情不要紧"这个句子的解释，哪层意思你首先想到？哪层意思其次想到？依次类推。哪层意思不会想到？

127. 他已经知道了，这件事情不会有问题。* 　　请选择　▾

24. 程琪龙. 概念框架和认知. 上海：上海外语教育出版社，2006.

25. 程琪龙. 认知语言学概论. 北京：外语教育与研究出版社，2001.

26. 迟宇风. 语义歧义与语用歧义. 长春工程学院学报，2003(2).

27. 崔国明. 强加的歧义. 语文建设，2001(4).

28. 崔希亮. 语言理解与认知. 北京：北京语言文化大学出版社，2001.

29. 戴莉. 言语交际有关的歧义类型. 甘肃广播电视大学，1999(2).

30. 戴岳. 语境歧义现象浅析. 贵州民族学院学报，2001(3).

31. 戴黎刚. 现代汉语歧义研究述评. 北方论丛，2004(3).

32. 戴耀晶. 试论现代汉语的否定范畴. 语言教学与研究，2000(3).

33. 窦曼玲. 说"歧义". 喀什师范学院学报，1995(3).

34. 范继淹. 句法语义浅谈. 语文教学通讯，1981(3).

35. 范继淹. 无定 NP 主语句. 中国语文，1985(5).

36. 范继淹. 语言的信息. 中国语文，1979(2).

37. 范晓，胡裕树. 有关语法研究三个平面的几个问题. 中国语文，1992(4).

38. 冯志伟. 自然语言处理中的歧义消解方法. 语言文字应用，1996(1).

39. 冯志伟. 论歧义结构的潜在性. 中文信息学报，1996(4).

40. 甘智林. "V＋一下"格式的歧义现象. 安徽农业大学学报，2005(1).

41. 高林波. 谈汉语书面歧义结构的形成. 长春大学学报，2001(2).

42. 高文利. 歧义字段"N 就是 N". 益阳师范专科学校学报，2000(3).

43. 高玉娟. 语句歧义与语境. 辽宁师范大学学报，2001(1).

44. 邰峰. 关于"帮 NVP"句式. 安庆师范学院学报，2001(6).

45. 龚嘉镇. "难道"的多义性与"难道"句的歧义性. 辞书研究，1995(2).

46. 桂诗春. 新编心理语言学. 上海：上海外语教育出版社，2000.

47. 郭熙. 中国社会语言学. 杭州：浙江大学出版社，2004.

48. 韩梅. "是……的"句的歧义分析. 长春师范学院学报，2004(6).

49. 韩仲谦. 歧义在语言中的积极运用. 山东师范大学外国语学院学报，2000(4).

50. 郝国柱. 普通话歧义句例解. 沈阳师范学院学报，1997(2).

51. 何洪峰. 句法结构歧义成因的思考. 语言研究，2003(4).

52. 何洪峰. 论双重歧义因素组合的结构. 语言研究，2002(3).

53. 洪淼. 试论"还＋V"格式的歧义. 钦州师范专科学校学报，2001(2).

54. 侯学超，吴竞存. 层次相同的同形结构例释. 北京大学学报，1980(1).

55. 侯咏梅. 歧义结构类型及其产生的原因. 绥化师范专科学校学报，1992(2).

56. 胡莎. 歧义的语用理解及其语用功能. 乐山师范学院学报，2004(3).

57. 胡树鲜. 试论某些副词的多项作用点. 河北师范学院学报, 1985(1).

58. 黄德玉. 谈"歧义"研究中应该划界的几个问题. 逻辑与语言学习, 1988(2).

59. 黄德玉. 多义·模糊·笼统. 安庆师范学院学报, 1988(3).

60. 黄德玉. 语言中的"歧义"与言语中的"歧解". 人大复印资料(语言文字学), 1992(3).

61. 黄国城. 语言歧义的产生与消除. 闽江职业大学学报, 2000(1).

62. 黄国营. 现代汉语的歧义短语. 语言研究, 1985(1).

63. 黄勤论. 歧义的生成机制. 湘潭大学社会科学学报(增刊), 2000.

64. 黄展骥. "词语"与"语法"的歧义谬误. 人文杂志, 1998(6).

65. 江天芳. 试析影响句子加工的因素——歧义. 福州大学学报, 1999(3).

66. 姜树. 试析汉语短语的多义与歧义. 齐齐哈尔师范学院学报, 1991(2).

67. 姜颖. "NP+(不/没)+VP"语义结构歧义研究. 文教资料, 2006(1).

68. 蒋同林. "V动+T时段+的+N名"的同符异构问题. 中国语文, 1989(1).

69. 康健. 歧义句新角度透视. 喀什师范学院学报, 2002(2).

70. 孔令达. 一个能分析出四种意思的歧义句. 汉语学习, 1995(3).

71. 孔秋梅. 语境分析——攻克歧义的最佳策略. 齐齐哈尔大学学报, 2002(2).

72. 尢世勇, 朱学岚. 语音特征在分化歧义中的作用. 烟台师范学院学报, 2000(2).

73. 黎清群. 从语义的层次性探析歧义现象. 中南工业大学学报, 2002(1).

74. 黎清群. 论歧义的语用价值. 长沙电力学院学报, 2002(1).

75. 李伯约, 赛丹. 自然语言理解的心理学原理. 上海:学林出版社, 2007.

76. 李昌年. 与预设有关的歧义. 江西教育学院学报, 2002(1).

77. 李大忠. 和否定判断句有关的歧义现象. 中国人民大学学报, 1994(4).

78. 李芳杰, 冯雪梅. 语义结构与歧义分解. 武汉大学学报, 2002(6).

79. 李峰. 论歧义的制约. 新疆社科论坛, 1994(2-3).

80. 李关怀. 如何消除语言歧义. 现代交际, 1998(11).

81. 李汉威. 运用三个平面的理论研究汉语歧义现象. 江汉大学学报, 2001(1).

82. 李浚平. 试析带"得"动补结构的多义现象. 人大复印资料(语言文字学), 1984(10).

83. 李彤翎. 语言交际与思维中的多义现象、歧义现象. 辽宁师范专科学校学报, 1999(5).

84. 李晓宏. 歧义类型及其分化. 晋东南师范专科学校学报, 1999(2).

85. 梁伯枢, 吴竞存. 现代汉语句法分析. 北京:北京大学出版社, 1982.

86. 梁艳. 在不同平面上探讨歧义的成因及歧义的消除. 广西广播电视大学学

报,2001(4).

87. 廖秋忠.也谈形式主义和功能主义.国外语言学,1991(2).

88. 林新年.歧义结构分析方法述评.人大复印资料(语言文字学),1998(9).

89. 蔺璜.三个不同平面上的歧义现象.语文研究,1993(3).

90. 凌德祥.语言与语言科学.广州:暨南大学出版社,1998.

91. 凌德祥.论语言中的歧义现象.安徽教育学院学报,1986(3).

92. 刘成.话语歧义的积极意义.语文教学与研究,2002(3).

93. 刘春卉.属性值与属性特征语义语法差异考察——兼谈相关歧义结构.汉语学习,2008(3).

94. 刘春卉.几种与"的"有关的歧义现象分析.天中学刊,2001(1).

95. 刘春宁."多义"与"歧义"的辨识.语文学刊,2001(5).

96. 刘兰英.论语境对词语的制约.北京第二外国语学院学报,1995(5).

97. 刘宁生.话语链·蕴含·歧指——再论"最"字句和相关问题.南京师范大学学报,1993(1).

98. 刘宁生,钱玉莲."最"的语义指向与"最"字句的蕴含.汉语学习,1987(5).

99. 刘贤俊.歧义句的可及性考察.语言研究,2006(3).

100. 刘艳春.语义平面的歧义句成因刍议.汉语学习,2002(1).

101. 刘艳娟.现代汉语歧义格式研究.哈尔滨学院学报,2002(1).

102. 刘云.歧义的潜在性及其自动消解.高等函授学报,2001(3).

103. 刘芝芬,田阡子.试论言语歧义.辽宁大学学报,1997(3).

104. 柳广民.歧义类型研究.广西社会科学,1994(6).

105. 龙涛,杨逢彬.度量词的相互搭配.武汉大学学报,2007(3).

106. 卢英顺.语义指向研究漫谈.世界汉语教学,1995(3).

107. 陆丙甫.语句理解的同步组块过程及其数量描述.中国语文,1986(2).

108. 陆丙甫.核心推导语法.上海:上海教育出版社,1993.

109. 陆俭明.语义特征分析在汉语语法研究中的运用.汉语学习,1991(1).

110. 陆俭明.关于语义指向分析.载:邵敬敏主编.现代汉语通论参考文献精选.上海:上海教育出版社,2002.

111. 陆俭明."'VA 了'述补结构语义分析".汉语学习,1990(1).

112. 陆俭明."VA 了"述补结构语义分析补议——对读者意见的回复.汉语学习,2001(6).

113. 陆俭明,马真.谈句法歧义现象.载:汉语论丛.上海:华东师范大学出版社,1990.

114. 路平.试谈"模糊"与"歧义".汉语学习,1986(3).

115. 吕叔湘. 汉语语法分析问题. 北京:商务印书馆,1979.

116. 吕叔湘. 歧义类例. 中国语文,1984(5).

117. 吕叔湘. 疑问·否定·肯定. 中国语文,1985(4).

118. 吕叔湘,朱德熙. 语法修辞讲话. 北京:开明书店,1952.

119. 罗晖. 论"连"字句的梯级逻辑. 修辞学习,2007(1).

120. 罗国英. 试论现代汉语中的歧义现象. 贵州民族学院学报,1999(1).

121. 马明艳. "每隔＋数量＋VP"的语用歧义认知研究. 汉语学习,2008(2).

122. 马庆株. 述宾结构歧义初探. 语言研究,1985(1).

123. 孟建安. 大胆突破教材局限,努力探索歧义教学新路. 平顶山师范专科学校学报,2001(4).

124. 莫琴琴. 也谈歧义的利用. 钦州师范专科学校学报,2000(2).

125. 欧阳寿荪. 歧义和结构. 江西大学学报,1983(2).

126. 彭漪涟. 试论语句歧义与判断明确. 载:逻辑探索留踪——彭漪涟逻辑论文选集. 上海:上海辞书出版社,2006.

127. 皮远长. 略论语境歧义的产生. 武汉大学学报,1999(1).

128. [瑞士]皮亚杰. 发生认识论原理. 北京:商务印书馆,1995.

129. 邱佳岭,孙桂焕,王燕. 谈会话中歧义的妙用. 天津城市建设学院,1998(5).

130. 邱庆山. 歧义句"连 N 也 V"中 N 的"语义成分同词"类型考察. 理论月刊,2008(12).

131. 邱震强. 歧义现象研究的回顾及前瞻. 长沙电力学院学报,2000(1).

132. 裘荣棠. 歧义浅析. 淮北师范学院学报,1982(1).

133. 任海波. "都"的语义功能与"都"字歧义句. 浙江大学学报,1995(6).

134. 邵敬敏. 关于歧义结构的探讨. 载:现代汉语语法研究的现状和回顾. 北京:语文出版杜,1987.

135. 邵敬敏. 副词在句法结构中的语义指向初探. 载:汉语论丛(一). 上海:华东师范大学出版社,1990.

136. 邵敬敏. 歧义分化方法探讨. 语言教学与研究,1991(1).

137. 邵敬敏. 歧义——语法研究的突破口. 载:马庆株编. 语法研究入门. 北京:商务印书馆,1999.

138. 邵敬敏. "NP₁ 有 NP₂ 很 AP"歧义格式的分化规则. 语言研究,2007(6).

139. 邵敬敏. 关于"在黑板上写字"句式分化和变换的若干问题. 语言教学与研究,1982(3).

140. 沈家煊. "语义的不确定性"和无法分化的多义句. 中国语文,1991(4).

141. 沈家煊. 认知与汉语语法研究. 北京:商务印书馆,2006.

142. 沈开木. 表示"异中有同"的"也"字独用的探索. 中国语文,1983(1).

143. 沈开木. "不"字的否定范围和否定中心的探索. 中国语文,1984(6).

144. 沈开木. 论"语义指向". 华南师范大学学报,1996(6).

145. 施春宏. 歧义现象的演绎分析——以一组层次构造歧义的系统性分析为例. 语言教学与研究,2000(1).

146. 施发笔. "数量 N_1 +就 VP 了+数量 N_2"型句子的歧义成因. 宁夏大学学报,2006(4).

147. 施关淦. 关于"在+NP+V+N"句式的分化问题. 中国语文,1980(6).

148. 施关淦. 汉语书面语言歧义现象举例读后(一). 中国语文,1980(1).

149. 石安石. 句义的预设. 语文研究,1986(2).

150. 石安石. 语义论. 北京:商务印书馆,1993.

151. 石安石. 歧义现象种种. 载:语言研究. 北京:语文出版社,1994.

152. 石安石. 说歧义. 载:中国语言学报》(三). 北京:商务印书馆,1988.

153. 石川. 报刊标题应避免使用歧义结构. 语文建设,1994(10).

154. 石定栩. 动一名结构歧义的产生与消除. 语言教学与研究,2005(3).

155. 石毓智. 认知能力与语言学理论. 上海:学林出版社,2008.

156. 舒华,唐映红,张亚旭. 汉语双音节同音词词汇歧义消解过程的研究. 心理学报,2000(3).

157. 税昌锡. 汉语语义指向论稿. 长春:东北师范大学出版社,2005.

158. 税昌锡. VP 界性特征对时量短语的语义约束限制——兼论"V+了+时量短语+了"歧义格式. 语言科学,2006(6).

159. 税昌锡. "N_1 +在+NPL+V+N_2"歧义格式解析. 暨南大学华文学院学报,2005(2).

160. 宋广文、范连义. 阅读理解中歧义词的认知研究. 烟台师范学院学报,2003(2).

161. 宋俊明. 语句歧义的表现方式与消除. 咸阳师范专科学校学报,1999(2).

162. 孙兵,刘鸣. 句子加工中语义关联性和句法歧义性实验研究. 心理与行为研究,2005(2).

163. 孙兵,刘鸣. 暂时句法歧义句认知加工初探. 心理科学,2005(5).

164. 孙兵,刘鸣. 句法歧义句理解加工中的语义关联性效应研究. 心理科学,2007(1).

165. 谈笑. 文本标题的起义现象初探——兼论标题歧义在实践中的正负效应. 运城高等专科学校学报,1999(8).

166. 谭文辉. 歧义的理解与解释. 常德师范学院学报,2000(1).

167. 田雨泽. 歧义句及歧义消除漫议. 十堰职业技术学院学报,2001(2).

168. 田作申. 关于左右多义词组意义的因素. 湖北大学学报,1988(2).

169. 王本华. 修辞歧义说略. 首都师范大学学报,1999(3).

170. 王还. 说"在". 中国语文,1957(2).

171. 王红厂. "V2+的+是+N"歧义格式补议. 社科纵横,2004(5).

172. 王红旗. 论语义指向分析产生的原因. 山东师范大学学报,1997(1).

173. 王红旗. 施受歧义产生的条件. 语言研究,2006(4).

174. 王红旗. 一个歧义结构的再限制. 汉语学习,1988(5).

175. 王红旗. 动词的特征与"别 V 了₁"的歧义指数. 语文研究,1999(3).

176. 王凌. 现代汉语歧义结构辨析. 杭州大学学报,1990(3).

177. 王甦,汪安圣. 认知心理学. 北京:北京大学出版社,2004.

178. 王寅. 认知语言学. 上海:上海外语教育出版社,2007.

179. 王寅. 认知语法概论. 上海:上海外语教育出版社,2007.

180. 王建华. 语境歧义分析. 中国语文,1987(1).

181. 王建华,周明强,盛爱萍. 现代汉语语境研究. 杭州:浙江大学出版社,2002.

182. 王金娟. 语境——消除歧义的最佳途径. 浙江师范大学学报,1996(1).

183. 王培焰. 制造歧义,一种幽默术. 现代交际,1994(1).

184. 王仁法,徐以中. 副词"分别"与"一起"的歧义探讨. 语言科学,2003(5).

185. 王软群. 语境对语义的解释功能. 安徽大学学报,2001(1).

186. 王维成. 从歧义看句法、语义、语用之间的关系. 语言教学与研究,1988(1).

187. 王希杰. 鲁迅和歧义. 汉语学习,1994(1).

188. 王希杰. 论多义与歧义和双关及误解和曲解. 延安大学学报,1993(3).

189. 王永德. 句义理解策略初探. 安徽大学学报,1996(3).

190. 王震雷. 歧义:言语现象背后的语言学反思. 汉语学习,1997(2).

191. 王政红. "在+NP+V+N"句式的歧义原因. 南京师范大学学报,1988(2).

192. 温锁林. 中文文本歧义字段切分技术. 语文研究,2001(3).

193. 文炼. 词语之间的搭配关系——语法札记. 中国语文,1982(1).

194. 文炼. 句子的解释因素. 语文建设,1986(4).

195. 文炼. 论语法学中"形式和意义相结合"的原则. 上海师范学院学报,1960(1).

196. 文炼,允贻. 歧义问题. 哈尔滨:黑龙江人民出版社,1985.

197. 翁依琴. 歧义现象:理解认知过程及实际应用. 江西农业大学学报,2002(2).

198. 吴葆棠. 现代汉语词组歧义现象初探. 延边大学学报,1979(1).

199. 吴道勤. 试论双关与歧义的关系. 湘潭大学社会科学学报,1982(4).

200.吴启主.汉语书面语言歧义现象举例读后(二).中国语文,1980(1).

201.吴飒.试论文本歧义的理解.无锡教育学院学报,2000(4).

202.吴燕.试论非多义结构导致的歧义句.温州大学学报,2001(2).

203.吴新华.汉语是怎样排除结构歧义的.南京师范大学学报,1984(4).

204.吴彦文.歧义心理意义建构理论述论.天水师范学院学报,2004(1).

205.吴英才,李裕德.现代汉语的歧义.银川:宁夏人民出版社,1997.

206.武宁宁,舒华.无语境条件下汉语词类歧义词的意义激活.心理学报,2001(4).

207.夏晓娟,邹武鹰.从三个平面角度分析汉语的歧义现象.湖南税务高等专科学校学报,1999(2).

208.项成东.语用歧义再探.绍兴文理学院学报,2001(5).

209.项成东.歧义的语用研究.外语教学,2002(7).

210.项成东.歧义的认知机制.四川外语学院学报,2003(4).

211.项成东.歧义的功能.外语教学,2001(2).

212.肖国萍.近二十年来的汉语歧义研究.人大复印资料(语言文字学),1998(9).

213.肖国萍."名$_1$＋的＋名$_2$"格式歧义组合初探.福建师范大学学报,1996(2).

214.肖水来.跨文化交际中的语义歧义现象.咸宁师范专科学校学报,2001(2).

215.肖奚强,张亚军."连"字歧义句补议.汉语学习,1992(1).

216.肖奚强,张亚军."N$_1$＋V 得＋N$_2$＋VP"句式的歧义分析.语言教学与研究,1990(3).

217.肖奚强,张亚军."更"字歧义句及相关句式.南京师范大学学报,1994(4).

218.谢仁友.现代汉语歧义句式"X 不比 Y·Z"的语义类型.语言研究,2006(2).

219.谢文芳."在＋NP＋V＋N"句式诸构成因素相互关系的考察.湖南科技学院学报,2006(2).

220.谢旭慧."歧解":一种语言幽默技巧.上饶师范专科学校学报,1999(1).

221.邢凯.歧义现象和语言的不确定性.南开大学学报,1997(3).

222.熊文华.略论"限制语"与"非限制语".广西师范大学学报,1989(3).

223.徐大明.言语社区理论.载:徐大明.社会语言学研究.上海:上海人民出版社,2007.

224.徐大明,谢天蔚,陶红印.当代社会语言学.北京:中国社会科学出版社,2004.

225.徐大明.语言变异与变化.上海:上海教育出版社,2006.

226.徐理.歧义、歧义谬误的修辞学辨析.中州学刊,2001(2).

227.徐烈炯,潘海华.焦点结构和意义的研究.北京:外语教学与研究出版社,2005.

228. 徐敏. 由介词·介词结构引起的组合歧义. 齐齐哈尔大学学报,1999(4).

229. 徐杰,李英哲. 焦点和两个非线性语法范畴:"否定""疑问". 中国语文,1993(2).

230. 徐思益. 在一定语境中产生的歧义现象. 中国语文,1985(5).

231. 徐阳春,钱书新. "N₁＋的＋N₂"结构歧义考察. 汉语学习,2004(5).

232. 徐以中,杨亦鸣. 副词"都"的主观性、客观性及语用歧义. 语言研究,2005(3).

233. 徐以中. 副词"只"的语义指向及语用歧义探讨. 语文研究,2003(2).

234. 徐仲华. 汉语书面语言歧义现象举例. 中国语文,1979(5).

235. 延俊荣. "挖深了"的歧义原因及分化. 语文研究,2000(2).

236. 颜迈. 汉语的歧义现象. 人大复印资料(语言文字学),1991(9).

237. 杨华梅. "V＋的＋是＋N"歧义现象刍议. 和田师范专科学校学报(汉文综合版),2006(4).

238. 杨敬宇. "人称代词十指人名词"结构的歧义. 汉语学习,1998(3).

239. 杨敬宇. 面向中文信息处理的现代汉语"V＋V"结构歧义问题研究. 语言文字应用,2005(1).

240. 杨敬宇. 机用现代汉语"V｜V｜V"结构句法功能歧义问题研究. 语言研究,2008(4).

241. 杨敬宇. 面向中文信息处理的"n＋n＋n"结构句法功能歧义问题研究. 汉语学习,2008(6).

242. 杨荣祥. 歧义·语境·误解——与徐思益先生商榷. 北京大学研究生学刊,1989(2－3).

243. 杨同用. 汉语构词研究与语言信息处理. 河北师范大学学报,2002(2).

244. 杨亦鸣. 试论"也"字句的歧义. 中国语文,2000(2).

245. 姚振武. 试谈"片面＋V＋O"句的歧义性. 中国语文,1985(1).

246. 叶秋生,应利. 协同副词语义指向及歧义分析. 乐山师范学院学报,2008(4).

247. 叶文婷. 汉语歧义认知推理过程探讨——功能研究对形式研究的补充. 社会科学家,2007(6).

248. 尤庆学. 汉语书面语结构歧义的歧义度. 湖南师范大学硕士学位论文,1999.

249. 尤庆学. 歧义度的调查与分析. 汉语学习,2000(5).

250. 尤庆学. 论歧义句例歧义度的变化. 襄樊学院学报,2001(1).

251. 尤庆学. 歧义结构的歧义指数. 湖南公安高等专科学校学报,2001(2).

252. 尤庆学. 汉语歧义研究综述. 汉语学习,2001(4).

253. 于景超. "V＋了＋T＋的＋N"结构的歧义试析. 语言科学,2007(4).

254. 余荣耀. 复杂词组的歧义现象试析. 宁波师范学院学报,1985(1).

255. 余义兵,黄交军."NP₁ 像 NP₂ 一样 PP"句式的歧义考察.陇东学院学报, 2007(1).

256. 袁毓林.论否定句的焦点、预设和辖域歧义.中国语文,2000(2).

257. 袁毓林.流水句中否定的固定域及其警示标志.世界汉语教学,2000(3).

258. 詹继曼.关于同形结构研究.新疆大学学报,1990(1).

259. 张宝林."是……的"句的歧义现象分析.世界汉语教学,1994(1).

260. 张伯江.认识观的语法表现.当代语言学,1997(2).

261. 张博学.试析歧义语的类型及歧义的排除.山西广播电视大学学报,2001(2).

262. 张黎.语境等级与歧义.汉语学习,1988(1).

263. 张黎.言语交际中的歧解现象.语言教学与研究,1996(4).

264. 张黎.语境中的有意歧义.江苏教育学院学报,2001(2).

265. 张敏.认知语言学与汉语名词短语.北京:中国社会科学出版社,1998.

266. 张维鼎.歧义的心理认知研究.山东外语教学,1996(2).

267. 张维鼎.意义与认知范畴化.成都:四川大学出版社,2007.

268. 张维定.歧义的心理认知研究.山东外语教学,1996(2).

269. 张亚军.与"NP 的 V"有关的歧义问题.汉语学习,1996(2).

270. 张亚旭,舒华,张厚粲,周晓林.话语参照语境条件下汉语歧义短语的加工. 心理学报,2002(2).

271. 张亚旭,舒华.词汇歧义消解的认知研究:理论、方法与现状.北京师范大学 学报,2000(5).

272. 张亚旭,张厚灿,舒华.句法歧义消解与句子理解研究综述.心理科学,2000(1).

273. 张亚旭,张厚粲,舒华.汉语偏正/述宾歧义短语加工初探.心理学报,2000(1).

274. 张忠堂,秦敏.歧义的理解因素.雁北师范学院学报,1999(5).

275. 章怀平.语境对语言模糊和歧义的解释力.淮南工学院学报,2001(4).

276. 章天明.谈"N₁＋的＋N₂"格式的歧义现象.兰州教育学院学报,2000(1).

277. 赵春利,邵敬敏.NPI 有 NPZ 很 AP"歧义格式的分化规则.语言研究,2007(2).

278. 赵世举.定语的语义指向试探.襄樊学院学报,2001(1).

279. 赵艳芳.认知语言学概论.上海:上海外语教育出版社,2001.

280. 赵元任.语言问题.北京:商务印书馆,1959.

281. 赵元任.汉语的歧义问题.石安石译.载:语言学论丛(十五).北京:商务印 书馆,1988.

282. 郑海翠.歧义的语用功能探究.山东师范大学外国语学院学报,2002(1).

283. 郑旭."也"字句歧义的逻辑分析.重庆工学院学报,2007(12).

284. 郑文贞.歧义句与修辞.厦门大学学报,1993(3).

285. 周刚. 语义指向分析刍议. 语文研究,1998(3).

286. 周明强. 论"好不"、"好 AP"中 AP. 汉语学习,1998(1).

287. 周明强. 歧义、歧解和用歧的认知问题. 语言文字应用,2004(4).

288. 周明强. 现代汉语实用语境学. 杭州:浙江大学出版社,2005.

289. 周明强. 认知在歧义的辨识与消解中的作用. 修辞学习,2006(5).

290. 周文华. "N₁＋让＋N₂＋V 得＋R"格式歧义解析. 文教资料,2007(3).

291. 周颖. 副词"都"的语义指向和歧义. 现代语文,2008(3).

292. 周治金. 汉语歧义消解过程的研究. 武汉:华中师范大学出版社,2002.

293. 周治金,陈永明,陈烜之. 汉语歧义句的消解过程. 心理科学,2003(6).

294. 周治金,陈永明,陈烜之. 词汇歧义消解的研究概况. 心理科学,2002(2).

295. 周治金,陈永明,陈烜之. 汉语同形歧义词歧义消解的过程. 心理科学,2003(2).

296. 周治金,陈永明,陈烜之. 汉语歧义词加工中抑制机制的作用过程. 心理学报,2004(6).

297. 周治金,陈永明,杨丽霞,陈烜之. 汉语同音歧义词歧义消解的过程及其抑制机. 心理学报,2003(1).

298. 周治金,陈永明. 实验任务对汉语同形歧义词加工过程的影响. 华中科技大学学报,2003(6).

299. 周治金,陈永明. 词语境中汉语歧义词多个意义的加工过程. 湖北大学学报,2006(6).

300. 周治金,赵雷,杨文娇,陈永明. 汉语同形歧义词歧义消解的两半球差异. 心理科学,2007(1).

301. 朱德熙. 说"的". 中国语文,1961(12).

302. 朱德熙. "的"字结构和判断句(上)(下). 中国语文,1978(1)(2).

303. 朱德熙. 汉语句法里的歧义现象. 中国语文,1980(2).

304. 朱德熙. "在黑板上写字"及其相关句式. 语言教学与研究,1981(1).

305. 朱德熙. 语法讲义. 北京:商务印书馆,1982.

306. 朱德熙. 变换分析中的平行性原则. 中国语文,1986(2).

307. 朱峰. "全"字句歧义分析. 社会科学家,2005(5).

308. 朱贵文. 词语的紧缩与歧义、误解. 汉字文化,2001(4).

309. 朱景松. 否定词语管到哪里. 语文建设,1996(1).

310. 祝畹瑾. 社会语言学概论. 北京:北京大学出版社,1992.

311. 祝注先. 歧义纵横谈. 人大复印资料(语言文字学),1984(11).

312. 邹韶华. 歧义成因举隅. 载:语法研究和探索(八). 北京:商务印书馆,1997.

313. 邹韶华. 歧义的倾向性研究. 北京:中国社会科学出版社,2007.

314. 邹哲承. 省略要避免歧义. 语文建设,2001(1).

315. Anttila, A. Variation and Phonological Theory. In J. K. Chambers, P. Trudgill, and N. Schilling-Estes (eds.). The Handbook of Language Varition and Change. Oxford:Blackwell,2002.

316. Chen, H. B. Proficiency Constraints on the Processing of Syntactic Ambiguity for Chinese Learners of English. Foreign Languages,1998(2).

317. Croft, William, and D. Alan Cruse. Cognitive Linguistics. CUP,2004.

318. Empson, W. Seven Types of Ambiguity. M. Penguin, Harmondsworth,1961.

319. Garman, M. Psycholinguistics. Cambridge: Cambridge University Press,1990.

320. Kempson, R. M. Semantic Theory. Cambridge: Cambridge University Press,1979.

321. Kooij, J. G. Ambiguity in Natural Language. Amsterdam: North-Holland Publishing Company,1971.

322. Lakoff, George. Women, Fire and Dangerous Things. Chicago: University of Chicago Press,1987.

323. Leech, G. N. Principles of Pragmatics. London: Longman Press,1983.

324. Lu, G. Q. Modern English Lexicology. Shanghai: Shanghai Foreign Languages Education Press,1983.

325. Lyons, J. Semantics. Cambridge:Cambridge University Press,1979.

326. Montague, R. Formal Philosophy: Selected Pages of Richard Montague. New Haven: Yale University Press,1974.

327. Norman,D. A. Twelve Issues for Cognitive Science. In D. A. Norman (ED.). Perspectives on Cognitive Science. Norwood New Jersey: Ablex Publishing Cortporation,1981.

328. Rutherford, W. , and Sharwood, S. M. Conscious-raising and Universal Grammar. Applied Linguistics, 1985(6).

329. Schmidt, R. The Role of Consciousness in Second Language Learning. Applied Linguistics, 1990(2).

330. Schmidt, R. Awareness and Second Language Acquisition. Annual Review of Applied Linguistics, 1993(13).

331. Sharwood, S. M. Consciousness-raising and the Second Language Learner. Applied Linguistics, 1981(2).

332. Smith, E. E. , Shoben, E. J. , and Rips, L. J. Structure and Process in

Semantic Memory: A Featural Model for Semantic Decisions. Psychological Review,1974(81).

333. Stern, H. H. Fundamental Concepts of Language Teaching. Oxford: Oxford University Press,1983.

334. Thomas,J. A. Meaning in Interaction: An Introduction to Pragmatics. London: Longman Press,1995.

后 记

歧义是一个备受人们关注的永恒课题,多少年来,研究者难穷其数,然而,要理清其头绪,却不是件容易的事。我对歧义的关注,缘自 15 年前给原杭州大学外语系夜大学生上现代汉语课讲歧义问题之时。当时,我举了"这些题我们都会做"的例子,让学生分辨其中有几种意思,出乎意料的是,竟然大部分学生都认为只有一种意思,辨不出有歧义;只有少数学生能分辨出两种意思,但辨不出更多的意义来。后来,我又在多个中文专业本科班的学生中反复让学生辨识过这个句子的歧义,也同样有不少的学生辨不出多种歧义,只有在讲了歧义的类型之后,辨别歧义的能力才会提高。可见被语言学的学者们所讨论的歧义现象,在实际使用中,其实不一定会出现歧义,是人们的认知在起消解歧义的作用。如果歧义与认知的关系不弄清楚,哪些歧义最有可能会在交际中出现便无从知道,就不能真正避免歧义。为了解并揭示歧义与认知的关系,我开始采用调查的方式研究人们对歧义的识别情况,相继在《语言文字应用》、《修辞学习》等刊物上发表了《歧义、歧解和用歧的认知问题》、《认知在歧义的辨识与消解中的作用》等文章,揭示了常见的歧义句类型与认知的关系、歧义的形成和消解与认知的关系。之后,又将"歧义认知"作为主要研究课题展开研究,2005 年获得了浙江省教育厅科研项目("汉语歧义的认知研究")的立项,2008 年获得了浙江省哲学社会科学重点项目("汉语歧义的认知与消解研究")的立项。2009 年研究成果在南京大学通过了博士论文答辩并获好评。本著是在上述成果的基础上修改而成的。

在本著即将付梓之际,我要对给予我的研究以帮助的各位师友表示衷心的感谢!

首先要感谢的是我的博士导师徐大明教授(南京大学),感谢他指引我用社会语言学的方法进行歧义研究,感谢他"研究语言应用要用社会语言事实说话,不能仅有自己思考"的教诲,更感谢先生在我博士论文写作中所给予的多次耐心的指导和帮助。借此机会,我也要感谢我的硕士导师吴洁敏教授(浙江大学),是她领我走进了语言研究的大门,并以执著的献身科研、不知疲倦的精神感染、影响我;感谢朱宏达教授(浙江大学)在学习、工作、生活等方面给予的指教和关怀。

感谢李开教授(南京大学)、顾黔教授(南京大学)、陈新仁教授(南京大学)、刘俐李教授(南京师范大学)、陈小荷教授(南京师范大学),感谢他们在博士论文答辩时对论文的肯定和褒扬以及对论文存在的不足提出的中肯意见和修改建议。

感谢王建华教授(绍兴文理学院)、方一新教授(浙江大学)、徐颂列教授(浙江外国语学院)等对本研究课题的关怀和提出的颇具启发意义的意见。感谢郭熙教授(暨南大学)多年来对我在工作、学习、研究等方面所给予的支持和帮助,感谢他对本论文的肯定和褒扬以及所提出的中肯的修改意见。

感谢张孔义教授(浙江外国语学院)、何文忠博士后(浙江大学)、李倩博士后(浙江外国语学院)、王丽香博士(浙江工业大学)、胡晓慧博士(浙江大学)、朱默弦老师(温州市永嘉职业高中)、余淑君老师(杭州市安吉路小学)等所有对我社会调查和论文写作给予支持和帮助的朋友。

最后,感谢妻子任文,没有她的支持,我无法完成艰巨的硕士和博士的学习。十多年前,我在原杭州大学读硕士时,家中的一切她一人担起,儿子正读小学,她一人照料。到南大读博士时,又遇我 92 岁高龄的老母卧床不起,一切全仗她照料,使我能安心学习、工作和研究。在论文写作中她还帮我统计资料,为著作的完成争取了时间。

本课题的研究虽然告一段落,著作就要出版了,但因歧义问题的错综复杂,关于歧义的研究不可能在本著中得到圆满的完成。本课题的研究只是一种尝试,如果能让读者感到"歧义的研究还可有社会语言学的视角",我就很满足了。由于我在社会语言学、认知语言学、语言统计学方面都还是门外汉,本著中一定还存在着许多讹误,对此我深感惴惴不安,期望得到行家的批评和指教。

周明强

2010 年 3 月 20 日于杭州求智巷陋室

图书在版编目(CIP)数据

现代汉语歧义识别与消解的认知研究 / 周明强著.
—杭州：浙江大学出版社，2010.11
ISBN 978-7-308-07908-2

Ⅰ.①现… Ⅱ.①周… Ⅲ.①汉语－语义－研究
Ⅳ.①H13

中国版本图书馆 CIP 数据核字(2010)第 161470 号

现代汉语歧义识别与消解的认知研究

周明强　著

责任编辑	田　华	
封面设计	刘依群	
出版发行	浙江大学出版社	
	（杭州市天目山路 148 号　邮政编码 310007）	
	（网址：http://www.zjupress.com）	
排　　版	杭州求是图文制作有限公司	
印　　刷	杭州杭新印务有限公司	
开　　本	710mm×1000mm　1/16	
印　　张	17.25	
字　　数	320 千字	
版 印 次	2010 年 11 月第 1 版　2010 年 11 月第 1 次印刷	
书　　号	ISBN 978-7-308-07908-2	
定　　价	42.00 元